Degenhardt
August Heinrich Hoffmann,
genannt von Fallersleben

Franz Josef Degenhardt

August Heinrich Hoffmann, genannt von Fallersleben

Roman

C. Bertelsmann

1. Auflage

ISBN 3-570-02530-6
Printed in Germany · Mohndruck, Gütersloh

Inhalt

Auf Corvey zu

Wo er war, da wurde gesungen – so ist es immer gewesen –, natürlich auch bei seiner Beerdigung. In der ohrenschneidenden Kälte dampfte sogar der Atem der Sänger, Männer und Knaben aus Chören von Höxter und Umgebung, die, dicht aneinandergedrängt, im hinteren Teil des kleinen Friedhofs zwischen Klosterkirche und Südmauer der Abtei standen. Über eine Stunde hatten sie sich warm gesungen und eingestimmt, dirigiert vom zwergwüchsigen Kantor und Professor für Chorgesang Emil Raupenthal aus Holzminden, dessen krauses Rothaar unterm Zylinder hervor bis auf die schmächtigen Schultern wallte; und als der Leichenzug, aus dem Schloßhof kommend, wo der Tote unter den Fenstern der Bibliothek aufgebahrt gelegen hatte, in den Friedhof einzog, stimmten sie eines seiner alten Lieder an:

»Wie könnt ich dein vergessen!
ich weiß, was du mir bist,
wenn auch die Welt ihr Liebstes
und Bestes bald vergißt.«

Die Sonne schien, glasig zwar noch und hinter Hochnebelschleiern, und von der Weser her strich ein eisiger Wind herüber. Der Tote allerdings hätte, seine Nasennüstern blähend, erschnuppert, daß bald – höchstens drei Tage später – die Sonne schon strahlen, das Eis auf dem Strom brechen würde. Aber noch herrschte schneeige Winterkälte an diesem Nachmittag Ende Januar auf dem Schloßfriedhof von Corvey, auf dem sich zweitausend Trauergäste drängten.

Nicht eben viele für einen wie ihn, meine ich, obwohl er doch noch einmal einen Hit gelandet hatte mit seinem Preislied auf den Kaiser – wenigstens in Berlin.

Sein bekanntestes Lied, das der Deutschen, sollte erst einige Jahre darauf der Schlager bei Sedanfeiern und achtundvierzig Jahre später Nationalhymne werden. Seine Kinderlieder wurden zwar überall im Land gesungen, aber kaum einer kannte den Verfasser. Die Gelehrtenwelt hatte ihn vergessen, der Literaturbetrieb nahm ihn nicht mehr ernst. Seine Zeit war vorbei. Sicher, Zirkel von Dichterfreunden, hier und da verstreut im Reich, hatten ihn in seinen letzten Jahren noch gefeiert, doch was war das gegen früher, als, auf der Höhe seines Ruhms, spät noch in der Nacht Fackelzüge um die Häuser zogen, in denen er sich gerade aufhielt.

Nein, das da, auf dem Friedhof von Corvey, war nach Tannenkränzen und Buchsbaum duftender Nachruhm. Die meisten seiner alten Kameraden, Kumpel, Freunde und Kollegen aus den wilden Jahren lagen längst unter dem Rasen. Freiligrath und Herwegh, die noch lebten, fehlten. Der eine schickte später seinen Nachruf, ein langes Gedicht:

Am Eingang lässig lehnt er
mit weißem Bart und Haar,
und blinzt uns an und lächelt –
Der Alte ganz und gar.

Doch wie? Der Mund geschlossen,
der lust'ge Liedermund?
Nichts da! Gesungen, Spielmann!
Ein Lied, und voll und rund!

Da füllt er sich den Becher,
da schlägt er auf den Tisch!
Da hebt er an zu singen,
das klingt so hell, so frisch.

Von Liebe, Frühling, Freiheit,
von Wein und Jugendlust,
von Frauen und von Blumen
singt er aus voller Brust.

Singt: Deutschland über alles!
Das jubelt und das klagt,
bald Kriegs-, bald Kinderlieder,
kein Ton ist ihm versagt.

Herwegh allerdings wäre selbst dann nicht erschienen, wenn er hätte reisen dürfen und können. Die Eiserne Lerche nahm der Trutznachtigall die Lieder der letzten Jahre für Kaiser, Krieg und Preußens Gloria speiübel. Stölpel und Ruprecht, das Greisenpaar aus dem Badischen, mit Kalabreserhut und Knotenstock, rotem Halstuch, langem Haar und Demokratenbart und in weitem, wallendem Paletot, auffallend unter den schwarz gewandeten Zylinderherren, den trauerverschleierten Damen, beschärpten und uniformierten Fahnenträgern zahlreicher Gesang- und Turn- und Schützenvereine, zeisigbunten Korporationsstudenten in vollem Wichs, adrett gekleideten Schülern, dieses Paar war nur wegen seiner speziellen Empfänglichkeit für »den riesigen Kerl mit dem schönen Gesicht«, wie Ruprecht den Toten nannte, und weil es gerade im Lippischen weilte, hergereist.

»Damals jedenfalls«, sagte Stölpel – und unter damals verstanden die zwei und ihresgleichen den Vormärz –, »damals jedenfalls hätte er den meisten hier nicht mal den nackten Hintern gezeigt, wie er es gern tat, um seine Verachtung zu demonstrieren, damals jedenfalls.«

»Nein, gewiß nicht«, hat Ruprecht zugestimmt, »nicht mal den Affen in Uniform drüben«, womit er die Abordnung des in Höxter garnisonierenden Bataillons des Preußischen Infanterieregiments Fünfundfünfzig meinte: fünf blau gefrorene Offiziere in blauen Röcken, mit blauen Mützen, die salutierten, als der Sarg ins Grab gelassen wurde.

»Treue Liebe bis zum Grabe
schwör ich dir mit Herz und Hand:
Was ich bin und was ich habe,
dank ich dir, mein Vaterland«,

sang der gemischte Männer-und-Knaben-Chor, dirigiert vom rothaarigen Winzling Emil Raupenthal aus Holzminden, ehe Superintendent Beckhaus zur Grabrede ansetzte: »Er war ein deutscher Mann . . .«

An dieser Trauerfeier hat mein Urgroßvater Friedrich Wilhelm Hasenclever, ein Fan sozusagen des Bestatteten, nicht teilgenommen, obwohl er während der Tage in der Nähe war, in Paderborn, wo die Firma Hasenclever eine Filiale unterhielt. Er hat aber davon gewußt, möglich vom Hörensagen, möglich nach Zeitungslektüre. Seine Tagebücher befinden sich in meinem Besitz. Er berichtet darin über die Beerdigung in knappen Sätzen und stellt die Frage: »Wie viele von denen, die dort waren, mögen ihn wirklich gekannt haben?« Einer wie Friedrich Wilhelm Hasenclever glaubte noch, daß man jemanden wirklich kennen könne und daß einer so oder so sei, und zwar sein ganzes Leben lang; daß er einen CHARAKTER habe. Rührend!

Er ging von viertausend Trauergästen aus. Später hieß es sogar, es habe sich um fünf- bis sechstausend gehandelt. Typisch. Es ist immer alles übertrieben worden, was mit diesem Mann zu tun hatte, grenzenlos sozusagen, und er hat ja auch genügend Anlaß dazu gegeben.

Es ist dies nicht die letzte Eintragung August Heinrich Hoffmanns, genannt von Fallersleben, betreffend in den Tagebüchern meines Urgroßvaters. Viel später, in seinem siebzigsten Lebensjahr, erinnert er sich »an die vielleicht schönsten Tage meines Lebens in jenem Sommer, als wir – zwei Jahre vor seinem Tod – den knorrigen alten Professor, Dichter und Sänger, besuchten, über den Henriette zu schreiben gedachte. Was hatten wir uns alles vorgenommen! Las darüber heute noch einmal mit Rührung im Tagebuch von damals.«

Hand in Hand spazierten die beiden, Friedrich Wilhelm Hasenclever und Henriette Landau, damals in jenem Sommer, es war an einem Julimorgen, von Höxter her kommend, auf die Allee zu, die nach Schloß und Abtei Corvey führte, und diese von mächtigen Kastanien rechts und links zu einem Laubengang gewölbte Allee zog sich so lang und so schnurgerade hin, daß Henriette meinte, am Ende, hinten, wo es so eng würde, müsse man hindurchkriechen, durch das Loch, vermutlich das Eingangsportal. Ob sich dahinter vielleicht nur ein Zwergenpalast verberge? Eine optische Täuschung, Parallelperspektive, mehr nicht, man werde etwas Gewaltiges vorfinden, das könne er – Friedrich Wilhelm – auf Ehre versichern.

Sie schlug die Hand vor den Mund. »Bin ich ein Dummerle, Fritz«, sagte sie, »und du kannst alles so gut erklären. Wie danke ich dir.« Er lachte.

»Hinreißend«, heißt es im Tagebuch meines Urgroßvaters, »sah sie am Morgen auf dem Weg zum Schloß Corvey aus.« Sie trug ein hellblaues, nur knöchellanges Sommerkleid, das durch das kreuzweis geschlungene Band aus weißem Atlas und eine Brosche aus Meerschaum, einen Fingerbreit noch unterhalb der kleinen Kuhle zwischen den Schlüsselbeinen – dem Salzfäßchen –, oben nur so geschlossen war, daß der Hals völlig frei blieb und man sogar den Schulteransatz ahnte.

Dabei stelle sie sich ihn, den Professor, Dichter und Sänger, im Schloß drüben, als einen mit wilden, talergroßen Augen und einer Gewitterstimme vor, als einen Märchenriesen, »doch in Ihrer Begleitung, mein Herr, fühle ich mich sicher, und – lassen Sie mich das hier auf dieser schattigen Chaussee und in einer Freimütigkeit, die mich selbst erschreckt, gestehen, nein schauen Sie mich jetzt nicht an, ich möchte nicht, daß Sie mein Erröten amüsiert – in Ihrer Nähe und in Ihrer Obhut fühle ich mich sogar geborgen«.

Er lachte.

»Ist das alles?« fragte sie, und er antwortete: »Immer zu Diensten, Gnädigste. Ich weiß Ihr Geständnis zu würdigen.«

Sie riß ihre Hand los, blieb stehen, rang sozusagen nach

Luft: »Das ist ja unglaublich ... Sie haben mich regelrecht abblitzen lassen.« Er nahm ihre Hand wieder, und sie marschierten lachend weiter.

Seit einem Vierteljahr kannten sie sich, hatten sich vierzehn Tage lang nicht gesehen, und sie versuchten nun, ob dieser, das modische Sprachgehabe persiflierende Ton der guten Gesellschaft zwischen ihnen noch funktionierte. Wie immer war Henriette besser darin. Fast schon zu gut, meinte er manchmal. Sicher, sie amüsierten sich beide, wie sie so redeten, und er schätzte dieses ironische Einverständnis, das ein Gefühl von Nähe und Distanz erzeugte, in dem es knisterte und manchmal Funken sprangen. Aber hier und da, fand er, gerieten sie in die Nähe des arg Frivolen, und dann paßte Henriette nicht mehr ins Bild seiner Idealfrau, die, bei aller Weltgewandtheit, ja Raffinesse, doch urweibliche Eigenschaften wie Herzensgüte, tiefes Empfinden und echtes Gemüt besaß.

Daß er eigentlich ein passabler, sogar hier und da amüsanter Mann sei, dachte Henriette Landau, und eine gute Partie sowieso. Bestens gekleidet war er immer. Diesen Anzug von englischem Stoff und Schnitt, leicht und bequem, Bräunlichhell in der Farbe, hätte sie ihm ausgesucht haben können. Die Weste allerdings hätte sie ein paar Tupfer farbiger gewählt für diesen glänzenden Sommertag und den Binder breiter gebunden. Aber sonst – nichts auszusetzen. Sein Kopf war trotz des gepflegten und modisch gestutzten Vollbarts der eines westfälischen Bauern. Aber sie mochte diese großen blauen Augen und den immer wieder aufscheinenden, kindlich-erstaunten Ausdruck in diesem Gesicht mit den breiten Backenknochen und der kleinen, nach oben gebogenen Nase. Sie zog ihm den Panamahut vom Kopf, und er stand da, fand sie, wie ein Bauernjunge, dem man das Kätzchen vom Arm gerissen hat. »Ich will dein goldglänzendes Haar sehen. Warum heißt du eigentlich nicht Siegfried?«

Er war verlegen, strich sich durch das dichte, blonde Haar, das zurückgekämmt bis knapp über den Kragen seiner Jacke wuchs. »Kindchen, eine Dame aus besseren Kreisen benimmt sich wirklich anders als du. Ich glaube, ich muß dich mal wieder ...«

»Oh, ja – einfach mal wieder versohlen? Du errötest ja«, sagte sie. »Aber du hast recht. Wir benehmen uns comme il faut, ab jetzt.« Sie reichte ihm seinen Hut, er setzte ihn auf, aber sie behielt den ihren, mit bunten Bändern geschmückten, aus Stroh, in der Hand.

Die Kutsche, die von dem hellen Punkt am Ende des Laubtunnels, der Pforte von Corvey, sich rasch genähert hatte – ein Visavis mit heruntergeschlagenem Klappdeck –, kam auf ihre Höhe. Der trabende Braune schnaufte. Der Kutscher lüftete mit wohl eher spöttischer Geste seinen Zylinder, der einzige Fahrgast, eine Dame, schaute unentwegt geradeaus, und sie hätte auch ihren Blick ohne Kopfdrehung nicht wenden können, denn sie trug zum Entzücken von Henriette eine Schute, diesen aus der Mode gekommenen Scheuklappenhut.

»Es gibt sie also doch noch, die Matrone und Landpomeranze vom guten alten Schlag. Herrlich! Und doch auch: wie entsetzlich. Wenn man hier leben muß! Wollen wir das?« Oh, nein, nein. Aber es sei wunderschön hier, fanden beide, jetzt auf dem schmalen Weg, vorbei an den dicht beieinanderstehenden Kastanien hintereinanderher marschierend, ja, wirklich wunderschön, die in der morgenwarmen Julisonne sattgrün leuchtenden Wiesen voller Butterblumengelb und Schafgarbenweiß und dahinter der dunkle Bergwald, der Bach, der sich durch die Wiesen schlängelte bis hinter das ans Flußufer reichende Kornfeld, und über dem Goldgelb der Ähren die runden Hüte der Schnitter; und als die Schnitter wie auf Kommando ihre Sensen aufrecht stellten und die Schwerter in der Sonne blinkten, und als das Dingeldängel erklang, legte Friedrich Wilhelm los, aus vollem Hals und im scheppernden Bariton:

»Ein Leben war's im Ährenfeld
wie sonst wohl nirgend auf der Welt:
Musik und Kirmes weit und breit
und lauter Lust und Fröhlichkeit.«

Warum sie nicht mitsänge, kenne sie dieses Lied nicht? Na ja, es sei ja auch nicht eines der bekannteren vom Alten aus Corvey, dem Hoffmann von Fallersleben. Onkel August habe es zur Sommerzeit bei gemeinsamen Wanderungen gesungen. »Aber du solltest es kennen, komm, ich bring es dir bei: ›Ein Leben war's im . . .‹«

Henriette kannte das Lied. Sie sang auch leidenschaftlich gern – aber nur, wenn sie allein war. Daß sie keinen Ton halten könne, hatte es schon früh geheißen. Dabei wußte sie, daß ihre unterhalb des Bereiches normaler blonder Mädchenstimmen liegende Stimme wunderschön mitklänge, würde man die Lieder nur drei oder vier Töne tiefer intonieren. Aber als »Brummerin« hatte sie schweigen müssen, ihre Zweit- und Drittstimmen nur mitdenken dürfen. Sie litt darunter immer noch, auch wenn sie sich vor dem Einschlafen nicht mehr Geschichten zurechtträumte wie die, in der sie auf einer Soirée bei Lindtbergs für die plötzlich erkrankte Sopranistin Mimi Baist-Mönch einsprang – allerdings erst nach äußerstem Drängen von Elsa und Max – und wie dann die Augen und Hände der erst noch plappernden, später schweigenden, schließlich dieser aus tiefem Wiesengrund herwehenden Altstimme nur noch lauschenden Herren und Damen feucht wurden, obwohl sie, Henriette Landau, nur einfache Weisen vortrug, schlichte Volkslieder wie »Sah ein Knab' ein Röslein stehn« etwa und zum Schluß: »Der Mond ist aufgegangen«, begleitet am Flügel vom überglücklichen Max.

Dieser Fritz hier aber grölte richtig.

Henriette ging schneller, lief fast. Was der sich einbildete, sie zum Singen zu animieren. Wie, um Gottes willen, könnte sie diesen blökenden Germanen hinter sich bloß wieder ruhigstellen. Abrupt blieb sie stehen, und er, immer noch aus vollem Halse singend und auf nichts achtend, rempelte sie, und sie stieß einen leisen Schrei aus, griff sich ans Schulterblatt, und während er sich vielmals entschuldigte, dabei wieder den spöttelnden Ton fand, ihre Schmerzen erfragte, sie, behutsam, den Kavalier karikierend, auf die Allee zurückführte, grinste sie sozusagen in sich hinein: Wie leicht der doch zu führen war. Und das war allemal auch nicht unübel, wie ihr Vater zu sagen pflegte. Sie setzte ihren Hut auf, nahm seinen Arm, und so schritten sie nebeneinander jetzt wieder dem Ausgang des Laubtunnels zu, wo hinterm Dunkelgrün des Kastaniengewölbes die Säulen des Eingangsportals aus rostrotem Wesersandstein schimmerten.

Also dahinter irgendwo, im Bibliotheksflügel des Schlosses, hause er nun. Wie sie ihn sich vorstelle, wirklich als einen Hünen, einen Märchenriesen?

Man werde ja sehen und könne ihn vielleicht sogar messen, wenn er stillhalte, sagte Henriette, erzählte nicht, daß sie ihn kannte, wirklich und leibhaftig, und sogar nackt.

Das war in einer Maiennacht gewesen. Vor sieben Jahren? Mal nachzählen. Ja. Das Fenster stand offen. Sie wollten in den Mond sehen und warteten auf den Gesang der Nachtigall, die zwei Nächte zuvor, vermutlich im Rhododendrongebüsch neben der Eisenpforte am Eingang des Parks, geschlagen hatte. Sie lagen in Elsas Bett, Elsa und sie, und erzählten sich flüsternd Geschichten, möglichst unheimliche und auch solche, die man eigentlich nicht erzählen durfte, so die, wie Heinrich, der Kutscher von Lindtbergs, im Stall der Stute den Stiel der Peitsche hinten – oh, Gott, dieses Wort – hineingesteckt und – wer wagt das zu flüstern – hin und her und her und hin und vor und zurück . . . Und da hörten sie, aneinandergekuschelt und atemlos, wie das Eisentor quietschte, Schritte, viele Füße über Kies, Männergelächter. Mit einem Satz waren sie aus dem Bett und am Fenster, sahen die Korona den Parkweg zum Haus heraufkommen, und der Größte war einer mit langem Silberhaar und Silberbart. Trug er ein Bündel am Knotenstock über dem Rücken? Jedenfalls wies er mit der Hand in den Mond und rezitierte Verse, und sie hatte ihn gleich »Märchenriese« genannt. Onkel Lindtberg, Elsas Vater, führte sie an, »diese schon ziemlich besoffene Bande«, wie Max, der zu ihnen ins Zimmer und ans Fenster gekommen war, sagte, »die wollen wir uns mal näher ansehen«.

Es war kurz vor Mitternacht, aber die Herrengesellschaft legte erst richtig los, unten im Salon, an den sie sich von der Veranda herangeschlichen hatten. Alle Lampen waren hochgedreht. Durch die halb geöffnete Verandatür – Elsa kniend, sie gebückt, Max auf Zehenspitzen – sahen sie, von Max leise gezählt, zwölf Männer, sitzend in den Fauteuils, stehend vor dem Kamin, die Blicke gerichtet auf den zwischen Onkel Lindtberg und dem dicken Overbeck thronenden Märchenriesen ohne Jacke und Weste in einem groben, ungebügelten Leinenhemd, der – und zum erstenmal begriff sie den Ausdruck – »über das ganze Gesicht strahlte«, während er redete und gestikulierte.

Was der erzählte, daran erinnerte sie sich nicht; man hatte auch längst nicht alles verstanden, durch die nur halb geöffnete Tür. Aber seine dröhnende Stimme hatte sie noch im Ohr, sein prasselndes Gelächter, in das alle Herren einfielen, außer einem, der abseits am Fenster lehnte, eine Hand in der Hosentasche, in der anderen Hand die Zigarettenspitze – und sie kannte dieses rasche Schnippen mit der Hand, um die Asche abzustreifen, nur zu gut. Es gab keinen größeren Gegensatz als das bartlose Gesicht ihres lässig da am Fenster lehnenden Vaters, schmal und bleich und völlig faltenlos, mit den dünnen, immer ein bißchen verzogenen Lippen, die Mandelaugen immer halb geschlossen, und dem Bartgesicht des Märchenriesen, glühend und voller Runzeln und Fältchen, überm vollippigen Mund eine starke, gerade und wie immerzu witternde Nase.

So warm war die Mainacht wieder nicht, sie hatten gefroren auf der Veranda, aber sie blieben noch, weil der Märchenriese ein Lied anstimmte. Den Silberhaarkopf gereckt, das Silberhaarkinn an den Hals gedrückt, die Arme über der Brust verschränkt, sang er das alte Maienlied, und die Männer im Salon hatten aufgehört zu rauchen und zu trinken. Und daran erinnerte sie sich noch, wie ihr da auf der Veranda eine Sehnsucht ins Herz sank und ein Gänsehautkribbeln über den Nacken lief, auch noch beim zweiten Lied der Bänkelsänger,

»... bin ich zwar
für euch und sing' euch schlecht,
doch sang ich schon manch liebes Jahr
von Freiheit, Licht und Recht«,

und daß sie erst wieder zu sich kam, wie die Herrenkorona im Salon klatschte. Aber als dann alle gemeinsam – ihr Vater ausgenommen – aus vollem Halse und einige den Rhythmus mitstampfend sangen,

»Philistervolk auf allen Wegen,
Philister vor und hinter mir
im Sonnenschein, im Schnee und Regen,
Philister dort, Philister hier«,

da war aller Zauber vorbei, und sie waren zurück in Elsas Zimmer geschlichen.

Max hatte sie dann in derselben Nacht noch geweckt, der Morgen dämmerte schon – »Kommt, ich zeig' euch was« –, war vor ihnen her über die Treppe ins Obergeschoß geschlichen, an das neben Onkel Eduards liegende Gästezimmer, aus dem ein rasselndes Schnarchen schallte, und während Elsa und sie, in ihren langen weißen Nachthemden, bibbernd auf den Stufen hinauf zum Dienstbotenstock hockten, hatte Max die Tür geöffnet, und sie hatten die Umrisse des schnarchenden Märchenriesen gesehen, der in einem Bett lag, das zu klein war für ihn, so daß seine lächerlich großen und nackten Füße heraushingen. Und dann waren sie und Elsa aufs Herwinken von Max näher gekommen, der hatte mit dem Knotenstock des Märchenriesen die Bettdecke gelüftet, zur Seite geschoben – o Gott, ihr herzjagendes Gruseln da in der Tür –, und sie hatten im Morgendämmerlicht einen gewaltigen nackten, behaarten, im Rhythmus des Schnarchens wogenden Körper gesehen, sekundenlang vielleicht nur, ehe sie fortrannten; aber sie erinnerte sich heute noch an diesen Geruch aus Fusel und Loden, Tabak, Urin und Flieder um den Märchenriesen herum.

Karl Landau, Henriettes Vater, hatte später auf ihre Frage nach dem Märchenriesen kommentiert: Diesen Schwadroneur und Sangesbruder? Den lade sich die freisinnige Clique der Stadt von Zeit zu Zeit ein, um von seligen Zeiten zu schwärmen, ihren Achtundvierziger Sehnsüchten nachzuträumen, inzwischen selbst solche Philister wie die, über die sie Spottlieder sängen, dabei völlig ahnungslos gegenüber dem, was sich wirklich heute in Preußen und bald im ganzen Reich tue, ohne Reden und Gesänge wie dunnemals, sondern diesmal mit Eisen und Blut, wie auf den Düppeler Schanzen soeben demonstriert.

Sieben Jahre danach würde sie ihn also heute wiedersehen. Sie hatte sich darauf vorbereitet, vieles von ihm, einiges über ihn und vor allem seine Autobiographie, und zwar das Exemplar von Grieben mit dessen sarkastischen Randglossen, gelesen – und für sie war er doch dieser Märchenriese geblieben, dröhnend und freundlich, gewaltig und männerstinkend, riesenbärenstark und doch hilflos, wie er da ahnungslos schnarchend in dem zu kleinen Bett gelegen hatte. Jedenfalls würde sie über ihn schreiben, und mit Glück würde es das Blatt bringen, meinte ihr Onkel von der »Kölnischen Zeitung«, und mit ein bißchen mehr Glück sogar die »Gartenlaube«, meinte ihr Vater Karl Landau, der seinen Wohnsitz wieder mal verlegt hatte, diesmal nach Berlin.

»Nicht übel«, hatte er ihren Artikel über »Pariser Frauen im Frühling«, gezeichnet mit Heny L., in der »Kölnischen Zeitung« gelobt, und nach der Lektüre von »Lügen haben längere Beine«, gezeichnet mit H. Landau, veröffentlicht in der »Neuen freien Presse«, hatte er tatsächlich »Respekt, Respekt« gemurmelt.

»Ein Portrait über den Alten, da bei seinem Fürsten im Weserschloß? Warum nicht! Das könnte, wenn's was wird, was werden. Und wenn's die ›Gartenlaube‹ nicht nimmt, bringt's vielleicht die neue ›Gegenwart‹ oder auch unser ›Kladderadatsch‹.«

Nicht, daß Friedrich Wilhelm geflunkert hätte, als er nach Henriettes Reiseankündigung von seinem langgehegten Wunsch sprach, einmal den berühmten Mann, mit dessen Liedern und Gedichten er sozusagen groß geworden sei, in Corvey zu besuchen. Sein eigentliches Interesse am Ausflug nach Corvey war aber doch anderer Art. Er wollte einen oder – wer weiß, wie sich alles entwickelte – zwei oder sogar drei, wenn nicht vier Sommertage allein mit Henriette verbringen. Ob sie, die auf Empfehlung Hermann Griebens und mit einem Begleitschreiben von Emil Rittershaus sicher vorgelassen werde, ob sie ihn nicht einfach mitnehmen könne? Und sei's nur als Beschützer und immer gehorsamer Diener. »Sagen Sie ja, teure Freundin!«

»Wenn Sie schwören, in jeder Situation jene Art von Ritterlichkeit zu wahren, der man blind vertrauen darf, ja.«

Mein Urgroßvater Friedrich Wilhelm Hasenclever kannte Hoffmann von Fallersleben, den zu besichtigen und womöglich zu sprechen sie nun also gemeinsam auf Schloß und Abtei Corvey zuwanderten, persönlich und leibhaftig nicht. Er hatte aber eine Vorstellung von ihm – eine eigenartige, die sich aus drei unterschiedlichen Beschreibungen zusammensetzte. Eine stammte von seiner Großmutter und war Teil der bitteren Liebes- und Lebensgeschichte der »schönen Heny«, einer armen Landedelfrau, die nach der Scheidung von ihrem ersten Mann, einem reichen Bürgerlichen – weshalb die Ehe nach fester Überzeugung der Großmutter keinen Bestand haben konnte –, bis zu ihrer Wiederverheiratung mit einem anderen reichen Bürgerlichen – woran die schöne Heny nach fester Überzeugung der Großmutter gestorben ist – bei ihrem Vater in Haus Hove wohnte, dem Nachbargut des Grotenbeckschen Hofes, von dem die Großmutter kam. In diese geschiedene, schöne Heny hatten sich viele Männer allen Alters, die das gastfreundliche Haus Hove des Herrn von Schwachenberg besuchten, verliebt, unter anderem auch ein wild gekleideter, in der Erzählung der Großmutter »blutjunger« Student, ein damals noch völlig unbekannter Poet, der fünfundzwanzig Jahre später unter einem angenommenen Adelsnamen mit seinen Gedichten und Liedern berühmt und berüchtigt werden sollte. Ob der nun besonders zudringlich geworden war, wisse sie nicht, jedenfalls sehe sie ihn noch auf der Bank an der Mauer neben dem Wachtturm von Haus Hove sitzen, endgültig abgewiesen von der schönen Heny, die sich zu der Zeit nicht schon wieder an einen Mann ohne Adel, geschweige denn an einen mittellosen Poeten und Wanderstudenten habe binden wollen: ein Häufchen Elend trotz seiner Größe, die glanzlosen Augen wie tot, der Mund weit geöffnet, ein Bild des Jammers und der Hilflosigkeit, so daß sie ihm das fürs Grab des Schwesterchens gepflückte Margeritensträußlein in die schlaffe Hand gedrückt habe – aus reinem Mitleid.

Ganz anders wieder beschrieb ihn August Hasenclever, Friedrich Wilhelms Onkel, dessen »unseliger Einfluß« – so die Familienstory – sich später sogar auf Friedrich Wilhelms Sohn, meinen Großvater also, erstrecken sollte, der – eben aus diesem Grunde, heißt es – das Vermögen so herunterwirtschaftete, daß meinem Vater vor der Erweiterung der Firma in den dreißiger Jahren dieses Jahrhunderts nur das Stammhaus blieb.

Für diesen Onkel August war der Dichter des Deutschlandliedes nebst Jahn und Hecker der Gott seiner Jugend. Auf dem Sängerfest zu Itzehoe hatte er ihn kennengelernt, den zwei Jahre zuvor in Breslau aus dem Amt gejagten Professor für deutsche Sprache und Literatur, den Verfasser der »Unpolitischen Lieder«; er hatte ihn sogar angefaßt, und von diesem Händedruck war August Hasenclever so beeindruckt gewesen, daß er später, jedesmal, wenn er davon erzählte, die offene Rechte ausstreckte: In die habe er eingeschlagen, der blonde Hüne. Eine Kraft sei von dem ausgegangen – unbeschreiblich. Vor allem die Augen, die hätten einen nie wieder losgelassen. Ein Blick, und man habe sofort gewußt, warum ein solcher Mann von den Feinden eines einigen Deutschlands ohne Fremdherrschaft, Fürstenknechtschaft und Obrigkeitswillkür gefürchtet und gehaßt wurde.

Wieder ganz anders schließlich das Bild, für das Berthe, Friedrich Wilhelms Amme und Ersatzmutter, verantwortlich war. Die hatte ihm hundert und mehr Lieder beigebracht, und sie hatte laut und lauter mit ihm gesungen, wenn die Tag und Nacht durchdröhnenden Fallhammerschläge aus den Gesenkschmieden am Fluß und am See so fürchterlich hallten, daß sein Kopf jeden Augenblick durchknallen konnte, und Gewitter und Gewieher, Brüllen und Peitschenknallen und sogar der Stiefeltritt des Vaters auf den langen Fluren und das Gekreische aus der Küche herauf nicht mehr dagegen ankamen, und er hatte seine ursprüngliche leise Stimme an Berthes alles durchdringendem Schrillsopran gewetzt, vor allem bei seinem Lieblingslied vom Männlein im Walde, dem Rätselvers Hoffmanns:

Ein Männlein steht im Walde
ganz still und stumm,
Es hat von lauter Purpur
ein Mäntlein um,
Sagt, wer mag das Männlein sein,
das da steht im Wald allein
mit dem purpurroten Mäntelein?

Das Männlein steht im Walde
auf einem Bein
und hat auf seinem Haupte
schwarz Käpplein klein ...

Das war nach seiner festen Überzeugung eben doch keine Hagebutte, sondern ein wirkliches Menschlein. Es zu kennen und getroffen zu haben, hatte Berthe endlich und nach langem Drängen zugeben müssen. Um aber von ihrem Lebensleitspruch »Lügenhafte Lippen sind dem Herrn ein Greuel« nicht ganz abzuweichen, hatte Berthe dieses Männlein als den Verfasser des Liedes ausgegeben: »Dat es dä, Fritzken, dä dat Liedken geschrewen hät.«

So mischte sich denn der traurige, mundoffene, blutjunge Wanderstudent und Poet seiner Großmutter mit dem dämonisch blickenden, trutzigen blonden Hünen seines Onkels August und dem schwarzkäppigen Purpurmantelzwerg auf einem Bein aus dem Kinderlied zu einer phantastischen Figur, die ein bißchen dem schwarz-weiß-roten Nußknacker glich, dessen quadratischer Mund und stechende Augen auf- und zuklappten, wenn man den Hebel in seinem Rücken betätigte.

»Und als sich dann plötzlich vor ihnen das herrliche, mit wildem Wein umrankte und von stattlichen Türmen eingefaßte Schloß erhob, da jubelte das Herz der jungen Komtesse: Endlich, endlich, endlich. Doch: Würde der greise Graf sie erkennen?« rief Henriette.

Sie waren, nachdem sie am Ende der Kastanienallee die Brücke über den Wallgraben und das weit geöffnete Portal passiert hatten, in den dem Schloßgebäude und der Abteikirche vorgelagerten Park aus Blumenbeeten, Rasen und niedrigen Sträuchern gekommen. »Schau mal die da vor uns, lustwandeln die nur, oder wollen die auch?«

Tatsächlich *wandelten* von den drei Frauen vor ihnen, auf dem schnurgeraden Kiesweg zum Schloßinnenhof hin, zwei in ihren weiten Krinolinen, Arme und Hände unter den bis zur Hüfte reichenden Schultertüchern, während die dritte in ihrer engen, Hintern hochhebenden Tournüre tippelte und dabei einen Sonnenschirm benutzte. Sommerfrischler seien das, mit dem Ausflugsboot über die Weser hierher abgetrieben, sagte Friedrich Wilhelm, als die drei vor der Einfahrt zum Schloßinnenhof abbogen und zur Abteikirche hin wandelten, tippelten, schritten, gingen, schließlich liefen, weil aus der Gruppe drüben ihnen Zeichen zur Eile gewinkt wurden.

Die Einfahrt zum Schloßinnenhof flankierten zwei Standbilder aus rostrotem Wesersandstein. »Carolus Magnus fidei propagator et propugnator –«, entzifferte Friedrich Wilhelm die Inschrift unter dem Standbild zur Linken, »also D für fünfhundert, C für hundert, und das dreimal, und XIV sind vierzehn, also 814 wurde dieses Anwesen hier von Karl dem Großen gegründet. Enormes Alter. Prächtiges Anwesen. Überhaupt, doller Bursche, die olle Majestät.«

Ob er's wirklich nicht verstand oder ob er nur einen dieser, nach dem Sieg über Frankreich häufiger auftretenden, bildungsbeflissenen Offiziere parodierte – Henriette wußte, daß sie trotz des freimütigen Tons, auf den sie beide sich eingelassen hatten, jetzt nicht die Inschrift übersetzen, nicht die Geschichte der Abtei erzählen und damit ganz und gar »unweiblich« ihren Bildungsvorsprung demonstrieren durfte. Sie sagte statt dessen, vor dem Standbild militärisch salutierend: »Carolus Magnus kroch ins Bett, weil er so gern geschlafen hätt« – worauf Friedrich Wilhelm prompt weiterzitierte: »Jedoch vom Sachsenkriege her, plagt ihn ein Rheumatismus sehr« – und darüber durften sie dann, Mann und Frau, gemeinsam lachen, mußten ihr Lachen aber hinunterschlucken, als sie in der Einfahrt von einem Mann in schwarzem Gehrock und mit schwarzem Käppi auf dem Kopf, der wissen wollte, wohin sie sich zu begeben wünschten, angesprochen wurden. Der Mann, fanden beide, glich einer weiteren Wilhelm-Busch-Figur, wie er seinen Kopf auf hohem Kragen reckte, den Zeigefinger hob und sie durch die Brille anfunkelte, und als Friedrich Wilhelm antwortete: »Zur Bibliothek mit Empfehlungsschreiben an den berühmten Professor« und ganz leise hinzufügte, »Herr Lehrer Lämpel«, da hätte Henriette beinahe ihre Unaussprechlichen naß gemacht, wie sie später erzählte, als sie sich über den Kastellan von Schloß Corvey und dessen gedrechseltes Amtsdeutsch wieder mal amüsierten, sich erinnerten, wie dieser, den Kopf im Nacken, den Zeigefinger erhoben, vor ihnen her über den Schloßinnenhof schreitend, Prinz Victor von Hohenlohe-Schillingsfürst, Herzog von Ratibor, Fürst von Corvey, den Herrn des Anwesens, in höchsten und devotesten Tönen herausstrich, dann vor dem aus einem Seitenportal des Ostflügels heraustretenden fürstlichen Kammerrat Hesse eine unnachahmliche Katzbuckelverbeugung vollführte, dabei allerdings Henriette – sie schwor das – von unten herauf ein Auge zukniff.

Der Kastellan ist vor ihnen her die Treppe hochgestiegen ins erste Stockwerk des Ostflügels, in einen Gang mit Portraits aller Äbte der Abtei von der Gründung bis zur Säkularisation. Er konnte alle Namen herunterschnurren, gab eine Probe, die Henriette und Friedrich Wilhelm später oft als spaßigen Abzählvers wiederholten: »Adalhard, Warin, Bovo I., Bovo II., Markward, Erkembert, Wibald und schließlich die beiden letzten von 65, nämlich Theodor von Brabeck und der unglückliche Ferdinand von Lüninck, gleichzeitig Bischof von Münster.« An eine der Türen unter den Äbteportraits klopfte der Kastellan, stellte der, aufs dritte Klopfen hin heraustretenden, Frau nach kleinerer Katzbuckelverbeugung und mit ausladender Spreizgeste des linken Armes die beiden vor: »Ein Herr, welcher mit der Dame in seiner Begleitung auf Empfehlung gewisser hochstehender Persönlichkeiten dem Herrn Professor einen Besuch abstatten möchte.«

»Von wem?« fragte die Frau, stemmte aber nicht die Arme in die Seiten dabei, wie Friedrich Wilhelm später behauptete, verwandelte sich vielmehr aus einer resoluten in eine liebenswürdige Matrone, als sie von Henriette hörte: »Emil Rittershaus und Hermann Grieben.« Die Namen höre ihr Schwager gern, sagte sie, »kommen Sie, ich bringe Sie zu ihm«, und zum Kastellan gewandt, er solle ihnen die Besucher und Schaulustigen gefälligst mehr vom Halse halten, aufpassen, daß sie nicht auch noch in die Wohnung eindrängen, leise sollten sie sein, gestern hätten einige sogar gesungen.

»Aber es war doch eins der Lieder des verehrten Herrn Professors, eins dieser wundervollen ...«

»Ja, ja, ja, also sorgen Sie für Ruhe und daß die Belästigungen unterbleiben. Kommen Sie«, sagte sie zu den beiden, nahm Henriettes Arm, drückte ihn, »Sie sind recht hübsch, ein ausgesprochen apartes Wesen.«

Die Frau roch nach Lavendel. Im Gehen schleifte ihr Rock die Steinplatten. »Fehlt noch, daß sie mich ans Kinn faßt und ›mein Kind‹ sagt.« Henriette haßte solche Vertraulichkeiten, mit denen ihr immer wieder Frauen kamen, fand das, wie ihr Vater,

»germanisch-plump«. Aber der Lavendel erinnerte sie an wohlige, naßfingrige Stunden im riesigen Kleiderschrank ihrer Tante, und der ausgreifende Schritt der Frau, überhaupt das Feste, das von ihr ausging, war ihr nicht nur unangenehm.

Da auf dem dämmrigen Äbtegang, im Gegenlicht und am Arm dieser voluminösen Matrone habe sie tatsächlich gestrahlt – vor Schönheit, hat Friedrich Wilhelm später gesagt, als sie den Sommertagen an der Weser in allen Einzelheiten nachspürten, um den Augenblick zu fixieren, in dem er oder sie oder beide merkten, daß »wir einander verfallen sind«, wie Henriette es für seinen Geschmack wieder mal ein bißchen zu frivol ausdrückte.

Nach den Eintragungen im Tagebuch meines Urgroßvaters könnte der fragliche Zeitpunkt übrigens schon ein Vierteljahr vor den Sommertagen an der Weser eingetreten sein, an dem Abend nämlich, als er Henriette Landau zum erstenmal begegnet ist, auf der Soirée im Hause ihres Onkels. Er beschreibt sie, ganz gegen seine sonstige eher trockene Art, als »schlanke Gestalt mit schön abfallenden Schulterlinien und einem edlen Oval des Kopfes, das dunkle Haar, nur wenig in die Stirn fallend, auf der Seite zu einem Zopf geflochten, mit einem Gesicht, wie es feiner nicht gemalt worden ist – aber Rosenlippen und seidenschwarze Mandelaugen! Dabei sprüht sie vor Lebensfreude und heiterem Übermut, ohne selbstgefällige Scherzhaftigkeit und Geistreicheleien, hört und fühlt, wie viele unserer Generation das Sturmbrausen einer neuen Zeit, in der all dieses Armselig-Kleine, Stumpfsinnig-Biedere, Unerträglich-Behagliche weggefegt werden wird, um etwas Größerem Platz zu machen – und ist doch ein Weib, weich und einfühlsam.«

Diese Soirée in Köln übrigens, wo die Firma Hasenclever eine Filiale unterhielt, in der Friedrich Wilhelm für ein paar Monate arbeitete, war eines dieser Feste gewesen, wie sie nach dem Sieg über die Franzosen ständig und überall gefeiert wurden, kunterbunte Veranstaltungen, auf denen man tanzte und trank, Kaufleute, Künstler, Industrielle, Journalisten, Börsianer, Gelehrte miteinander diskutierten und stritten, merkwürdig erregt und in Erwartung einer Zukunft, die man sich nach der Reichsgründung und nicht zuletzt wegen der Reparationszahlung vom besiegten Erbfeind in Höhe von fünf Milliarden Goldfrancs nur glänzend vorstellen konnte. Darin waren sich, bis auf ganz wenige, alle einig. Einer dieser wenigen Störenfriede, über den die anderen regelrecht herfielen, war Karl Landau, der, an der Wand lehnend, eine Hand in der Tasche, in der anderen eine Zigarette in langer Spitze, die Angriffe auf eine Art parierte, die Friedrich Wilhelm verblüffte. Daß Landau es hinter allem Sarkasmus ernst meinte, fühlte er, bat ihn deshalb später, als die anderen von ihm abgelassen hatten, seine Auffassung ihm näher zu erläutern. Ob denn die von allen ersehnte Einigkeit aller deutschen Stämme nach der Reichsgründung nicht wirklich den Fortschritt bedeute, gerade auch unter Führung Preußens? Der Krieg, in dem er, Friedrich Wilhelm Hasenclever, wegen eines Gehörfehlers leider nicht habe mitkämpfen können, sei der nicht doch ein vom ganzen deutschen Volk gewollter, ein Volkskrieg also, gewesen? Und Bismarck etwa kein genialer Mann, ein Leuchtturm überm Heer des Durchschnitts?

Karl Landau hatte, mit verzogenem Mund und halb geschlossenen Augen ihm zuhörend, die Zigarettenasche weggeschnippt, dann aber die Augen geöffnet und ihn angelächelt. »Wissen Sie was, junger Mann«, hatte er gesagt, »ich stelle Sie einer jungen Frau vor. Sie will zur Zeitung, weshalb sie hier bei ihrem Onkel, der einiges bei der Kölnischen zu sagen hat, wohnt. Aber psst. Sie wissen ja, wie es heißt: Eine Frau, die für Zeitungen schreibt, ist wie ein Mann, der sich schminkt. Finden Sie heraus, ob das stimmt, und geben Sie mir Bescheid, ich bin ihr Vater.«

Am Äbtegang lag auch die Tür zur Bibliothek, und Alwine zum Berge, die Schwägerin Hoffmanns, öffnete, ohne anzuklopfen. »Besuch für dich«, sagte sie, »mit Empfehlung von Rittershaus und Grieben.«

»Herein damit«, donnerte es, und dann standen Henriette Landau und Friedrich Wilhelm Hasenclever vor ihm, und während sie hinterm Lavendel, Fusel und Loden, Tabak, Urin und Flieder roch und andächtig »Märchenriese« flüsterte, fand er, daß der große Greis wirklich ein bißchen dem schwarz-weißroten Nußknacker glich, wenn auch die Augen nicht gerade so glotzten.

Der Alte im Schloss

Obwohl er es immer abstritt – sogar Alwine gegenüber, die ihm aber nicht glaubte –, freute sich Hoffmann, wenn schon früh am Tag viele Leute in den Anlagen spazierten, ja, er wünschte, daß sie möglichst alle das Schloß und die Bibliothek besichtigten. Er zählte sie, kam manchmal auf über zwanzig kurz vor elf Uhr, dem Besichtigungsbeginn. Meist versammelten sich dann mehr als die Hälfte der Leute, er nannte sie Schaulustige, an der Eingangspforte zum Schloßinnenhof, warteten auf den Kastellan Mumbart. Er war nie dahintergekommen, nach welchen Gesichtspunkten dieses Kerlchen im Frack mit dem speckigen Käppi auf dem Hagerkopf die Schar der Schaulustigen in zwei Gruppen teilte, die eine hinüber zur Abteikirche schickte, wo der ehemalige Stallmeister und gutmütige Trunkenbold Plätscher sie zur Führung von der Westseite her in Empfang nahm, die andere sich selbst unterstellte und über den Innenhof in den Ostflügel leitete.

Jedenfalls erreichte Mumbart mit seiner Truppe zuerst den Äbtegang, an dem Hoffmanns Arbeitszimmer lag, durch das hindurch man in die zur Besichtigung freigegebenen Bibliotheksräume gelangen konnte. Dies war aber nicht der dafür vorgesehene Weg. Der führte durchs alte Refektorium. Mumbart versuchte nun alles, um vom Äbtegang her den Durchgang durchs Arbeitszimmer zu erlisten. Zum Beispiel ließ er die Leute in die Wohnräume laufen, woraufhin Alwine mit einem Donnerwetter protestierte, so daß er, Hoffmann, hinauslaufen mußte, meist direkt in die Arme der Schaulustigen, denen er von Mumbart gleich vorgestellt wurde, und ihm – wie er es später Alwine erklärte – nichts anderes übrigblieb, als die Korona ins Arbeitszimmer zu bitten. Oder Mumbart ließ die Truppe eines seiner Lieder singen – so eben gestern das Wanderlied –, und das trieb ihn dann auch wieder auf den Äbtegang. Die Besucher mochten ihn neben der Bibliothek gern besichtigen – aber bitte auf eine andere, diskretere als die von Mumbart betriebene Weise. Den hielt er überhaupt für einen jener tückischen Spinner, wie sie der Lakaien- und niedere Beamtendienst hervorbrachte, wenn nicht sogar für noch Schlimmeres. Auf den Gedanken, daß der kleine Kastellan ihn, Hoffmann von Fallersleben, verehrte und alles nur ihm zum Gefallen tat, kam er nicht.

Manchmal, wenn er am Fenster stand und die Leute zählte, stellte er sich vor, sie würden mehr und mehr, sie strömten in Scharen aus der Kastanienallee und über die Uferwiesen in den Schloßgarten, Hunderte, versammelten sich vor dem Bibliotheksturm, nähmen Stellung und brächten ein Vivat, sängen los, vierstimmig, gäben ihm einen Strauß seiner Lieder durch die Jahre: ein gewaltiger Chor, Männer und Frauen und Knaben und Mädchen – letztere kurioserweise Kränze aus Kornblumen in den Haaren. Und dann war er wieder bei den Vivats und Ständchen, die ihm gegolten hatten, damals in den herrlichen Jahren, als er, von offener und geheimer Polizei beobachtet, durch die deutschen Lande zog, nirgendwo bleiben durfte, es aber für viele eine Ehre und ein Spaß wurde, ihn bei sich unterzubringen.

Es hatte sich schnell herumgesprochen, wo er zu finden war, und manchmal, schon beim Frühstück, erklang das »Vivat, vivat, vivat!«. Trat er ans Fenster des Hauses, wo er gerade logierte, oder auf den Balkon oder auf den Hof oder auf die Straße oder auf die Gasse, ging's erst recht los. Er hatte dann einfach, um's abzukürzen, »Michels Abendlied« angestimmt:

»Ich bin ein freier Mann,
nie ficht die Furcht mich an.
Für Fortschritt nehm ich stets Partei,
Ich denke, red' und handle frei.«

Und dann, um sich spähend, den Zeigefinger auf den Mund gelegt, dirigierte er ein Pianissimo, und leise, leise sang der ganze Chor: »Mit Polizeierlaubnis, Erlau-au-aub-nis.« Was für ein Spaß, wenn tatsächlich ein Gendarm auftauchte. In Tübingen – oder war's in Leipzig gewesen, an einem der schwülen Augustnachmittage, kurz vor jenem Gewitter, das Scheiben im Hause splittern ließ – Herrgott, in wessen Haus noch? –, da war einer der drei angetrabten Uniformierten über seine Plempe gestolpert und aufs Pflaster geschlagen. Wie hatten alle gelacht! »Die Ständchen von früher, wo sind sie geblieben ...«, eine hübsche Zeile; gleich mittags würde er dieses Lied schreiben.

Hier in Corvey hatte man ihm nur ein einziges Mal ein Ständchen gebracht, vor Jahren, als die Strecke für den Bau der Eisenbahnbrücke über die Weser vermessen worden war; drei Lieder, eines nicht mal von ihm. Die meisten aus dem Chor der Bauschüler von Holzminden kannten ihn nicht, meinten, er sei ein Verwandter des Fürsten, ein Veteran der Befreiungskriege womöglich. Dabei waren sie vielleicht die Enkel der Männer, die ihm eine Generation zuvor, als man dafür zwar nicht Kopf und Kragen, doch Haus und Hof verlieren konnte, im Halbkreis in der Gasse aufgestellt, farbige Stocklaternen in den Händen und vorneweg der kleine, aber mutige Emil Raupenthal, sein Lied gesungen hatten:

»Es lebe, was auf Erden
nach Freiheit stirbt und wirbt«,

wobei die silberne Mondsichel auf der Spitze der Hellebarde des erschrockenen Nachtwächters zu wippen schien.

Aber davon wußten die Bauschüler nichts, und da hatte er

ihnen einiges erzählt aus jener Zeit: von ihren Träumen, ihrem Kampf für Einigkeit und Recht und Freiheit und von den Liedern und Gedichten, die dabei entstanden waren. Auf der Uferwiese hatten sie ihn umringt, ihre Augen folgten seinen Bewegungen, seinen Gesten, zeigten schnell jenen Glanz, den er immer noch hervorzaubern konnte, beim jungen Publikum schneller als beim alten, und einer von ihnen, der Rötlichblonde, der ihn am wenigsten aus den Augen ließ und dem jede Gefühlsregung gleich übers Gesicht huschte, glich aufs Haar und auf die Milchhaut seinem geliebten Henneberg aus Braunschweiger und Göttinger Tagen. Er hatte sich nicht beherrschen wollen, ihm die Hand auf die Schulter ganz nah an den Hals gelegt, und wie die Röte dem Burschen ins Gesicht schoß, waren sie beide schnell und erschrocken zurückgewichen. Er hatte ihnen einige Lieder vorgetragen, »Michels Abendlied« hatte er ihnen beigebracht, und das hatten sie gemeinsam noch einmal gesungen, er aus dem Fenster heraus dirigierend, sie von unten begeistert zu ihm herauf, und pianissimo: »Mit Polizeierlau-au-au-aub-nis.«

Als Kammerrat Hesse, der Schloßverwalter – Hoffmann hielt ihn inzwischen für mehr als bloß einen Korinthenkacker und Arschkriecher –, ihm ein paar Tage später von Nachfragen der Höxterschen Gendarmerie berichtete – »über was denn nun der olle Brausekopp mal wieder gestänkert habe im einzelnen« –, da war ihm der Eisschock ins Herz gefahren. Nicht wegen der Preußischen Notverordnung, nach der er immer noch als »unzuverlässiges Element« gelten konnte, das nahm er seit langem nicht mehr ernst, darüber hatte der Herzog herzlich genug mit ihm gelacht, aber wer von den Bauschülern hatte ihn angezeigt? Er ahnte es, wollte es aber ums Verrecken nicht wissen. Natürlich ließ Kammerrat Hesse es raus: »Heribert Weuster, Neffe des Dechanten Kampschulte, so ein rötlich-blonder, wohl eher schlichter junger Mann.«

Eine Nacht lang hatte ihn der Verrat nicht schlafen lassen. Fünf Gedichte schrieb er, dann war es ausgestanden. Aber abends darauf, am Stammtisch im »Berliner Hof«, fehlten der

Stadtkämmerer und seine beiden Referendare. Die anderen drucksten herum, als er wie üblich seine Schnurren brachte, niemand wollte so richtig lachen, selbst Wackernagel und Rotenburg wieherten nicht wie sonst, als er im hessischen Dialekt das Stückchen erzählte, wie der Postillion auf die Frage des Oberzollwachtmeisters, wer sich in der Kutsche befinde, antwortete: »Drei Personen und e Jud« und Schmuhl, den Kopf aus dem Wagenfenster streckend, rief: »Was? Bin ich e Paket?«

Eine Woche später waren sie nur noch zu dritt gewesen. »Angsthasen, Jammerlappen« und was sonst noch hatte er gedonnert. Rotenburg hatte die Schultern gezuckt, in sich hineingegrinst, geschwiegen dazu, daß die Polizeinachfrage für alle willkommener Anlaß war, um wegbleiben zu können, weil ihnen nämlich schon seit längerer Zeit das Gedröhne des mächtigen, exotischen Oberstammtischbruders, der keinem anderen das Wort ließ, auf die Nerven ging.

Das lag nun auch schon wieder Jahre zurück, und es war die letzte Stammtischrunde gewesen, und damals blickten die braven Höxterer in einer Mischung aus Grusel, Spott und Angst hinter ihm her, wenn er mit seinem ausgreifenden, in langen Wanderjahren geprägten Schritt durchs Städtchen eilte, den Ziegenhainer schwingend, in seiner Lodenjoppe, das rote Tuch um den Hals geschlungen, die alte Handwerksburschenmütze, unter der das Silberhaar wallte, auf dem Kopf, alle normal Gewachsenen überragend. Kinder waren ihm gefolgt, und wenn er sich umdrehte, rannten sie weg. Einen hatte er sich einmal gegriffen, gefragt: »Na, was meinst du, wer ich bin?«, und der hatte gestottert: »Rebeluzer.«

»Hat der Lehrer das gesagt?«

»Tscha, hät häi.«

Natürlich war er eine Nummer zu groß für Höxter und Umgebung. Überhaupt, so prächtig die Landschaft ringsum, die Menschen waren nach seiner Überzeugung mehr noch als in anderen Landstrichen hinter der Zeit zurück, lebten in biederer Pfahlbürgerei wie vor der Erfindung der Dampfmaschine. Dieses vertrottelte, verschlafene Dahinleben, dem er seit jeher einen Großteil Schuld an den deutschen Zuständen gegeben und das er in seinen Liedern verspottet, im Bild des hinterm Ofen hockenden, behaglich knurrenden, Pfeife schmauchenden, die Zipfelmütze tief über die Ohren gezogenen Michel verhöhnt hatte, konnte ihn allerdings auch immer wieder in eine herrlich-wehmütige Stimmung versetzen – so gestern noch einmal.

Er ging nur noch selten in die Stadt. Aber gestern war er den Fluß entlanggelaufen in den Abend hinein und weiter, auf die im Licht der untergehenden Sonne aufsteigende Silhouette aus Giebeln, Erkern, Türmchen, Baumkronen, den beiden spitzen Türmen der Kilianikirche und der runden Haube von Sankt Nikolaus zu, hatte sich wiedergefunden in einer der Ufergassen und war weitergeschritten. In den Häusern gingen die ersten Lichter an, der Laternenanzünder machte seine Runde. Eine späte Kutsche klapperte übers Pflaster, ein Pferd schnaufte, die Stalltür stand offen, der Fuhrknecht saß davor, trank Fusel aus der Flasche, hinter einer mit wildem Wein umrankten Mauer schimpfte eine Frau, weinte ein Kind, lachten junge Burschen, und im Hof der Schreinerei daneben spielten Greise Karten – einer wahrhaftig mit der Zipfelmütze auf dem Kopf; Kannengießerlachen aus der »Bürgerstube«, die mühsam geübte Klavieretüde aus der Beletage des Apothekerhauses, Schattenspiele und Geturtel in einer Gartenlaube, wie kannte er das alles. In dieser Zeit zwischen Abendessen und Zubettgehen atmete, schwieg und betete, sang und schwadronierte, flüsterte unser Land unverwechselbar. Da war es ganz bei sich. Er sog geradezu gierig den Geruch von Pferdemist und Tabaksqualm, trockenem Holz, Bier und Pisse, Ofenrauch, Wurstbrühe und Kuchen, Schimmel und frisch geplätteter Wäsche ein, horchte dem knarzenden, raunenden Klang der Wortfetzen nach, die aus den Fenstern und Erkern der Häuser wehten, grinste über das quiekende Lachen hinter den Geranien auf einem Balkon, summte den dreistimmigen Küchenmädchengesang aus dem Souterrain des »Berliner Hof« mit. In der Weserstraße stieß er auf eine Gruppe von Herren und

Damen, die ihren Verdauungsspaziergang machten. Einige grüßten ihn, scheu und respektvoll. Das war neu, galt erst, seit mit Kaiserproklamation und Friedensschluß schließlich auch der »Weserbote« mit ein paar aus großstädtischen Zeitungen nachgedruckten Zeilen ihn als »den deutschesten Dichter und seit Jahren unermüdlichen Mitarbeiter am Einheitswerk« gefeiert hatte.

Dabei wollte das Blatt noch während des Krieges nichts von ihm wissen, geschweige denn ihn drucken. Abgelehnt hatten sie sogar sein sofort mit dem Ausbruch der Kämpfe entstandenes Lied »Frisch auf, frisch auf, zu den Waffen, rufet uns das Vaterland – komm, Kaiser der Franzosen, mit deinen roten Hosen«, geschrieben für das Fünfundfünfzigste Infanterieregiment, das in Höxter stand und dessen Männer, Gemeine und Offiziere, es gemeinsam gesungen hatten, als sie zwecks Abtransports an die Front zum Bahnhof marschiert waren. Jeden Morgen hatte er damals Redakteure des Blattes in der Post getroffen, wo sie mit ihm auf die aus Berlin einlaufenden Depeschen mit den neuesten Lageberichten warteten.

Er lebte damals wie im Fieber. Endlich der Krieg! Darauf hatte er gehofft. Damit war sie nun endlich in Sicht: »Die Einheit der deutschen Stämme, geschmiedet im gemeinsamen Kampf gegen den Erbfeind«. Der für ein paar Tage in Corvey weilende Herzog hatte über den Enthusiasmus seines Bibliothekars geschmunzelt, aber genickt zu »dem Franzosen, der die deutsche Uneinigkeit seit eh und je geschürt, seine unverschämte Einmischung mit dieser beleidigenden Aufforderung an Seine Majestät König Wilhelm diesmal aber für jeden deutlich genug auf die Spitze getrieben hat«.

Nichts anderes hatte ihn mehr interessiert als die Bewegungen der Armeekorps in Keilstoß und über die Flügel, die Vor- und Rückmärsche, und dann die Schlachten bei Orten, die er fast alle kannte: Wörth, Châlon und die Spicherer Höhen bei Saarbrücken, Metz, Vionville, Mars-la-Tour, Gravelotte, Sedan. In seinem Arbeitszimmer hingen Karten mit großen und kleinen Maßstäben. Er steckte den Frontverlauf mit farbigen

Papierfähnchen darauf ab, rannte nach Höxter und Holzminden und zurück, schlief kaum, schrieb vor Kampfeslust schäumende »allerneueste Lieder vom Kriegsschauplatze«, eine Contre-Marseillaise, Spottverse auf »dieses verworfene Franzosengeschlecht« und deren Kaiser, Hymnen auf den herrlichen Gott der Deutschen und den preußischen König, den »greisen Siegeshelden«. Noch vor dem Frühstück lief er, ein Stück Brot kauend, auf die Post nach Höxter, schickte die in der Nacht verfaßten Gesänge und Gedichte an Ebeling in Hamburg, der sie auf Flugblätter drucken, verteilen und versenden ließ. Im Postamt auf der langen Bank schlummerte er etwas, hörte aber mit einem Ohr auf den Telegrafen, über den die Depeschen einliefen. Der Telegrafist, ein stämmiger Ostwestfale mit wulstigen Ohrlappen, konnte aus dem Klappern des Morseschreibapparats die Meldungen heraushören, rief sie Wort für Wort aus. Meist waren nur noch die beiden Redakteure des »Weserboten« anwesend und höchstens drei oder vier Höxteraner – mehr kamen bis zur Sedanschlacht selten. Sie kommentierten die Lage. Er hielt sich dabei zurück, fuhr aber ein paarmal dem ständig grimassierenden, kahlköpfigen Redakteur für Politisches, Kranzgeld, übers Maul, so, als der die schlimmen und blutigen Verluste der deutschen Truppen bei Spichern und Vionville auf die Überlegenheit der französischen Bewaffnung mit Mitrailleusen und Chassepotgewehren zurückführte, erklärte ihm und den anderen ausführlich die von Moltke dagegenentwickelte Taktik der Auflösungen von Kompaniekolonnen in fliegende Schwarmlinien, was Kranzgeld sich, grimassierend und den Kahlkopf schüttelnd, anhörte.

Einmal war ihm der Kragen geplatzt, hatte er den Schüttelkopf »Defätist« geschimpft, und das auch trotz der Androhung einer Injurienklage nicht zurückgenommen.

Zu Anfang noch zurückhaltend, trompetete der »Weserbote« bald in größter Siegeszuversicht. Doch er hatte die jesuitischen Zwischentöne schon damals herausgehört.

Schwarz wie die Nacht war das Blatt, und er hielt es nur, um den Gästen zur Belustigung daraus vorzulesen; neuerdings aber, seitdem es – von dem Dechanten Kampschulte gesteuert und ihrem Flaggschiff, Majunkes Zentrumszeitung »Germania«, folgend – offen einen scharfen, ultramontanen Kurs segelte, war es ihm zum Blutdruck hochtreibenden Ärgernis geworden. Eigentlich fabelhaft. Endlich wieder einmal konnte er dichtend zu Felde ziehen gegen seine alten Gegner, die ultramontanen Reichsfeinde und Partikularisten:

Deutsche Männer, zu den Waffen!
Untergang der welschen Pfaffen
und der ganzen Lügenbrut!
So lang mir Gottes Sonne scheint,
des Reiches Freund, der Pfaffen Feind!

Die »Westfälische« und die »Harzer Zeitung« hatten es gedruckt, natürlich nicht der hannoversche Kurier. Die »Germania« hatte mit bösen Angriffen gegen ihn reagiert, ihn beim Herzog und Fürsten von Corvey, seinem Brotgeber, denunziert, und einige Schranzen am herzoglichen Hof zu Ratibor hatten daraufhin gefordert, Seine Durchlaucht möge sich von seinem Bibliothekar trennen. Kammerrat Hesse, dieser Speichellecker und Intrigant, stand todsicher auf deren Seite, einige seiner Bemerkungen deuteten das an. Daß er sich aber seit einem gemütlichen Abend mit Gesang im Berliner Stadtpalais Seiner Durchlaucht der Sympathien des Kardinals Prinz Gustav von Hohenlohe-Schillingsfürst erfreute, des Bruders des Herzogs, dem der Papst gerade die Akkreditierung als Botschafter des Deutschen Reichs beim sogenannten Heiligen Stuhl wegen antiultramontaner Ideen verweigert hatte, wußten die nicht.

Über die Prügel, die ihm papistische, natürlich anonyme Schubbejacken in Briefen, die Alwine vor ihm zu verstecken versuchte, androhten, konnte er nur lachen, und sicher würde auch bald der »Weserknoten«, wie er Kampschultes Blatt nannte, gegen ihn loslegen. Dann würden die Höxteraner ihn nicht mehr so respektvoll grüßen. Er wäre bei ihnen wieder in Verschiß, wie eigentlich – bis auf diese kurze Unterbrechung – die ganzen zwölf Jahre hindurch.

So lange lebte Hoffmann bereits in Corvey, als mein Urgroßvater und Henriette Landau ihn an jenem Julimorgen besuchten. »Am Arsch der Welt, gut derb deutsch gesagt«, so zu Alwine, die zurückfragte: »Hast du das nicht so gewollt?«

»Herrgott noch mal, ja, aber was man nicht alles wollen will oder muß oder beides, Alwine, liebste Schwägerin.«

Von wegen freiwillig, der Umzug von Weimar nach Corvey! Da gab es Gründe: Nicht nur das immer unerträglichere Weimarer Milieu, vergiftet von der Hofkamarilla, Schluß war auch mit dem Literatur-Jahrbuch. Der Weimarer Großherzog hatte seinen Spaß daran verloren. Die Wiedereinstellung als Professor endgültig abgelehnt in Berlin; statt dessen lächerliche 150 Taler als einmalige Unterstützung für die »Bücherkunde zur Deutschen Dichtung«. Unter solchen Umständen mußte man das Angebot Prinz Victors, des Herzogs von Ratibor, herzoglich hochherzig nennen: fürs Bibliothekarisieren in dessen Weserschloß 300 Taler im Jahr. Zusammen mit den 375 Talern Wartegeld, seit achtundvierzig gezahlt – preußisch-pingelig aber gerecht –, davon konnte man wenigstens leben. Dazu kostenlos wohnen im Schloß in sechs Räumen und diese prächtige Weserlandschaft. Einer in seiner Lage, dessen Aufenthalt überall immer noch polizeilich genehmigt werden mußte, überwacht sowieso, verheiratet und Familienvater, vom Alter zu schweigen, zweiundsechzig war er gewesen – so einer durfte dieses Angebot zur endgültigen Seßhaftigkeit nicht ausschlagen.

Ja, gewiß: »Professor Bibliothekarius am herzoglichen Hofe«, »Dichter und Sänger von Fürsten Gnaden« und ähnliche Stänkereien kamen aus wohlbekannter Richtung, aber nicht nur von dort. Einige alte Freunde, Kameraden, Gefährten, Genossen, wie er sie immer noch nannte, aus Vor- und Nachmärztagen redeten ebenso, und das traf ihn, und es nutzte überhaupt nichts, daß er, wenn er nachts wach lag, in endlosen

Philippiken ihnen vorwarf, Ewiggestrige zu sein, unfähig, dem Geist der Zeit auf den Spuren zu bleiben, verknöchert und verholzt oder knurrend im Käfig der eigenen Vergangenheit gefangen, daß er in häufig bis zum Morgengrauen dauernden Plädoyers auf sie und sich einredete, man habe schon damals die Lage falsch eingeschätzt, als man wähnte, er, August Heinrich Hoffmann, genannt von Fallersleben, habe im Weimarer Verkehr – jawohl, unter anderem auch mit hohen und höchsten Aristokraten, Grafen, Fürstinnen, Prinzessinnen, ja sogar mit dem sächsischen Großherzog und der nun wirklich hochherzigen Großfürstin – als Narr am Hofe »Altenburg« der Fürstin Caroline Sayn-Wittgenstein und ihres Beschälers Franz Liszt seine Gesinnung verraten.

Welches Unverständnis. Der von ihm präsidierte »Neu-Weimar-Verein«, zu dem nebst Liszt Coszmann, Walbrühl, Montag und Männer ähnlichen Kalibers zählten, war stärkster Affront gegen die adlige und bürgerliche Kamarilla Altweimars, der sich denken läßt, gewesen! Die Altenburg galt als Zentrum der von der Reaktion gehaßten »Neudeutschen Schule«. Wagner, Bizet, Berlioz, Brahms, Rubinstein, Gutzkow, Freitag, Hebbel, Bettina von Arnim, Rietschel, Cornelius, um nur ein paar zu nennen, verkehrten dort. Wo in Deutschland hätte es damals eine größere und wirksamere Ansammlung liberaler Künstler und Patrioten gegeben? Die von diesem und jenem meist falsch oder aus dem Zusammenhang gerissenen Trinksprüche, Gelegenheitshuldigungen, Geburtstagswünsche, die er der Großfürstin, der Fürstin von Wittgenstein, ja auch dem Großherzog selbst dargebracht hatte – na und? Das gehörte sozusagen zum Dienst, treibt mir auch heute noch nicht die Schamröte ins Gesicht, lieber Glasbrenner – er redete ihn direkt an –, du durftest bald doch schon wieder, von keiner Polizei behelligt, in jedem Bundesstaat weilen, ob im Hannoverschen, ob im Preußischen, wann und wo und wie lange du wolltest. Durfte ich? Nein, durfte ich nicht. Und daß ausgerechnet ich, der sich wie keiner über die Ordenssucht der Deutschen lustig gemacht hat, »jetzt auf stolz geschwellter Brust« einen Stern am Band trage, erbeten von Seiner Majestät dem preußischen König, stimmt überhaupt nicht. Jawohl, ich bin »Ridder der Orde van den Nederlandschen Leeuw«, ernannt vom König der Niederlande wegen meiner Verdienste ums Niederländische. Mein zwölfbändiges Werk »Horae Belgicae« steht dafür. Es handelt sich also um eine wissenschaftliche Auszeichnung, und die werde ich weitertragen mit Stolz. Und das Tragen des Ordens in Preußen mußte genehmigt werden. So war's und nicht anders – du dienender Hofbühnenleiter Dingelstedt, Stänkerer, Scharwenzel, Schmarotzer, Renegat, zaristischer Agent, Intrigant gegen Liszt und die Fürstin, Dienerfurz, der sich in den Adelsstand erheben läßt. Katzenfreundlich zu mir biste gewesen in Weimar, aber ich wußte damals schon, wie du über mich dachtest. Freiligrath nämlich hat mir aus deinem Brief vorgelesen, in dem du ihn warntest, ihn beschworst, die Finger von der Politik zu lassen, mich als »die lächerliche Figur von Fallersleben« als warnendes Beispiel aufführtest.

Und du, Bruder Herwegh, beneidet habe ich dich, der du umsorgt warst von deiner schönen, reichen Frau, dieser wackeren Lebensgefährtin. Daß du im Solde der französischen Regierung, wie seinerzeit der Heine, stündest, halte ich für Humbug, und das sage ich auch jedem. Daß du Größe und Sinn des heiligen Krieges gegen Frankreich nicht begriffen hast, geht aufs Konto deiner kommunistischen und sozialistischen Freunde, und das sag' ich auch jedem. Wie kommst du auf die Idee, ich hätte mich verkauft, gerade ich! Gewiß, gewiß, mich hat der König hier in Corvey besucht und empfangen, jawohl, der Kartätschenprinz und heutige Kaiser. Aber ich habe mit ihm geredet von Mann zu Mann, während du dich von seinem Vorgänger ins Berliner Schloß hast zitieren lassen, und da durftest du auf seine Fragen nur antworten; und wie du uns damals damit geschadet hast, weißt du ja selbst. Du hast dich ja nie mehr davon erholt. Aber ich liebe dich, auch wenn ich mit deinen neuen Versen nichts anfangen kann, zum Beispiel mit dieser Hymne für den Allgemeinen

Deutschen Arbeiterverein. Du sollst leben, der irdischen Sorgen enthoben, wie ich, und der Dritte im Bunde, unser Bruder Freiligrath.

Ein Hundsfott, der Freiligrath die sechzigtausend Taler neidet, die ihm der Spendenaufruf von Rittershaus in der »Gartenlaube« eingebracht hat. Nein, das sind keine Schweigetaler, wie es die Herren um Marx und Engels, mein vor Jahren geprägtes Wort benutzend, jetzt von London aus behaupten. Damals habe ich vom »Schweigetaler« gesprochen und gesungen, weißt du's noch, Bruder Ferdinand, vor beinahe dreißig Jahren, in jenem Koblenzer Sommer, der brannte und brütete, wie wir auf Laubach zuliefen, durchs Weizenfeld. »Wie zwei Finger durch Honig gezogen« war dein Vergleich. »Wollt ein König mir doch geben Pension, oh, wie ließ' ich ihn hochleben . . .«, habe ich, vor ihm hergehend, die mir an die Hüfte, ihm an die Brust reichenden Weizenwogen teilend, gesungen. Natürlich war er, der vom Preußenkönig eine Dreihundert-Taler-Pension bezog, mit diesem Lied auf die Melodie »Bringt mir Blut der edlen Reben« gemeint, und natürlich hat Freiligrath es gemerkt und darüber gelacht! Darauf hatte ich gewartet, ein Zeichen dafür, daß er reif war. Ich hatte das schon vermutet, an der Mittagstafel im Hotel »Riesen«, an der ich plötzlich aufgetaucht war.

Um ehrlich zu sein, bin ich damals nicht nur nach Koblenz gereist, um meine Freundin Henriette von Schwachenberg nach fünfundzwanzig Jahren noch einmal zu treffen, sondern erstmals auch den Dichter von »Mohrenfürst« und »Löwenritt«, den Sänger der Sandlieder und Wüstenhymnen. Fast wäre ich losgeplatzt. Er glich nicht im entferntesten, wie ich erwartet hatte, einem poetischen Weltfahrer à la Byron oder Chateaubriand, geschweige denn dem vom Salzwind gegerbten, im Steppenwind gedörrten Kolonialkaufmann, der die Sundainseln umsegelte, »wo die Töchter der Malaien selt'ner Fische bunte Schuppen Schiffern vor die Füße streuen«, oder dem Kerl, der mit dem Tigerfell behängten Mohrenfürsten an des Nigers rätselhafter Flut Palmensaft aus Kokosschalen trinkt. Doch ich begriff, warum gerade dieser rundliche Westfale mit dem Mädchenmund, dem Knabenkinn, der runden Stirn und den Seidenaugen sich weggeträumt hatte ins Löwenreich, »wo die hellen Feuer glühn im Hottentottenkrale, wenn des jähen Tafelberges bunte, wechselnde Signale nicht mehr glänzen, wenn der Kaffer einsam schweift durch die Karroo ...«. Ich sah ihn im Geiste, ihn, den zum Kommis verdammten Mondsüchtigen aus dem Tal der Nachtigallen, hinterm Barmer Ladentisch das Wellengekräusel der Wupper im Blick, am Fenster des Amsterdamer Handelskontors ins Mastengeflecht der am Kai liegenden Schiffe starren. Und was er sich da zurechtträumte und so wunderbar dichtete, daß es einem das Herz massierte, das war unser aller Sehnsucht: heraus aus diesem vermuffelten, kleingestückelten, residenzverzackten, halszuschnürenden, von Fürsten und Philistern beherrschten Land ins grenzenlose, weite, freie, von keiner Zensurbehörde mehr erreichbare Reich.

So einer brauchte geradezu die Drangsal, den Widerspruch zwischen sich und der Welt. Um ihn auf unsere Seite zu ziehen, mußte man ihm die Augen öffnen für die wirkliche Drangsal, die Zustände im Land, die uns die Luft abschnürten, den Haß auf die dafür Verantwortlichen entfachen, auf »die dreiunddreißig Despoten und Tyrannen und ihren stinkenden Dienerfurz«, wie du dann später gedichtet hast.

Ach, Bruder Ferdinand, weißt du noch, wie wir beim dritten Glas im Wirtshaus vor Laubach mit Blick auf den Rhein – ein Gewitter zog sich über dem Strom zusammen – über Beckers Rheinlied und Schneckenburgers »Wacht am Rhein« stritten? Wie ich dir nach der Melodie der Kaiserhymne mein Lied der Deutschen vorsang, das weiter ging als alle anderen Rheinlieder – über alles in der Welt! Ich dir zwischen Trinksprüchen und Schnurren dein Spottgedicht auf den emigrierten Herwegh vorwarf, deinen Vers »der Dichter steht auf einer höhernen Warte als auf den Zinnen der Partei« zerpflückte, dich und deine Clique in St. Goar als traumselige Troubadoure vor der Loreley verlachte, deinen Freund, diesen reaktionären Geibel, in seiner affigen Sprechweise imitierte, und wie du lachtest, als ich beim ersten Geblitze und Donnerschlag mich bekreuzigte, Augen verdrehend den Komiker mimend? Aber ich habe in deinen Augen gelesen, daß du hinter meinem Grimassieren meine entsetzliche Angst vor Gewittern erkanntest. Das zu entdecken an einem Kerl, der ansonsten Tod und Teufel nicht fürchtet, hat dich weicher gemacht. Und als ich berichtete, bei wem du wegen deines Spottgedichts auf Herwegh in Verschiß geraten warst – und zwar nicht nur bei denen, die sich um die »Rheinische Zeitung« scharten, sondern auch bei all denen, die den neuen Ton anschlugen, die Marschroute angaben, die neue Richtung, das neue Singen –, wie ich dir zurief: »Verpaß den Anschluß nicht, Freiligrath, dafür bist du zu gut!«, da brach es aus dir heraus. Deine wortgewaltigen Kanonaden konnten wir dann später in deinem »Glaubensbekenntnis« lesen, und ich wußte: Du gehörst zu uns.

Nein, gewiß bin ich es nicht allein gewesen, der Freiligrath herüberholte. So was schafft einer allein nicht, auch wenn das später alle meinten, als sie seine Verse an mich lasen, die Erinnerung an jene Nacht im Koblenzer »Riesen«:

Wo wir leerten Glas auf Glas,
bis ich alles wußte,
bis ich deinen ganzen Haß
schweigend ehren mußte.
Düster mit verkohltem Docht
flackerten die Kerzen;
düster und von Zorn durchpocht,
brannten unsere Herzen;
dennoch oft, gleich wie ein Blitz,
finstrer Wolk' entquollen,
brach ein Lachen, brach ein Witz
hell durch unser Grollen.

Ich hatte noch einmal alle Register gezogen, ihm schließlich einiges aus dem Entlassungsbeschluß in der Disziplinaruntersuchung »wider den ordentlichen Professor der Philosophie Dr. August Heinrich Hoffmann zu Breslau« vorgelesen: »Indem der Verfasser Dr. Hoffmann auf solche Weise der öffentlichen Ordnung, den Landesherren und bestehenden Zuständen feindselige, die Gemüter verwirrende und zu Mißvergnügen aufregende Gesinnungen und Ansichten durch die von ihm verfaßten und unter seinem Namen dem Druck übergebenen Lieder verbreitete, hat er seine Pflichten als öffentlicher Lehrer, vermöge derer er vielmehr in einem ganz entgegengesetzten Geiste zu wirken berufen ist, gröblich verletzt und seine Unfähigkeit zur Verwaltung des ihm anvertrauten Lehramtes dargelegt.« Diese Passage ließ ihn vor Wut wirklich zittern, und er warf das Champagnerglas an die Wand. Und weißt du noch, Bruder Ferdinand, wie wir dem Mylord, der im brokatenen Schlafrock hoch auf dem Treppenabsatz stand und kollerte, wir hätten Ruhe zu halten, mein Lied vom »schweren Anfang« nach der Melodie »Üb immer Treu und Redlichkeit« vorsangen,

Frag nicht: was fängt man jetzto an?
Das ist einmal der Lauf:
In Deutschland fängt man niemals an,
in Deutschland hört man auf,

und morgens gegen vier, als Mylord noch einmal erschien und mit der Polizei drohte, ihm den nackten Hintern zeigten? Daß ich dich kurz verdächtigte, den widerwärtigen Artikel in der »Rhein-Main-Zeitung« über unsere Feier im »Riesen« verfaßt zu haben, hast du mir mit Umarmung und Kuß verziehen. Wie selten haben wir uns gesehen in all den Jahren danach, wie notwendig wäre es gewesen! Ich hätte dir viel zu sagen gehabt, was wegen der Zensur nicht brieflich mitgeteilt werden konnte. Deine Briefe an mich sind aufbewahrt, ich lese sie manchmal, denke mir meine dazu, zum Beispiel den, in dem ich dir riet, nicht zu emigrieren, weil man die Leiden und Freuden des Vaterlandes so lange wie möglich teilen muß, obwohl auch ich bald darauf nach New York und weiter nach Texas ziehen wollte, damals, als ich in Totalverschiß bei allen Obrigkeiten geriet und steckbrieflich verfolgt wurde. Verstanden habe ich nie, warum du dem Bund der Kommunisten beigetreten bist, du, ein empfindsamer Poet und Bankkaufmann dazu. War's der Einfluß der Herren von der »Neuen Rheinischen Zeitung«, dieses cholerischen Marx und des charmanten Engels, mit dem ich mich in die Wolle kriegte, weil der kein Deutscher sein wollte, sondern Franzos lieber gewesen wär, den Code Napoléon fürs Höchste und Beste hielt und Könige und Fürsten einen Kopf kürzer machen wollte? Du warst dabei: Erinnerst du dich? Wir sind verstimmt auseinandergegangen. Wann sahen wir uns danach noch einmal, bevor du wieder nach England zogst? In Bingerbrück? Jawohl. Du bewundertest die prächtige Landschaft, die vor uns lag, ein herrlicher Blick aus unserer Wohnung. Wie? Neunundsechzig erst in Bielefeld, du kamst endgültig aus der Emigration zurück, haben wir uns wieder in den Armen gelegen. Noch warst du skeptisch: Die deutsche Einheit, für die mein ganzes Leben stand und steht, das erste und das Wichtigste? Und ausgerechnet unter Führung von Preußen? Doch dann hat der Sturm auch dich mitgerissen. Dein herrliches »Hurra, Germania«, gleich mit Beginn des Krieges ins Land trompetet: »Schwaben und Preußen, Hand in Hand; der Nord, der Süd, ein Heer! Was ist des Deutschen Vaterland – wir fragen's heut nicht mehr!«, und dein Triumph als nationaler Dichter, das hat mich schon neidisch gemacht. Aber so ist es wohl. Über die Heimkehr eines verlorenen Sohnes ist mehr Freude als über den, der zwischenzeitlich die Stange gehalten hat. Ein bißchen bitter ist das schon. Gleichwohl, endlich die Reihen wieder geschlossen! Und ich kann mich ja auch nicht beklagen: Den Lorbeerkranz hat man mir aufgesetzt in Göttingen bei der Sedanfeier. In Hamburg zur Aufstellung meiner Büste sangen Hunderte »Deutschland, Deutschland über alles, über alles in der Welt«, und in Berlin wurde mein Lied auf den Siegeshelden – heute unser Kaiser – die Hymne zweier Theatersaisons . . .

Und so weiter und so fort redete der Alte mit sich und den

anderen in den schlaflosen Nächten, manchmal so laut, daß Alwine im Zimmer nebenan wach wurde. Oft, wenn der Mond schien, nahmen die Schatten an der Wand gegenüber dem Bett Gestalten an. Da waren sie dann: der Vater in Schweinslederjoppe unterm Hoftor oder im Fuchspelzmantel, den Hut des Canton-Maire mit der blau-weiß-roten Kokarde auf dem Zeusschädel, grinsend zu den Argumenten seines im Bett aufgerichteten Sohnes, warum und weshalb er anno neunzehn die Reise nach Bonn nicht unterbrochen habe, um ihn, den auf den Tod liegenden Vater, noch einmal zu sehen und zu sprechen; laut lachte er über den fäusteschüttelnden, greisen Sohn, der ihn »Knauserkopp«, »Haselant«, »Bolzenhans«, »Bocklaus«, »Kollaborateur« beschimpfte; oder Hecker war da, schüttelte den Kopf so lange, bis ihm der steile Hut abfiel und er den eines Brigadegenerals der Vereinigten Staaten von Amerika aufsetzte. Von der Wand herab deckte er den im Bett halb liegenden, halb hockenden, das Plumeau schlagenden Schwadroneur mit seiner donnernden Lache ein, als der rief: »Hier, Hecker, hier und nicht in Amerika galt es die Einheit und Freiheit zu erkämpfen.«

Die Frauen, die er geliebt hatte, immer noch liebte, erschienen in den Vollmondnächten: die Großmutter, knochig, eckig, unter der Häkelhaube die Knollennase schnuppernd hochgestellt: »Bruks di nich verstecken, Wittkopp«, griente sie oder »Smekt et di, Racker?«; die Mutter, waagerecht schwebend im flatternden Seidenschlippen, winkte ihm zu, flügelschlagend mit Händen und Füßen, und das rheinische Gretchen zwischen Hühnern im Hof, eine Hand in der Hüfte, die andere am Korb auf dem Kopf; nie wußte er: Lachte sie ihn an oder aus?

Nie lachte Henriette von Schwachenberg, die Landedelfrau, Goldkugel im Schoß, eine Scherenschnittschöne, auf dem Kanapee liegend vor dem Fenster mit Blick ins Ardeygebirge, Scherenschnitt-Tränentropfen weinend wegen seiner Worte: »Wirf sie doch in den Brunnen, die Kugel, der Frosch holt sie dir nicht herauf.«

Jede Ansprache aber versagte bei Davida von Thümen, die

auf allen vieren ihm keuchhustenschnaufend entgegenkroch, glühende Werwolfsaugen überm Haremsschleier; mit ausgestreckten Armen dagegen, an denen er sich festklammern sollte, schritt, daumenklein erst, immer näher heranrückend bis zur Überlebensgröße, die Breslauerin – psst!, nicht ihren Namen nennen – auf ihn zu, verdrängt schließlich von der hochbeinigen Johanna Kapp, die, auf jenem Baumstumpf der Sonne sich entgegenreckend, rief: »Nimm mich, nimm mich, nimm . . .«; beiseite geschoben von Ida, die in Prinzessin Marias Abendrobe, ein tellergroßes Loch über der Scham, sich aus dem Schattengetümmel löste und, wie er sie umschlingen wollte, darin wieder verschwand, um anderen Platz zu machen, Stölpel und Ruprecht etwa, den beiden Kämpen vom Freikorps Willich mit ihren in die Stirne gedrückten, federwippenden Kalabreserhüten und geschulterten Musketen, die »Feigling, Feigling« flüsterten, ihm den Rücken zukehrten, wenn er ihnen zuschrie, für ihn, den Professor August Heinrich Hoffmann von Fallersleben, seien allzeit nur das Wort, hört ihr, das WORT und das LIED die Waffen gewesen; oder Carl Milde, englischer Zylinder überm mit der Brennschere gekräuselten und mit Birkentinktur aufgehellten Haar, eine leere Leinwandrolle als Kanonenrohr auf ihn richtend, keifend, fauchend, billigen Jahrmarktsjubel habe er, der Hoffmann, vorgezogen der Ehre und Würde eines ernsthaften Gelehrten, blödesten Radikalismus in holprigsten Versen habe er in die Welt posaunt, um Beifall des akademischen Pöbels buhlend, er, der von Politik weniger verstehe als eine Kuh vom Sonntag oder ein Leinenweber vom Bierbrauen. Schäm dich, Lungerer, der jedem auf dem Geldbeutel lag, der ihn nur . . .

»Halt dein Schandmaul! Geldsack, Koofmich, Pißputz, Banause, Ausbeuter, Polenschinder«, schrie der Geschmähte zurück, heiser verstummend, wenn darauf die wuchtige Silhouette Seiner Majestät, die Wand vollständig ausfüllend, den Hamsterbackenbart kraulend, Zigarre paffend, »Nun, Hoffmann«, leutselig brummte, »hier an der schönen Weser findet doch wohl auch der unruhigste Geist seinen Frieden, wie?« –

und er, Hoffmann von Fallersleben, der Freiheitssänger und Dichter gegen Despotie und Fürstenknechtschaft, angetan mit schwarzem Frack, Zylinder, weißer Halsbinde auf weißer Weste und mit weißen Glacéhandschuhen, einen Katzbuckeldiener bis zu den Knien des Kartätschenprinzen vollführte – Gott im Himmel sei Dank, ohne Zeugen außer Wilhelm I. selbst, Seiner Durchlaucht Prinz Victor und dessen Pudel Salamander. Doch manchmal flatterte anschließend wahrhaftig eine Spottdrossel mit dem Gesicht von Heinrich Heine durchs Zimmer – einmal war er aufgesprungen, hatte drei Kerzen angezündet und Verse gegen den längst Verstorbenen aufs Papier gekratzt:

Herrlich schöne Dichtergabe
lieh Jehova dir zu Pfande,
und du hast mit ihr gewuchert
freventlich zu deiner Schande.

Nach solchen Nächten fühlte er sich wie zerschlagen. Meist folgten darauf die Rheumaanfälle oder dieser fürchterliche Trigeminusschmerz, der ihm das Gesicht verzerrte.

Kurz vorm Grauen des Julimorgens, an dem ihn mein Urgroßvater Friedrich Wilhelm Hasenclever und Henriette Landau aufsuchen sollten, Hoffmann hatte – zum wievielten Mal eigentlich? – den Mecklenburger Freunden Müller und Schnelle, die über die Schattenwand geisterten, auseinandergesetzt, warum er, verdammt noch eins, nach seiner Eheschließung nicht ins Mecklenburgische, ins kalte, nasse, langweilige, nach Ochsenpisse und Schweinemist stinkende Land voller stumpfer Gesellen und frömmelnder Weiber zurückgekehrt sei, sondern am weinfröhlichen Rhein, dort, wo er am schönsten ist, sich angesiedelt habe – da war es wieder soweit: Der glühende Draht durch Schenkel, Wade bis zum Fuß brannte unerträglich. Er sprang auf, lief zum Fluß, hinein in den beginnenden Vogelsang, schmetterte Strophen, die ihm gerade einfielen, rannte auf Höxter zu. Noch vor der Biegung des Flusses, wo keine Vögel mehr sangen, verschwand der Schmerz im Bein allmählich, lauerte aber noch im Fuß. Er setzte sich auf die Fischerbank, wartete, beobachtete die Büsche und Bäume am gegenüberliegenden Ufer und hinter der Flußschleife, die beiden Türme der Kilianikirche, die aus dem Morgennebel wuchsen, hörte den Flügelschlag des Reihers, der über das grausilberne Wasser strich, das an dieser Stelle zu stehen schien, und als durch diese hauchfeine Stille die Rufe der Flößer hallten, sprang er auf, sah sich, bevor er den hinter der Böschung zur Abtei führenden Weg erreichte, noch einmal um, sah, wie sich das Floß in die Flußbiegung hineinschob, und lief zum Schloß zurück.

Schmerzfrei, nach einem von keinem Gespenst gestörten erquickenden Morgenschlaf auf dem Ledersofa im Bibliothekszimmer und nachdem er den von Alwine zubereiteten, mit Heidehonig gesüßten Buchweizenbrei gelöffelt und zwei Tassen belgischen Kaffee dazu getrunken hatte, stand er, als mein Urgroßvater und Henriette Landau das Tor in den Schloßgarten passierten, am Fenster, rauchte eine Zigarre und zählte die Schaulustigen. Aus der Tatsache, daß Mumbart weit vor dem Elfuhrschlag der Turmuhr, und dazu noch vor den anderen, die beiden in Empfang nahm, schloß er, daß die junge Frau besonders attraktiv sein müßte. Der kleine Kastellan hatte – wie Alwine es ausdrückte – »ein Faible für weibliche Schönheit« und wurde von den Leuten aus Corvey in einer Mischung aus Spott und Bewunderung »Lustmolch« genannt.

Besuch in der Bibliothek

Als erstes, nachdem sich seine Verblüffung gelegt hatte, lockerte mein Urgroßvater Friedrich Wilhelm Hasenclever den Binder am Hals, lehnte sich behutsam, unauffällig in das zerschlissene Ledersofa zurück und knöpfte schließlich den oberen Teil seiner Weste los. Er ließ dabei den mit orgeldröhnender Stimme redenden »Herrn Professor« – so hatten sie ihn begrüßt – nicht aus den Augen, nickte oder stimmte verhalten in ein Lachen ein.

Das mit Zigarrenqualm vollgeräucherte Zimmer, in dem sich an den Wänden, auf Tisch und Stühlen die Bücher stapelten, Papiere, Zettel, Akten, Zeitungen, gerahmte und ungerahmte Bilder herumlagen, war stickig heiß. Dem Alten schien das nichts auszumachen. Im Gegenteil. Er trug über zugeknöpfter Weste eine dicke Lodenjoppe, Schnürstiefel und Wollstoffhosen, wie man sie nur noch an wandernden Handwerksburschen oder auf Stichen aus der Zeit nach den Befreiungskriegen sah. Mit dem Rücken zum Schreibtisch saß er in einem für seine Mächtigkeit zu kleinen und zu engen Sessel, bei angewinkeltem Arm die linke Hand auf die Lehne gedrückt, in der rechten Faust den Knotenstock, als ob er jeden Augenblick aufbrechen wollte.

Hoffentlich bleibt er sitzen, dachte Friedrich Wilhelm, stehend füllt er den Raum noch mehr.

Seit der Begrüßung mit donnerndem »Herein damit«, einem »Schönen guten Morgen« und einem Schraubstock-Handschlag, den Henriette abends noch an den Wurzelknochen spürte, redete er in einem fort. Emil Rittershaus' Brief hatte er nur kurz angeschaut, beiseite gelegt. Dieser liebe gute Kamerad, marschiere der trotz seiner Leibesfülle immer noch in alter Frische auf die Höhen der Zeit, wo man ihn so oft als einen der ersten habe umarmen können? Wie zuletzt zum Jahreswechsel vor zwei Jahren, als er die Befreiung Elsaß-Lothringens mit seinem erst kürzlich in der »Gartenlaube« abgedruckten Gedicht »Deutschlands Siegesdank« prophezeite, und wie er neuerdings in seiner Ballade »Ein deutsches Herz« – allerdings, das sei nun mal die Schwäche des guten Emil, in nicht immer maßgerechten Versfüßen – die Geldsackgesinnung der neureichen Gründer geißele? Unverzeihlich allerdings, daß dieser Poet, nach dem Geschmack, nun ja, sagen wir eines guten Teils des Volkes, der der holden Weiblichkeit so manchen schönen Vers gewidmet habe, daß dieser Gefährte ihm, dem Fallerslebener, die Bekanntschaft mit einem solch reizenden Geschöpf, wie Henriette es sei, vorenthalten habe.

»Liebe verehrte Henriette, wenn Sie wüßten, was allein Ihr klangvoller Name in meinem Herzen anrichtet. Nein, keine Verwandtschaft mit Rittershaus? Um so besser, darf ich das sagen? Auch nicht verwandt mit Hermann Grieben? Noch besser. Die Tochter Karl Landaus? Am besten! Griebens Gedichte! Noch schlechter als dessen Rezension meiner Memoiren in der ›Kölnischen Zeitung‹, die im übrigen wie eine Granate eingeschlagen sind.« Ob man da mal hineingeschaut habe? »Gut, Fräulein Landau! Hasenclever – ein klangvoller Name, fälischen Ursprungs, um Hagen herum ziemlich häufig – auch Sie? Hermännchen Grieben entschuldigte sich später mit einem Gedicht in seinem mir zugeeigneten Bändchen munterer Verslein. Verziehen sei ihm, um so mehr, als er Sie mir ins Schloß geschickt hat...«

»Tatsächlich wie Orgelgebraus hörte sich das an«, heißt es dazu im Tagebuch meines Urgroßvaters Friedrich Wilhelm Hasenclever, »dabei ließ er uns keinen Augenblick aus seinen listigen Augen, prüfte unsere Reaktionen, und je nachdem, wie er sie einstufte, zog er die Register. Und diese Gebärden! Das Schüttelgelächter. Und wenn er kicherte, verschwanden die Augen vollends. Nur noch Falten und Fältchen das ganze Baumrindengesicht. Sein Kopfdrehen, daß das Silberhaar flatterte. Und wenn er die Augen rollen ließ, den Silberbart kraulte, mußte es Kindern angst und bange werden. Und der hat all diese schönen Kinderlieder geschrieben! Warum er bloß auch noch mit dem Knotenstock Takt schlug ...«

Friedrich Wilhelm hatte ihn sich als eine jener knorrigen, sonderbaren, eben nußknackerhaften, allerdings distanzierten, ja fürstlich unnahbaren Berühmtheiten von früher vorgestellt. Aber alles an ihm war großspurig, laut, jovial, vereinnahmend in einer Art, die der seines Vaters glich.

Bei Hoffmann wirkte sie allerdings gespielt, ja inszeniert, hatte jene Komik, die auch allzu Penetrantes erträglicher machte und sich dadurch wohltuend unterschied von der pathetischen Aufdringlichkeit, dieser unbelehrbaren Intransigenz von Friedrich Wilhelm Hasenclever senior, der immer andere machen machen wollte, während es Hoffmann anscheinend nur darauf ankam, sich und seinen beiden Besuchern zu gefallen.

Zu Wort kommen ließ er sie allerdings nicht. Die ins Geplauder eingebauten Fragen hatten rhetorischen Charakter, und erst als der Alte sich eine Zigarre anzündete, kam Friedrich Wilhelm dazu, einen Dank für die ihnen beiden mit dem Empfang zuteil gewordene Ehre anzubringen, verbunden mit der herzlichen Bitte, sie beide gleich wieder zu entlassen, falls sie ihm auch nur einen Augenblick seiner kostbaren Zeit ...

»Aber woher denn!« Hoffmann warf das Streichholz zu Boden, lehnte sich in dem engen Sessel, so gut es eben ging, zurück, stieß einige Rauchringe aus gespitztem Mund, legte wieder los, begann mit einem Lobpreis auf das seit Tagen anhaltende prächtige Wetter, schilderte einen Spaziergang entlang der Weser, sprang auf, öffnete endlich das Fenster, blieb mit dem Rücken dort angelehnt stehen, stieß Rauchringe ins Zimmer, und wenn die beiden geglaubt hatten, das sei's nun gewesen, der Alte habe sich schließlich doch ausgeredet, so kannten sie Hoffmanns an Manie grenzende Fabulierlust nicht.

Anekdote an Anekdote reihte er, »ohne Zusammenhang«, dachte Henriette anfangs, bis sie den Faden zu erkennen glaubte, den der gewiefte Causeur zog, die Spur, die er legte, ausgehend von der Schnurre über die Wißbegier des eineinhalbjährigen Goethe, der dann als Dreizehnjähriger schon mit erfundenen Geschichten die Gäste zu unterhalten wußte, über Dönekens der Art, wie man sie aus den »Fliegenden Blättern«, »Kladderadatsch« und dergleichen kannte, zum Beispiel vom dummdreisten Offiziersburschen, schlitzohrigen Schusterjungen, schlagfertigen Bauern, bigotten Pastor, ehrpusseligen Leutnant – zu den lustigen Rätselfragen nach dem Unterschied zwischen Briefträgern und Rentieren, Preußen und Schwaben, Mohren und Missionaren, Kraut und Rüben. Weiter führte die Spur zu Schwänken über Eckermanns unterdrückte Notdurft im Weimarer Gartenhäuschen, zu den alten und neuen Leiden der zur Matrone gereiften Werther-Freundin Charlotte, zu Schilderungen der Geistreicheleien am Weimarer Hof zwischen ihm, dem Professor und Poeten August Heinrich Hoffmann von Fallersleben, und Carl Alexander, dem sächsischen Großherzog, der Kaminplaudereien mit dem Schloßherrn Prinz Victor von Hohenlohe-Schillingsfürst, Fürst von Corvey und ihrer gemeinsamen Gesänge schlesischer Volkslieder, schließlich über eingestreute Zitate aus seinen poetischen und sprachwissenschaftlichen Werken bis hin zur Aufzählung seiner Besucher, unter denen der König, heute Kaiser, der illustreste war (»Wallfahrten, wie sie auch dem Weimarer meistens zur Last, manchmal aber auch, wie eben heute mir, zur Freude gerieten«). Die Spur, die er da legte, die sollte wohl sie, Henriette und Friedrich Wilhelm, einzig zu seinem Wunschbild führen: August Heinrich Hoffmann von Fallersleben, in die Jahre gekommener Dichter und Gelehrter, residierend im Corveyer Schloß gleich Johann Wolfgang von Goethe am Frauenplan zu Weimar.

Diesen »Goethe-Tick«, wie sie ihn später nannte, fand sie schnurrig-romantisch, jedenfalls passend zu ihm, und auch das Fabulieren des Märchenriesen, anders als Friedrich Wilhelm, ganz und gar nicht prahl- und schwatzsüchtig. Im Gegensatz nämlich zu meinem Urgroßvater, der vornehmlich in Industrie- und Kaufmannskreisen verkehrte, wo man bei aller gebildeten Weltläufigkeit in den Unterhaltungen doch Tacheles redete, war ihr die freie Kunst des Fabulierens zur Selbstdarstellung und zur Ergötzung anderer, wie sie im Kreis von Künstlern, Journalisten, Politikern, Schauspielern geübt wurde, gut bekannt, und sie genoß es, wie der Märchenriese die Rederegister bediente, wie er als schmunzelnder Langsatzarchitekt Periodenungetüme aufbaute, den Spannungsbogen mit Einschüben und ornamentierenden Interjektionen so weit zog, daß er fast barst, um dann in einer purzelnden Kadenz alles einzubringen, dann wieder mit harten Stakkatosätzen den Jahrmarktschreier, im raunenden Bänkelton, den hinterm Ofen hockenden Großvater mimend, Pointen vor- und zubereitete, diese dann flüsterte oder knallen ließ oder als dozierender Professor Kolleg hielt, das er abrupt mit einem burschikosen Pedellwitz abbrach, wie er augenzwinkernd mit gebremstem Sarkasmus sich vor Grieben, Rittershaus, Heine, Freiligrath und anderen herausstrich oder, seinen Gang am Weserufer entlang schildernd, in einen Singsang fiel, den man einfach mitsummen mußte.

Gewiß – viele Anekdoten und Schnurren waren olle Kamellen, das sah Henriette wohl, aber wie er sie brachte, wurden sie neu, selbst diese dümmlichen Rätselfragen, die er, halb Zirkusclown, halb Wortjongleur, durch unerwarteten Tonstau und verschobenen Akzent ganz anders abmischte.

»Allein schon diesem Baßbariton in seinen wechselnden Klangfarben, Abtönungen und Veränderungen bis hin zum gekicherten Falsett, diesen kernigen niedersächsischen Modulationen zu lauschen, den Rezitativen, manchmal zusätzlich rhythmisiert durchs Knotenstockklopfen, ist berauschend« – hieß es später in ihrem Portrait »Ein Märchenriese im Weserschloß« –, »und einfach hinreißend die Art des Lachens, und wie er sein Silberhaar um den Kopf schüttelt, die Schultern hebt und mit einer Handbewegung alles herbeizuholen scheint; Gebärden sind das, haftengeblieben aus jener verschwundenen Zeit, die es wirklich gegeben haben muß, ehe die Träume sich auf Soll und Haben zurückbildeten, damals, als die Menschen morgens in aller Frühe hinausliefen, um den Tag nicht zu verpassen, mit gereckten Hälsen, Zylinder im Nacken die Männer, die Frauen ohne Kopfputz, gekleidet in phantastische, farbige Kostüme, aufeinander zugingen, redeten oder lachten oder weinten und sich umarmten auf offener Straße; in der Luft ein Sirren und der Geruch von Flieder, Pulver und Pasteten, und in jedem Herzen die Hoffnung auf das ganz und gar Unerwartete, damals, als Pauline Lindtberg auf einer weißen Stute die Wupper entlang durch Elberfeld galoppierte, wobei ihr Haar wie das einer Mänade im Winde wehte ...«

Hoffmann von Fallersleben erinnerte sie an Onkel Eduard, der in einem Gästezimmer bei Lindtbergs gelebt hatte und von dem niemand wußte, ob überhaupt oder wie er mit der Familie verwandt war. »Gemütskrank« war er, möglicherweise schon seit sich Pauline Lindtberg damals von einem Felsen in die viel zu flache Wupper gestürzt hatte, bestimmt aber endgültig – so Karl Landau – wie so viele »alte Revoluzzer nach Königgrätz«. Onkel Eduard, auch er noch mit Haaren bis auf die Schultern, aber darüber die phrygische Mütze gestülpt, hatte die gleichen Gebärden, die gleiche zwischen Würde und Lächerlichkeit schwebende Selbstgewißheit gezeigt, wenn er, aus seiner Melancholie kurzfristig erwacht, auf Flehen von ihr und Elsa und Max seine wundersamen Märchen erzählte, vom wach geküßten Dornröschen, das, nachdem es den Prinzen in den Brunnen gestoßen hatte, auf einem arabischen Rappen durch die Dörfer jagte, »Liberté« schrie und eine rote Fahne dazu schwenkte, von Schneewittchen und ihren sieben Zwergen, die einen Stollen unter den Schloßberg trieben, ihn mit Pulver füllten und gerad zum Krönungsfest die ganze Pracht in die Luft sprengten, vom kohlepechschwarzen Aschenputtel auf einer durchs

Land stampfenden, fauchenden, bunt angemalten Lokomotive und davon, wie sie in Scharen, singend und redend in tausend Mundarten, zum Hambacher Schloß hoch gezogen und feurige Zungen vom Himmel herabgezüngelt waren, und von der gräßlichen Bienenkönigin.

Anders als Onkel Eduard hatte der Märchenriese im Weserschloß aber wohl, wie es aussah, alles gesund überstanden, »unverschämt gesund« nach den Worten ihres Vaters. Jedenfalls war Hoffmann mit der verschwundenen Zeit nicht die Luft weggeblieben und in all den Jahren nicht das Blut, wie dem Onkel Eduard, von einem pelzigen Maulwurf, den er unterm Bett versteckt vermutete, ausgesaugt worden. Merkwürdig, dachte Henriette, wie ihre Nasen sich gleichen: gerade, stark, aber mit schmalem Rücken, ständig witternd, daher vielleicht diese geschwungenen, dünnhäutigen Nasenflügel.

Obwohl das Fenster nun offenstand und ein lauer Sommerwind den Duft von gemähtem Gras ins Zimmer wehte, blieb es stickig heiß. Der Zigarrenqualm zog nicht nach draußen ab, sondern kräuselte an den Wänden hoch und in alle Ecken hinein. Friedrich Wilhelm lockerte den Binder am Hals weiter, knüpfte die Weste vollends auf, lehnte sich noch bequemer ins Ledersofa zurück, streckte, vorsichtig unauffällig, die Beine weiter von sich, beobachtete dabei von der Seite her Henriette, die kerzengerade, den Kopf leicht geneigt, die Hände im Schoß gefaltet, sittsam, graziös und bescheiden, comme il faut, vorn auf dem Stuhlrand saß und dem am Fensterkreuz lehnenden Alten lauschte, ja ihn offensichtlich stimulierte, wie sie ganz fein nickte oder den Kopf schüttelte, mal die Lippen kräuselte, mal erstaunt schaute oder erschreckt oder ungläubig, dann wieder herausfordernd, schamvoll nieder- oder strahlend hochblickte, je nachdem, was der Unterhaltungskünstler gerade brachte. War es das einfache, naive Widerspiegeln ihrer Empfindungen oder die den Töchtern aus gutem Hause anerzogene, fast mechanisch funktionierende Aufmerksamkeitsmimik? Oder raffiniertes Schauspiel, nur um zu gefallen? Oder war es vielleicht sogar, um den Alten immer weiter hinzureißen, ihm schließlich pikante Äußerungen zu entlocken, mit denen sie im »Kladderadatsch« auftrumpfen könnte? Friedrich Wilhelm erriet es nicht.

Die Turmuhr schlug elf. Vom Innenhof her hörte man Reden und Lachen. »Die Schaulustigen«, sagte Hoffmann, »die Wallfahrer kommen.«

Er sah zum Fenster hinaus. »Aha, sogar ein Offizier unter ihnen, Leutnant der Fünfundfünfziger, wenn ich nicht irre, klappert über den Hof – ja, durch diese hohle Gasse muß er kommen. Dabei fällt mir eine Geschichte ein«, er wandte sich wieder seinen beiden Besuchern zu. »Also ein Offizier zu Celle im Lüneburgischen will gern einen kleinen Ausflug zum Vergnügen machen. Er sucht seinen Freund, auch ein Offizier, dazu zu bereden, und so reisen sie denn nach Hannover. Nun muß ich noch erst etwas bemerken, der Leutnant Telgmeyer, denn so hieß er, ich habe seinen Vater sehr gut gekannt, er war ein großer, starker Mann, von gutem Humor und Appetit, also dieser, sein Sohn, hat einmal gehört: ›Durch diese hohle Gasse muß er kommen‹ und pflegte bei allen Gelegenheiten diese Worte anzuwenden. Wenn er zum Beispiel im Whistspiel noch Bube, Zehn und Neun hatte, und die höheren Trümpfe waren heraus, so sagte er: ›Durch diese hohle Gasse muß er kommen.‹ Das mußte ich bemerken, damit Ihnen die Geschichte klar wird. Weil nun beide Offiziere nicht wissen, was sie den Abend in der Residenz anfangen sollen, so gehen sie ins Theater. Es wird gerade Wilhelm Tell gegeben. Als nun die Szene kommt, Sie werden sich dieser unnachahmlichen Szene erinnern, wie Tell, auf seine Armbrust gestützt, den Landvogt erwartet und die Worte ausruft: ›Durch diese hohle Gasse muß er kommen!‹, sagt Telgmeyer zu seinem Freunde: ›Die verfluchten Kerls! Wissen die auch schon, daß ich hier in Hannover bin!‹«

Hoffmann stieß eines seiner ihn schüttelnden Baßgelächter aus, Friedrich Wilhelm fiel zurückhaltend und gemäßigt ein, Henriette lachte leise hinter den Fingern ihrer verdreht vor den Mund gehaltenen Hand.

Hoffmanns Rede floß weiter. Man hörte dahinter Geräusche, Fußtritte draußen auf dem Gang, Gemurmel, Gesang, der lauter wurde. Er lauschte zur Tür hin, grinste und, Brust heraus, reckte er den Zeigefinger, legte den Kopf in den Nakken, drückte die hohle Linke als Käppchen aufs Hinterhaupt, blitzte durch eine nichtvorhandene Brille auf der Nasenspitze jemanden über sich an.

»Herr Lehrer Lämpel«, platzte Henriette heraus, und Hoffmanns Meckern ging über in ein Büffelgebrüll. »Herrlich«, schrie er, »herrlich und wie zutreffend«, lief zur Tür, riß sie auf, »Herr Lehrer Lämpel«, rief er, »Mumbart, das ist Ihr Nom de guerre. Für jetzt und immer und für alle Zeiten, Herr Lehrer Lämpel, großartig.«

Mumbart verbeugte sich, sang weiter, so auch der Zivilist zu seiner Linken, während der kleine Herr in der blauen Uniform mit rotem Besatz eines preußischen Infanterieoffiziers zu seiner Rechten schwieg.

»Frisch auf, frisch auf! Zu den Waffen
rufet uns das Vaterland.
Komm, Kaiser der Franzosen,
mit deinen roten Hosen!
Nun wohlan, kommt heran!
Wir sind da Mann für Mann,
ohne Zagen euch zu schlagen, euch zu jagen
weit vom Rhein,
Juche! Ihr sollt dran denken!«

Dieses unsägliche, nach der Melodie von »Ein Schifflein sah ich fahren, Kapitän und Leutenant« zu singende, von Hoffmann von Fallersleben getextete Regimentslied der Fünfundfünfziger sangen oder vielmehr grölten sie, und Hoffmann fiel ein, drehte sich nach dem ausklingenden »dran de-hehen-ken« herum, kommandierte: »Abteilung marsch, vorwärts, geradeaus!«, schulterte den Knotenstock und marschierte mit vor Spott oder Begeisterung strahlendem Gesicht, von den beiden Herren im Marschschritt gefolgt – Mumbart hatte sich verzogen –, ins Arbeitszimmer zurück, wo Friedrich Wilhelm und Henriette ihnen entgegensahen und Friedrich Wilhelm schon aufspringen und ironisch salutierend die Hakken zusammenschlagen wollte. Er unterließ es aber, als er auf den Gesichtern der beiden Herren im Gefolge des Alten einen Ausdruck entdeckte, den er später als »bierernst bis blöd« bezeichnete, worin ihm Henriette nur insoweit zustimmte, wie er den des Zivilisten betraf, während sie den des Offiziers »betrunken bis blasiert« benannt wissen wollte.

Sie übernahmen das ungleiche Paar übrigens ins Repertoire ihrer Beziehungsspiele, wobei Henriette Leutnant Herjet markierte, der, die Rechte auf dem Rücken, die Linke an der Hüfte, unter knappster Verbeugung die Hacken zusammenschlug und schweigend und unendlich gelangweilt an die Decke schaute, wenn Friedrich Wilhelm als korporierter Breisau zum Beispiel lispelte: »Gestatten ausführen zu dürfen ubiubique Verehrteste mögen« – ein Spiel, das sie mit der Zeit immer variantenreicher aufführen sollten, nachdem Henriette einmal, wegen einer Nichtigkeit erzürnt und aus der Rolle fallend, ihren Schirm wie eine Reitgerte mehrmals ans Bein geschlagen und geschnarrt hatte: »Züchtigen sollte ich Sie, Breisau, Unverschämter!«

Jetzt aber, im verräucherten Bibliothekszimmer auf Schloß Corvey, saßen sie schweigend dabei, wie Breisau, ein Hagerer, Schnabelnasiger, »Bericht erstattete« – so sein Ausdruck. Er trug das dreifarbige Band seines Korps über der Weste unterm Jackett, die dazugehörige Mütze auf dem Kopf und redete in jenem, nach dem Krieg in den Korporationen sich rasch verbreitenden, Mischjargon aus alter Burschensprache und neuem Kommandoton des Militärs, stellte sich, den »geklammerten Zweitchargierten« der Göttinger »Hildeso-Guestphalia«, vor und seinen Cousin, den Offizier Herjet aus dem in Höxter stationierten dritten Bataillon des Fünfundfünfzigsten Preußischen Infanterieregiments, befördert vom Feldwebel zum Sekondeleutnant und mit dem Eisernen Kreuz zweiter Klasse für Tapferkeit vor dem Feind bei Vionville/Mars-la-Tour ausgezeichnet, erklärte zum Grund seines Besuches, man habe sich »quasi subito nach bonfationöser Kneipe Erlaubnis herausjenommen, berühmten Professor, alten Herrn, semper Kämpfer für Deutschlands Einheit, sozusagen großes Vorbild non solum aller Renonzen sed etiam der Burschen, erjebendst Aufwartung zu machen«.

Hoffmann, ob seine Augen vor Begeisterung oder Spottlust funkelten, erriet man immer noch nicht, antwortete im Ton eines kommersierenden, hundert Semester alten Ehrenchargierten als »Bemoostes Haupt«, brachte als erstes gemeinsam mit Breisau ein »Vivat-Crescat-Floreat-Hildeso-Guestphalia«, mit allen gemeinsam ein Hoch auf das Fünfundfünfzigste Preußische Infanterieregiment und ein spezielles auf Leutnant Herjet aus, der zu allem schwieg und, nur hin und wieder sich knappstens verbeugend, die Hacken zusammenschlug.

Der Sekondeleutnant sah angegriffen aus. Sein Gesicht überm einschnürenden, roten Stehkragen zeigte eine gelbgrünliche Färbung, Folge jener »bonfationösen Kneipe«, bei der Herjet den Fürsten von Thoren gemacht hatte und nun »um Tempus« bitten müsse, um »'tschuldigung, Verehrteste – Kalb anzubinden«, wie Breisau erläuterte, nachdem der Leutnant mit vor den Mund gepreßten Händen aus dem Zimmer gelaufen war, in das er aber bald zurückkehrte, wohl kaum erleichtert, denn sein Gesicht hatte sich nicht entfärbt, und er knallte auch weiterhin nur die Hacken zusammen, verbeugte sich knapp und schwieg, zum Beispiel als Hoffmann ihn nach Einzelheiten der Angriffstaktik bei Vionville fragte oder wissen wollte, wie man im Offizierskorps der Fünfundfünfziger über die Verlängerung der Diktatur in Elsaß-Lothringen dächte, die er, Hoffmann, in kurioser Übereinstimmung mit dem Zentrumsabgeordneten, dem Freiherrn von Roggenbach, ablehne – zumindest nach der Übereinkunft zur beschleunigten Abzahlung der französischen Kriegsschuld vom Anfang des Monats, wobei er sich manchmal frage, ob die mit dem Koofmichsgehandel zwischen Bismarcks schlitzohrigem Hausfinanzier Bleichröder und dem glitschigen Thiers herausgekommenen fünf Milliarden Goldfrancs, einem ohnehin unwürdigen, deutscher Art und Gesinnung widersprechenden Abschluß nach dem in jeder Hinsicht notwendigen Krieg, nicht ein Danaergeschenk seien. Doch Schluß mit dem Politisieren. Der Alte zündete sich eine weitere Zigarre an.

Die Herrenrunde ziere eine Dame, der man zwar unverzeihlicherweise noch kein »Lebehoch« ausgebracht habe, sie dafür aber der Gefahr einer polizeilichen Verfolgung aussetze. Ja – da blicke man entgeistert! Aber wisse man denn nicht, daß Frauenspersonen die Teilnahme an politischen Veranstaltungen gesetzlich verboten sei? Dabei regierten sie doch, die Frauen! Er brach in Gelächter aus, in das selbst der kleine Leutnant Herjet mit einem alle überraschenden tiefen, sonoren Baß, den Henriette später besonders gern imitierte, einfiel. »Dabei regieren sie doch wahrhaftig die Welt – jawohl, meine Herren, sie machen Weltgeschichte. Haben sie nicht zum Beispiel großen Anteil an der Reformation? An den französischen Revolutionen und Revolten und an der einzigen bei uns und an noch ganz anderen denkwürdigen Begebenheiten? Hätten sie, die Frauen, es gewollt, Deutschland wäre früher eins und glücklich geworden, und vieles an Leid wäre den Deutschen erspart geblieben.«

Hoffmann war in die Mitte des Zimmers getreten, und wie er, vom eigenen Reden berauscht, hochgereckt, zigarrenqualmumflort sich Henriette zuwendete, glich er – ihr Märchenriese –, in dieser Mischung aus Feierlichkeit und Komik, dem germanischen Gott Wotan auf der französischen Karikatur »Furor Teutonicus« in der Redaktionsstube ihres Vaters, und Henriette lauschte, gerührt und amüsiert zugleich, dem, was der Märchenriese da so von sich gab, nämlich, daß die Frauen immer nur alles seien, entweder Freie wären sie oder Sklavinnen, wobei er das erstere vorziehe. Sie bräuchten nicht wie der Mann im Leben Rücksichten und Bedenken aufzubringen, fern von Würden, Titeln, Orden, Rängen und Ständen habe sie nur einen Beruf, die Frau: Mutter zu sein! »Und in diesem Beruf«, dröhnte er feierlich, »liegt das Höchste und das Schönste der Menschheit: die Erziehung der Menschen zum Menschen, zum freien Staatsbürger, zum lieben, aufopferungsfreudigen Familienvater.« Und an Henriette näher herantretend und die Arme ausbreitend, rezitierte er, langsam und noch feierlicher:

»Seid mir gegrüßt, ihr deutschen Frauen,
der schönern Zukunft Morgenrot!
Wem soll vertrau'n, auf wen soll bauen
das Vaterland in seiner Not?
Ihr tragt noch nicht die bunten Bänder,
die man dem Staatsverdienste weiht;
euch sind noch eure Hausgewänder
mehr wert als ein Beamtenkleid.
Wohlan! Ihr sollt im Kind' erwecken
den Sinn für Freiheit, Ehr' und Recht,
ihr sollt erziehn zum Feindesschrecken
ein freies biederes Geschlecht.«

Ein Schmunzeln unterdrückend, die Hände im Schoß gefaltet, den Kopf leicht geneigt, manchmal aufschauend, lächelnd und ein bißchen errötend, nahm Henriette diese höchst eigenartige Huldigung entgegen, ebenso das dreifache vom Märchenriesen angestimmte »Vivat« aller. Aber als dann Breisau, der »exzellenten Damenrede« beifällig zustimmend, »Erjänzung peto«, vom Wesen des Weibes sprach, dem kalter Verstand und männlicher Geist fremd seien, »Herrjottseidank« – vom Weib, das gegen den Geist als Widersacher der Seele die Gemütsbildung setze, »was uns Herren der Schöpfung allemal wohltut« –, es könne ja auch nicht das Weib anders denken, als »persönliches Jefühl« oder die Erfahrung des Herzens ihm eingebe, außer in perverser Ausgabe als Mannweib – »aber das ist ja eben auch ein solches, hahahaha« –, da reckte sich Henriette, blickte Breisau kühl, dann eisig ins Gesicht, schüttelte schließlich den Kopf, so daß Breisau zu stottern begann, abbrach. Und als

Henriette Landau dann im gurrenden, näselnden Ton einer weniger schockierten als amüsierten Baronesse sagte: »Aber, aber, Breisack, gehen Sie da nicht doch zu weit?«, zuckte der Angesprochene wie unter einem Säbelstreich, murmelte: »Wie meinen!«

Leutnant Herjet schlug die Hacken zusammen, Hoffmann blickte erst ein bißchen perplex, lachte dann aber lautlos übers ganze, in tausend Falten aufgesplitterte Gesicht, und Friedrich Wilhelm spürte ein erregendes Kribbeln im Nacken. »Überaus reizend – reizvoll«, notierte er später in seinem Tagebuch, »wie sie da im chaotischen Durcheinander des verräucherten Raums aufmerksam, still, aber mit Hingabe dem exotischen Greis lauschte, dann plötzlich blitzenden Auges doch nicht ohne Spott, diesen penetranten Korpsstudenten zurechtwies.«

In diesem chaotischen Durcheinander des verräucherten Raums hat mein Urgroßvater übrigens, wie er ins Tagebuch schrieb, »erstmals und ernsthaft und mit wachsendem Begehren an eine Ehe mit dieser herrlichen, kapriziösen, aber doch tief empfindenden Frau starken, unerschrockenen Charakters« gedacht, und so, wie er daran dachte, sah er auch die Schwierigkeiten voraus, die es mit seinem Vater geben würde. Nicht, daß Friedrich Hasenclever senior etwas gegen eine vermögenslose Schwiegertocher einwenden würde. »Geld haben wir selbst«, war seine Rede, »was aber wichtig ist: gutes Blut!« – und Henriette Landaus Blut würde er als solches nicht gelten lassen, sowenig wie das der Anna-Sophia Manorelli, mit der Onkel August sich ehelich hatte verbinden wollen. Anna-Sophia Manorelli, eine von Friedrich Wilhelm schwärmerisch verehrte glutäugige, schlanke, doch starkbusige und schwarzmähnige Frau, mit Amselflaum an den Armen, war aber nicht nur eine neapolitanische Soubrette, sondern auch väterlicherseits zigeunerischer Herkunft, wie die von Hasenclever senior höchstpersönlich angestellten Nachforschungen ergeben hatten, also keinesfalls eine Nichte Garibaldis, worüber der doppelt getäuschte Onkel August so enttäuscht war, daß er das

Verlöbnis löste und sein Bruder – Friedrich Wilhelms Vater, Hasenclever senior – sich nicht mehr genötigt sah, das zu tun, was er »andere Saiten aufziehen« nannte.

Welche Saiten in seinem Fall aufgezogen würden – vom Verbot des Betretens sämtlicher Firmengelände bis zur Enterbungsandrohung sollten es alle sein –, darüber machte sich mein Urgroßvater noch keine Gedanken in diesem stickigheißen Bibliothekszimmer, in dem nach Henriettes Rüge eine knisternde Stille eingetreten war und man vom Schloßinnenhof hinauf Lachen und Kreischen von Kindern hörte.

Hoffmann schoß zum Fenster, schrie hinaus: »Ruhe, Gebalge! Wie oft habe ich euch das schon verboten?«

Ein wütender, böser Kinderschreckriese war er mit einemmal geworden. Sofort wurde es draußen still, und während Friedrich Wilhelm sich noch über solches Gehabe des Dichters all der wunderschönen Kinderlieder wunderte – Henriette konsternierte ihn später mit der Erklärung, »aber vielleicht gerade deshalb, weil er Kinder und deren Lärm nicht mag, schreibt er solche Lieder« –, schlug der Alte, wieder ruhig geworden, vor, nunmehr doch endlich die Bibliothek zu besichtigen, weshalb man sich ja schließlich auch aufs Schloß begeben habe. Wenn es der Dame und den Herren genehm sei – er zwinkerte Henriette zu –, übernehme er, der Oberbibliothekar Seiner Durchlaucht Prinz Victor von Hohenlohe-Schillingsfürst, Herzog von Ratibor, Fürst von Corvey, dabei die Führung.

»Sjezeichnet, besten Dank, verehrter Herr Professor«, sagte Breisau, Leutnant Herjet klappte die Hacken zusammen. »Kleine Einführung jefällig?« fragte Hoffmann, wieder Henriette zuzwinkernd, und nachdem Breisau »Bitte darum« geschnarrt, Leutnant Herjet die Hacken zusammengeschlagen, Henriette lächelnd genickt, Friedrich Wilhelm »Das wäre wirklich ...« gemurmelt hatten, sprach er, erst Ton und Gestus eines aus der Welt und ihren Wirren ins Bücherreich entflohenen Bibliothekarius Spitzwegscher Prägung imitierend, dann aber ernst und immer begeisterter über »meine Bücher«, verschluckte sich fast vor Überraschung, als Henriette nach dem

Verbleib der aus der Bibliothek im 16. Jahrhundert gestohlenen handschriftlichen Annalen des Tacitus fragte und erklärte, diese seien bereits 1525 in die Hände Papst Leos X., Räuber wie alle Päpste, gelangt, liebe verehrte Henriette, alle Achtung; im Dreißigjährigen Krieg sei dann der alte, von den Mönchen des heiligen Benedikt mehr oder weniger sorgsam gehütete Bestand durch Diebstahl, Brandschatzung und Schlimmeres bis auf Reste dezimiert und erst vom Vorgänger des heutigen Schloßherrn, dem Landgrafen von Hessen-Rotenburg, wieder aufgefüllt worden, allerdings – das sei eine Marotte jener Durchlaucht gewesen – mit englischen Romanen, gräßlichem Zeugs. Aber er, der neue Bibliothekar, habe, mehr oder weniger im Einverständnis mit dem neuen Schloßherrn –, er legte die Finger auf die Lippen, machte: »Psst, psst« –, das Ruder herumgerissen und . . .: »Aber das werde ich Ihnen nun zeigen, besonders meinen ganzen Stolz, die Abteilung Volkslieder.«

Diese waren nun wirklich eine seinerzeit »beinahe einmalige Kollektion, die der Alte da zusammengeklaubt hat«, so Hermann Grieben später zu Henriette. Vor den Schränken seiner Volksliedersammlung war Hoffmann ein schwärmerischer Jüngling, streichelte die Rücken der Bände, nahm diese und jene Handschrift heraus, zeigte sie wie eine Monstranz, legte eine zögernd und auch nur kurz in Henriettes Hände. Beim Weitergehen in die vorderen Räume der Bibliothek sagte er leise zu ihr: »Ich bitte Sie herzlich, besuchen Sie mich morgen nachmittag, ich möchte Ihnen von einer wunderbaren Frau erzählen, die nicht nur Ihren Vornamen trägt, sondern Ihnen in ihren jungen Jahren auch derart glich, daß es mir wie ein Wunder scheint.«

Nicht unmöglich, daß es sich bei dieser wunderbaren Frau um die schöne Heny handele, sagte Friedrich Wilhelm, als sie in einer offenen Kutsche durch die Kastanienallee zur Stadt zurückfuhren, und er erzählte Henriette die Geschichte über die arme Landedelfrau und den mittellosen Wanderstudenten, die er von seiner Großmutter kannte. Es war weit über Mittag. Die Schnitter lagen im Schatten der Kastanienbäume, rot- und blau-weiß gestreifte Tücher mit Speiseresten, Krüge und Körbe um sich herum. Einige winkten, und sie winkten zurück.

»Hat er dir gefallen?« fragte Henriette.

»Jlänzende Unterhaltungsjabe«, sagte Friedrich Wilhelm, »famoses Genie.«

»Ich hingegen – verehrter Herr – spreche im Ernst«, sagte sie, »nämlich mein Märchenriese ist wirklich ein Märchenriese, und noch mehr. Der prächtige Alte nämlich verkörpert für mich, Henriette Landau, und für viele meinesgleichen, wenn Sie verstehen, was ich meine, Monsieur geklammerter Zweitchargierter, verkörpert geradezu authentisch jene Zeit, in der zu leben es eine Lust gewesen sein muß – sogar für Frauen.«

Der Droschkengaul trabte in einem nicht einmal mehr leicht zu nennenden Trab, wurde vom Kutscher mit einem Peitschenknall angetrieben, fiel in eine schnellere Gangart.

»Das mit der Lebenslust, verehrtes gnädiges Fräulein«, sagte Friedrich Wilhelm, »ist so eine Sache für sich.« Und was die Damenwelt anbetreffe – er erinnere nur an die hygienischen Verhältnisse in den letzten Jahrzehnten des letzten und in den ersten Jahrzehnten dieses Jahrhunderts, und...

»Wenn Sie das jetzt ernst gemeint haben sollten, Herr Geheimrat«, unterbrach sie, »verlasse ich Sie auf der Stelle, und Sie müssen sich eine andere Mätresse suchen.« Friedrich Wilhelm lachte – aber es war ihm mal wieder nicht richtig wohl bei solch frivolem Scherz aus Henriettes Mund, und Henriette fragte sich wieder einmal, ob denn nun so einer wie dieser westfälische Bauer in der Verkleidung eines Industriekaufmanns je zu ihr passen würde. Dann aber war sie doch wieder angerührt von seinem blaublauen Blick und dem kindlich-zutraulichen Ausdruck in seinem Gesicht, als er fragte: »Freust du dich, daß wir diesen Tag und vielleicht noch einen dazu gemeinsam verbringen?«

»On verra, Monsieur le Comte«, sagte sie.

»Jedenfalls scheint dein Märchenriese das zu sein, was die Franzosen ›homme à femmes‹ nennen«, sagte Friedrich Wilhelm. Henriette lächelte. Wie wenig doch so einer – aber gab es hier und heute überhaupt andere? – wirklich begriff!

Sie nahm den kleinen, mit bunten Bändern geschmückten Hut aus Stroh ab, legte ihn in ihren Schoß, stützte den Kopf auf den Wulst des zurückgeschlagenen Verdecks und faßte seine Hand. Ein lauer Wind strich über ihr Haar. Das rauhe, gerubbelte, sonnenwarme Polster rieb ganz eben ihre Haut, und sie spürte das federnde Wiegen der rollenden Kalesche bis in den Magen. Vermutlich würden es die wirbelnden Lichtflecke, auf die Schultern des Kutschers gesprenkelt, und dessen zerschlissener brauner Zylinder sein, die als erstes auftauchten, wenn sie irgendwann später die Erinnerung an ein paar sanfte Sekunden unterm Blättergewölbe in der Kutsche auf der Fahrt von Schloß Corvey nach Höxter beschwor.

Gretchen aus Poppelsdorf

Homme à femmes, wie mein Urgroßvater meinte, ist Hoffmann nie gewesen, selbst nicht in seinen Studentenjahren, obwohl er zu jener Zeit als solcher hätte durchgehen können. Hochgewachsen, ja riesig, breitschultrig, aber mager, ja dürr, mit einem für seine ungelenke Figur merkwürdig feingeschnittenen Gesicht, entsprach er auch in seinem Aufzug dem modischen Leitbild der jungen, aus den Befreiungskriegen heimgekehrten Generation: erdfarbener Leibrock, nach altdeutscher Art ungeschlitzt bis zu den Knien, weite Hose, darüber die Stiefel, das Hemd oben offen und lose über den Rockkragen geschlagen, auf das fast schulterlange Blondhaar leicht schräg gesetzt die braunsamtene Schirmmütze und in der Hand den Knotenstock. Wer sich auskannte, sah aber, daß er eine Spur zu sorgsam gekleidet war und ihm auch sonst diese gewisse Lässigkeit des Herzensbrechers fehlte.

»'ne Schürzenjäger isset janz bestimmt nit, so wat seh isch auf 'n Blick«, drückte es Katharina, genannt Tring aus, die Freundin von Gretchen, dem ersten Mädchen in seinem Leben, dem er, nach den Schwarm-Oden auf seinen Busenfreund Henneberg, Liebesverse dichten sollte. Damals studierte Hoffmann in Bonn, und Gretchen erkannte ihn gleich wieder, als er an einem Maienabend im Törchen zum Hof ihres Elternhauses in Poppelsdorf stand. Einige Tage zuvor war er in Begleitung eines Kommilitonen durchs Dorf und über den Marktplatz geschlendert. Die Leute hatten die Köpfe nach ihnen gedreht, einige hatten gelacht, eher verhalten, was eigentlich nicht Bönnsche Art war, wenn Fremde in ungewöhnlicher Aufmachung daherspazierten. Die drastischen Witze besonders der Marktfrauen waren berüchtigt, aber man hatte allerlei über die neuen Studenten und ihr rauhes, rauflustiges Benehmen gehört. In Bonn erzählte man sich von Saufgelagen und Ehrenhändeln, zerbrochenen Straßenlaternen, zertrümmerten Scheiben und Misthaufen vor den Türen von Krämern, die nicht stunden wollten oder einem der jungen Herren frech gekommen waren. Sie tauchten jetzt öfter im benachbarten Poppelsdorf auf, und bald sollte das Dorf zum bevorzugten Wohnort für minderbemittelte Studenten werden, denn hier wurden die Zimmer billiger vermietet als in der Stadt Bonn. Gretchens Vater, immer auf einen Zuverdienst aus, stolz darauf, in den wechselvollen Zeitläuften die neuen Zeichen schnell zu erkennen und zu deuten, hatte an eine Kastanie im Hofgarten des ehemaligen kurfürstlichen Schlosses zu Bonn, in dem die »Rheinische Friedrich-Wilhelm-Universität« untergebracht war, einen Zettel genagelt: »Unterzeichneter zeigt hierdurch an, daß reinliches, schmuckes Zimmer im Hause neben der Kirche in Poppelsdorf zwecks Logieren kann genommen werden«.

Bei diesem Zimmer handelte es sich um die Kammer über der Steindruckerei und Porzellanmalerwerkstatt des Vaters, in der nacheinander das Liebchen eines bei der Intermediärkommission zu Bonn beschäftigten Schreibers aus Lyon, zwei typhuskranke Grenadiere der geschlagenen Großen Armee und später der aus der österreichischen Armee desertierte magyarische Feldscher und Jahrmarktsgeiger – höchstwahrscheinlich der Vater von Bärbel und Lieschen – Stefan Madrak gewohnt hatten. Wegen dieser Kammer stand nun der Student August Heinrich Hoffmann aus Fallersleben im Törchen und sah zu ihnen hinüber.

Sie saßen in der an die Küche grenzenden, nach vorn hin offenen, weinüberwucherten Laube, hatten gegessen und tranken, zur Feier des Namenstages von Tante Tillchen, Maibowle, auf Waldmeister angesetzt. Der Tisch war noch nicht abgeräumt. Die Mutter hielt das Kleinste auf dem Arm, vor ihren Knien hockten umschlungen die Zwillingsschwestern Lieschen und Bärbel, Kätzchen im Schoß. Der Vater, zu seinen Füßen der Spitz, schmauchte seine fußlange Pfeife, und Gretchen und die Tring, ihre liebste Freundin, saßen rechts und links neben der Tante, die eine ihrer tragikomischen Lebensgeschichten zum besten gab. Im Schein der untergehenden Sonne glänzte der Kupferhahn auf dem Turm der Kirche nebenan, über den die Mauersegler jagten. Ihr Schrillen verschmolz mit der Melodie von »Meerstern, ich dich grüße«, das der marienverrückte Küster auf der Orgel spielte und in unendlichen Variationen die Nacht hindurch weiterspielen würde, wenn man ihn nicht daran hinderte. Alles an diesem wie Samt sich anfühlenden Abend war durchdrungen von Fliederduft. Der allein schon hätte Gretchen ganz ohne diese rheingrün schimmernde, nach Sich-in-Wiesen-Wälzen schmeckende Bowle in jene beschwipste Stimmung versetzt, die sie das Glas heben und dem Studenten im Törchen zuprosten ließ.

Traum ist alles, auch der Abend,
als du mich zuerst erblickt,
mit dem Tranke kühl und labend
deinen Freund zuerst erquickt;

verdichtete der später diese Geste, zog grüßend die Mütze, kam heran, fragte, ob's richtig hier sei, wo man an einen ruhigen Studenten aus dem Königlich-Großbritannisch-Hannoverschen, aus Fallersleben genau, ein Zimmer vermieten möchte.

Daß sie direkt auf den geflogen sei, wie die Tring später behauptete, stimmte nicht. Im Gegenteil. Gretchen dachte: »Wat 'n Geleckten«, als er »Mein Fräulein« zu ihr sagte, nachdem er, von der Besichtigung der Kammer mit dem Vater zurück, sich auf dessen Aufforderung hin ihr gegenüber an den Tisch gesetzt hatte, das Glas hob und sagte: »Auf Ihr Spezielles und natürlich auf das der gesamten so traut beieinandersitzenden, den Tag ausatmenden Familie« und – zum Vater gewandt – »vor allem auf Sie, das Oberhaupt und den Paterfamilias, prosit.« Er blickte ihr in die Augen, sie schlug ihre nieder. Das war schicklich, und sie errötete dabei. Das hatten sie und die Tring geübt, sie konnten es auf Kommando, und während er in wohlgesetzten Wendungen weiterdankte, pries und prostete und auf die Fragen vom Vater antwortete, beobachtete Gretchen ihn unter den Wimpern hinweg und von der Seite her. So weltläufig der sich gab, in den wichtigen Dingen des Lebens, vor allem der Liebe, war er ein scheuer Kerl, ahnte sie, unerfahren allemal, zum Beispiel schon, wie der sich so einfach drei Reichstaler Monatsmiete für das Kämmerchen vom Vater abluchsen ließ. Und das Fremdelnde im Blick verschwand nie, soviel Dönekens er auch erzählte – und das konnte er, daß man aus dem Lachen nicht mehr herauskam. »Nee, nix für misch«, hatte sie der Tring noch hinterm Rücken der kreischenden Tante Tillchen zugeflüstert.

Erst am Abend darauf gab es jenen Moment, von dem ab Gretchen ihn mit anderen Augen sah. Er hatte mitgegessen. Zwar waren im Mietpreis keine Mahlzeiten enthalten, aber am ersten Tag galt der Mieter als Gast, und so hatte der Vater ihn geladen, heimlich jeden Löffel und Bissen mitgezählt, den der – so hinter vorgehaltener Hand – »Riesenfretkopp sisch rinstoppt«. Satt geworden war der wohl nicht von einem Teller Milchgrütze, zwei Stück Brot und der Schale Rhabarber, doch er bedankte sich für das »wohlschmeckende Mahl«, erzählte Geschichten von einer wundersamen Reise von Magdeburg nach Frankfurt an den Main, zu Fuß und in holpernden Kutschen, durch schaurige Waldeinsamkeit, zum Zauberechoklang des Posthorns aus der Ferne; vorbei an Schloßruinen im Mondschein, vorbei an verfallenen Weilern, in denen wilde Hunde heulten, durch verpestete Dörfer, wo noch Hexen hausten, und von den breiten Straßen in der großen Stadt, ihren Gassen, durch die nachts Sporen und Degen übers Pflaster klirrten, Gesang und Becherklang aus Kneipen drang, und von Abenteuern mit Räubern und Gendarmen, Juden und Christen, Herren und Damen, Bauern und Bürgern, Philistern und Studenten, bei denen stets und ausgerechnet er listig, überlegen, schlau und allemal ritterlich-edel Herr der Lage blieb.

Ganz der »eitle Aap« und »Flonkerkopp«, wie sie ihn bei sich nannte. Aber dann – er brach mitten in einer Geschichte ab, sah in den Mond überm Kirchturm – stimmte er, das ferne Signal eines Posthorns gab den Auftakt, ein Maienlied an, sang es mit aus tiefster Brust kommender Stimme, leise und doch alles übertönend, sogar das Orgelspiel des marienverrückten Küsters. Und wie Gretchen das Vibrieren im Bauch spürte, grad an der Stelle »Bei ihr, da wär mir wohl, wenn ich nur an sie denke«, erst da machte es, gestand sie Tring noch in der Nacht, »bums«, und sie faßte den Entschluß: Den will ich haben.

Eine Gelegenheit dazu bot sich schon bald darauf am Abend beim Maientanz »Unter der Linde«, einem Platz am Dorfausgang, der eine Zeitlang »Platz der Freiheit« geheißen und dieses Versprechen auch gehalten hatte, wenn man den Geschichten glauben durfte, die die Poussierenden von damals kichernd erzählten. Seitdem hatte sich einiges geändert, nicht nur die Namen von Straßen und Plätzen. Man gehörte zu Preußen, aber die französischen Tänze und Lieder wurden noch gern gespielt und getanzt. Verboten oder nicht, dem Pfarrer, der neuerdings wieder bei Tanzveranstaltungen und ähnlichen Vergnügungen aufpaßte, war es egal. Ihm kam es nur darauf an, daß die Paare nicht, wie in der gottlosen Zeit, ausgelassen, zuchtlos oder gar unzüchtig tanzten, sondern schicklich, und das hieß, bei den Händen gefaßt und nicht zu oft Arm in Arm, womöglich sich dabei küssend, umeinanderwirbelten. Die beiden Gendarmen, man sah sie häufiger, seit in Poppelsdorf Studenten auftauchten, taten so, als interessiere sie die Musik nicht. Jedenfalls blieben sie stocksteif an den Zaun gelehnt stehen, als die Musikanten – Trommel, Flöte, Baß und Geige – zum jubelnden Beifall der Poppelsdorfer und Kessenicher Jugend »La Bigotte« und »Randu, Randa, Randatata« spielten. Sie schienen sich überhaupt um nichts zu scheren, bis dieser große Kerl in der provozierenden Kleidung, die schon bald verboten werden sollte, auftrat, flankiert von den beiden hübschesten Mädchen des Dorfes. Sie tuschelten, der kleinere der beiden Gendarmen löste sich vom Zaun, kam zwischen den sich drehenden Paaren quer über den Platz auf die Bank unter dem Lindenbaum zu, auf die sich der Student und seine beiden Begleiterinnen zwischen die anderen gesetzt hatten, postierte sich vor dem Fremden, fragte, halb amtsstreng, halb verlegen, aber mit lauter, die Musik übertönender Stimme, ob man sich ausweisen könne: »He – da – er!« Und wie der dann, erst Schwerhörigkeit vorgebend und »Kann nit verstan« brummend, dann, sich erhebend, den kleinen Gendarmen riesengroß überragend, ein Papier hochhielt, nach dem dieser springend griff, da war der Held des Abends geboren. Die Musik brach ab, die Tanzenden umringten ihn und den kleinen Gendarmen, der, nachdem er die Immatrikulationsbescheinigung des Herrn August Heinrich Hoffmann aus Fallersleben gelesen hatte, diese, knapp grüßend, zurückgab und zum Zaun zurückging.

Burschen und Mädchen klatschten, und Gretchen war einen Augenblick lang selig. So hochgemut und selbstbewußt, wie er jetzt tat, war er aber nicht gewesen. Sie hatte sein Zittern gespürt, wie der kleine Gendarm sich vor ihm aufgestellt hatte, die nasse Hand, die nach der ihren griff, gefühlt; und auch als er, die Burschen und Mädel umringten ihn noch, laut das »Bucklichte Männlein« anstimmte und alle einfielen:

»Will ich in mein Gärtlein gehn,
will mein Zwiebeln gießen,
steht ein bucklicht Männlein da,
fängt als an zu nießen,«

zitterte er noch ein bißchen nach, bis der Chor zu den beiden Gendarmen am Zaun hin immer lauter sang und lachend das Lied ausklingen ließ:

»Liebes Kindlein, ach ich bitt,
bet für's bucklicht Männlein mit!«

Wie er dann aufstand, sich förmlich steif machte, den Brustkasten herausdrückte und solo sang: »Kennt ihr das Land, so wunderschön in seiner Eichen grünem Kranz? Das schöne Land ist uns bekannt, es ist das deutsche Vaterland« – dabei mit dem Knotenstock den Takt auf die Erde stampfte –, ein Lied, das keiner kannte und wohl auch niemand, eingeschlossen die beiden Gendarmen, verstand, schwatzte man wieder, lachte miteinander, rief: »Musik, Musik«, als er endlich geendet hatte. Er war darüber verärgert. Dieses Lied müsse man gemeinsam singen, rief er, »ich bring' es euch bei«! Aber die Musikanten legten wieder los, und schließlich tanzte auch er, abwechselnd mit Gretchen und Tring. Sie reichten ihm bis an die Brust, ein schwieriges Tanzen, und er konnte es auch nicht gut, walkte mit zu großem Schritt und hielt, die Arme immer ausgestreckt, die Partnerinnen einfach zu weit von sich weg.

Eine Stunde vor Mitternacht klatschte der Pfarrer das Tanzen ab. Morgen sei Sonntag, er wolle sie alle ausgeschlafen in der Messe sehen. »Keine Widerrede«, als man »Och« rief, »noch 'n bisken«; und man machte sich auf den Heimweg. Tring hatte sich auf ein Zeichen von Gretchen verdrückt, und so ging sie allein mit ihm das letzte Stück durch den Heckenweg, in dem es zwischen und hinter den dornigen Weißdornbüschen Nischen und Verstecke gab, wo man sich stundenlang so verküssen und verschmusen konnte, daß man das Dornenpieksen überhaupt nicht mehr spürte oder sogar wonnig genoß. Aber obwohl die Sterne über ihnen funkelten, der Duft von nachtfeuchtem Heu aus den Wiesen hinter den Hecken aufstieg, der Nachtvogel klagte, einmal sogar die Nachtigall schluchzte und es hier und da hinter den Weißdornbüschen seufzte und knisterte, redete und redete er, sprach von Poesie und Musik im Leben der Menschen, davon, daß es so viele Lieder gebe, auch hier, die sie, das Volk, sängen, die müsse er alle hören und aufschreiben. Warum? Nun, das habe er sich zur Aufgabe gemacht, im Lied komme die Poesie und damit das Wesen, die Seele des Volkes, am reinsten zum Ausdruck, und in dieser Poesie . . .

Sie hatte seine Hand gefaßt, vor einer Heckennische mit

sanftem Druck versucht, ihn zum Stehenbleiben zu veranlassen, hatte sogar einmal ihren Kopf an seine Seite gelegt, doch am Ende des Weges, der zwischen Sakristei und der Gasse, an der das elterliche Haus lag, endete, war nichts passiert.

»Nich mal 'n Büzchen?« fragte Tring, die nach Mitternacht noch an Gretchens Fenster geschlichen kam.

»Nee – nu lasse 'ne doch, Zig muß man ihm lasse, dat sag isch doch.«

Unter der Tür ihrer Kammer fand sie am Morgen ein Gedicht, das sie immer wieder las, die Stimme der Mutter, wo sie denn bliebe, der Ofen sei noch kalt, überhörend.

Ach es treibt mich hin und wieder,
wie ich liebe, dir zu klagen,
könnten's doch nur meine Lieder,
ach, und könnten sie's dir sagen!

»Schriewe, dat heißt noch gar nix«, meinte Tring dazu, die beinahe so flüssig lesen und schreiben konnte wie Gretchen, aber noch nie ein Gedicht dieser Art, nur hin und wieder Billets d'amour mit allerdings eindeutigen Ausdrücken und Wünschen und entsprechenden Zeichnungen erhalten hatte.

Ganz wunderschön sei das Gedicht, sagte Gretchen zu ihm. Er kannte es auswendig, trug es nun vollständig mit leiser, eindringlicher Stimme vor, und ihr kamen tatsächlich die Tränen, als er sprach: »Darum brach ich diese Rose und betaute sie mit Tränen.« Sie fragte, ob ihm so was nachts einfalle, oder wann? Er schwieg, lächelte sie an wie der Pfarrer im halbhellen, nach Rosenholz und Zwiebelatem duftenden Beichtstuhl, wenn sie, statt von der wirklichen Todsünde zu sprechen, ihre krankhafte Naschsucht vorgab – ein überlegenes und doch einfältiges Lächeln.

Das war an dem Sonntag, als sie unter blühenden Kastanien am Ufer entlangspazierten, den breit und bleifarbig fließenden Strom zur Linken, dahinter das Siebengebirge, blaugrün schimmernd im Widerschein der Nachmittagssonne, und er sich nicht genugtun konnte im Lobpreisen des Rheins, nicht Deutschlands Grenze, sondern Deutschlands Strom, in dem sich unsere ältesten Städte spiegeln, seit Kaisers Zeiten Lebensader, von der aus das Reich sich entwickelte und ausdehnte, heiliger Fluß, aus dessen Fluten, wie das Gold der Rheintöchter, die versunkene Einheit der deutschen Stämme emporsteigen würde. Nie wieder dürfe dieser Urstrom der Deutschen welsches Gebiet werden wie in vergangener Zeit, nie wieder. Und dann fing er plötzlich an zu weinen.

Die neuen Studenten waren nach Meinung ihres Vaters und seiner Freunde zwar fanatische Franzosenhasser, aber daß der Grund für diesen plötzlichen Tränenausbruch die ehemalige, nun sogenannte »Fremdherrschaft am Rhein« sei, glaubte Gretchen dann doch nicht. Trotzdem sagte sie, nach seiner Hand greifend, einfach, weil ihr im Augenblick nichts anderes einfiel: »So schlimm war dat doch auch wieder nit« – und auf ihre Familie bezogen stimmte das sogar. Sie waren für die Verhältnisse in Poppelsdorf damals beinahe wohlhabend gewesen. Ihr Vater, der schon für die cisrhenanischen Republikaner Flugschriften gedruckt hatte, bekam dafür später, als man wirklich Franzos geworden war, manchen Druckauftrag von der Departementsverwaltung und auch noch mehr, und Gretchen erinnerte sich, wie es damals manchmal mitten in der Woche Fleisch und Kuchen, guten Wein und einmal sogar Schokolade gegeben hatte, sonntags viele Gäste am Tisch mit saßen und – so wurde herumerzählt – der Deckel auf Mutters Truhe nicht schloß.

»Wohl wahr«, sagte er, drückte ihre Hand, wischte sich die Augen trocken. Der Grund für sein Losheulen war die mit der Erwähnung welscher Herrschaft am Rhein plötzlich einsetzende Erinnerung an seinen Vater, der während der Franzosenzeit, in Sold und Amt eines Canton-Maire, den Ort Fallersleben durchaus auch zum Wohle der Familie Hoffmann regiert hatte und einen Monat zuvor gestorben war. Der Tod mache ihn furchtbar traurig, erklärte er Gretchen, die seine Hand festhielt.

Zwei Kutschen, besetzt mit Damen und Herren auf einer Landpartie, überholten sie, hielten. Die Herren in langen farbigen Staubmänteln, darunter Stulpenstiefel, Zylinder mit den modisch geschwungenen Krempen auf ihren gepuderten Perücken, stiegen aus, halfen den Damen in ihren weiten, bauschigen, die Trachten des Landvolks imitierenden Toiletten beim Ausstieg, und als dann die laute Schar, gefolgt von zwei livrierten Dienern, die Körbe mit Fressalien und Flaschen trugen, auf sie zukam, zog er, knurrend und auf das Aristokratenpack schimpfend, Gretchen mit sich die Uferböschung hinunter. Sie setzten sich ganz nah ans Wasser auf eine über zwei Steinbrocken gelegte Holzplanke, hoben ruckartig und gleichzeitig ihre Füße vor der heranschwappenden Bugwelle eines in der schnellen Strömung unter vollen Segeln laufenden Lastschiffs, fielen dabei beinah nach hinten über, und darüber mußten sie beide lachen. Ob's jetzt vorbei wär, fragte sie. Er schüttelte den Kopf, und nach einer Weile, während sie weiter seine Hand hielt, wollte sie wissen, ob der Vater einen schweren Tod gestorben sei. Er schluckte ein paarmal, atmete tief durch, zog den Brief seines Bruders aus der Tasche, las die Stelle über das Sterben des Vaters, und darüber weinten sie beide. Er hätte seinen Vater wohl sehr liebgehabt, fragte sie, seine Hand nicht loslassend, und er schluckte und nickte, beließ es dabei, erzählte nicht, daß er seit einem Monat grauenvoll träumte, nachts oft stundenlang wach lag, ihn dann nur das Schreiben von Versen davor bewahrte, immer und immer wieder die Gründe für seine Weiterreise nach Bonn, damals, als er vom Sterben des Vaters längst wußte, zu formulieren, um Bruder, Schwester, Mutter und anderen – nicht einmal so sehr dem Toten selbst – die Notwendigkeit seiner Flucht verständlich zu machen. Abgesehen von seiner Leichenangst, hätte er nämlich, wäre er ans Sterbebett nach Fallersleben zurückgekehrt, nach dem Tod des Vaters – hört Ihr, das erwartet Ihr doch – das marode, halb pleite Geschäft weiterführen müssen, hätte sich abgeben müssen mit Krämern und Pfennigfuchsern, dem Zoll- und Steuergeschacher, dem Handeln mit Hamburger Pfeffersäcken, Bremer Weinpanschern, Hannoverschen Haselanten, Braunschweiger Bauernfängern, jüdischen Geldverleihern und Pferdehändlern, Fuhrknechten aus allen Himmelsrichtungen. Seßhaft wäre er früh und für alle Zeiten geworden, festgebunden an Haus, Stall, Hof und Lager, umstellt von Bier- und Heringsfässern, Korn-, Kartoffelsäcken, Kisten und Kästen; im Kolonial- und Materialwarenladen den Verkäufer, in der Gaststube den Wirt und Allerweltsfreund spielen! Er, der gerade aufgebrochen war, die Höhen der Wissenschaft zu erobern, eine wirkliche deutsche Philologie und Volkstumskunde zu begründen und auszubauen, mit den Besten der deutschen Jugend die Neue Welt zu schaffen: das einige, freie große Vaterland, die wirkliche Volksgemeinschaft vorzubereiten in einem Gemeinwesen freier Menschen, wie er es als Bursche in Göttingen und Jena erlebt hatte und nun an der neu gegründeten, von verzopfter Tradition freien Universität in Bonn weiterführen wollte. Sosehr er die Heimat auch liebte, wie oft war er heimwehkrank! – aber er als Familienversorger, stubenhockend in Fallersleben, in diesem reaktionären, restaurativen, hannoversch-großbritannischen Königreich als braver Kaufmann! Jamais, niemals, dreimal nein.

Und überhaupt niemandem war begreiflich zu machen, daß er sich mit dem Tod des Vaters befreit und erlöst fühlte. Wußte er doch immer noch nicht, wohin vor Scham, wenn er an seine Kaspereien auf dem Schiff von Mainz nach Koblenz zurückdachte, an jenem hellen Morgen, nachdem ihm der Weinhändler Abeten, ein Freund der Familie, vor Besteigen des Schiffes feierlichst den Tod des Vaters mitgeteilt hatte.

In Trance hatte er das Postschiff betreten, gelähmt, versteinert an der Reling gestanden, die vielbesungene Herrlichkeit des Rheingaus, am Ufer bei Bieberich den Feenpalast der Nassauer, den in der Morgensonne strahlenden Johannisberg nicht beachtend, immer nur ins glitzernde Wasser gestarrt, bis in Bingen diese Reisegesellschaft zugestiegen war, eine Gruppe gestandener Herren mit ihren Damen, die sich auf den Bänken und Stühlen an Deck niederließen. Knapp eine Viertelstunde später saß er unter ihnen, plauderte, erzählte Schnurren, machte Späße, versetzte sie in Staunen, brachte sie zum Lachen und zum Singen, war bald der Maître de plaisir, einem Zwang folgend, dem er sich sein Leben lang nicht mehr entziehen konnte, seit er an jenem dämmerdunklen Herbstnachmittag in der Gaststube daheim den am Stammtisch vor sich hin dösenden Pastor Hempel und den seine Pfeife kalt schmauchenden, gähnenden Hinnerk Harms zum Lauschen, Schnaufen, Lachgedröhn und Schenkelklopfen gebracht hatte, indem er nach der naiv-altklugen Manier des Sechsjährigen die bei den Pferden mitgehörten Gespräche zwischen Fuhrknechten und Stallburschen über Napoleons Strategie und die Gegentaktik der hannoverschen und preußischen Armeeführung wiedergegeben hatte. Er war von diesem Erfolg übrigens nicht überrascht gewesen, weil er sein Unterhaltungstalent, das er später zu hoher Animationskunst entwickeln sollte, immer schon geahnt hatte. Seine Gabe sprach sich unter den Stammgästen herum, und er mußte, vom Vater dazu noch animiert, immer häufiger solche Schnurren zum besten geben, wodurch der Umsatz an Bier und Wein gesteigert, aber auch sein Ansehen als »Vertell-Prötjer« gefestigt wurde, so daß ihm in den folgenden turbulenten Kriegsjahren die Rolle des Vorlesers zufiel, der den Stammgästen aus dem »Hamburger Correspondenten« und dem »Westfälischen Moniteur« die neuesten Nachrichten zu berichten und witzig zu kommentieren hatte.

Aber auf dem Postschiff am Morgen nach der Nachricht vom Tode des Vaters wurde ihm zum erstenmal das Zwanghafte, ja Süchtige seiner Stimmungsmacherlust bewußt. Trotz des ihn lähmenden Trauerschmerzes mußte er einfach heran an die Leute, sie zum Lauschen, Schnaufen, Lachen bringen, einfach um die Starre zu lösen, erklärte er sich, und er war zur Höchstform aufgelaufen. Gleich ihm unternahmen alle Reisenden auf dem Schiff zum erstenmal in ihrem Leben die Rheinreise, aber er spielte den Cicerone, zählte, benannte die Dörfer und Städte am Ufer, die Berge und Burgen, verband mit allem eine Geschichte, einen Witz, eine Anekdote, ein Lied, erzählte von den Mäuseturmmäusen, der Wispermüllerin, den sieben Jungfrauen, den feindlichen Brüdern und der Loreley, gab den an den Höhen in Etagen angeordneten Weingärten verrückte Phantasienamen, »Hartmilcher Süßchen«, »Lacrimae Fritzi«, ernannte diese oder jene Ruine zum Stammsitz eines Burschenschaftsbruders Anton Haupt, Uwe Jens Lornsen oder der Follen-Brüder, sang vom edlen Rebensaft, vom deutschen Rhein und seinen Mägdelein, und als die Sonne hinter den Moselbergen verschwunden war und man sich hinter Stolzenfels Koblenz näherte, sangen alle beschwipst und völlig im Banne Jung Siegfrieds, wie ihn eine der Damen genannt hatte:

»Die Krone nehme Bacchus hin,
nur er soll König sein,
und Freude sei die Königin,
die Residenz am Rhein!«

Nachdem man sich verabschiedet hatte und er in der Finsternis allein auf einer Bank an der Uferpromenade saß, die Nachtgeräusche allmählich im Strömen des Flusses verrauschten, überkam ihn im Erinnern an die exaltierte Lustigkeit, in die er sich und die anderen versetzt hatte, obwohl der Vater vermutlich noch nicht einmal unter der Erde lag, ein solcher Selbstekel, daß er in einem Anfall von Schüttelfrost und Würgen bis auf einen letzten grünen Magenschleim alles erbrach.

Und auch jetzt, neben Gretchen auf der Holzplanke am Wasser sitzend, wollte es ihn würgen und schütteln, wie er an diese Rheinfahrt zurückdachte. Er sprang auf, rannte, mit den Armen rudernd, die Uferböschung hoch, besann sich, blieb stehen, wartete, bis Gretchen nachgekommen war, legte ihr den Arm um die Schulter, drückte sie an sich, ließ sie aber, als sie, dem Druck nachgebend, sich an ihn schmiegte und – weit und breit war niemand zu sehen – ihren Arm um seine Hüfte schlingen wollte, schnell wieder los.

Dieses hastige Zurückweichen vor einer engeren, von ihr

ausgehenden Berührung sollte sie noch einige Male erfahren, bis er sie Wochen später einmal, aber nur ein einziges Mal, umschlungen festhielt. Das war auf der Kuler Kirmes, einem Kirchweihfest, zu dem ganz Bonn und Umgebung kam, um zur Musik italienischer Orgelkünstler und böhmischer Geiger, welscher Trommler und Pfeifer zu tanzen, an langen Tischen in bunt gemischter Reihe Wein und Bier und Schnaps zu trinken, den Feuerschluckern und Seiltänzern zuzuschauen, sich von einer Zigeunerin die Zukunft voraussagen zu lassen, einem Zigeuner den Kupferring gegen Rheumaleiden abzuhandeln, mit nassen, strohgefüllten Bällen auf die Holzköpfe berüchtigter Männer und Frauen, Robespierre, Süpper Schickedanz, König Lustick oder die mehrfache Kindsmörderin Sofie Kleist zu werfen, sich nach rheinischer Lebensart einfach gehen und treiben zu lassen. Gretchen hatte ihn nach der unendlich langen Moritat über Johann Bückler, genannt Schinderhannes, zur Radleier vorgetragen von einem spiddeligen Sänger neben einem die Stationen des Räubers illustrierenden Bilderbogen, auf die Strophe für Strophe seine schweinchenschwabbelige Assistentin mit einem Zeigestock wies, in die Schaustellerbude zur Vorführung von Abnormitäten gezogen und dort im schummrigen Halbdunkel sich an ihn gedrückt, weil Olga, das Kuhmädchen – ihren schrecklichen Rinderkopf unterm Sack versteckt –, von ihrem Vater mit Heu gefüttert wurde und plötzlich unterm Sack losschrie wie ein gestochenes Kalb – grauenhaft! Er hatte den Arm um sie gelegt und hielt sie bis zum Ende der Vorstellung, das ein trommelnder, singender, über und über tätowierter Südseeinsulaner ohne Ohren, Finger und Zehen bestritt, fest an sich gedrückt.

So eine Gelegenheit! Im Dunkeln, und alle zitterten vor Schreck! Da wäre ihre Hand nicht dahin gerutscht, wo die Jungs es gern haben? »Is so wat denn die Möchlischkeit?« fragte Tring.

»Der isse nit so, der nit.«

»Ach soooo . . .«

»Ne, nit, wat du meinst. Er willet noch nit.«

»Wieso?«

»Dat hat zu tun – ach ich weiß et nit...«

Sie mochte ihrer Freundin nichts von den Gesprächen der Studenten über die Liebe, während des Vesperstündchens in Brüsselbachs Wirtschaft ein paar Tage zuvor, erzählen. Hoffmann hatte sie von Silbersterns Laden in Bonn, wohin sie einmal in der Woche das bemalte Porzellan brachte und neue Farben für den Vater abholte, heimbegleitet. Unterwegs waren sie in Brüsselbachs Gartenwirtschaft, in der die Linden gerade blühten, eingekehrt, und dort kamen, als sie noch stand, den Korb mit den Farbtöpfen und den Wollkranz vom Kopf nahm, das um den Kopf geschlungene Tuch abwickelte und ihr Haar freischüttelte, zwei Studenten an ihren Tisch: »Schau an, der Hoffmann, das scheue Heideblümchen. Welch ein Glück der hat. Das schönste Mädchen weit und breit, und niemandem hat er davon erzählt. Darf man Platz nehmen? Du, Hoffmann, wirst nicht gefragt, aber Sie, mein Fräulein, darf man...« und so weiter. Während der eine der beiden um sie herumscharwenzelte, hielt sich der andere zurück, schob aber seinen Kommilitonen einfach zur Seite, als der sich neben sie plazieren wollte, setzte sich selbst auf den Stuhl, den er näher an sie heranrückte, griff ihre Hand, beäugte prüfend die Innenfläche, fuhr mit dem kleinen Finger eine der feinen Linien entlang, flüsterte: »Das Glück wartet auf Sie. Allerdings ist der Beglükker ein anderer als der dünne Riese dort, Ihr Freund, der Hoffmann, unser Heideblümchen, und zwar...« Der Wahrsager, ein Zarter, Feingliedriger mit Traumschleieraugen, gekleidet wie aus dem Ei gepellt, blütenweiß sein Spitzenjabot unterm Flauschrock, die rote Mütze schräg auf seinen langen, blonden Haaren, brach in gespieltem Erschrecken ab, hielt sich die Hand vors Gesicht, worüber alle herzlich lachten. Der andere rief: »Herr Wirt, bitte vom Besten, und vier Gläser dazu«, sagte, als Gretchen darauf bestand, selbst diesen besten Wein nur mit viel Wasser gemischt zu trinken: »Eine Sünde, die wir nur Ihnen verzeihen, schönes Fräulein Weizenblond.« Man prostete ihr zu. Jeder hatte einen Trinkspruch parat, den frechsten dieser Zartgliedrige mit den Traumschleieraugen, der nach Eau de mille fleurs duftete, unterm Tisch seinen Schenkel an den ihren drückte, nachrückte, als sie zurückwich bis dahin, wo sie ohne Auffälligkeiten nicht weiterrutschen durfte; und weil drei so junge Herren Studenten um ein so weizenblondes Mädchen mit so kornblumenblauen Augen unter so duftenden Linden saßen und die Sonne so strahlte und der Wein sich so süffig soff, plauderte man ganz selbstverständlich über die Liebe.

Das kannte Gretchen, wenn auch nicht in derart wohlgesetzter, anmutiger Rede. Man mußte dabei, den Kopf leicht geneigt, verschämt und doch ein bißchen angeregt lächeln. Aber als die Gespräche weniger flapsig und schließlich sogar ernst wurden, hörte sie genauer hin. Sie blieb nicht unbeeindruckt von solchen feierlichen Ausdrücken wie »sittlicher und wissenschaftlicher Sinn«, »Lebensernst«, fand die Vorstellung, man müsse »galantem Leichtsinn« und »unedler Leidenschaft« entgegenwirken, weil es nur so zu einer »echten sittlichen Erneuerung des Volkes« kommen könne, ritterlich-edel und die Auffassung, die Liebe solle daher »rein«, die Partnerschaft zwischen Mann und Frau unbedingt »treu und lebenslang« sein, ganz ähnlich den Aufforderungen des Pfarrers in seinen Predigten, gutchristlich und beherzigenswert, wußte aber auch, daß so was mit der wirklichen Liebe und damit, was diese anrichten konnte, überhaupt nichts zu tun hatte. Darin war sie sich sicher einig, wenn auch auf andere Art, mit dem neben ihr sitzenden Loßrock, dem sie inzwischen zweimal die Hand von ihren Knien hatte wegziehen müssen und der sich an dem Gespräch kaum beteiligt, nur hin und wieder Spöttisches zwischenbemerkt hatte, so, als die beiden anderen die Reihenfolge ihrer burschenschaftlichen Ideale beschworen: als erstes Freiheit, Ehre, Vaterland, dann erst Liebe und Kunst und endlich Freundschaft und Wissenschaft. Die beiden nannten ihn Harry, was dieser ungern hörte und sich, schließlich hochfahrend und damit von Gretchen endlich ablassend, verbot. Er heiße mit Vornamen »Härri«, englisch ausgesprochen, und nicht wie irgendein Esel »Harrüh«. Also bitte künftig zu erinnern. Sonst werde Satisfaktion verlangt.

Daß er sich mit dem Harry, diesem feinen Stutzer, der alles ihnen Heilige in den Dreck ziehe, eines Tages werde duellieren müssen, sagte er ihr auf dem Heimweg durch ein im Abendwind rauschendes Kornfeld. Sie ging vor ihm her, und er blieb stehen, als ein Taubenschwarm hochflog, gefangen von dem Bild, das später immer wieder aus seinen Erinnerungen aufsteigen sollte und seine Vorstellungen von der schlichten Schönheit und Anmut des einfachen Volkes prägte: Gretchen, die in der Tracht des rheinischen Landmädchens, den Korb auf ihrem Kopf mit der Rechten haltend, den linken Arm angewinkelt und die Hand auf der Hüfte, vor der Abendsonne durch den Weizen schritt, sich zum Rhythmus des Schreitens kaum merklich in den Hüften wiegte.

»Oh, Gott, nein. Schlagen, mit dem Harrüh? Und mit Schwertern?«

Den spöttischen Unterton überhörte er, weil er ihn ihr nicht zutraute, und als sie sich umdrehte und ihn anlächelte, wäre er beinahe auf sie zugesprungen und hätte sie in die Arme geschlossen, aber er tat es wieder nicht. Statt dessen fand Gretchen am nächsten Morgen, unter die Tür ihrer Kammer geschoben, ein vielstrophiges sie beschreibendes Gedicht.

> Unter diesem Häubchen ringelt
> sich ihr blondes Lockenhaar.
> Schöner aber als das alles
> ist ihr blaues Augenpaar;

es folgte die ihr und der Tring völlig unverständliche Strophe:

> Schöner aber als das alles
> ist ihr rotes Angesicht –
> ei, was soll ich's länger sagen,
> hier find'st du mein Schätzlein nicht!

Sie brachte von da an öfter einen Strauß frischer Feldblumen in seine Kammer, steckte ihm, dem ewig Ausgehungerten, heimlich einen Kanten Brot, ein Stück Käse zu, stellte eine Schale mit Erdbeeren, einen Becher Milch vor die Tür, für die er sich ebenso heimlich, aber nie mit einem Kuß bedankte. Bevor er sich in aller Frühe nach Bonn, »zum Studieren, Gretchen, und die Welt erfahren«, aufmachte, rief er aus seinem Fenster: »Gretchen, bist du wach?« Und sie rief zurück: »Ja, Heinrich.« Doch wie dieses Studieren und Welterfahren vor sich ging, blieb ihr ein Rätsel. Er sprach mit ihr nicht darüber, lächelte nur dieses Beichtvaterlächeln, wenn sie ihn danach fragte.

Aber einmal lud er sie und die Familie zu einer von den Studenten und ihren Professoren veranstalteten Feier nach Bonn ein. Da es sich dabei um das Jubiläum des endgültigen Sieges über Napoleon von Belle-Alliance – wie die Preußen die Waterloo-Schlacht nannten – handelte, lehnte der Vater entrüstet ab, wagte es aber nicht, Gretchen die Teilnahme zu verbieten. Vorausgesetzt, Tante Tillchen begleite sie, und beide seien vor Sonnenuntergang zurück, dürfe sie mit.

So standen Gretchen und Tring – natürlich ohne Tante Tillchen – am Tag der Siegesfeier unter Hunderten von Zuschauern am Universitätsplatz, riefen mit ihnen »De Zuch kütt«, als die Schar der Studenten zur Blasmusik heranmarschierte, viele von ihnen im schwarzen Rock mit roten Samtaufschlägen, Sporen an den Stiefeln, Federhut auf dem Kopf, Säbel an der Seite und breite, schwarz-rot-goldene Schärpen über die Schultern gebunden, fanden ihren Studenten nicht unter diesen Uniformierten, bemerkten ihn, den Langen, Mageren, Breitschultrigen, erst irgendwo in der Mitte, riefen, winkten ihm zu, was der aber, obwohl ihn sein Nebenmann darauf aufmerksam machte, übersah und überhörte, beobachteten dann, wie er in der ersten Reihe vor den auf einem Podium erhöht stehenden Professoren am kräftigsten von allen sang, »Sind wir vereint zur guten Stunde, wir, starker, deutscher Männerchor . . .«, suchten ihn, als der beifallüberschüttete Burschenschaftsführer Haupt seine Rede beendet hatte, unter den abziehenden Scharen und gingen, nachdem sie erfolglos nach ihm gefahndet hatten, enttäuscht und ohne männliche Begleitung heim.

Er kam spät in der Nacht, setzte sich zum Vater in die Küche, berichtete von einem »unglaublich fabelhaften Kommers, an dem auch, ob Sie's glauben oder nicht, der Großherzog Carl August von Weimar, jawohl, der Goethe-Freund und Gönner, teilnahm«, redete auf den grinsenden Dickkopf ein, der sich über die Begeisterung der Studenten, in ihrer Mitte einen leibhaftigen Fürsten gehabt zu haben, mokierte, versuchte ihm zu erklären, daß »dieser wahre Herr von Adel« den neuen Ideen gegenüber aufgeschlossen sei – habe der nicht schließlich das Wartburgfest gestattet? –, und wollte die Nacht durch weiterdiskutieren, als der alte cisrhenanische Republikaner behauptete, diese Ideen seien so neu nicht, man habe sie vor zwanzig Jahren schon in den Rheinlanden praktiziert, bloß unter einer anderen Fahne.

»Nein, nein! Und das war die Fahne des Erbfeindes«, hörten Gretchen und Tring nebenan in Gretchens Kammer den Heinrich rufen, ehe sie, die Beine ineinander verschlungen und selig aneinandergekuschelt, einschliefen.

Wenn sie ihren Traum, den Heini zu kriegen, nicht begraben wolle, müsse sie nun endlich ran, riet Tring. »Grad' bei so 'n Scheuen hasset schnell verpaßt. Also nu packe'ne«.

»Ich weiß nit.«

»Wenn ich et dir sare!«

Als sie's dann an jenem Gewitterabend doch tat und er starr und steif wurde, aber auf eine ganz andere Weise als erwartet, ahnte sie, daß sie einen nicht wiedergutzumachenden Fehler begangen hatte.

Sie hatten schon seit dem Nachmittag in der Laube gesessen, die in der drückenden Schwüle an jenem Tag wenigstens ein wenig kühlen Schatten bot. Gretchen und Tring spannen freihändig die haarfeinen Fäden fürs Aufsticken von Perlen, wobei Tring die Spindel drehte und Gretchen die Faser vom Rocken zupfte. Trings Bruder Andreas schnitzte nach einer Vorlage aus dem bunten Bilderbogen »Die grausame Wildnis« einen Krokodilskopf fürs Puppentheater, die Mutter schnibbelte Bohnen, Lieschen und Bärbel zu ihren Füßen, das Kleine schlief in der Wiege, und Tante Tillchen schnitt frischen Rhabarber. Es wurde »gerödelt«, »geratscht« und immer wieder gesungen.

»Unser Herr Student«, wie er in Haus und Nachbarschaft hieß, zwischen Gretchen und Tante Tillchen sitzend, lauschte, war begeistert, sang mit, so gut er konnte, schrieb dies und das in seine Kladde, wollte – eine Gewohnheit, die er, wo er auch war, sein Lebtag beibehalten sollte und die manchem Idiotikon aus seiner Feder zugute kam – vor allem die Ausdrücke buchstabiert wissen, die sie benutzten, wenn sie untereinander bönnisch schwatzten, wobei es ihm vor allem die mehr oder weniger lieb gemeinten Schimpfworte wie »Galgestropp«, »Deufelsbroode«, »ahle Möhnegröße«, »fuhle Brandewingsnickel« antaten. Es gab darüber viel Gepruste und Gelächter. Sie tranken »rude Wing«, den einfachen Bonner Landwein, mit Wasser vermischt, Mauersegler und Schwalben jagten sirrend und schreiend durch den Hof, zappelten an der Laube, der geschnittene Rhabarber kribbelte in der Nase, der Spitz spielte verrückt, raste im Kreis herum, biß seinen Schwanz, und sie gerieten in eine so ausgelassene Stimmung, daß der Vater aus dem Werkstattfenster heraus drohte und Gretchen glückselig dem Heinrich einen Kuß auf die Wange schmatzte, den der zurückgab, worauf Tring unterm Tisch ihrer Freundin ins Bein kniff, aufstand, sich verabschiedete, ihren Bruder mit sich zog; und nachdem die Mutter, Tante Tillchen und die Kinder im Haus verschwunden waren, saßen die beiden allein auf der Bank in der Laube. Doch ehe Gretchen näher an ihn heranrükken konnte, zog er, wie so oft, wenn sie beide allein waren, seinen geliebten Faust aus der Tasche und begann, sich ihr zuwendend, laut zu lesen:

»Willkommen, süßer Dämmerschein,
der du dies Heiligtum durchwebst!
Ergreif mein Herz, du süße Liebespein,
die du vom Tau der Hoffnung schmachtend lebst!«

Sie wiegte sich unmerklich im Rhythmus der Verse, deren Sinn sie nur ahnte, hörte im Klang seiner Stimme den eigenen Herzschlag, ließ ihre Augen nicht von seiner Brust unterm weit offenen Hemd, schob sich näher an ihn heran, und als die erste Windböe durch den Hof jagte, die Regenschüsseln und Futternäpfe vor sich hertrieb, umstülpte, Scheiben klirren ließ, ins Weinlaub fuhr, preßte sie ihren Schenkel an seinen. Er hob die Stimme, las lauter, obwohl es nach dem kurzen Windstoß so still geworden war, daß man von weit her das Wimmern eines Kindes und noch weiter dahinter den Rhein rauschen hörte. Es blitzte überm Siebengebirge. Sie spürte Bein an Bein, seine Angst, und beim zweiten Donnergrollen, als er zusammenzuckte, lag ihre Hand in seinem Schoß. Ob sein Erstarren von dieser Berührung herrührte oder von dem berstenden Donnerschlag kurz darauf, wußte sie nicht, jedenfalls war es eine völlig andere Starre als die von Andreas, wenn man ihm beim Toben im Heu an die Klöten ging. Hatte der Regen unmittelbar danach eingesetzt? Beide erinnerten sich nur an das Klatschen und Rauschen und daran, daß er aufgesprungen und ins Haus gerannt und sie in den Garten gelaufen war, wo sie, Kopf im Nacken, Arme hochgereckt, sich dem Schauergeprassel hingab und es bis zum letzten Tropfen auskostete.

Von da an wurde kein Gedicht mehr unter ihre Kammertür geschoben, nicht das vertraute »Gretchen, bist du wach?« gerufen. Erst vierzehn Tage danach, als er zu einer Reise in die Niederlande aufbrach, gab er ihr die letzten an sie gerichteten Verse, »Gretchens Sehnsucht«:

Ach! Wohin ich mich nun sehne,
wollt' ich fliehen, hätt' ich Flügel,
über diese, über jene,
über alle, alle Hügel –
hätt' ich Flügel!

Heinrich, Heinrich, sieh den Reigen!
Überall Schalmeien schallen!
Unter allen grünen Zweigen
hör's auch du von Nachtigallen
widerhallen!

Sie winkte ihm nach, wie er, den Ranzen geschultert, den Knotenstock schwingend, durchs Törchen schritt.

Tischgespräche

Anläßlich der Planung ihres gemeinsamen Ausflugs nach Corvey, und zwar ohne Anstandsdame, war auch die Möglichkeit einer Übernachtung in einem Hotel ins Auge gefaßt worden. Dabei hatte Henriette Landau diskret, doch deutlich genug Friedrich Wilhelm Hasenclever zu verstehen gegeben, daß in jedem Fall und unter welchen Umständen auch immer nur getrennte Zimmer in Betracht kämen. Bedingung eines gemeinsamen Aufenthalts mit Übernachtung unter einem Dach sei zudem, daß sie nicht als Tante, Cousine oder irgendeine andere Hasencleversche Verwandte ausgegeben werde und sich auch sonst keinen Augenblick lang wie jene inkognito reisende, zum heimlichen Stelldichein mit einem Liebhaber in einem Provinzhotel abgestiegene Hofdame fühlen dürfe. Ist das klar und deutlich, mein Herr?!

Bedenkt man die Schwierigkeiten, die unverheirateten Frauen mit und ohne Begleitung damals bereitet wurden, wenn sie Unterkunft in einem Hotel besserer Qualität verlangten, so war das eine eben nicht leichte Aufgabe, und Henriette war gespannt gewesen, wie Friedrich Wilhelm sie lösen würde.

Eigentlich recht gut, dachte sie, als sie im »Berliner Hof« in einem oben den Hals vollständig freilassenden, die Schultern aber bedeckenden Tournürenkleid, das sie mit der Rechten leicht raffte, während sie in der Linken ein Seidentuch hielt, die Treppe zum Vestibül hinunterschritt und die offenen und verstohlen-bewundernden Blicke der aufs Abendessen wartenden Hotelgäste genoß. »Warum applaudiert ihr nicht?« fragte sie leise Friedrich Wilhelm, der sie an der unteren Stufe empfing und ihr nach einer Verbeugung den Arm reichte, woraufhin Schwiete, Eigner des Hauses und Hotelwirt, »à table« rief. »Meine Damen und Herren, es ist gedeckt.«

Der »Berliner Hof«, in dem Herren und Damen der gehobenen Stände, Industrielle, Kaufleute, aber auch Handelsvertreter guter Adressen abstiegen, die örtlichen Honoratioren ihren Stammtisch unterhielten, die Offiziere des in der Stadt stationierten Fünfundfünfzigsten Infanterieregiments verkehrten, der »Vaterländische Verein«, der »Verein für katholisches Leben« und die »Liedertafel« tagten, war Höxters erstes Haus am Platz. Um in diesem Haus »eine reibungslose Unterkunft für uns beide sicherzustellen«, hatte mein Urgroßvater, seinen Tagebuchnotizen zufolge, »nachgeholfen«. Eine Woche zuvor war er nach Höxter gereist, hatte Schwiete gebeten, zwei der besten Zimmer, eins für ihn, eins für die Tochter des renommierten Journalisten Karl Landau, zu reservieren. Die Dame gedenke in seiner Begleitung auf Schloß Corvey den berühmten Hoffmann von Fallersleben zu besuchen, um ihn – und das vertraue er nur ihm, Schwiete, sozusagen unter vier Augen an – für eine bekannte Gazette zu portraitieren.

Schwiete, der den Alten im Weserschloß immer noch verehrte, obwohl er dessen Zuneigung vor Jahren wegen eines vorwitzigen Einwurfs am Stammtisch, den Hoffmann damals noch besuchte, verloren hatte, war geradezu begeistert. Weil er um den Einfluß der mit einigen Filialen in Ostwestfalen ansässigen Firma Hasenclever & Co. auf das Wirtschaftsleben der Region wußte und nicht unbeeindruckt blieb von den zwanzig Mark, die ihm Friedrich Wilhelm – »als erstes einmal fürs Personal« – zusteckte, versicherte er: »Es wird dem Hause eine Ehre sein, Sie und das verehrte Fräulein Landau zu beherbergen. Im übrigen: Diskretion Ehrensache.«

Bei ihrer Ankunft am Vorabend ihres Besuchs im Weserschloß empfing er sie persönlich vor dem Hotel mit einer jener Verbeugungen, die er nur Leuten von Rang gönnte. Während zwei Hausdiener Reisetaschen, Koffer, Hutschachteln vom Droschkendach holten und ins Haus trugen, erkundigte er sich, vor ihnen hergehend, »mit Verlaub« nach dem Verlauf der Reise, fragte bei der Eintragung ins Anmelderegister nach besonderen Wünschen, und bei der Namensnennung tat er erstaunt und womöglich noch ehrerbietiger. Ob er sich irre in der Annahme, das verehrte Fräulein Landau sei verwandt mit dem von allen Gleichgesinnten in der Stadt außerordentlich geschätzten Schriftsteller Karl Landau?

»Sie irren sich nicht«, hatte Henriette zu ihm gesagt und zu Friedrich Wilhelm, der sie bis zu ihrem auf der Etage über dem seinen liegenden Zimmer begleitete: »Gut gemacht, mon prince. Aber das war die erste, leichteste Aufgabe. Ich bin überzeugt, daß Sie an einer der beiden folgenden, natürlich erheblich schwierigeren, scheitern werden und man Ihnen den Kopf abschlägt, so daß ich meines Versprechens, Ihnen intime Gunst zu gewähren, enthoben bin.« Solche das Anzügliche nicht mehr nur streifende Anspielungen aus ihrem Mund irritierten ihn damals noch, aber er hatte, wenn auch ein wenig gequält, lächelnd und, auf ihren gemeinsamen Plauderkomment eingehend, sich verbeugend die Hacken zusammengeschlagen, »gewiß, Gnädigste« gemurmelt. »Und nun gute Nacht«, hatte sie gesagt, aber noch etwas: »Um das stets lauernde Ungeheuer des Anstoßnehmens nicht unnötig zu reizen und möglichen Kompromittierungen vorzubeugen, bestehe ich zumindest im Bereich des Hotels auf dem distanzierenden Sie.«

Irgendwie erleichtert hatte er zugestimmt, und als er sich nun mit ihr am Arm unter die übrigen Gäste zum Speisesaal begab, sagte er laut: »Fräulein Landau, Sie sehen bezaubernd aus«, was die Herren mit Worten und die beiden anderen Damen durch Kopfnicken bestätigten.

Man stellte sich vor, nahm an der Table d'hôte Platz, ein Gongschlag ertönte, es wurde aufgetragen. Während der Suppe – Rindsbrühe mit Einlage – drehte sich das Gespräch ums heiße, seit Wochen über dem Land brütende Sommerwetter, um die Trockenheit, die den Kartoffeln guttäte, aber dem Getreide Flug- und Steinbrand, Mehltau und Mutterkorn beschere; um die Stadt mit ihren zwar idyllischen, doch in der Bausubstanz arg verfallenen Häusern, um das rumplige, seit Jahrzehnten – jemand sagte: »seit Jahrhunderten« – nicht mehr ausgebesserte Straßen- und Gassenpflaster. »Würde nur ein Teil der jetzt ins Reich strömenden Goldfrancs richtig verwendet, sähen unsere alten deutschen Kleinstädte bald besser aus«, sagte unter Zustimmung aller Professor Bötticher, »ein tückisch blickender, kurzbeiniger Sitzriese«, wie ihn Henriette im Brief an ihren Vater beschrieb.

Vermutlich verschwinde das meiste davon in den Taschen der Konjunkturritter und Spekulanten vom Schlage der Bleichröder, Bamberger, Oppenheim, so weiter Bötticher, es würde ihn, nebenbei bemerkt, überhaupt nicht wundern, wenn schon bald das Konterfei eines Rothschild die Banknoten ziere.

Man lachte. Aber wie auch immer, meinte Dr. Berthold, ein Arzt aus Kassel, zu dessen zierlicher Figur sein gewaltiger Rauschebart einen – so Henriette – »knalleffektiven Kontrast« bildete, aber wie auch immer, fürs schlechte Straßen- und Gassenpflaster, für verfallene Bausubstanz und dergleichen innerhalb Höxters entschädige die herrliche Umgebung reichlich. Alle bejahten beifällig, was aber auch dem ersten Hauptgang gelten konnte, der aufgetragen wurde.

»Zum Beispiel Abtei und Schloß Corvey, kennen Sie die?« fragte, während Henriette den Kellner bat, ihr keine Kartoffeln und nur ein ganz klein wenig vom Wesersalm vorzulegen, der neben ihr sitzende pummelige, rotpausbäckige Buchhändler Völz aus Leipzig, und Henriette wiederholte in absichtlicher Zweideutigkeit: »Nur ein ganz klein wenig.« Er, Völz, empfehle eingehende Besichtigung. Es handele sich nämlich um die älteste Abtei weit und breit, von Karolingern gegründet, und auch das Schloß des Fürsten von Corvey stehe Besuchern offen, teilweise jedenfalls, so die Bibliothek, die der alte Hoffmann von Fallersleben verwalte, der heute von vielen – sicher nicht von Ihnen, liebes verehrtes Fräulein Landau – vergessen worden sei. Für ihn, Völz, und viele seiner Generation sei Hoffmann eine Art Sagengestalt, er sagte »Sochenjestolt«, aus verschwundener Zeit.

»Wirklich«, fragte Henriette, ihn treuherzig anlächelnd, »und warum?«

Völz hatte sich Henriette als alter Verehrer ihres Herrn Vaters, »einer der schärfsten, aber auch elegantesten federführenden Schriftsteller und Journalisten, Karl Landau«, bekannt gemacht. Er seufzte: »Ach, wissen Sie, liebes verehrtes Fräulein Landau, Hoffmann war die Stimme einer nach anderen Ufern stürmenden Jugend. Seine Verse und Lieder, die er selbst in unnachahmlicher Weise vortrug, haben viele beflügelt, die ein einiges, freies Vaterland ersehnten ...«

»Was immer noch aussteht«, warf Bötticher, der seine Ohren überall zu haben schien, ein, »solange jedenfalls das alte deutsche Österreich nicht dazugehört. Und was das freie Wort anbetrifft ... nun ja.«

»Wie auch immer«, meinte sein Tischnachbar und Henriettes Gegenüber, Dr. Berthold, »zu früher ist's wohl um einiges mehr als wenig«, was der sich über seinen randvoll gefüllten Teller hermachende Bötticher mit vollem Mund nickend bestätigte.

Überhaupt seien außer ihr und der winzigen, puppenhaften Frau Völz alle am Tisch wie ausgehungert über das Essen hergefallen, auch er, Friedrich Wilhelm – scheußlich, so Henriette später. Regelrecht gefressen hätten sie, Bötticher, aber auch dessen Frau und die beiden Handelsvertreter Venske und Schnittger am unteren Tischende, dieser Doktor Berthold, und selbst Hippel und Deter, die beiden sich anschwärmenden Herren am oberen Tischende, vor allem, obwohl von seiner Frau heimlich zur Mäßigung angehalten, Völz. Der hatte sich ganz Henriette zugewandt, ihr mit vollem und leerem Mund seine Begegnung mit Hoffmann in Mannheim und Heidelberg anläßlich des badischen fünfundzwanzigjährigen Verfassungsjubiläums geschildert, an dem sie, die Heidelberger Studenten, dem, wegen seiner »Unpolitischen Lieder«, gerade aus dem Universitätsdienst Entlassenen, durch die deutschen Lande als

Dichtersänger Ziehenden und von den Gesinnungsgenossen enthusiastisch Gefeierten einen Fackelzug dargebracht hatten. Im »Schützenhof« zu Heidelberg habe er seine Verse und Lieder vorgetragen, das Lied eines abgesetzten Professors zu Anfang. »Kennen Sie's, dieses ›Ich bin Professor gewesen, nun bin ich abgesetzt, einst konnt' ich Collegia lesen, was aber bin ich jetzt‹? Und dann unter brausendem Beifall die Eingangsverse der ersten Sitzung der ›Unpolitischen Lieder‹ erster Teil – Sie kennen's bestimmt, damals kannte sie jeder: ›Von allen Wünschen in der Welt, nur einer mir anjetzt gefällt: Nur: Knüppel aus dem Sack.‹« Völz geriet ins Schwärmen, beschrieb seine Sochenjestolt als »von hohem, kräftigem, männlich-stolzem Wuchs«, als »Athlet germanischer Prägung, wotangleich mit blondem Haar und Bart und klarem, treuem deutschem Auge und, obwohl Professor und Gelehrter, von einfacher und offener, ja biederherziger Ausstrahlung«. Sein Singen und Rezitieren, dieser vibrierende Ton des hellen Baritons . . .; und begleitet habe er sich mit einem schalkhaften Lächeln, einem oft ironischen, manchmal gefühlvollen, dann wieder scherzhaften Taktschlagen, einfach hinreißend, wobei der Anklang des niederdeutschen Dialekts in seiner Sprache dem Vortrag etwas wirklich Volkstümliches, ja Erdverbundenes verliehen habe. Unbeschreiblicher Jubel sei aber dann nach dem Lied der Deutschen – damals sei's den meisten noch unbekannt gewesen – in der eichengrün geschmückten Schützenhalle ausgebrochen: »Deutschland, Deutschland über alles, über alles in der Welt.« Er, Völz, sei vor Begeisterung und Aufregung zitternd mit einem weingefüllten Glas an Hoffmann herangetreten, habe es ihm gereicht, und der habe es in einem Zug geleert und es ihm zurückgereicht. »Dieses Glas, liebes verehrtes Fräulein Landau, besitze ich heute noch, unbenutzt seit jenem Schluck vor nunmehr fast dreißig Jahren.«

Bötticher, der seinem Gegenüber Friedrich Wilhelm von einem Marsch durch den Solling erzählte, warf zu Völz hin ein: »Ihre Reliquie in Ehren, aber was diesen Hoffmann, der sich von Fallersleben nennt, angeht – nun ja, nichts gegen dieses

Lied der Deutschen. Das ist wirklich ein Wurf. Aber sonst . . .«, und fuhr, zu Friedrich Wilhelm gewandt, in der Schilderung seiner Waldwanderung fort.

Belustigt, aber auch beeindruckt von der Begeisterungsfähigkeit des ältlichen, beleibten Buchhändlers, blickte Henriette den Völz zum erstenmal richtig an, sah mit Erstaunen hinter der satten Pausbäckigkeit die Züge eines träumerischen und zugleich leidenschaftlichen Jünglings hervorscheinen, legte die Hand auf seinen Arm und sagte: »Ich finde das herrlich.«

Völz verschluckte sich, wurde von seiner Frau, die ihn leise ermahnte, weniger zu essen und zu trinken, rückenklopfend beruhigt, schaute Henriette mit einem dankbaren »Dachshundblick«, wie sie Friedrich Wilhelm später erzählte, an.

Von draußen her – die Fenster, durch die ein lauer, immer noch warmer Wind wehte, standen offen – hörte man, zwischen den schrillen Schreien der im Abenddämmern jagenden Mauersegler, Pferdegetrappel, vorfahrende Droschken, Gelächter und Stimmen. Die Konversation brach ab. Man horchte. »Die Offiziere des Fünfundfünfzigsten Preußischen Infanterieregiments mit ihren auswärtigen Kameraden zum Umtrunk«, erklärte Schwiete, der das Auftragen des zweiten Hauptgangs – Ochsenbrust in Meerrettichsoße, Blumenkohl, Karotten, Erbsen und abermals Kartoffeln – beaufsichtigte, und dann hörte man auch schon die Herren in den vom Speisesaal durch eine Schiebetür abgegrenzten Gesellschaftsraum nebenan treten. »Kann uns ja nuscht mehr passieren«, bemerkte der lange, dürre Venske, der für die »Görlitzer Gesellschaft für Eisenbahnbedarf« reiste, vom Tischende her, was mit einem Lachen quittiert wurde, ehe man sich, die Gespräche aufnehmend, wieder den Speisen und Getränken, Bier und Wein nach Wahl, zuwandte.

Ob er vielleicht an den so farbigen Bericht des Herrn Völz über Hoffmann von Fallersleben anknüpfen dürfe, fragte Herr von Hippel, sich dem Buchhändler zuwendend, er habe nämlich, und er errötete dabei, interessiert gelauscht. Verzeihen Sie bitte, meine Dame, und die Zwischenbemerkung des Herrn Professor Böttichers...

Herr von Hippel, sein Beruf blieb im dunkeln, »Privatgelehrter«, vermutete Friedrich Wilhelm, lispelte leicht, sprach zögernd, fast stockend, und immer wieder überzog eine feine Röte sein trotz fortgeschrittenen Alters – man schätzte ihn auf knapp über sechzig – faltenloses Kindergesicht. Leider sei ihm, von Hippel, nie die Gelegenheit geboten worden, den von Herrn Völz so verehrten Hoffmann von Fallersleben als Sänger und Rezitator seiner Lyrik zu erleben, so daß er über Form und Wirkung seines Vortrags authentisch nichts zu vermelden wisse. Aber schon damals habe das politische Liedersängertum, zu dessen Protagonisten, wo nicht Initiatoren, Hoffmann von Fallersleben zähle, die unterschiedlichsten Beurteilungen erfahren. Während zum Beispiel die einen darin die Wiedergeburt altdeutscher Sangesweise und Sängergebräuche, eine verdienstvolle Propaganda der damals unter Freisinnigen kurrenten politischen Ideen erblickten, hätten andere es als reine Tendenzdichtung und leicht verderbliche Tagespoesie angesehen. Er, von Hippel, und wohl auch sein Assistent – der neben ihm sitzende Henry Deter, ein über und über blonder Jüngling, lächelte und nickte zustimmend – bekennten sich zu Anhängern der letzteren Auffassung, denn jene Tendenzdichtung, er zitiere Heinrich Heine, bedeute das Ende wirklicher Poesie.

Völz reckte sich, wurde noch roter im Gesicht, blies die vollen Backen auf. Diesen Einwand habe er erwartet, kenne er doch diesen Streit zur Genüge, auch die Insultationen Heines, den er übrigens für einen hervorragenden deutschen Dichter halte...

»Deutsch?« warf Bötticher ein, »deutsch?«

Er, Völz, kenne doch Heines Spott, den er ähnlich und aus gleichen Gründen auch über unseren Freiligrath ausgegossen habe. Doch habe Heine dann in seinem berühmten »Deutschland – ein Wintermärchen« die wirkliche Gefährlichkeit der Lyrik seines Konkurrenten Hoffmann von Fallersleben anerkennen müssen; bitte, er verweise die Herren, die ja wohl

Heine-Kenner seien wie er, Völz selbst, auf Vers 7 aus Caput II dieses Wintermärchens – ein Stück Tendenzpoesie übrigens, wie es im Buche stehe.

»Ge-ge-gefährlichkeit hin, Gefährlichkeit her«, stotterte von Hippel, unterstützt durch heftiges Kopfschütteln Deters, was habe Gefährlichkeit mit Poesie zu tun? Im »Testament«, einem Gedicht, das, da zunächst nicht publiziert, selbst den meisten Heine-Kennern unbekannt, habe Heine zu Recht, fänden sie beide – er und Deter –, Hoffmanns Lyrik als philiströs gekennzeichnet.

»Ja, weil er neidisch war auf Hoffmanns hohe Auflagen.«

»Aber n-n-nein«, protestierte von Hippel, kopfschüttelte Deter.

»Aber ja«, beharrte Völz.

»Also«, unterbrach Bötticher, »also, zunächst einmal ist der nachträglich getaufte Heine, der Frankreich zu seiner Heimat wählte und von der französischen Regierung Salär bezog, alles andere als eine Autorität in Sachen deutscher Dichtung. Andererseits muß ich dem verehrten Herrn von Hippel und seinem Assistenten Herrn Deter recht geben.« Er nämlich, Bötticher, habe ein paarmal in jenen so manche Geister verwirrenden Zeiten vor '48 die Gelegenheit gehabt, Männer vom Schlage Hoffmanns zu erleben, poetische Commis-Voyageurs, die sich überall anvetterten, ihr politisch unausgegorenes Zeugs vortrugen, aus ihrem politischen Singsang ein Metier machten und um wohlfeile Popularität buhlten, eitel und berauscht vom Beifall trunkener Hörer sich durch Ständchen und Hochs feiern ließen. »Wenn Sie mich fragen, ververste Kannengießerei, unwürdiges Bänkelgesängel war das alles, das nun Gott sei Dank und endlich verstummt ist. Hoffmann hätte sich da heraushalten, bei seiner Wissenschaft, der deutschen Philologie, bleiben sollen, obwohl auch die nicht gerade seine Stärke ausmacht.« Einfache Lieder im Volkston, die seien Hoffmanns Stärke. Seine Kinderlieder zum Beispiel – unübertrefflich, darin könne ihm niemand das Wasser reichen – und, wie gesagt, sein Lied der Deutschen, ein Wurf und würdig, zur Nationalhymne erkoren zu werden. Von der Maas bis an die Memel, von der Etsch bis an den Belt... großartig!

Schon beim Stichwort »Hoffmanns Stärke« und »Kinderlieder« hatte Venske am unteren Tischende laut gelacht, nun schmetterte er los: »Alle meine Enten schwimmen auf der See, schwimmen auf der See, steif von Hoffmanns Stärke, Köpfchen in die Höh'«, worüber sein Kollege Schnittger, der für die Nähmaschinenfabrik Loewe reiste, in einen Lachkrampf verfiel und erst die bäuerliche, schweinsaugenlustige Frau Bötticher, danach die anderen ansteckte, bis Völz rief: »Das ist nun gerade kein echter Hoffmann!«, worauf das Gelächter erst recht losbrach. »Wie auch immer«, meinte Dr. Berthold, als man sich beruhigt hatte, »wie auch immer, dieser Herr Hoffmann von Fallersleben hat's jedenfalls in sich. Man sollte ihn wirklich einmal besichtigen, drüben in Schloß Corvey.«

Der Umtrunk der Offiziere nebenan, bislang nur als Murmeln und Gläserklingen zu vernehmen, wurde nach dem ersten Gelächter an der Table d'hôte lauter, schließlich, nach dem zweiten, lärmender, und zwar »demonstrativ«, wie Friedrich Wilhelm bemerkte. »Damit man hört, wer Herr im Hause ist«, fügte Bötticher hinzu, was Dr. Berthold mit einem »Wie auch immer, es steht ihnen zu« anmerkte. Jedenfalls unterhielt man sich gedämpfter, selbst Venske, der mit Schnittger Schnurren und Schwänke aus dem Milieu der Handelsreisenden austauschte – eine Art lustig schwadronierende Sonderabteilung am unteren Tischende –, denen die anderen mit einem Ohr amüsiert lauschten. Als er dann aber doch noch einmal Lachsalven bei Schnittgers Anekdote über die Verkaufsvorführung einer Nähmaschine in einem rheinischen Nonnenkloster ausstieß und diesmal Henriette einfiel – »aus purem zivilistischen Protest und um zu sehen, was passieren würde«, so im Brief an ihren Vater –, öffnete sich die Schiebetür, und im Rahmen erschien ein Offizier, in dem Friedrich Wilhelm und Henriette den Sekondeleutnant Herjet erkannten, den sie morgens im Bibliothekszimmer Hoffmanns, weitgehend stumm, Hacken zusammenschlagend und mehr oder weniger volltrunken, erlebt hatten. Herjet sagte in einem Ton, den alle Welt einem gerade aufgekommenen Modewort zufolge »schneidig« nannte und den Henriette bei ihren Herjet-Vorführungen hinreißend imitieren sollte, »'n Abend«. Er und seine Kameraden, er sagte »Ka'raden«, unter Führung Major von Sasnitz', wünschten gemeinsam mit Damen und Herren auf Seine Majestät, König von Preußen, deutscher Kaiser, Oberbefehlshaber und Sieger des Feldzuges gegen Frankreich, einen Toast auszubringen.

Obwohl solche Aufforderung zum Lebehoch auf den erst kürzlich zum deutschen Kaiser ausgerufenen Wilhelm I. von Preußen in jenen Tagen nichts Besonderes war und allseits gern befolgt wurde, mußte sie unter diesen Umständen doch als ungewöhnlich empfunden werden.

»›Raus, Sie Lümmel, ab zu Ihren Ka'raden und die Tür zu, aber vite!‹, so hättest Du, Papa, gewiß, zumindest so gern wie ich, den officier stupide zurechtgewiesen«, kommentierte denn auch Henriette Herjets Auftritt im Brief an ihren Vater. Aber außer ihr schien niemand die im Befehlston geraunzte Weisung zum Lebehoch als Provokation zu empfinden, selbst nicht Friedrich Wilhelm, was Henriette ihm auch ziemlich übelnahm. Sie blickten überrascht, aber kein bißchen empört ins Nebenzimmer, wo fünf preußisch-blau mit rotem Besatz und roten Stehkragen uniformierte Herren, aufrecht-steif und Augen links, Gläser vor der Brust, vier preußisch-blau mit rotem Besatz und roten Stehkragen uniformierte Herren, aufrecht-steif und Augen rechts, Gläser vor der Brust, am Tische gegenübersaßen, präsidiert von dem mächtigen, vollbärtigen, monokeltragenden, ganz in Weiß uniformierten Major von Sasnitz.

Bötticher, sich zum Sprecher aller machend, sagte: »Aber gern, meine Herren, mit großer Freude.« Alle am Tisch standen plötzlich, bis auf die Damen, hoben ihre Gläser, und Herjet – er hatte sich sein Glas vom Tisch geholt – kommandierte: »Seiner Majestät Kaiser Wilhelm ein dreifaches . . .« – »Hoch, hoch, hoch!« erscholl es im gemischten Chor, schneidig und unisono von den Offizieren, zivilistisch und polyphon von den Gästen an der Table d'hôte, und nachdem Major von Sasnitz in einer für seine massige Gestalt merkwürdig hohen, beinahe fistelnden Stimme »Danke bestens« gesagt oder vielmehr gerufen, Herjet auf einen Wink von ihm die Schiebetür geschlossen hatte, war man wieder unter sich, sprach dann, doch ein wenig verblüfft, leise, fast flüsternd miteinander, während das Dessert – Biskuit in Karamelsoße – aufgetragen wurde, von dem als erster mit einem schneidig gesprochenen »Weitermachen!« Venske sich nahm, worauf erst Frau Bötticher, dann von Hippel und Henry Deter, schließlich alle losprusteten, um abrupt und wie auf ein Kommando innezuhalten, nach nebenan zu horchen, und erst als von dort keine Antwort kam, sich ebenfalls übers Dessert herzumachen und lauter und eifriger als vorher miteinander zu plaudern, bis Bötticher einmal mehr das Gespräch an sich riß.

Friedrich Wilhelm hatte am Beispiel der Werkzeuge, Schrauben und Nieten, Ketten und Beschläge aller Art herstellenden und vertreibenden Firma Hasenclever & Co. die ständig und schnell wachsende Geschäftstätigkeit im neuen Reich und auf allen Gebieten als Zeichen fortschrittlicher Entwicklung zu einem allgemeinen Wohlstand erklärt. Böttichers Einwurf, er verfolge gerade solche Geschäftstätigkeit mit großer Sorge, vergifte doch diese Art semitischer Schacherei Sinn und Gemüt der auf Ackerbau und Handwerk gerichteten Deutschen, hatte er zurückgewiesen: »Na, hören Sie, ein gutes Geschäft läßt sich doch kein vernünftiger Mensch entgehen, ob Jude oder Christ, da sind sich doch, Gott sei's gelobt, alle gleich.« Das war dann der Anlaß für die folgende Suada, während der Henriette zum hundertstenmal die ihr vom Zeitgeist diktierte Rolle, in Gegenwart von Männern, und schwätzten die noch so dummes Zeug, schweigsame Zurückhaltung zu wahren, verfluchte. Und wenn später in der Erinnerung an die »glücklichen Wesertage«, wie mein Urgroßvater ihre erste gemeinsame Reise nannte, die Rede darauf kam, geriet sie jedesmal wieder in Rage und ließ sich kaum beruhigen.

»Die, welche sie so hassen, sind in der Regel rascher, gewitzter, gescheiter, raffinierter, more clever, wie der Engländer sagt, mit einem Wort, tüchtiger, und das verzeiht ein auf echtes Schrot und Korn eingeschworener Germane nie«, beantwortete Karl Landau die im Brief seiner Tochter gestellte Frage, woher um alles in der Welt dieser Haß rühre, der Leute wie Bötticher bis zum Stehkragen ausfülle. Dabei sprach Bötticher ruhig und sachlich – »sine ira et studio«, wie er sagte –, dozierte sozusagen, begründete seine Feststellung, der Jude, auch der getaufte, sei von Natur aus eben anders als der Deutsche, ein Schacherer, mit seiner Kompetenz als Professor für Orientalistik. Sämtliche semitische Sprachen spreche er, das Koptische und Armenische eingeschlossen, habe das Hebräertum von Grund auf studiert, viele Juden zu Schülern gehabt, er wisse also, wovon er rede. Die Schachernatur, von der die Bibel ja nun Beispiele zur Genüge aufführe, dränge neuerdings den Semiten zur Börse, seine eigentliche Erfindung, um dort durch Spekulation ein durch Zins auf Zins noch angehäuftes Vermögen zu erwerben, das der Verpflichtung, anderen als dem Besitzer zu dienen, völlig entzogen sei.

Mein Urgroßvater, den die Ahnungslosigkeit in einfachen wirtschaftlichen Dingen von ansonsten hochgebildeten Männern immer wieder in Erstaunen versetzte, widersprach kopfschüttelnd, doch seine Erklärung, diese Vermögen würden durch Wertpapierhandel, das eigentliche Geschäft der Börse, erlangt und übrigens auch wieder eingesetzt, und dieser Handel, der ohne Börse nicht funktioniere, sei Voraussetzung für die dringend notwendige und durch das Aktiengesetz eben erst ermöglichte Kapitalbeschaffung durch Beteiligung, tat Bötticher mit der Behauptung ab, er glaube nicht, daß ein anständiger Deutscher an dieser Art Geld zu verdienen und Werte zu schaffen je Geschmack finden könne. Friedrich Wilhelms ärgerlicher Einwurf, das könne doch nun wirklich nicht als ein in wirtschaftlichen Erörterungen relevantes Argument gelten, ließ Bötticher, den Sitzriesen, sich noch höher recken: »Aber ja. Und zwar einzig und allein«, sagte er, seinen Bart kraulend und triumphierend, als sei sein Gegenüber in eine von ihm gestellte Falle getappt, »einzig und allein!« Die Ökonomie nämlich diene einzig und allein dem Wohle unserer deutschen, leider immer noch nicht vollständig geeinten und innerhalb ihrer natürlichen Grenzen lebenden Nation; und dieses Wohl werde vor allem von geistigen, von seelischen, von Werten des Gemüts bestimmt, und eben diese Werte würden durch semitisches Schachertum vergiftet, aber nicht nur durch Schachertum. Der Jude, sagte er, und er wisse, wovon er rede, er sei sogar mit einigen von ihnen befreundet, der Jude sei ein Fremdkörper in unserer Nation, er verstehe sich nämlich als Angehöriger eines eigenen Volkes.

Von da an schwieg Friedrich Wilhelm, hätte den Erörterungen Böttichers, denen außer Henriette alle anderen an der Tafel begierig und durch Kopfnicken immer wieder Zustimmung zeigend lauschten, allerdings auch wenig entgegenzusetzen gewußt, selbst wenn ihn die anerzogene Achtung vor Gelehrsamkeit und das ihm selbstverständliche Einmischungsverbot in fremde Sachgebiete nicht gehindert hätten, dem Professor Paroli zu bieten. Er geriet sogar in den Sog der suggestiv und in wohlgesetzten Worten vorgetragenen, von Henriette »abstruse Lektion« genannten Rede und hätte vielleicht wie die anderen hier und da zustimmend genickt, wäre Henriette, die zweimal unterm Tisch seine Hand ergriff und heftig preßte, nicht dabeigewesen.

Also: Europa leide an einigen einer früheren Daseinsepoche angehörenden und aus dieser zurückgebliebenen, der Entwicklung zu Nationen unfähigen, Völkern: Zigeunern, Basken, Iren und eben an den Juden. Fremde und Bürger der Nationen, in denen sie gleich Parasiten schmarotzten, wollten sie zugleich sein, verträten indes Anschauungen, Gebräuche und Ansprüche, die wie Feuersteinmesser und Pfeilspitzen aus Nephrit in die Zeiten nahe der Sintflut zurückreichten, wie zum Beispiel die Beschneidung und die absurden Speisegesetze. Der Monetheismus der Juden stehe auf einer Stufe mit dem Bericht eines zur Intendantur kommandierten Unteroffiziers, der das Dasein nur eines Exemplars von irgendwelchen Gegenständen meldet: ein Gott, zwei Tafeln, drei Väter, vier Mütter – wie es in ihrem Passahlied heiße. Der Glaube an die Erwählung oder, wie es neuerdings laute, »die weltgeschichtliche Mission des Volkes Israel« setze der Albernheit die Krone auf; ein Volk, das Jahrtausende hindurch für die Geschichte einen Ertrag nicht abgeworfen habe – man nenne ihm doch einen einzigen –, unterstehe sich, den Indogermanen Europas, die geradezu alles erarbeitet hätten, wovon man lebe, ins Gesicht zu schreien, daß es das Lieblingsvolk des Schöpfers sei. Was aber außer dem judeneigenen Atavismus und dem Rassenhochmut gegen sie spreche, sei vorab deren Internationalität, ihr »ubi bene, ibi patria«, was sie, gemeinsam mit den Jesuiten und den Kommunisten und Sozialisten, als vaterlandslos ausweise. Doch wenn's dabei nur bliebe! Tatsächlich vermehrten sie sich aber wie's Ungeziefer; wo ein Jude Fuß fasse, gebe es in kürzester Zeit zwanzig und mehr, und dann eroberten sie die Macht, weil Mitglieder gebildeter Nationen die von den Juden ohne Scham angewandten Mittel, Einfluß zu erwerben, verschmähten, ja nicht einmal den Mut hätten, den Mund aufzumachen, geschweige denn zu handeln; in diesem Zusammenhang weise er nur so nebenbei auf das merkwürdige Verhältnis zwischen Bismarck und Bleichröder hin. Und natürlich sei das Feldgeschrei der Juden »Kleindeutschland«, weil von einem solchen man sich schnelleres Einschleichen in Machtpositionen verspreche. In langen Jahren des Forschens und Beobachtens sei er zu der Überzeugung gelangt, daß die in die christlich-germanische Kulturwelt eingenistete Judenheit im europäischen, vor allem im deutschen Körper ein Krebs sei, der mit Arzneien nicht mehr behandelt, sondern nur mit chirurgischem Eingriff entfernt werden könne. Diese Ansicht, welche die eines jeden anständigen Deutschen werden müsse . . .

In der hereinbrechenden Nacht war der Wind aufgefrischt, der durch die offenstehenden Fenster in den Speisesaal wehte, und so konnte der befreiende Seufzer, mit dem Frau Bötticher den Fächer zuklappte, den sie immer mal wieder benutzt hatte, um sich Luft ins verschwitzte Gesicht zu fächeln, ebensogut der Abkühlung gelten wie dem Ende des Vortrags, dem sie kopfnikkend, mit einer den Sätzen vorauseilenden, leicht verquälten Zustimmung gefolgt war, die vermuten ließ, daß sie die Ausführungen ihres Mannes beileibe nicht zum erstenmal hörte.

Der Lärm aus Lachsalven und Hochs im Gesellschaftszimmer nebenan, in dem Schwiete die Offiziere höchstpersönlich mit Champagner bediente, war inzwischen wieder angewachsen, und als der Oberkellner fragte, ob Kaffee auch im Rauchsalon serviert werden solle, nickte man erfreut, Zeichen dafür, daß nunmehr zur Herrenrunde und zum davon getrennten Damenplausch übergegangen werden konnte, für Henriette die erste passende Gelegenheit, mit der Entschuldigung, nach einem anstrengenden Ausflugstag der Ruhe zu bedürfen, sich zu verabschieden und allseits einen noch vergnüglichen und – das konnte sie sich nicht verkneifen – »von abstrusen Lektionen freien« Abend zu wünschen, worauf Bötticher, nachdem sie in Begleitung von Friedrich Wilhelm den Speisesaal verlassen hatte, meinte, daß ein Landau so reagieren würde, müsse man erwarten, aber seine Tochter, nun ja, sie sei wohl so eine Art Blaustrumpf.

An der Treppe sagte Henriette zu Friedrich Wilhelm: »Bis hierher und nicht weiter, mein Herr, Ihre Geschlechtsgenossen erwarten Sie zum Umtrunk und Palaver.« Sie reichte ihm die Hand zum Kuß. »Ich werde später noch einmal gute Nacht wünschen«, sagte er und ging in den Rauchsalon, wo er, wie die anderen rauchend und Cognac trinkend, eine Zeitlang mit Venske und Schnittger über die Absatzmöglichkeiten von Eisenbedarfsartikeln im Weserbereich, mit dem sehr interessierten von Hippel über die Grenzen der Legalität von Agiotagegeschäften und mit Bötticher über die Ausflugsmöglichkeiten per Weserdampfschiff sprach – insgesamt nicht länger als eine Stunde, ehe er sich empfahl, den Rauchsalon verließ, ohne das Feixen der beiden Handelsreisenden zu beachten, die heimlich über das Verhältnis zwischen ihm und Henriette bereits ihre eindeutigen Vermutungen ausgetauscht hatten.

Draußen spazierte er die Weserstraße entlang bis zum Markt, sah in den Sternenhimmel, fand den Großen Wagen und durch Verlängerung der Hinterachse den Polarstern, kehrte zurück, stellte sich ein paar Schritte neben eine Straßenlaterne, blickte am Hotelgebäude hoch, bemerkte einen Lichtschimmer im Eckzimmer des zweiten Stocks, betrat wieder die Hotelhalle, in der sich außer einem dösenden Diener niemand aufhielt, hörte, als er die Treppe hinaufschritt, aus Gesellschaftszimmer und Rauchsalon ein Gewirr von Stimmen, Lachen, Gläserklingen, das um so gedämpfter klang, je höher er kam, und vor Henriettes Tür kaum noch zu vernehmen war.

Zweimal hat er geklopft. Das gute Ohr an die Tür, unter der ein feiner Lichtstreifen sich abzeichnete, gedrückt, nahm er »einen eigenartigen Geruch aus Bohnerwachs, Fliederduft – und Tabaksqualm (!) wahr«, wie es in seinem Tagebuch heißt, das ansonsten über Odeurs und dergleichen Intimitäten schweigt, in diesem Fall dieses Detail aber wohl deshalb erwähnt, weil es erstmals seinen Verdacht erweckte, der sich später ja auch bestätigen sollte, nämlich, daß Henriette rauchte.

»Ich bin's doch«, hat er halblaut und nach einem dritten Klopfen gesagt und nach einer Weile ein Rascheln gehört und dann ihre Stimme nahe am Türholz:

»Wer ist denn das – ich?«

»Der Fritz.«

»Und der Fritz möchte eingelassen werden?«

»Bitte – nur zum Gute-Nacht-Wünschen.«

»Gute Nacht.«

»Aber...«

»Würde auf solche Vertrautheit« – er preßte das Ohr ans Türholz, um ihr Flüstern zu verstehen –, »würde auf solche Vertrautheit, die ich Ihnen gewähren soll, Fritz, nicht die Verachtung folgen, der man einer, Sie wissen schon, entgegenbringt?«

»Aber nein. Was soll das, Henriette...«

»Im Ernst – gute Nacht. Bitte geh!«

»Wirklich?«

»Ja.«

Natürlich hatte er mehr gewollt, als ihr handreichend eine gute Nacht zu wünschen, und so war er enttäuscht, als er die Treppe hinunterschlich, leise, wie er hinaufgegangen war, aber doch wohl auch ein bißchen erleichtert, denn wie hätte er sich ihr, die womöglich nur ein Nachthemd trug, nähern, sich ihr erklären sollen, da er bereits, wie wir aus seinem Tagebuch wissen, »mit wachsendem Begehren an eine Ehe mit dieser herrlichen, kapriziösen Frau« dachte? Wortlos und herzhaft zupacken, sie an sich ziehen oder, falls sie im Bett läge, sich über sie beugen, sie umarmen, küssen – unmöglich! Vielleicht wurde das gerade von Henriette erwartet, erhofft, was ihn aber bei einer Frau, die er heiraten wollte, und sei sie noch so einzigartig, enttäuscht, ja erschreckt haben würde; und zu einem vorherigen förmlichen Antrag unter diesen heimlichen Umständen hätte er sich – sei's aus Verlegenheit, sei's aus Stilempfinden – auf keinen Fall verstehen können.

»Also ist's wohl besser so«, sagte er sich, als er – nachdem er Hut und Schal aus seinem Zimmer geholt hatte – durchs nächtliche Höxter ging, auf der Suche nach einem Wirtshaus, das er in einem der von Weinstöcken fast zugewachsenen Häuser am Markt fand, ein Lokal, wo, von Tabaksschwaden umwirbelt, bei schummrigem Licht der Petroleumlampen und Kerzen an Tischen, Bierkrüge vor sich, ein Dutzend Männer, der Kleidung nach Handwerker und Bürger des Mittelstandes, saßen. Der Wirt, der ihm einen Krug Bier brachte, fragte: »So spät noch unterwegs?« Und Friedrich Wilhelm entgegnete: »Was soll man allein in einer fremden Stadt am Abend anderes tun?« Er nickte den ihn mit neugierig-mißtrauischen Blicken beäugenden Herren ringsum zu, ehe er den Krug hob: »Na, prost dann!«, was als Zeichen und Geste friedfertigen Annäherns auch gleich verstanden wurde, denn man nickte zurück und nahm, ohne ihn weiter zu beachten, die Gespräche wieder auf, die sich, wie häufig damals in den Schenken unseres Landes, um den gewonnen Krieg gegen Frankreich drehten.

Mein Urgroßvater ist auf seinen Reisen für die Firma kreuz und quer durch die Lande, in den Orten und Städten, wo er sich gerade befand, gern in solche Kneipen eingekehrt, um einen Schlaftrunk zu nehmen und, wenn es sich so ergab, in einen Gesang mit einzustimmen, letzteres vor allem eine Art Therapie, die, wie er herausgefunden hatte, seine ihn von Jugend an quälenden Schlafstörungen weniger häufig auftreten ließ. So kannte er viele dieser nur selten variierten Geschichten aus Feindesland, von Schlachten und Scharmützeln, in denen die eigenen Heldentaten herausgestellt und ausgeschmückt, die Hinter- und Arglist des »Franzmanns« grellfarbig geschildert wurden, auch jene von der Franc-Tireur-Bande, die einen Teil der französischen Kriegskasse – pures Gold – auf einem Mistkarren aus dem bereits besetzten Gebiet bei Mömpelgard herausschmuggeln wollte, was einer der um den Stammtisch herumsitzenden vier Männer, ein stämmiger Ostwestfale, seinerzeit Vizewachtmeister bei den Ulanen, anläßlich einer Rekognoszierungspatrouille verhindert zu haben behauptete. Der Mann war ein guter Erzähler. Man glaubte das Schnauben der Rosse, das Klirren der Kinnketten und Bügel, das Klappern der Säbelscheiden an den Flanken der Pferde, den Hufschlag zu hören, den Geruch von Leder und Schweiß zu riechen, sah die schwarzen Wimpel an den Lanzen der Ulanen, flatternd im Abendwind, als das Fähnlein über die Anhöhe trabte, erblickte mit dem in die Bügel sich stellenden Eclaireur plötzlich im Tal den Trupp blaubekittelter Franc-Tireurs, deren Flintenläufe in den letzten Strahlen der Sonne blitzten und die, nach Entdekkung der Deutschen auf der Anhöhe in hastiger Flucht auf die vor den Karren gespannten Gäule einschlagend, dem Wäldchen am Ende der Senke zujagten, und man galoppierte im Geiste und nach dem Signal des Kornetts »Attacke!« – der westfälische Ulanenwachtmeister a. D. trompetete es heraus – den Hügel hinunter, Lanzen voran und hinter dem feigen, flüchtenden Partisanenpack her ... und drauf und dran, noch vor dem Wäldchen ... Gefangene werden keine gemacht ... nur drei entkommen ...

Leuchtenden Auges und seufzend wurden die Bierkrüge geleert, der Schaum vom Mund gewischt, begeistert gequalmt, und Friedrich Wilhelm Hasenclever, der wohl amüsiert, aber doch auch gespannt zugehört hatte, empfand wieder einmal tiefen Neid auf »unsere Helden«, die – wie es in seinem Tagebuch heißt – »das aufwühlende Erlebnis des Krieges erfahren, für die Ehre und Einheit des Vaterlandes gefochten, diese Körper, Geist und Seele stählenden Heldentaten bestanden, herrliche Kampfeuphorie und Frontkameradschaft erlebt, dem Tod ins Auge geblickt und den Sturm mörderischer, Feigheit und Kleinmütigkeit zersäbelnder Leidenschaft in sich brennen gefühlt hatten«. Zum tausendstenmal verwünschte er seinen Gehörschaden, aufgrund dessen er, wie er meinte, als militäruntauglich abgewiesen worden war. Damals wußte er noch nichts von der Intrige seines Vaters, der die Musterungskommission unter Druck gesetzt hatte, damit sein einziger Sohn und Erbe nicht auch noch wie der verrückte Onkel August womöglich für immer ausfiel. Seinen Onkel, den Freiwilligen August Hasenclever, hatte man trotz seines Alters genommen, vielleicht als Kompensation, vielleicht auch hatte er draufgezahlt, so was hat es gegeben. Am wirklichen Kriegsgeschehen hatte Onkel August dann aber doch nicht teilgenommen, da ihn gleich nach der Einkleidung eine rätselhafte Schlafkrankheit befiel, die ihn bis zum Sieg in einem Militärhospital bei Mainz festhielt, was übrigens niemanden überraschte, am wenigsten ihn selbst.

In der Schenke hatte inzwischen ein junger Mann das Wort. Es habe ja nicht nur die glänzenden Scharmützel gegeben. Der Blutzoll, der gezahlt worden sei, dürfe nicht vergessen werden; auf den Spicherer Höhen zum Beispiel habe er gestanden, von den rasend schnell feuernden Mitrailleusen des Feindes seien reihenweise die Kameraden niedergemäht worden; er könne noch von Glück sagen; zwar habe ihn eine Kugel getroffen, doch nur seine Kniescheibe durchschlagen. Er stand auf, humpelte einige Schritte durch die Schenke, man wurde still, nickte, einer legte den Arm um ihn, der Wirt brachte ihm einen

Humpen Bier, und dann – Friedrich Wilhelm hatte es schon angesummt – begann einer am Stammtisch zu singen: »Morgenrot, Morgenrot, leuchtest mir zum frühen Tod«, und alle fielen ein:

»Bald wird die Trompete blasen,
dann muß ich mein Leben lassen,
ich und mancher Kamerad!«

»Man schämte sich nicht der Tränen«, schrieb mein Urgroßvater, der dem Schenkenbesuch in Höxter eine ganze Tagebuchseite gewidmet hat – vermutlich noch in derselben Nacht und unter dem Einfluß von »sechs bis sieben Krügen Bier, die ich wohl trank, angeregt durch die Geschichten und die Gesänge, von denen ich den einen und anderen anstimmte, und als der Wirt uns hinauskomplimentiert hatte, sangen wir Übriggebliebenen – vier gestandene Herren – auf der Straße im Schein zweier Handlaternen noch ›Die Wacht am Rhein‹, bis aus einem Fenster des gegenüberliegenden Hauses gebieterisch Ruhe gefordert wurde. Herrlich!« Den Gedanken, gemeinsam mit den übrigen drei gestandenen Herren vor den »Berliner Hof« zu ziehen, um unterm Eckfenster im zweiten Stock ein Ständchen zu bringen, eins der passenden Lieder Hoffmanns, zum Beispiel »Schlafe mein Püppelein«, ein Kinderwiegenlied, mit dem ihn seine Amme und Ersatzmutter Berthe manchmal in den Schlaf gesungen hatte, ließ er dann aber fallen, hat aber das naive Liedchen in sein Tagebuch eingetragen.

Schlafe mein Püppelein,
Schlafe nur ein!
Tu nun die Augen zu,
Schlafe in guter Ruh!
Schnell ist ja hin die Nacht,
eh' wir gedacht.
Morgen schon früh um acht
sind wir erwacht...

Die schöne Heny

Wie immer, wenn er Besucher durch die Bibliothek geführt hatte, war es weit über die übliche Mittagessenszeit hinaus, als sie zu Tische kamen und Alwine, wie gewöhnlich, wegen der Verspätung schimpfte. Dabei gab es Gemüsesuppe, die für beider Geschmack gar nicht genug eingeköchelt sein konnte, bevor sie, mit frischen gehackten Kräutern – Petersilie, Schnittlauch, Selleriegrün und Liebstöckel – überstreut, aufgetragen wurde. Der eigentliche Grund von Alwines Verägerung lag denn auch darin, daß Hoffmann zu diesem Nachmittag Henriette Landau und ihren, wie Alwine sich ausdrückte, »Galan«, meinen Urgroßvater also, auf Kaffee und Kuchen geladen hatte und wieder nicht Doktor zur Linden in Holzminden aufsuchen wollte, der bei Rheumaleiden mit Packungen aus heißem Moorschlamm »beträchtliche Heilerfolge«, wie es im »Weserboten« hieß, erzielte.

Sie war in Palaverlaune. Ließe er sich darauf ein, äußerte er zum Beispiel seinen Verdacht, daß es sich bei zur Lindens Moorschlamm vermutlich um nichts anderes als um die mit Kohlestaub vermischte gute alte Wesererde handelte, würde sie den Bericht im »Weserboten« zitieren, wonach wöchentlich ein Dutzend als »Schwarz-Torf« beschriebene Fässer von einem Paderborner Fuhrwerk vor zur Lindens Praxis abgeladen wurden. Seinen Hinweis auf zur Lindens Zugehörigkeit zur Zentrumspartei, dessen intime Freundschaft zu dem für jeden Schwindel offenen Steuermann des »Weserboten«, Dechant Kampschulte, würde sie als beinahe schon krankhaftes Mißtrauen abtun, behaupten, er habe nur Angst vor einer fachärztlichen Diagnose und Behandlung, wisse aber doch ganz genau, daß Traubensaftkuren wie in früheren Jahren nun nichts mehr fruchteten. Das Ende solcher Diskussion wäre nicht abzusehen, in jedem Fall aber wäre diese wundersame Stimmung verflogen, mit der er den Besuch Henriette Landaus erwartete. Ihr Händedruck, ihr unnachahmlicher Augenaufschlag beim Abschied am Vortag hatten ihn in eine eigenartige Erregung versetzt, die er in seinem Alter kaum noch für möglich gehalten hatte und die durch einen jünglingshaften Nachttraum noch verstärkt worden war. So sagte er zwischen zwei Pustern über dem Löffel heißer Gemüsesuppe am Mund, die Einladung der jungen Dame und ihres Begleiters sei eine Angelegenheit von höchster, wenn nicht unmittelbarer Dringlichkeit, eine vom Kastellan Mumbart stammende Floskel benutzend, die unter ihnen als Punktumsignal galt. Es meinte, daß die Entscheidung ausschließlich in seinen Zuständigkeits- und Arbeitsbereich gehöre, daher jeder weiteren Diskussion entzogen sei. Aber Alwine, die, wie er, versuchte, die Suppe auf dem Löffel durch Pusten vor ihrem Mund abzukühlen, konnte die Bemerkung nicht unterdrücken, daß jene junge Dame ja wohl auch tatsächlich ein ausgesprochen apartes Wesen sei, welches wohl manchem Mann in hohem Alter noch den Kopf verdrehen könne.

Er schwieg, löffelte, schlürfte die Suppe vom Löffel. Obwohl das Fenster offenstand und kein Windhauch die Mittagshitze dieses noch wolkenlosen Julitages milderte, war es für sein Gefühl nur eben warm in dem als Eßzimmer hergerichteten Raum. Alle von ihnen am Äbtegang des Schlosses bewohnten Zimmer hatten jahrhundertelang den Mönchen als Wohn- und Arbeitszellen gedient, weshalb sie diese wohl durch Geschichtsablauf entstehende Verdunstungskälte abströmten, erzählte er gern, wenn er natürlich auch wußte, daß die Kühle, gegen die ihn seine Lodenjoppe schützen sollte, durch den hydrophilen Wesersandstein verursacht wurde, aus dem die meterdicken Außenwände bestanden. Für Alwine war es keine feuchte Kühle, sondern feuchte Wärme, und die zog die Fliegen an, die überall herumflogen, an Wänden und auf den Tischen hin und her liefen, sich auf die Suppenschüssel setzten, über den Tellerrand krochen. Ihr Summen und das Löffeln und Pusten waren jetzt die einzigen Geräusche in der trägen Mittagsstille.

Durch das offenstehende Fenster sah man weit über den Fluß hinweg und in die dunkelgrünen Berge des Sollings, und wie er sich wieder diesen Händedruck, den Augenaufschlag Henriette Landaus ins Gedächtnis zurückrief, erinnerte er sich an einen ganz ähnlichen Blick aus jenem Salon in Haus Hove über die Ruhr hinweg ins eichengrüne Ardey-Gebirge, und tatsächlich tauchte am offenstehenden Fenster die unvergeßliche Henriette von Schwachenberg auf. So stark war seine Einbildungskraft immer noch, daß er sie sozusagen leibhaftig, wie damals, als er in den Salon getreten war, vor sich erblickte, unter dem offenstehenden Fenster, durch das ein warmer Wind wehte, der die zur Seite gezogenen Voilevorhänge bauschte.

»Volle dunkelbraune Locken umspielten das fast blasse Antlitz, und in den feurigen Augen ließ sich ebensoviel Gutmütigkeit als Laune und Leidenschaft lesen«, beschrieb er sie und diesen Augenblick fünfundzwanzig Jahre später in seinen Memoiren. Jetzt, in dieser flimmernden, fliegensummenden Stunde des Fauns, Ellenbogen auf den Tisch gestützt, Gemüsesuppe schlürfend, sah er sie so wie damals in dem ihre Schultern völlig, den Ansatz ihrer Brust nur eben freilassenden Kleid, in die Lehne des Kanapees geschmiegt. Ausgestreckt da liegend – so hatte er sie sich gleich vorgestellt.

Als sie ihn anschaute, die Hand aus ihrem Schoß nahm, ihm reichte, war er in seiner Phantasie noch weitergegangen, so weit, wie er nach seinem Selbstverständnis nicht hatte gehen dürfen, und das war ihm in die Glieder gefahren, hatte ihm die Sprache verschlagen. Auf ihre Höflichkeitsfragen nach woher und wohin hatte er keinen zusammenhängenden Satz herausgebracht, während Hengstenberg, der Studienfreund und Sohn des mit den Schwachenbergs freundschaftlich verkehrenden Pfarrers, der ihn in Haus Hove eingeführt hatte, beste Konversation betrieb, in der doch gerade er sonst brillierte.

Sie habe aber meistens ihn, und zwar mehr als bloß oberflächlich-neugierig angeschaut, mußte der Studienfreund ihm anschließend ein paarmal bestätigen. In der Nacht, in der er keine Auge zutat, vor allem, weil Hengstenberg, bei dessen Eltern er zu Gast wohnte und dessen Zimmer er teilte, abwechselnd schnarchte und onanierte, dichtete er: »... wir umschlangen uns mit heißen Blicken, ach und bald mit unseren Armen ...«, warf das Gedicht aber am Morgen weg. Es war ihm zu lüstern, wie Poesie und Liebe selbst niemals sein durften. Daß er noch am selben Tag mit ihr über die Liebe und die Poesie reden würde, hätte er sich nicht träumen lassen.

Gleich nach dem Frühstück hatte er sich unter dem Vorwand, die von Pastor Hengstenberg in seinen »geographisch-poetischen Schilderungen« beschriebenen Ruinen der Burg Volmarstein zu erkunden, auf den Weg gemacht. Flußabwärts, unweit der alten, von Hengstenberg dem Zwergenkönig Volmar zugeschriebenen Feste, lag sein Ziel: Gut Hove. Es war ein heller, durchsichtiger Morgen. Wenige Schäfchenwolken zogen am blaßblauen Himmel. »Saatengrün, Veilchenduft, Lerchenwirbel, Amselschlag, Sonnenregen, linde Luft ...«, sang er das Uhland-Lied, und als er den gedrungenen Wachtturm des Gutes auf halber Berghöhe zwischen den Bäumen erkannte, wollte er schon losrennen, tat es nicht, hielt an, vielleicht nur ein paar Sekunden lang. Er erinnerte sich genau an diesen Moment des Zögerns, an den geriffelten Stein, auf den er seinen Fuß gesetzt hatte, roch sogar den Rauch des Feuers der Flößer am Ufer der Ruhr, hörte den Silberklang des Kornetts, der das Fähnlein preußischer Ulanen auf dem Treidelpfad der gegenüberliegenden Flußseite in Trab versetzte. Hätte er in diesem Augenblick sich anders entschieden, wäre er zur Volmarstein-Burg gelaufen, am Abend zurück zum Pfarrhaus gegangen, hätte er am Morgen darauf in aller Frühe das Felleisen geschultert, die Reise heim nach Fallersleben fortgesetzt, wäre also seinem ursprünglichen Plan gefolgt – »hätt' ich mir manches Herzeleid erspart«, sagte er laut und schlürfte die Suppe.

Er war hochgestiegen durchs Gebüsch, seitwärts vorbei an Turm und Wehrmauer bis auf die Kuppe des Berges, hatte hinuntergeschaut auf das Anwesen, das zu Sagenzeiten Vorburg der Volmarstein-Feste gewesen war, sah Henriette in einem blaßblauen Kleid und mit breitrandigem Sommerhut aus der Tür des Herrenhauses treten, die Treppen hinuntersteigen, in den am Berghang liegenden Garten schreiten, lief los, kam atemlos am Gartentor an, rief ihr zu: »Guten Morgen, schöne Gotelind«, hätte sich im gleichen Augenblick die Zunge abbeißen mögen, weniger, weil solcher Zuruf über den Zaun den Standesunterschied negierte, das machte ihm gerade nichts aus, im Gegenteil, machte ihm Spaß, und er wußte auch, daß frisch-freches Plaudern, natürlich unter Wahrung der Form und solange es nur dabei blieb, von einem Studenten nahezu erwartet wurde. Aber Gotelind, der Sage nach Gemahlin des Zwergenkönigs Volmar, hatte alle Ritter vor Leidenschaft rasend gemacht, war deshalb in die unterirdischen Gemächer der Burg Volmarstein eingeschlossen worden, und Henriette von Schwachenberg lebte aus keinem anderen Grund fernab von der Welt auf Gut Hove, als daß sie von ihrem Mann, einem zwar reichen, aber, so Hengstenberg, »reichlich kurz geratenen Bürgerlichen«, geschieden war. Welch fatale Anspielungen!

Henriette von Schwachenberg, sie führte nach ihrer Scheidung ihren Familiennamen weiter, saß auf der Bank unterm Rosenstockbogen, blätterte in einem Buch, drehte sich herum, sah ihn, lächelte und winkte ihn her zu sich. Einmal damit begonnen, sagte er sich, tu weiter so, und so redete er einfach, nachdem er sich, ihrer Aufforderung folgend, neben sie auf die Bank gesetzt hatte, weiter, über die schöne Gotelind und den Zwergenkönig Volmar, spann, den pastoralen Tonfall Hengstenbergs imitierend, die Geschichte fort, ließ einen Prinzen Godewind die eingesperrte Schöne befreien, die beiden auf einem Schimmel den Volmarstein hinuntersprengen und über die Ruhr setzen, die Verfolger, den kreischenden Zwerg Volmar und sein waffenklirrendes Gefolge in den Fluten verschwinden.

»Nein – hören Sie auf!«

Sie prustete. Und wie er es bringe, ein geborener Märchenerzähler und Schauspieler dazu. »Ach, das ist das Leben!«

Ganz plötzlich war sie still geworden, wirkte in sich gekehrt, und diesen schnellen Wechsel von sprudelnder Munterkeit in melancholisches Schweigen sollte er in den nächsten Tagen noch öfter erfahren. Beinahe hätte er ihre Hand ergriffen, fragte dann aber nur, auf das Buch in ihrem Schoß zeigend, nach ihrer Lektüre: Es waren Gleims »Scherzhafte Lieder«.

Vielleicht zu früh, hat er sich später vorgeworfen, ist es dann darüber zu jenem Gespräch über die Poesie und die Liebe gekommen; aber seine erregte Verliebtheit gab ihm womöglich keine Wahl, und auch sie schien in einem Zustand zu sein, der sie geradezu begierig darauf warten ließ, und so kam es ihnen beiden ganz natürlich vor, daß sie über Dinge redeten, die zwischen einer Frau und einem Mann eigentlich erst nach langer vertrauter Bekanntschaft zur Sprache kommen sollten. In manchen Tag- und Nachtträumen hat er später ihre und seine Worte wiederholt und seine Sätze ergänzt und neu formuliert.

Ein unechtes Gefühl durchziehe diese scherzhaften Lieder, hatte er begonnen.

»Wirklich? Und das wissen Sie so genau, in Ihrem Alter?« Er wußte damals noch nicht, daß sie kaum sechs Jahre älter war als er. Er nickte, sagte, »zum Beispiel in ›Bacchus und Zythere‹, dieses Bild des daliegenden ...«

»Ja, sagen Sie's nur, des wenig bekleideten Mädchens.« Sie hatte dabei geschmunzelt.

»Ja, ›und sie ruht da unter diesen schwarzen, reifen Trauben wahrscheinlich immer umgeben vom lüsternen Kichern im Park und Garten‹.«

Er redete sich in Rage, vergaß, wo und bei wem er war, sprach gegen seinen Bruder Daniel und dessen Freunde, die diese Mischung aus roher und parfümierter Leidenschaft, diese Mixtur aus Puder und Pomade verschlungen hatten, bemerkte das Lächeln Henriette von Schwachenbergs nicht.

»Und die echte Leidenschaft, mein Herr, existiert sie Ihrer Ansicht nach nicht?«

»Ja, doch. Natürlich.« Und diese wühle nun wahrlich den von der Liebe Ergriffenen auf, bis ins Mark, drehe ihn um und hin und her. Aber sie, diese Leidenschaft, sei kein Selbstzweck.

Wie das zu verstehen sei?

Sie, diese Leidenschaft, und dadurch erweise sie sich eben als echte Leidenschaft, führe zu einer Harmonie von Körper und Seele, einer endgültigen und endgültig glücklichen Verbindung; darüber hinaus für ihn und seinesgleichen und für alle, die eine sittliche Erneuerung des deutschen Volkes erstrebten, sei sie, diese echte, natürliche Leidenschaft, Ausdruck eines neuen Geistes, einer neuen Haltung von Treue, Festigkeit und gegenseitiger Achtung.

»Wie schön gesagt. Aber ach, Hoffmann, Sie Träumer, Sie lieber Träumer.«

Nein, nein, ohne diese echte, also eine vom Grund der Seele und aus einer hellen Lauterkeit des Geistes entspringende Empfindung bliebe von der Leidenschaft doch nur die sich im sinnlichen Genuß erschöpfende Begierde eines Prinzen Hettore Gonzaga, der Emilia Galotti auf diese fürchterliche Weise entzogen wurde. Und gegen diese unedle Leidenschaft der Edlen ...

»Der Edlen, sagen Sie, ach, wenn Sie wüßten, lieber Hoffmann ...«

Und gegen diese unedle Leidenschaft der Edlen gelte es, beispielhaft die wirklich edle, echte, aus natürlicher Sinnlichkeit erwachsene Leidenschaft zu setzen und anstelle jener galanten und dennoch zutiefst philiströsen Versphrasen, gegen diesen lüsternen Schleim eines Gleim, eine wirkliche Volkspoesie.

Wie er ihr aus dem Herzen spreche ... Sie hatte seine auf seinem Schoß liegende Hand ergriffen, gedrückt, und er hatte gezittert. Es war ihm noch mehr passiert als dieses Zittern, ob von Henriette bemerkt, darüber zu spekulieren hatte er erst mit der Nachricht von ihrem Tod – fünfundzwanzig Jahre, bevor ihn an jenem Julitag mein Urgroßvater und Henriette Landau besuchten – aufgegeben. Aber immer noch stand er unter dem Zwang zu pfeifen, sobald er sich daran erinnerte, und diesmal spritzte ihm die Suppe dabei vom Löffel, was Alwine, die die Gedanken ihres Schwagers zu erraten meinte, zu einem Kopfschütteln und zu der Bemerkung veranlaßte: »Je öller, desto döller.«

Seines Enthusiasmus im Ostergarten von Gut Hove zweiundfünfzig Jahre zuvor und der Sätze des unerfahrenen und unschuldigen, aber voller Sehnsucht und voller Angst nach jener leidenschaftlichen Liebe lechzenden Studenten schämte er sich nicht. Er hatte daran geglaubt, und er glaubte immer noch daran, prinzipiell jedenfalls, so, wie man nur an noch nicht wirklich Erfahrenes glauben kann. Schließlich war ja auch ihre damals vom neuen Geist bestimmte – sie hatten seinerzeit gesagt: »beseelte« –, beinahe revolutionäre Idee von Liebe und Poesie, soweit man hören, sehen und lesen konnte, Allgemeingut im Deutschen Reich geworden. Sie war allerdings wie so manches andere, wofür sie – er sagte immer noch – »gekämpft« hatten, vor allem unter der Regie dieses preußischen Junkers verwässert worden. Und manchmal, wenn er nachts wach lag und die Schatten über die Wand huschten, wußte er auch, daß sie etwas vollständig anderes gemeint hatten.

»Und was die herrschende Auffassung über die Liebe angeht«, sagte er laut und zum offenen Fenster hin – er hatte nämlich die Anspielung Alwines durchaus verstanden –, »so würde ich heute jedenfalls keinem mehr, der sie als eine weitgehend von Prüderie und Muckertum bestimmte bezeichnet, so schneidend in die Parade fahren wie damals in Bonn jenem Kommilitonen, der behauptete, unsere gut altdeutsche Auffassung von Poesie und Liebe sei blasse, ja volksfremde Theorie.«

»Ja, ja, gewiß, wenn du meinst«, sagte Alwine.

Dieser gewisse Kommilitone war jener Harry gewesen, der auf die richtige Sprechweise seines Vornamens derart Wert gelegt hatte, daß er bereit war, sich dafür zu duellieren, was für damalige Zeiten allerdings nicht viel heißen wollte. Die meisten waren jederzeit bereit gewesen, sich für weit Geringeres zu schlagen. Aber ob Harry Heine damals schon derart saftige Erfahrungen mit Töchtern aus gutem und weniger gutem Hause, wie er anzudeuten beliebte, gesammelt hatte? Sie, die sich im Gegensatz zum Weiberheldentum der Renommisten zu einer neuen Keuschheit bekannten, hatten ihm jedenfalls geglaubt und gerade auch deshalb ihn damals schon nicht zu den ihrigen gezählt. Mit gewissen Tändeleien durfte man prahlen, auch wenn's nicht stimmte, so, wie er in seinem Geselligkeitsliedlein auf Gretchen geflunkert hatte:

Herein, herein, wer ist denn da?
Und gleich trat ich hinein.
Sie saß in ihrer Stube
und spann mutterallein.
Da hab ich sie geküsset
auf ihren roten Mund,
wohl fünf, sechs, sieben Male
in einer Viertelstund.

Doch wie hatte ihn Gretchens Verführungsversuch an jenem schwülen Nachmittag in der weinumwucherten Laube erschreckt. Er war ja nicht nur wegen des Gewitters weggelaufen. Mit welchen Worten hätte er ihr erklären können, daß seine Zuneigung zu ihr, seine Gedichte für sie so nicht verstanden werden durften. »Das einfache Landmädchen«, wie er Gretchen seitdem abwehrend nannte, hätte es nicht begriffen, hätte hinter allem Reden doch nur seine Angst vor der leiblichen Liebe gespürt.

Überhaupt die Liebe zu einer Frau! Daß man für weibliche Wesen ein solches ins Mark gehendes, aufwühlendes, peinigendes, entzückendes, selig und zornig zugleich machendes und doch über allem freundschaftliches und kameradschaftliches Gefühl empfinden könnte, wie er es zu seinem Henneberg im Braunschweiger Catharinäum und später noch einmal in Göttingen erlebt hatte, glaubte er bis zu seiner Begegnung mit Henriette von Schwachenberg nicht.

Er hatte noch mit keiner Frau geschlafen – für die damalige Zeit und einen Jüngling seines Standes und Geldbeutels nichts Außergewöhnliches. Allerdings scheute er sich, selbst mit den besten Freunden, darüber zu reden. Noch als der Dreierbund zwischen ihm, Henneberg und Krawinkel in Göttingen von keiner Eifersüchtelei gefährdet schien, hatte er nur in Gleichnissen und vagen Andeutungen über »die Leidenschaft zu einer Frau mit allen Konsequenzen« gesprochen. Dabei waren sie alle drei immer nur zu dem Schluß gekommen, daß eine solche niemals eine echte Freundschaft zwischen Männern stören, geschweige denn ersetzen könne.

Nur um das nachzuweisen, hatte er sich zu beschwichtigen versucht, war er eines Nachts in eines der Häuser hinterm Graben, das unter den hochnäsigen Göttinger Korpsbrüdern als »mäßig luderös« galt, geschlichen, Hals über Kopf aber wieder hinausgelaufen, als die brombeeräugige Dralle, in breitem Hamburger Dialekt auf ihn einnuschelnd, ihn an beiden Händen zu einer Liegestatt hinter einem Verschlag gezogen hatte, seine Hose öffnete und vor der Riesengröße seines Geschlechts zu erschrecken schien. Daß sie der dicken Berta, einer der Hoffmannschen Mägde, glich, war ihm erst hinterher aufgegangen, als er sich an den Geruch nach Urin, feuchtem Stroh, Leder und Rübenschnitzeln hinter dem Verschlag erinnerte, an diesen Pferdestallgeruch, der für ihn immer auch damit zu tun hatte, was im Fallerslebener Platt »Fitschikokeln«, »Pimmeln«, »Knötern«, »vor de Büchsen« hieß. Die Bedeutung dieser Ausdrücke hatte er schon früh in Zusammenhang gebracht mit dem, was Wilhelm oder Heini oder einer der Kutscher mit Stine, Lisbeth oder Berta unter Kichern, Keuchen, Grunzen im Stroh auf dem Hängeboden über den Pferdeställen machten – schweinische Kalwereien, die, so glaubte er lange Zeit, nur das Gesinde trieb, bis er eines Tages seinen Bruder in der Kumpanei zweier französischer Offiziere dabei ertappte.

Das war in jenem Frühjahr gewesen, in dem der Siegeszug

Napoleons durch Europa von allen Stammtischstrategen, denen er aus dem »Westfälischen Moniteur« vorlas, für unaufhaltsam gehalten wurde. Fraglich schien nur noch, ob man dem im Jahr zuvor gegründeten Königreich Westfalen unter Napoleons Bruder Jérôme zugeschlagen werden sollte oder ob man weiter unterm Okkupantenstatus französisch bleiben würde. Bruder Daniel, der perfekt französisch sprach und dem deshalb der größte Teil der Bürgermeistergeschäfte des Vaters zugefallen war, hatte gegen das letztere nichts einzuwenden. In Fallersleben standen zwei Schwadronen Kürassiere, mit deren Offizieren er auf du und du stand, mit denen er becherte, kegelte, ritt und Hallodria trieb. Einen geeigneteren Verbindungsmann, hieß es bei allen, könne man sich nicht denken. Die Geschäfte liefen wegen der Kontinentalsperre mehr als schlecht, die Kriegssteuern wurden immer höher. Dazu kamen die Einquartierungen, die die Fallerslebener auch nicht zufriedener machten, und so wurde Bruder Daniel damit beauftragt, gemeinsame Feste zur »Verständigung und Völkerfreundschaft« zu organisieren, Feiern und Bälle, auf denen die Fallerslebener mit den Kürassieren tanzten, Champagner und Punsch tranken und bis tief in die Nacht hinein sangen.

Wie sein Bruder Daniel hatte er die lustigen, liebenswürdigen, trinkfrohen, nie volltrunkenen französischen Besatzungssoldaten, die, ganz anders als die Hannoveraner und die Preußischen, kaum einen Unterschied zwischen Offizieren und Gemeinen kannten, gemocht, besonders Lucien, einen jungen, blonden Sergeanten ohne Schnurrbart, der ihn manchmal zur Jagd mitnahm und mit ihm Drachen baute, die sie gemeinsam steigen ließen. Als um so schlimmer empfand er es, daß ausgerechnet Lucien der Rädelsführer des schweinischen Treibens zu sein schien, bei dem er ihn, Bruder Daniel und dessen speziellen Kumpan, den kleinen Leutnant Gilbert, beobachtete. Jenes ekelhafte Schauspiel verband sich für ihn stets mit der Erinnerung an eins dieser Völker- und Freundschaftsfeste, die, wie immer, in ihrem Hof stattfanden. Er und Vetter Behne hatten eine Zeitlang vom Fenster der Schlafkammer aus den Feiern zugeschaut, wie die an zwei Tischen sich gegenübersitzenden Franzosen und Fallerslebener sich zuprosteten, sich vorsangen und schließlich gemeinsam die Reise nach Jerusalem spielten. Als es immer lauter und betrunkener zuging und das alles in der lauen Mondscheinnacht kein Ende nehmen wollte, Vetter Behne längst schlummerte, er aber bei dem Lärm keine Ruhe fand, war er mit einer Decke unterm Arm in den Pferdestall gezogen, auf den Hängeboden gestiegen und da im Stroh bald eingeschlafen. Die helle Stimme Luciens hatte ihn geweckt. Sie kommandierte: »Un et deux ... et trois et quatre ...«, und dann sah er, als er nach vorn gekrochen kam, Berta, Lisbeth und Stine, die, in Reihe nebeneinander, Kittel bis zur Hüfte hochgeschoben, Kopf und Arme auf dem über dem Streu hängenden, an zwei Ketten an der Decke befestigten Querbalken, der wie eine Schaukel hin und her schwang, ihre nackten Hinterteile den hinter ihnen stehenden drei Männern entgegenstreckten, und wie diese drei, Lucien, Bruder Daniel und der kleine Gilbert, ihre Hosen hingen über ihren Stiefeln, versuchten, gleichzeitig zum kommandierenen Zählen Luciens im Rhythmus des Schaukelns und unter Lachen und Prusten in die Hinterteile der Mägde, die gequält ausschauten und keinen Laut gaben, rein- und raus- und raus- und reinzufahren. Fast noch fürchterlicher fand er, daß Lucien zwischendurch, ohne sein kommandierendes Zählen zu unterbrechen, dem Schimmel nebenan, einem unruhigen Krippensetzer, der von der Kette wollte, mit einem Knüppel wie wild in die Weichteile schlug.

»In der leiblichen Liebe zu einer Frau, mit allen Konsequenzen, bin ich wirklich unerfahren gewesen«, sagte er leise vor sich hin, »als ich, auf der Bank unterm Rosenstock im Garten von Haus Hove, neben der unvergeßlichen Henriette sitzend, so glühend über die Liebe und Poesie redete und plötzlich zu zittern begann, nur weil sie meine auf meinem Schoß liegende Hand drückte.«

»Willst du keine Suppe mehr?« fragte Alwine, die seine Selbstgespräche, die sich in letzter Zeit häuften, überhörte.

Eine Fliege kroch über seine Hand, die den leeren Löffel hielt. Vom Weserufer hörte man mit einemmal Reden und Lachen der Leute, die auf die Vorbeifahrt des Passagierschiffs aus Münden warteten; und als von Ferne heiser das Schiffshorn tutete, womit das Einbiegen des Schaufelraddampfers in die Flußschleife vor Corvey signalisiert wurde, sah er auf die Uhr. »Eine Stunde Verspätung hat das Schmuckstück unserer Weserflotte wieder einmal«, sagte er, »bitte noch etwas von der köstlichen Gemüsesuppe«, und während er, nachdem Alwine ihm nachgefüllt hatte, Löffel um Löffel ohne Pusten zum Munde führte, schaute er weiter aus dem Fenster mit jenem in andere als räumliche Fernen gerichteten Blick, den sie gut kannte. Er war dann, ahnte sie, irgendwo an einem der ungezählten Orte bei irgendwelchen seiner unzähligen Bekannten seiner Vergangenheit.

Tatsächlich weilte er in seiner Erinnerung weiter bei Henriette von Schwachenberg in Haus Hove, dem von allen Hauptstraßen abliegenden Gut, auf dem damals ein westfälisch-biederes, geruhsames, beinahe dornröschenschlafgleiches Leben herrschte. Die Zeit schien vor Ausbruch des Sturmgewitters über Europa zum Stillstand gekommen zu sein, ein Eindruck, der durch die Erscheinung des Hausherrn noch verstärkt wurde. Johann Friedrich Detmar von Schwachenberg, Henriettes Vater, Erbherr auf Hove und Schlehbusch, Witwer seit Jahren, der seine militärische Laufbahn lange vor dem Auftauchen Napoleon Bonapartes am Horizont beendet hatte, ein kleiner, fast achtzigjähriger Greis, kleidete sich, à la mode d'avant, stets mit gepuderter Zopfperücke, trug auch alltags Culottes und Schnallenschuhe, eine bestickte Redingote und sonntags die grande parure, weniger zu demonstrativen Zwekken, hatte man den Eindruck, sondern eher nach Art von früh in den Ruhestand versetzten, mit den Zeitläuften nicht mehr einverstandenen Offizieren oder Beamten, die am aktuellen Weltgeschehen keinen Anteil mehr nehmen mochten. Dazu paßte auch seine Schwerhörigkeit, die ihn immer ein wenig abwesend und daneben wirken ließ. Von den Gutsgeschäften, die allein ein Verwalter besorgte, hatte er sich längst zurückgezogen, lebte, wie er es nannte, »so vor mich hin«, saß meistens in der Bibliothek vor dem Fenster mit Blick über die Ruhr hinweg auf die Hügel des Ardey-Gebirges oder las mit der Lupe in einem der religiösen Traktate, aus denen, neben Werken über Militärverwaltung, Gerichtswesen, Landwirtschaft, Jagd, einigen englischen und französischen Romanen und deutschen Dichtungen der Vor-Weimar-Zeit, die Buchauswahl bestand. Mit seinem stets mit Perücke und Escarpins gekleideten alten Diener bewohnte er den rechten Flügel des Herrenhauses, während Henriette, ihre Kammerzofe und die aus ihrer Ehe stammenden Kinder, zwei rotzfreche Knaben, von denen einer schielte, der andere hinkte, im linken Flügel lebten. Bei Hengstenbergs wurde das Verhältnis zwischen Vater und Tochter als »gleichgültig bis lieblos« geschildert und darauf zurückgeführt, daß Henriette ihrem Vater immer noch vorwerfe, der von ihrer Mutter erzwungenen Heirat mit dem reichen, aber zu kurz geratenen Kaufmann aus Elberfeld nicht widersprochen zu haben, eine, wie Hoffmann bald herausfand, grundfalsche Beurteilung, die allerdings zeigte, wie wenig die braven Pfarrersleut vom Leben und von den Ansprüchen des Adels, selbst des einfachen Landadels, begriffen hatten. Tatsächlich sprachen Vater und Tochter in Anwesenheit anderer nicht oder nur selten miteinander, um so mehr jedoch, wenn sie sich unter sich wähnten und unbeobachtet glaubten.

So hatte Hoffmann sie einmal von der Bergkuppe aus in aller Herrgottsfrüh, die einen Besuch nicht einmal bei besten Bekannten gestattete, Arm in Arm die Gartenwege auf und ab spazierend beobachtet, ins Gespräch vertieft, und die Art miteinander zu reden, einander zuzuhören und ihre Gesten zeigten eine Vertrautheit, die, fand er, an Verschworenheit grenzte. Am Tag darauf gewann er sogar den Eindruck, selbst Gegenstand ihres Zwiegesprächs zu sein. Vom selben Beobachtungspunkt aus, allerdings zur Mittagsruhezeit, sah er, als beide vor dem Rosenstockbogen anhielten, wie Henriette, eine Liebeswerbung andeutend, ihre Hände in Höhe ihres Herzens spreizte, den Kopf zur Seite legte und wie ihr Vater den Kopf schüttelte, dann, während sie Arm in Arm weitergingen und Henriette ihm gespannt zuhörte, wie seine rechte Hand einen Kreis um seinen Kopf bis runter zum Hals beschrieb, um dann senkrecht hochzufahren.

»Les aristocrats à la lanterne?«

Er hörte sie noch diese Frage stellen, amüsiert und doch auch ein bißchen entsetzt. Sie hatte wissen wollen, was er und die anderen Studenten, von denen man das Unerhörteste höre, im Schilde führten, besser gesagt, was sie antreibe.

Später hat er sich manchmal gefragt, ob ihre Herzlichkeit und anteilnehmende Aufmerksamkeit nicht doch raffinierte Tarnung zur Ausforschung seiner und seiner Genossen Vorstellungen und Pläne waren, aber wegen seiner Verliebtheit hatte er einen aufkommenden Verdacht damals beiseite geschoben, trotzdem erst einmal in aller Vorsicht geantwortet, betont, daß ihnen nichts ferner liege als französische Jakobinerei, ihr den Wahlspruch: »Ehre – Freiheit – Vaterland« erklärt, hinzugefügt, daß er für sich die Reihenfolge: Vaterland, Liebe, Kunst, Freiheit, Ehre vorziehe, an manchen Tagen sogar die Liebe und die Freundschaft an erste Stelle setze – verehrte Frau von Schwachenberg –, aber wie auch immer gehe es ihnen, den Studenten, um die Einlösung des Befreiungslohns, den das Volk im Kampf gegen die napoleonische Unterdrückung sich verdient habe, um eine von Zopf und Tyrannei befreite, auf Selbstbestimmung und freier Verantwortung des Volkes beruhende neue Welt, wozu die Einheit des Vaterlandes Voraussetzung sei, die wiederum nur gewonnen werden könne, wenn sie sich auf die Freiheit aller einzelnen gründe; und gerade eben das praktizierten sie, die Studenten, weswegen die alten Mächte sie mit aller Macht bekämpften, wogegen sie sich nun wieder zur Wehr setzten – doch wohl zu Recht. Oder?

Ihr zustimmendes Nicken, der beim Lauschen wechselnde Glanz ihrer brunnendunklen Augen und sein Wunsch, sich ihr als eine Mischung aus empfindsamem Werther und draufgängerischem Godewind zu präsentieren, hatten ihn dann aber fortgerissen, ihn von Tun und Taten der Studenten in Bonn drauflos erzählen lassen, zum Beispiel von der Demonstration zur Befreiung Arndts aus der Haft, bei der er sich den Rang des Rädelsführers gab, der, in der ersten Reihe des Zugs marschierend, mit donnernder Stimme den »Auszug« ankündigte, drohte, die Stadt in Scherben und stinkendem Mist zurückzulassen, falls nicht noch am gleichen Tag der Inhaftierte freigelassen werde – was dann ja auch geschehen sei –, oder wie er im Kolleg bei Welcker die beiden mitschreibenden, spionierenden Spitzel am Kragen gepackt, den einen links, den anderen rechts, und aus dem Fenster des ersten Stocks geworfen habe.

In Wahrheit hatte er mit Freunden in einer Gastwirtschaft auf dem Drachenfels gesessen, als der auch von ihm heißgeliebte und umschwärmte, damals schon berühmteste Mann Bonns, der stets im Schwarzrock des Lützower Freikorps gekleidete Ernst Moritz Arndt, dessen Idee von einem Studentenstaat als Keimzelle des neuen Deutschlands sie entflammte, dessen Lied »Der Gott, der Eisen wachsen ließ« sie als ihre Hymne sangen, wegen revolutionärer Umtriebe für einen Tag verhaftet wurde. Wie gestern erinnerte er sich an jenen strahlenden Julitag vor mehr als fünfzig Jahren unter den duftenden Linden, hoch über dem im gleißenden Sonnenlicht funkelnden Rhein, den sie immer wieder hochleben ließen, diesen herrlichsten aller Ströme, der in ihren Träumen durch ein Reich dahinfloß, das durch keine dynastische Willkür zerstückelt, durch keine Despotie kujoniert wurde, das die Gebiete aller deutsch und seine Dialekte sprechenden Menschen umschloß, ein Reich, das bewohnt wurde von einem nach altdeutscher Art frisch, fröhlich, frei und fromm lebenden Volk, regiert von den Hervorragendsten und Besten, gleichgültig, welchen Standes, wozu sie sich natürlich allesamt zählten, ob von einem König und Kaiser geführt oder republikanisch verfaßt, darüber war man sich allerdings uneins. Arndt – wirklich Ernst Moritz Arndt! – und er, der Hoffmann aus Fallersleben, den man seines Dichtens wegen

»Poet« nannte, sollten ein Kommersbuch herausgeben, und so diskutierten sie auf dem Drachenfels unter den Linden über dem Rhein, zwischen Trinksprüchen und Gesang, Vivats und Deklamationen, welche Lieder ins Buch aufgenommen werden sollten, fragten zum Spaßvergnügen die Wirtin, die nur Lieder über die Liebe, den Wein und den Rhein und überhaupt keine vaterländischen Gesänge mochte, womit sie den Geschmack des Zensors traf. Die Beschlüsse der Ministerkonferenz in Karlsbad standen noch bevor, aber die Zensur arbeitete bereits mit preußisch-pingeliger Akkuratesse, hatte einen Piek auf alles Patriotische. Könnte es wieder einmal Harry Heine gewesen sein, der sich mokierte, von philisterhafter Furchtsamkeit, kleinmütiger Selbstzensur sprach, als man beschloß, in Arndts Rebenlied die Zeilen: »Süßestes von allen Dingen, dir, oh, Freiheit, will ich's bringen, in den Wein« abzuändern in »Süßestes von allen Dingen, dir muß ich's im Stillen bringen, in den Wein«?

Eine illustre Schar später Berühmter oder Berüchtigter hatte dort gesessen, einige waren gegangen, andere gekommen, und so genau er sich an viele und vieles erinnerte, ob aber Heine damals an jenem heißen, strahlenden Julitag in der Gartenwirtschaft unter den Linden auf dem Drachenfels dabeigewesen war – er wußte es nicht mehr, schob Alwine den Teller hin, ließ sich ein weiteres Mal nachfüllen.

Er jedenfalls, der August Heinrich Hoffmann von Fallersleben, hatte immer schon früher als andere gerochen, wenn's brenzlig wurde, auch damals, und schon bei seiner Ankunft in Bonn hatte er's gewittert und das lauernde Mißtrauen gefühlt, nicht nur wegen der Blicke, die ihn und seinesgleichen in altdeutscher Tracht trafen.

»Vorsicht ist die Mutter der Porzellankiste«, wurde geflüstert, wenn sich einer, den sie nicht gut genug kannten, zu ihnen gesellte, oder man pfiff »Üb immer Treu und Redlichkeit«, um auf heimlich spähende und lauschende Augen und Ohren aufmerksam zu machen – natürlich auch ein Spiel mit Spaß und um sich wichtiger und gefährlicher vorzukommen, als ihre Harmlosigkeit Anlaß bot. Unter den hohen Eichen auf dem Venusberg, bei Mondschein und Nachtvogelrufen, hatte ein Kommilitone aus Gießen vor ihnen, die im Halbkreis saßen und lauschten, die Lage eingeschätzt: Das Überwachungs- und Bespitzelungssystem funktioniere jetzt noch besser. Von der preußischen Staatsbürokratie perfekt entwickelt, gleich nach Überführung der Rheinlande unter preußische Staatshoheit, zur Kontrolle der als leichtlebig geltenden und mit Ideen von Liberté, Egalité, Fraternité immer noch liebäugelnden Rheinländer eingeführt, habe man es nun einfach mit der Universität vernetzt. Die Falken in der preußischen Regierung unter Bernstorff und Wittgenstein erwarteten nämlich eine explosive Mischung, wenn die von überall her nach Bonn strömenden Studenten, vor allem die Brüder aus Jena und Gießen, mit Männern vom Schlage Arndts und Welckers, von den Tauben um Hardenberg und Humboldt zu Professoren berufen, zusammenträfen.

Hatte man's noch auf die leichte Schulter genommen, konspirativ gespielt, nach der Verhaftung Arndts und der Hausdurchsuchung bei Welcker merkten es dann alle: Als Musensöhne verkleidete Spitzel schrieben in den Vorlesungen mit, nach Art alter Freikorpskämpen auftretende Agenten mischten sich in Kneipengespräche und Händel ein, zu Umzügen gesellten sich schwarz-rot-goldene Schärpen und Federbarett tragende Geheimpolizisten, angestellte Horcher und Schnüffler hockten in den Bibliotheken, vermerkten die Titel der ausgeliehenen Werke und die Namen der Leiher, spitzten die Ohren, wenn in irgendeiner Ecke zwischen den Büchern die Köpfe zusammengesteckt wurden.

»Bald wagte, liebe verehrte Frau von Schwachenberg, keiner mehr, sich offen zur Burschenschaft zu bekennen«, hatte er ihr berichtet, »und als ich, der ich ihr nie offiziell beigetreten bin, auf einer geheimen Sitzung in einer alten Scheune dafür plädierte, sich weder Burschenschaft noch Landsmannschaft, sondern einfach nur Allgemeinheit zu nennen, auf keinen Fall aber schriftlich irgendein Komment abzufassen, gab man mir recht.

Aber die Statuten wurden dann doch geschrieben, sie wanderten von Hand zu Hand, niemand glaubte sie bei sich in sicherer Verwahrung, und so nahm ich sie dann zu mir.«

Von Henriettes »Ohs« und »Ahs«, die die Schilderungen seiner Burschenheldentaten begleiteten, weiter angestachelt, hatte er dann eine Hausdurchsuchung mit allen Schikanen in seiner am Bonner Markt gelegenen Wohnung, nach seinem Auszug aus Poppelsdorf bezogen, erfunden – ließ Stiefeltritte die Treppe hochpoltern in einer Herrgottsfrüh, zu der die Bauern und Händler ihre Karren anrollten, Bretter und Stangen auf Pflaster knallten und die Marktfrauen sich kabbelnd um die besten Standplätze stritten, ließ die Stubentür auffliegen, zwei Gendarmen mit schweren Säbeln und unter die Kinnladen gezurrten Tschakoriemen ins Zimmer stapfen, einen glattrasierten, nach englischer Mode gekleideten, glasig grinsenden Herrn hinter ihnen eintreten, diesen »Durchsuchung, Herr Student – also los, Kerle!« schnarren, jene alles von unten nach oben kehren, dem glasig grinsenden, nach Pomade duftenden Herrn die Bücher von Tisch, Kommode, Regal, Schrank reichen, ihn spitzfingrig, Buch für Buch – die Rücken nach oben – durchblättern, daß Lesezeichen, Briefe, Notizen, Gedichte zu Boden flatterten, ließ sich, Hoffmann, auf dem Bett liegend, lächelnd diese Aktion nach Art des Kindersuchspiels kommentieren: »Kalt ... lauwarm ... kalt ... eiskalt ... noch kälter ... jetzt warm«, einen der inzwischen naßgeschwitzten Polizisten ihren Herrn fragen: »Soll isch e ene rinhaue?«, diesen verärgert den Kopf schütteln, nach zwei Stunden schließlich die Kerle: »Nun raus!« anraunzen und ihn, Hoffmann, der, Pfeife rauchend, Arme hinterm Kopf verschränkt, auf dem Bett lag, anzischeln: »Ihm wird das Lachen noch vergehen, Herr Student!«

»Und wissen Sie, verehrte Frau von Schwachenberg, wo's verborgen steckte und wo's einer der beiden Gendarmen mit seiner Hand schon fast berührt hatte und wo sie jetzt noch stecken, die Statuten? Im Kamin!«

»Nein! Herrlich, Ihre spöttische Gelassenheit angesichts der rohen Kerle und dieses ... Aber bitte, bitte, lieber Hoffmann, Sie müssen vorsichtiger, bitte viel vorsichtiger sein! Versprechen Sie mir das! Sonst muß ich gleich vor Angst ...«

Auf dem Kanapee, wieder so sitzend, daß man sich einfach vorstellen mußte, sie liege dort ausgestreckt und kaum bekleidet, hatte sie ihm die Hand gereicht. Er hatte sie gefaßt, hätte sie ans Herz gedrückt, wären in diesem Augenblick nicht ihre beiden Knaben schreiend und von ihrem Hauslehrer, einem devoten, weinerlichen Knirps gefolgt, in den Salon gestürzt, um sich dort in einer Ecke weiterzuprügeln, bis man sie auseinanderriß.

Nahm er nun alles zusammen: das intime Gespräch über Liebe und Poesie unterm Rosenstockbogen, Henriettes Reaktion auf seine Geschichte, das Flehen um Vorsicht, die Andeutung ihrer Angst um ihn, durfte er da nicht annehmen, daß seine Liebe erwidert wurde! Und wie sie am Tag darauf beim Spaziergang zum Aussichtspunkt unter den beiden jungen Eichen, über eine Wurzel stolpernd, sich rückwärts in seine Arme fallen, sekundenlang darin verweilen und einen Seufzer, ja, einen Seufzer vernehmen ließ und er den Veilchenwurzelduft ihrer Achselhöhlen roch – konnte er da nicht glauben, sie habe für ihn mehr als nur freundschaftliche Gefühle?

Als Henriette dann schließlich im Beisein Pastor Hengstenbergs, eines Oheims aus Münster, und ihres Vaters, der am Kamin lehnte, eine Hand hinterm Ohr zur Muschel geformt, nach seinen Berufsplänen fragte, schien es doch so, als fasse man eine Verbindung zwischen ihnen ernsthaft ins Auge, wenn auch die Darlegung seines Programms nicht gerade auf begeistertes Verständnis stieß: Entwicklung einer deutschen Philologie, die nicht nur das alte und neue Deutsch mit allen seinen Mundarten wie Niedersächsisch und Niederländisch umfaßte, sondern auch das Friesische, Englische und Skandinavische, Deutschlands Geschichte, Kunst und Recht, vor allem aber die Volkskunde, also Erforschung von Sitten und Gebräuchen deutscher Stämme, ihres jahrtausendealten untergründigen und inneren Zusammenhangs ...

»Eine herrliche, sicher recht weite – aber auch einträgliche Aufgabe?« Pastor Hengstenberg hatte diese Frage gestellt, und er hatte geantwortet: »Warum nicht? Mit der Zeit ja und unter sich verändernden Verhältnissen schneller.« Assistent an der Universität sei er bereits, nütze die Gelegenheit bestens, vervollständige seine Sammlung von Werken über deutsche und verwandte Sprachen, Mundarten, Sitten, Gebräuche, vor allem Lieder, forsche, schreibe, dichte – ja, dichte, einer alten deutschen Gelehrtentradition folgend. Nein, ein Salär beziehe er noch nicht, wohl esse er an einem Freitisch, aber Beziehungen seines im preußischen Finanzministerium zu Berlin beschäftigten Bruders zum zuständigen Minister und noch höher hinauf berechtigten zu Hoffnungen auf eine Professur in nicht allzu ferner Zukunft.

»Priester müssen immer gleich ans Irdische denken«, hatte Henriette bemerkt. »Kommt es denn darauf an?« Und sie hatte ihn angestrahlt, draußen im Garten beim Abschied ihm einen Veilchenstrauß gepflückt und in die Hand gedrückt.

Auf sein Gedicht, ihr am Mittag darauf überreicht, das durch die Blume hindurch seine Liebe zu erkennen gab, ging sie nicht ein. Die letzte Strophe lautete:

Würden aus den Veilchen Rosen –
Denk' ich dann in meinem Sinn,
Ha, wie wär's dem Freudelosen
dann so wohl für immerhin!

Sie hatte sich, schien es ihm – man ist versucht zu sagen, zu Recht bei solchen Versen –, in ihr melancholisches Schweigen zurückgezogen, und so schrieb er ihr am Tag vor seiner nicht mehr aufschiebbaren Heimreise einen Brief, in dem er ihr offen seine Liebe gestand.

»Oh, wie weit weg in Gedanken«, sagte Alwine, brachte Teller, Löffel, Schüssel hinaus, kam mit Tee und Tassen, Milch und Zucker zurück, schenkte ein, während der Lärm draußen am Kai anwuchs, wo, von den Schaulustigen laut begrüßt, die

»Münden« schaufelradrauschend, tutend und tuckernd vorüberglitt. »Hörst du, doch mehr als eine volle Stunde Verspätung, und das flußabwärts«, sagte er, trank den Tee, fragte, ob er und die Gäste sich auf den vortrefflichen Stachelbeerkuchen mit Schlagsahne freuen dürften. Ja? Dann, sagte er, wolle er jetzt sein Nickerchen halten, stand auf, ging hinüber in sein Wohn- und Arbeitszimmer, goß sich ein Gläschen Rum ein aus der Flasche, die versteckt im Schrank hinter Büchern stand, wo Alwine sie längst entdeckt hatte, trank's in einem Zug leer, brannte eine Zigarre an und legte sich aufs Sofa, blies Ringe, sie mit gespitztem Mund so formend, daß der je letzte sich durch den vorausgegangenen hindurchkringelte, eine Kunst, in der er seit seiner Studentenzeit brillierte. Hätte er Buchstaben formen können wie jener Göttinger Korpsbruder, der übrigens genau deswegen gestorben war, an den Folgen eines Duells nämlich, das der Herausforderer verlangt hatte, weil er in den Zeichen aus waberndem Rauch MIMI, den Namen seiner Angebeteten, gelesen zu haben glaubte: Er, Hoffmann, hätte HENY geblasen und durch den Raum schweben lassen.

Mit diesem von Henriettes alter Kammerzofe stammenden Kosenamen im Kopf und auf den Lippen war er morgens aufgewacht und abends eingeschlafen während seiner Wanderung nach Fallersleben und zurück nach Haus Gut Hove, geschwebt und gefallen, gelaufen und gestolpert und stundenlang am Wegrand sitzengeblieben, war an einem Morgen mit herzzerspringender Freude erwacht, am Abend des gleichen Tages vor unerträglicher Ungewißheit am ganzen Leibe zitternd eingeschlafen, um am folgenden Morgen kühl und beherrscht aufzuspringen, auszuschreiten, mittags dann vor Erschöpfung an einer Quelle einzuschlummern, aufzuwachen und bis in die Nacht hinein liegenzubleiben, verzweifelt, weil dreimal das von Margeriten letztgezupfte Blatt »ich lieb' dich nicht« verhieß. Ausgerupfte Veilchenwurzeln näßte er mit Spucke, drückte sie mit einer Hand an die Nase, während er sich mit der anderen Hand befriedigte, manchmal drei-, vier-, fünfmal hintereinander, und am Kattenturm in Soest wäre er einer

Käuflichen hinters Gebüsch gefolgt, hätte er nur die verlangten zwei Groschen oder auch nur einen in der Tasche gehabt. Seine unaufhörlich um Henriette kreisenden Gedanken, ihre mögliche Antwort auf seinen Brief, den er in wechselnden Betonungen mehrmals täglich und nachts Wort für Wort wiederholte, als kindliches Gelingenspiel von rückwärts her beim Gehen sich aufsagte, in tausend Varianten beantwortete, ließ ihn alles andere in und um sich herum vergessen, sogar den Hunger, der ihn in jenen Jahren oft dermaßen peinigte, daß er an nichts anderes als an Brotstücke denken konnte, und als ihn an einem Abend in der Nähe eines Gehöfts Strauchdiebe überfielen, »Geld oder Leben« verlangten, brach er in ein verrücktes, nicht enden wollendes Gelächter aus.

Er hatte die von Reisenden zu Fuß und zu Pferd und zu Wagen meist benutzte Ost-West-Achse, den alten Hellweg, vor Paderborn verlassen, um bei einem Müller oder Bauern in der Gegend Essen und Unterkunft für die Nacht zu erbitten, aber die vier Kerle wollten dem gutgekleideten Herrn seine Mittellosigkeit nicht glauben, obwohl der – immer noch vor Lachen sich ausschüttelnd – die Rocktaschen umstülpte. Eingenäht sei doch wenigstens ein Zehrpfennig, lachte der Anführer, stieß ihn vor die Brust, und die anderen befingerten seinen Rock und seine weichen Stiefel. Da erkannte er in der Kleidung des Räuberhauptmanns, wenn auch verdreckt, zerschlissen, zerrissen und geflickt, den schwarzen Rock und daran die roten Aufschläge, rief »Kamerad«, umarmte ihn, flunkerte, unter Lützow im Regiment von Jahn gestanden zu haben, und bald am Feuer, so, wie die Flasche kreiste, schwärmten sie von den guten alten Zeiten, schimpften auf die Verräter und Betrüger an der Sache, sangen: »Was glänzt dort vom Walde im Sonnenschein? Hör's näher und näher her brausen . . .«, und später, als die drei Hühner und das Karnickel am Spieß überm Feuer gar gegrillt waren und auch er ein Stück davon abbekam, konnte er es nicht lassen, von der jungen, schönen, unter der Aufsicht des bösartigen verwachsenen Oheims Johan Volmar leidenden Freifrau zu erzählen, Heny mit Decknamen, deren

Befreiung er plane, um mit ihr, einer glänzenden Pianistin, Konzertreisen zu veranstalten, auf denen sie die allerwunderbarsten Lieder vortragen würden, zum Beispiel Schuberts zum Sterben schönes »Sah ein Knab' ein Röslein stehn«.

Über seinem Gesang waren die Räuber eingeschlafen und am Morgen, unter Mitnahme seines Halstuchs, Ränzels und seiner Mütze, verschwunden. Kriminaldirektor Gehrken in Paderborn, bei dem er sich zu dessen Verblüffung einquartierte und den Raubüberfall zu Protokoll gab, fragte er stundenlang nach den juristischen Folgen einer gegen den Willen der Verwandten geschlossenen Ehe zwischen einem Bürgerlichen und einer Aristokratin; Paul Wigand in Höxter, der einen geschichtlichen Verein Westfalens gründen wollte, danach, wie viele solcher Ehen in den Jahren unter Jérôme und wie viele nach dem Wiener Kongreß im nunmehr zu Preußen gehörenden Land der roten Erde geschlossen worden seien, las beiden seine Gedichte, von denen er täglich eins oder zwei für Henriette schrieb, vor, und von zu Hause, wo man in dem hohlwangigen, fieberäugigen, vollbärtigen, noch weiter abgemagerten, nach Stroh und Ziegen, Schweiß und Erde stinkenden Kerl den Sohn, Bruder, Freund und Nachbarn auf den ersten Blick nicht erkannte, sandte er ohne Anschreiben nach Haus Hove zu Händen Henriettes eines dieser Gedichte, das seinen Zustand am trefflichsten, wie er fand, ausdrückte:

Ich singe nicht, ich trinke nicht,
kann kaum mein Haupt erheben . . .
Im Flugsand schriebst du nur dein Wort,
in Schnee nur dein Versprechen;
ich aber schrieb es in dein Herz,
und kann es nimmer brechen.

Er aß sich satt und ließ sich mästen, aber allzulange hielt es ihn in Fallersleben nicht. Mit Landbaumeister Kottschläger und auf dessen offenem Wagen fuhr er eines Morgens beim Hähnekrähen los, westwärts über die holprigen, verwahrlosten Wege und Straßen des großbritannisch-hannoverschen Königreiches, durch Sturm und Hagel bis vor Celle, wo, vorbei am Hochgericht des Städtchens, die Pferde ausbrachen und er sich vollschiß, weil die zerfetzten Glieder eines aufs Rad Geflochtenen im Winde baumelten und die Rabenvögel krächzend aufflatterten – das erste böse Vorzeichen, dem ein zweites folgen sollte. Der Schäfer, in dessen Karren er vor Lemgo, der Heimatstadt Krawinkels, nächtigte, erzählte ihm vom schrecklichen Schwindsuchtstod des Busenfreundes, den er beinah so geliebt hatte wie Henneberg, und in Hameln wurde vor seinen Augen eine Frau, die einen Korb schleppte und ein Kind an der Hand führte, von herabfallenden Dachziegeln erschlagen.

Ramponiert an Leib und Seele und Kleidung, kam er schließlich nach langen Tag- und Nachtwanderungen in Wetter an. Pastor Hengstenberg empfing ihn kühl, lehnte seine Bitte um Nachtquartier unter dem Vorwand ab, im Hause sei alles krank und fiebrig, und so schlief er nachts wieder einmal in der freien Natur, nahm am Morgen ein Bad in der Ruhr, säuberte und flickte, so gut es ging, seine Kleidung, lief den Berg hoch und stand, als die Mägde und Knechte zum zweiten Frühstück in den Hof kamen, außer Atem im Portal des Herrenhauses von Gut Hove, das ihm der alte Diener öffnete.

Im Salon wartete er beinah eine halbe Stunde, ehe Henriette, gefolgt von ihrer Kammerzofe, eintrat. Daß sie ihn nahezu wie einen Fremden begrüßte, nahm er in seiner erregten Wiedersehensfreude nicht wahr, plauderte drauflos, wie wenn er gerade eben erst hinausgegangen und wieder hereingekommen wäre. Erst als sie sich aufs Kanapee gesetzt hatte, seinen Redefluß unterbrechend, fragte, wohin nun seine Reise ihn weiterführe, stutzte er, sah, wie sie seinen Blicken, »brennend vor Verlangen, voller Zweifel« – wie er später in einem Vers verdichtete –, auswich, und als ihr Vater eintrat, ihn nur knapp begrüßte, aber Henriette aufforderte, sich zur Abreise bereitzumachen, die Kalesche fahre in einer Stunde vor, spürte er einen Stich im Herzen. Daß sie zum Abschied dann doch länger ihre Hand in der seinen hielt, als zur Verabschiedung nötig, ihn aus ihren märchendunklen Augen dabei, wie er meinte, vielsagend anblickte, flüsterte, sie würde ihm in den nächsten Tagen einen Brief schreiben, tröstete ihn nicht mehr.

Abrupt, damit man seinen Tränensturz nicht sah, hatte er sich abgewandt, war hemmungslos heulend hinausgerannt, bis zur Bank an der Mauer neben dem Wachtturm getaumelt, wo ihn die Großmutter meines Urgroßvaters antraf und ihm, dem »Häufchen Elend trotz seiner Größe«, wie sie erzählte, aus Mitleid das Margeritensträußchen in die Hand drückte.

Zu Kaffee und Kuchen

Wenn zwischen dir und der schönen Heny in ihren Jugendjahren auch nur annähernd jene Ähnlichkeit besteht, der wir die Einladung zu Kaffee und Kuchen verdanken«, sagte Friedrich Wilhelm Hasenclever, »verstehe ich nur allzu gut Hoffmanns tiefe Verzweiflung auf die Zurückweisung seiner Werbung, von der meine Großmutter erzählt.«

Henriette Landau lachte. »Nachtigall, ick hör' dir trapsen, wie der Berliner Volksmund es sagt. Hättest du in der Nacht vor meiner Tür nur richtig geworben ...«

»Wie bitte?«

»Erröte wenigstens, das mag ich an dir.«

Friedrich Wilhelm nahm ihre Hand. Er war benommen, zum Teil allerdings infolge der durchzechten Nacht, deren Nachwirkungen er in der altertümlichen Droschke, in der sie von Höxter nach Corvey fuhren, stark spürte. Es war das uralte Modell einer Spazierkalesche, das Henriette wegen des festen Dachs gewählt hatte, um, wie sie sagte, »mich der prallen Sonne nicht auszusetzen«. Zwei Sommersprossen habe sie bereits auf ihrer Nase entdeckt, »Folge des gestrigen Freiluftausflugs. Scheußlich, Monsieur.«

Weder die stickige Hitze noch die schaukelnden, schlingernden Bewegungen, in die der Kutschenkasten auf dem Straßenpflaster wegen der überweichen Federung des Wagens versetzt wurde, schienen ihr etwas auszumachen. »Die schöne Heny übrigens«, sagte sie, »hat den jungen Hoffmann ehrlich geliebt, ehrlicher jedenfalls, als es seine nächste Liebe tat, mit der er sich verlobte. Nach der Zurückweisung, wie deine

Großmutter es nennt, schrieb Henriette von Schwachenberg ihm einen Brief. Hör zu, ich weiß ihn par cœur: Oh, daß Sie mir den schönen Glauben, Ihre Gefühle für mich nur für freundschaftlich zu halten, nehmen mußten. Ein schweres Leben wartet Ihrer noch. Jetzt müssen Sie Ihre Empfindungen bekämpfen um Ihrer und meiner Ruhe willen. Beide leiden wir darunter, und die Welt ist lieblos in ihrem Urteil über uns. Ich habe dies schon schmerzlich erfahren . . .«

Henriettes Augen wurden feucht. Friedrich Wilhelm streichelte ihre Hand, fragte, ob denn aus diesem Brief nicht gerade hervorgehe, daß sie ihn eben doch nur freundschaftlich . . .

»So dumm kann nur ein Mann sein«, sagte sie und entzog ihm die Hand. »Ich habe nämlich meine Schularbeiten gemacht«, sagte sie, nachdem sie sich mit einem Taschentuch die Augen getrocknet hatte, »während Sie sich, Fritz, nach der doch wohl verständlichen Zurückweisung Ihres zudringlichen Verhaltens, Trinkgelagen hingegeben haben.« Die Nacht hindurch, bis zum ersten Vogelruf, habe sie in Hoffmanns Memoiren gelesen, nach den Spuren Henriettes gefahndet und sie hier und da versteckt gefunden. »Vermutlich hat er ihr seinen ersten Gedichtband ›Lieder und Romanzen‹ gewidmet. Das ›Dir‹, schreibt er, war wirklich nur an eine gerichtet, und die nahm es freundlich auf. Jedenfalls hat die schöne Heny ihm daraufhin ein paar Handarbeiten mit eingewobenen Tränen geschickt und dazu geschrieben: ›Ihre Lieder machten mir so unendlich viel Freude, daß es mich schmerzt, Ihnen nichts Besseres geben zu können.‹ Ist das nicht höchst einfühlsam ausgedrückt, Herr Hasenclever?«

»Mehr als das, mein Fräulein.«

»Nachdem sie wieder geheiratet hat, übrigens noch einmal einen Bürgerlichen, einen Justizkommissar aus deiner Gegend, aus Schwelm, haben sie sich noch ein paarmal getroffen, à trois. Er hat sogar bei ihnen auf Gut Hove gewohnt. Und es verklärte sich ihre Liebe schließlich in der Höhe geistig-seelischen Besitzes.«

»Oh, jeh!«

»Du Esel. Sie wurde sehr krank, und als er von ihrem Tod erfuhr, hat er bitterlich geweint. Ich nehme an, es war seine heftigste, weil seine erste wirkliche Liebe, und ich kalkuliere, wie deine Großmutter, daß sie ihn deshalb nicht heiraten durfte, weil er nur ein mittelloser Wanderstudent war.«

Friedrich Wilhelm schwitzte. Es roch nach Wagenschmiere. Aus dem zerrissenen, rötlichbraunen Polster der Kutsche stieg der Geruch von tausend längst verstorbenen Reisenden. Er versuchte, die Scheiben herunterzulassen, woraufhin der Kutscher auf dem Bock sich herumdrehte, sein Gesicht ans Vorderfenster drückte: »Den Reimen treken, feste, feste.« Friedrich Wilhelm suchte, erkannte den Mechanismus, löste den an einen Splint geknüpften Lederriemen, riß ihn ein paarmal senkrecht hoch, bis die Scheibe quietschend nachgab und herunterrutschte, und als er auf diese Art auch das gegenüberliegende Fenster geöffnet hatte, durchfuhr ein lauer, beinahe frischer Wind den stickigen Kutschenkasten. Er atmete tief durch.

»Transpirieren der Herr etwa?« fragte Henriette.

»So etwas fragt eine Dame nicht und schon gar nicht den Herrn.«

»Sieh mal unseren Wagenlenker«, sagte Henriette. Der Kutscher hatte sich wieder herumgedreht, sein Gesicht an die Vorderscheibe gedrückt: »Hät et kleppet?« rief er.

»Wie ein dicker Goldfisch im Aquarium«, flüsterte Henriette, nickte und lachte dabei dem Kutscher zu, der, ehe er die Zügel auf den Rücken des Schimmels schlug, ihnen wieder den Rücken zeigte.

»Auch du bist einmal ein Fisch gewesen, und zwar als . . .« – Friedrich Wilhelm unterdrückte das Wort Embryo –, »als du noch nicht geboren, aber schon vorhanden warst.«

Henriette verzog ihren Mund zum wasserflutschenden Fischmaul: »So?«

»Ja, so ungefähr.«

»Wie können Sie nur auf so etwas kommen, mein Herr, ich muß doch bitten!«

»Ein gewisser Herr Haeckel behauptet das.«

»Ist das dieser Kerl, der gleich diesem gottlosen Darwin behauptet, wir stammten allesamt vom Affen ab?«

»Ja. So.« Friedrich Wilhelm hampelte mit Armen und Händen, wie wenn er von Ast zu Ast hangeln würde.

»Oh, nein. Wie skandalös«, rief sie, schlug die Hand vors Gesicht. »Bitte keine weiteren Einzelheiten. Das ist ja . . . Übrigens«, sie wurde ernst, »dieser Haeckel . . .«, aber sie fuhr nicht fort, erzählte nicht, mit welcher Aufregung und Lust sie Ernst Haeckels »Generelle Morphologie der Organismen« gelesen, wie hitzig sie mit ihrem Onkel darüber gestritten hatte, erzählte auch nicht, daß sie die »Natürliche Schöpfungsgeschichte« von Haeckel in ihrem Reisegepäck mitführte, die Essays immer wieder las und darüber zu schreiben wünschte, möglicherweise sogar für »Die Gegenwart«, wie ihr Vater ihr – »Wenn's dann lesbar ist« – halb versprochen hatte. Statt dessen faßte sie sich an die Kehle, flüsterte heiser: »Alle, welche an Hals- und Brustübeln leiden, bedienen sich des einfachen Mittels der Stollwerkschen Brustbonbons«, die Annonce für Lutschdrops zitierend, »rasch, mein Herr, reichen Sie mir eins.«

Friedrich Wilhelm zog lachend die Schachtel mit den Bonbons, die er immer bei sich trug, aus der Rocktasche, hielt sie ihr hin, sie nahm eins. Während sie heftigst lutschte, um nicht loszuplatzen, wütend über ihre Bangigkeit, vor ihm als eines jener »Mannweiber«, »belesenen Weibsstücke«, »Blaustrümpfe« und wie die Ausdrücke für Frauen ihresgleichen lauteten, aufzufallen, fragte sie sich wieder einmal, was sie bloß anfangen sollte mit diesem Herrn des sogenannten praktischen Lebens, in den, wie sie ahnte, sich zu verlieben ihr drohte. Käme es dazu und würde es sogar ernst werden, müßte sie ihn jedenfalls, und zwar alsbald, mit einigem konfrontieren, auch mit der Brille, die sie beim Lesen und Schreiben trug, und damit, daß sie dabei rauchte.

Und wenn er jetzt zu singen anhebt, springe ich aus dieser verrotteten Droschke, dachte sie.

Friedrich Wilhelm hatte sich nämlich an das offene Kutschenfenster gedrückt, den Kopf halb hinausgestreckt, um die frische Luft in die Lungen zu ziehen, schnaufte, wie wenn er Atem für einen Gesangseinsatz forte fortissimo sammele.

Der Wagen bog in die ungepflasterte, direkt auf Abtei und Schloß zuführende Allee, und mit einemmal war das Kutscheninnere voller wirbelnder Lichtflecken und durch das Blätterdach der Bäume hindurch blitzender Sonnenstrahlen. Zwischen den dicht beieinanderstehenden Kastanien leuchtete das butterblumengelb gesprenkelte Grün der Wiesen, in dem hier und da schwarzweißgescheckte Kühe lagen, und auf den gestern abgemähten Kornfeldern sah man die zu Bündeln gestellten Garben. Zwei Reiter überholten sie: eine junge Frau im Damensattel mit faltenweiter, sorgsam geraffter Robe und übers Gesicht gezogenem Schleier am kleinen, steifen, geschwungenen Hut und ein mit grünem Silberknopfrock gekleideter Herr, der in Höhe des Kutschenfensters die weißbehandschuhte Hand grüßend hob, seinen Zylinder lüftete.

Das Schaukeln und Schlingern der Droschke ging auf dem sandigen Weg in ein sanftes, angenehmes Wiegen über, und als Friedrich Wilhelm diesmal nicht einmal laut und mit einer, wie sie fand, nicht einmal unangenehmen Stimme intonierte und lossang,

»Vögel singen, Blumen blühen,
Grün ist wieder Wald und Feld.
O so laßt uns ziehn und wandern
Von dem einen Ort zum andern
durch die weite grüne Welt«,

sprang sie nicht aus der fahrenden Droschke hinaus, fragte vielmehr: »Noch ein Lied des Märchenriesen?« Er nickte, weitersingend.

Bei diesem Lied hörte Friedrich Wilhelm immer die Stimme seines Onkels August, diesen hellen, weichen Tenor, und Berthes Schrillsopran mitklingen, sah sich als Knaben an jenem fernen, strahlenden Sommernachmittag zwischen Onkel und Amme durchs duftende Gras den Berghang über der Volme hochsteigen. Am Ziel, dem Platz vorm Wald, von wo man die neue Fabrik und die Lagerschuppen überblickte und weiter dahinter, aber noch vor der Flußschleife, den alten Stausee sah, an dem die Gesenkschmieden lagen, hatten sie Rast gemacht und gevespert, und Onkel August, Schinkenbrot kauend und Kaffee mit Cognac gemischt süffelnd, hatte gesagt: »Guck's dir an, Fritzken, da unten. Aber auch dahinter das alte Hammerwerk und der Schleifkotten noch hinter dem Teich, womit alles angefangen hat. Wenn dir später einmal danach ist, komm allein hier herauf und sieh's dir an und denk daran, alles, was groß ist, hat einmal klein begonnen – und kann auch wieder klein werden.«

Friedrich Wilhelm ließ das Lied mit der Zeile »Durch die dunkelgrünen Wälder, in die neue Welt hinein«, ganz langgezogen, ausklingen und erzählte Henriette, die, aus dem Droschkenfenster schauend, unhörbar mitgesummt hatte, von jenen Ausflügen.

»Ist dir später denn einmal danach gewesen, allein zum Aussichtspunkt zu spazieren?« fragte sie.

»Mehr als einmal«, sagte er, »und jedesmal, wenn ich zum Platz am Wald hochstieg, habe ich lauthals dieses Lied gesungen.«

Daß jedesmal drunten im Tal nichts kleiner, sondern im Gegenteil die Fabrik größer, die Schornsteine höher, die Lagerschuppen und Hallen ausgedehnter und die Stauseen zahlreicher geworden waren und daß die Hammerwerke und Gesenkschmieden nicht nur im Volmegebiet, sondern auch im Ennepetal und bis hinüber ins Bergische nach und nach nur noch für die Firma Hasenclever & Co. produzierten, brauchte er ihr nicht zu erzählen. Sie wußte es von ihrem Vater, der dazu angemerkt hatte: »Eine sogenannte gute Partie also, die man ausschlagen sollte, wenn's nicht mehr ist als das und man es sich leisten kann.«

Es ist schon ein bißchen mehr als das, dachte sie, zum Beispiel der melancholische Schimmer in seinen blaublauen Augen und dabei dieser eigenartige, beinahe amüsierte Zug um seine Mundwinkel herum, wie er diesen neunjährigen Knaben schildert, der, unbeholfen bis unglücklich in seinen Schnallenschuhen, blütenweißen Hosen unterm blaugelben Kinderfrack und mit rundem, bändergeschmücktem Strohhut auf dem Kopf, zwischen einem dickbäuchigen, aus vollem Halse schmetternden Onkel August, der Jacke, Hut und Weste am Spazierstock vor sich her trägt, und der noch lauter singenden, an einem Arm den Familiensonnenschirm, am andern den Korb mit Kaffee und Schinkenbroten schleppenden Mutter Berthe den Berg hochtapst.

Und Friedrich Wilhelm seinerseits fand Henriette laut Tagebucheintragung an jenem Nachmittag auf der Fahrt in der alten Droschke nach Schloß Corvey »so berückend, zum Beispiel, wie ihr Mienenspiel der Beschreibung eines Familienausflugs zum Aussichtspunkt über dem Volmetal – eine Kindheitsreminiszenz – folgte, daß ich mich beherrschen mußte, sie nicht einfach in meine Arme zu reißen und sie abzuküssen«.

Jedenfalls hätte sie immer weiterrollen können, die Kutsche, durch eine Allee hindurch, die irgendwo am Abend noch der untergehenden Sonne folgte – und sie rollte tatsächlich weiter, die Kutsche, hielt nicht vor dem Wallgraben der Abtei, Endstation der Mietdroschken aus Höxter, sondern rollte über die Brücke, den schnurgeraden Weg, durch den Park hindurch, an das Tor zum Schloßinnenhof, wo der Kutscher den Wagen nach einer halben Drehung bremste, den Schimmel mit einem »Brrr-brrr« zum Halten brachte und wo zu ihrer Überraschung Mumbart, der Kastellan, ihnen mit einer seiner phantastischen Verbeugungen den Schlag aufriß. Es stellte sich heraus, daß Kutscher und Kastellan sich kannten, vermutlich als Geschäftspartner, sich die Trinkgelder der Schloßbesichtiger, die der Kutscher dem Kastellan zuführte, teilten. Mumbart trug wie am Vortag den schwarzen Gehrock am Leib und auf dem Kopf das speckige Käppi.

Ob die Herrschaften die Fahrt doppelt genossen hätten, fragte er, nachdem Friedrich Wilhelm den Kutscher entlohnt hatte; diese herrliche Landschaft im strahlenden Sonnenschein einerseits und andererseits dieses Gefährt, diesen wunderschönen alten Wagen, der so heute nicht mehr gebaut werde, leider, leider. Bei dem Gefährt handele es sich nämlich um die Kalesche mit geschweiftem Langbaumgestell aus der Rastatter Kutschenfabrik des Johann Schlaff. Er schätze Baujahr sechsundzwanzig, worauf die Konstruktion der beiden Böcke hinweise, sowohl vorn der Kutschersitz als auch hinten die Lakaienbrücke, »die – sehen Sie dort – an Hängeriemen in den C-Federn mitschweben und an keiner Stelle die gefederte Längsachse berühren. Und schauen Sie nur, wie der Kutschkasten selbst in der Federung nahezu schwebt.«

»Donnerwetter«, sagte Friedrich Wilhelm, »Sie sind ja ein Connaisseur« – Mumbart verbeugte sich –, »und Sie haben recht, genial und meiner Meinung nach eleganter gelöst als beim alten Sociable mit Schwanenhalsgestell, den die Londoner Coachkonstrukteure noch bis zur Jahrhundertwende auf den Markt brachten.«

Mumbart, aus seiner Verbeugung hoch kommend, strahlte. Kaum noch, sagte er, treffe man heuer Herren, die eine Ahnung davon besäßen. Um so herzerwärmender sei es für einen alten Diener, der eine Zeitlang als Hofkutscher im Dienste des für seine einmalige Wagensammlung berühmten Herzogs, Seiner Durchlaucht Prinz Maximilian von Bayern gestanden habe; eine Ehre dazu, mit einem hohen Herrn, einer Persönlichkeit gehobenen Standes, zudem Bekannter des Herrn Professors Hoffmann von Fallersleben, Kenntnisse über die alte Kunst des Kutschenbaus austauschen zu dürfen; Serviteur, bei allem Respekt aber müsse er darauf hinweisen, daß sowohl das Sociable wie auch das ganz ähnliche Town-Chariot des Engländers John March noch in den dreißiger Jahren hergestellt worden sei, gut, in abgewandelter Form, er, Mumbart, meine aber in besserer Form und Funktion für das Fahren auf nicht gepflasterten Straßen, vor allem der Gestelltypus mit Lakaienbrücke, und zwar der vom alten Johann Christian Ginzrot, Carrossier und königlich-bayrischer Wagenbauinspektor.

»Im Grunde«, sagte Friedrich Wilhelm, »geht jeder viersitzige Gesellschaftswagentyp jener Zeit auf die alte Calèche de promenade zurück ...«

»Und wenn man, gehorsamster Diener«, unterbrach Mumbart, »bitte sehr um Entschuldigung, man sich darauf einigen könnte, daß höchstwahrscheinlich der von Samuel Hobsen entworfene und für den Roi de Rome, Sohn Kaiser Napoleons I., von einem Anonymus gebaute Kindergartenwagen der Urtypus aller Sociables, vor allem aber der Spazierkalesche mit geschweiftem Langbaumgestell – und um den geht es ja – ist.«

»Nur hatte dieses Gefährt«, sagte Friedrich Wilhelm, »das Sie zum Urtypus des Sociable erklären, kein festes Dach, sondern einen luftig-leichten, jederzeit abrollbaren Sonnenparasol, den ich auf der Fahrt von Höxter hierher arg vermißte.«

»Es geht aber doch, ergebenst verziehen, um die Federung und die Aufhängung der Brücke, mein Herr. Was Kasten und die übrigen Aufbauten betrifft, so war der Kindergartenwagen Seiner Majestät des Roi de Rome dem Zwecke entsprechend konstruiert, vom welschem Zierat wie den geschnitzten Zierstöcken einmal abgesehen ...«, und so weiter und so fort redeten und sponnen die beiden, beim Gang durchs Portal und über den von ihren Schritten widerhallenden Innenhof und im Souterrain des Schlosses, ein Fachsimpeln, das später ähnlich dem »Leutnant-Herjet-Spiel« zum lustigen Rategeplänkel zwischen Friedrich Wilhelm und Henriette, nachdem die sich die »Darstellung der Kunst der Kutschenfabrikation« von Adolph Bickel zugelegt hatte, gehörte.

Auf der zu den Weserwiesen hinausführenden Freitreppe, von der aus man zwischen uralten Linden hindurch den Fluß fließen sah, blieb Mumbart stehen, wies nach einer seiner – so Henriette – »unnachahmlichen, halb altdienerstolzen, halb mokanten Katzbuckelverbeugung« rechts hinüber, auf den Pavillon inmitten eines Blumengartens zwischen Schloßturm und Parkmauer. Dort erwarte sie der Herr Professor, dessen verehrte Schwägerin, Alwine zum Berge, und zwei unerwartet eingetroffene Gäste, eine Dame und ein Herr aus Dortmund. »Verehrung, Serviteur, gehorsamst, und einen recht angenehmen Aufenthalt den Herrschaften.«

Während die beiden, den Kiesweg entlang zum Ostflügel, auf den mit einer weißgestreiften Holzlaube gedeckten Pavillon, aus dem man ihnen entgegensah, zuschritten, Henriette ihre Rechte leicht auf den Arm ihres Begleiters gestützt, mit der Linken nur eben den Rock ihres fußlangen, cremeweißen Kleides raffend, Friedrich Wilhelm den Hut in der Hand, schlug es vom nahen Uhrenturm her fünf.

»Dein Haar glänzt in der Sonne wie pures Gold, Jung Siegfried«, sagte sie, »ich könnte es kraulen«, und als er die Schritte verlangsamte, »los, weiter, und freundlich gelächelt. Was sollen die Leute denken, guter Herr.«

Das nenne man Pünktlichkeit. Herzlich willkommen. Oh, holde Jugend, noch heller leuchte die Sonne. Dürfe er vorstellen? Der Alte, wie am Vortag in Lodenjoppe und weiten Wollhosen, hatte sich vom Tisch erhoben – Herr Hasenclever, seines Zeichens Industriekaufmann aus dem West-Westfälischen und – dürfe er so sagen? – Begleiter und ritterlicher Beschützer der Dame an seiner Seite, Fräulein Henriette Landau, Tochter des von allen in der Runde geschätzten Redakteurs Karl Landau, Kollege also des Doktor Vosswinkel, ebenfalls West-Westfale, von der »Westfälischen Zeitung« sogar, und gründlicher Kenner deutscher Literatur, Gemahl der Frau Eva an seiner Seite. Die Schwägerin Alwine zum Berge kenne man ja bereits.

Man begrüßte sich, Henriette und Friedrich Wilhelm nahmen am runden, gedeckten Tisch Platz, der Alte wies in die Runde: Dieser Pavillon sei eines seiner Lieblingsplätzchen; bei Kaffee und Kuchen und an warmen Sommertagen lasse sich's hier gut sein; der Weimarer, nebenbei, habe gern im Pavillon an seinem Gästehaus mit Gästen gesessen; Doktor Vosswinkel, stimmt's?

»Es stimmt«, sagte Vosswinkel, »jedenfalls berichtet es so Riemer.«

»Also noch einmal, herzlich willkommen, oh, Jugend, die mich an diesem herrlichen Julisommertag umgibt...«

Es duftete nach Kaffee und Kuchen – für Friedrich Wilhelm ein unangenehmer, ja widerwärtiger Geruch, der ihn an Sonntagnachmittage in dem vom Schatten einer mächtigen Blutbuche rötlich verfärbten Erkerzimmer erinnerte, wo er am Tisch zwischen Mutter Berthe und Onkel August und gegenüber seinem Vater, dem sie Wochenbericht zu erstatten hatten, saß und den immer gleichen mehlpuffigen Streuselkuchen mit stark zichoriegemischtem Bohnenkaffee herunterspülte. Obwohl es ihn beinahe – auch noch infolge des Katers – würgte, als Alwine, nachdem sie Kaffee eingeschenkt, die Torte – Stachelbeeren glasiert, mit Schlagsahnekringeln verziert, auf goldbraunem Mürbeteigboden – geschnitten hatte, ihm ein Stück auf den ihr hingereichten Teller gab, dankte er lächelnd, lobte nach dem ersten Bissen den Geschmack des »köstlichen Gebäcks«. In der Tat sei die Stachelbeertorte die Königin der Obsttorten, sagte der Alte. Er habe sie oft in seinem Leben gegessen, an den verschiedensten Orten, zu den unterschiedlichsten Zeiten; wohlschmeckende, bittere oder zu süße – was leicht passiere, wenn einer sich in der Stachelbeere nicht auskenne; ja, auch wirklich hervorragende seien ihm vorgesetzt worden; doch so auf das Ausgewogenste, wie die von der Schwägerin Alwine komponierte, das dürfe er in aller Bescheidenheit, und ohne pro domo zu prahlen, erklären, sei ihm nirgendwo und nirgendwann sonst eine Stachelbeertorte kredenzt worden.

Alwine dankte lächelnd.

Wirklich vortrefflich, schloß der Alte an, mit keiner anderen zu vergleichen, am wenigsten mit der, die ihm jemand einmal präsentiert habe – »es war wirklich die miserabelste, die ich je in meinem ganzen Leben zu kosten bekam, sie schmeckte, ich will's nicht sagen« –, er verzog Mund und Gesicht, wie wenn er auf einer in Lebertran getunkten Zitronenscheibe kaue. »Wissen Sie, wer sie mir anbot und, wie wenn's Manna wäre, davon kostete? Der alte Rückert vor nunmehr dreißig Jahren und seit nunmehr acht Jahren bei den Göttern; Erzieher der Nation, wie man ihn jetzt – unverständlicherweise, Doktor Vosswinkel, was meinen Sie dazu? – nennt.«

Vosswinkel, nur wenig älter als Friedrich Wilhelm und »von ähnlichem westfälischem Typus wie Mynher Hasenclever«, wie Henriette zu Friedrich Wilhelms Protest ihn charakterisierte, sagte: »Durchaus einer Meinung, verehrter Herr Professor, obwohl der Rückert vom Volk geliebt wird und viele seiner Lieder vertont wurden, sogar von Beethoven, Schubert...«

»... aber kaum gesungen werden«, unterbrach Hoffmann, »was meistens vorkommt, wenn große Komponisten sich daranmachen. Mendelssohn, Brahms, mein Freund Franz Liszt, um nur sie zu nennen, sie haben wunderbare Melodien zu meinen Liedern geschrieben, bezaubernde Kompositionen dazugesetzt; aber die Leute, das Volk, sie singen und es singt lieber die einfachen Weisen. Nun gut und zurück zum alten Friedrich Rückert. Wir haben ihn alle verehrt, seine ›Deutschen Gedichte‹, vor allem die ›Geharnischten Sonette‹ für die Einheit des Vaterlandes, gegen Tyrannei und die Rückwärtsler. Und so trat ich ihm auch damals entgegen, voller Bewunderung. Seinerzeit lehrte Rückert noch in Berlin für dreitausend Taler Jahresgehalt und war Geheimrat, brauchte nur während der Wintersemester anwesend zu sein. Und auf wen traf ich? Auf einen verbitterten Philister! Von Coburg herab kam ich, in der Umgebung in Neuses lebe, hieß es, auf einem Landgut, das seiner Frau gehöre, der große Rückert. Mich begleitete damals von Jena aus schon ein junger Bursche aus Mecklenburg...«

Henriette stellte verblüfft fest, daß die Augen des Märchenriesen braun statt blau waren und im Widerschein der Nachmittagssonne, deren Strahlen durchs Blätterwerk einer mächtigen Eiche fielen und sein Gesicht beleuchteten, dunkel blitzten. »Auffällig und überraschend in diesem ganz und gar deutschen, ja urdeutschen Gesicht«, charakterisierte sie dieses von ihr als Kontrast empfundene physiognomische Merkmal in ihrem Portrait »Ein Märchenriese im Weserschloß«;

merkwürdig, denn im Tagebuch meines Urgroßvaters heißt es über die Augen des Alten: blau, und zwar hell. Ohne wahrzunehmen, daß Hoffmann – vor allem ihr, Henriette – seine Vorstellung bot, wie Friedrich Wilhelm nachher behauptete und Eva Vosswinkel später bestätigte, genoß sie wie am Vortag im Bibliothekszimmer die Fabulierlust des Alten, die rhetorischen Kniffe, Lautmalereien, gekonnt gesetzten Schwereabstufungen, rhythmischen Akzente, lauschte versonnen diesem leicht angerauhten, manchmal durchs Alter bedingt aufgehellten Orgelbariton, ergötzte sich am Mienenspiel ihres Märchenriesen; und während sie dem Redestrom so hingegeben folgte, daß Friedrich Wilhelm auch dieses Mal nicht wußte, ob er den Wechsel von strahlender Freude bis zorniger Zustimmung auf ihrem Gesicht für mädchenhafte Offenherzigkeit oder raffiniertes Anreizen halten sollte, gab sie im stillen ihrem Vater recht, der Hoffmann als »oratorisches Genie – wen auch von dunnemals –, doch todlangweiligen Prosaisten, jedenfalls was seine Memoiren angeht«, apostrophierte.

Aus den Memoiren kannte Henriette seine Begegnung mit Rückert. Damals hatte gerade Hoffmanns Ruhm als Dichter der »Unpolitischen Lieder« begonnen. Campe hatte bereits über tausend Exemplare verkauft, als der zweite Teil in Preußen und Hannover verboten und der Verfasser nach Verhören durchs preußische Kultusministerium vom Dienst suspendiert wurde, was einen ungeheuren Widerhall im liberalen Lager erzeugte und Hoffmann mit einem Schlag neben, ja über Herwegh, dem man immer noch seine verschüchterte Haltung beim Empfang durch Wilhelm IV. verübelte, zum Sängerhelden machte. Die Presse berichtete von seinen listigen Einlassungen beim Anhörungsverfahren, in dem er nichts widerrief. Sätze wie »Ich werde mich nie auf eine Erklärung meiner Gedichte einlassen; will man sie widerlegen, mache man Gegengedichte, Herr Geheimrat, glauben Sie etwa, daß sich nach preußischem Landrecht dichten läßt?« und »Ich habe nur die Stimmung der Zeit und des Volkes wiedergegeben, dem ich nun einmal angehöre«

machten an allen freisinnigen Stammtischen die Runde, wurden in den Salons der gebildeten Stände kolportiert.

Hoffmann genießt's, und von seinen ihm ohnedies lästigen Vorlesungsverpflichtungen befreit, hält es ihn nicht länger in Breslau; er unternimmt seine erste Tournee, reist durch Sachsen, von Leipzig über Weimar nach Jena, wird überall von den Gesinnungsgenossen mit Gastmahlen, Vivats, Fackelzügen und Ständchen enthusiastisch gefeiert, ist berauscht vom Jubel um ihn, und in dieser Hochstimmung wandert er, begleitet von einem ihn verehrenden Buchhändlereleven, südwärts über Rudolfstadt nach Coburg und von dort zu Friedrich Rückert, hält sich einen hellen Aprilnachmittag lang bei ihm auf.

Aber wie trocken, langatmig las sich das in der Biographie! Zum Gähnen! Und wie anders hörte es sich jetzt an, im Pavillon an der Kaffeetafel. Jener Besuch zum Beispiel beim Coburger Bundestagsabgeordneten von Wangenheim, der im mit Stickereien und dem Stern des ehemaligen württembergischen Ministers verzierten Hausrock, Pfeife schmauchend, Qualm ausstoßend, zwischen Entrüstung und Bewunderung schwankend, Hoffmanns Rezitationen aus den »Unpolitischen Liedern« lauscht und empfiehlt, den Refrain »Knüppel aus dem Sack« in »Her mit dem Wanderstab« zu ersetzen, eine Ridikülität, die den rothaarigen, milchhäutigen, sommersprossigen Buchhändlereleven Sievers aus Mecklenburg am nächsten Tag auf der Fahrt im Einspänner nach Neuses zu lauten Parodiegesängen inspiriert, unter denen sie bei Rückerts sogenanntem Landgut – in der Vorstellung beider eine Art Schloß inmitten eines weiträumigen Parks, das sich dann aber als putzbröckelndes Häuschen in einem Sträuchergärtchen herausstellt – vorfahren.

Sie treffen dort auf einen Rückert, den Hoffmann bis dahin nur von Carl Christian Vogels Zeichnung her kennt, auf der der Verfasser der »Geharnischten Sonette« als langlockiger, Schiller-ähnlicher, glutäugiger Poet dargestelllt ist. Nun findet er einen langen, dürren, grämlichen Mann mit fahrigen Gesten, heiser-gebrochener Stimme vor, einen verbitterten Philister und Defätisten, der ihm in einer laublosen Laube zu saurem Wein und zu nach Schafsurin schmeckender Stachelbeertorte rät, Politisches nicht mehr zu dichten, solange man dafür die Grenzen nicht wisse, und nach Amerika auszuwandern, um dort an der Gründung eines deutschen Staates mitzuwirken.

»Ein Vorschlag, dem ich – ja, schauen Sie nur, Fräulein Landau, verehrte Henriette – später, als deutsche Freunde in Texas mir dort eben ein Blockhaus vermachten, beinah gefolgt wäre.« Aber könne man sich ihn als reitenden Kuhhirten vorstellen? Nein, er habe dann doch vorgezogen, sich bloß im Geiste drüben anzusiedeln, nämlich in seiner leider nie aufgeführten Oper »In beiden Welten«; Robert Schumann, ein arger Angsthase übrigens – Doktor Vosswinkel, vermerken Sie das! –, ja, der Schumann, der im Dresdner Mai Kantaten für bewaffnete Männerchöre geschrieben hat, dieser Schumann also habe abgelehnt, das Werk zu komponieren, weil der Stoff politisch zu brisant sei und keine Hofbühne es je aufführen würde. Kostprobe aus den texanischen Liedern gefällig? Und, einen traurigen, müde auf seinem Gaul hängenden Cowboy mimend, das »r« angelsächsisch rollend, deklamierte er:

»Von nah und fern kein froher Ton,
kein Truthahn kollert mehr.
Die Rotwildherden sind entflohn
und die Prärie ist leer.«

Mein Urgroßvater, der sich zunehmend wohler fühlte, obwohl er ein zweites Stück Stachelbeertorte runterzubringen hatte und schwitzte, weil ihm die Sonne im Nacken brannte, hat am lautesten gelacht; er kenne ein fabelhaftes Auswandererlied, sein Onkel August Hasenclever habe es oft und schmetternd gesungen, und er stimmte – Henriette verschlug es den Atem, »unmöglich«, hat sie später gesagt, »ich wäre fast in den Boden gesunken, frecher Fritz« – Hoffmanns »Deutscher Nationalreichtum« an:

»Halleluja! Halleluja!
Wir wandern nach Amerika.«

Gleich fiel Hoffmann dröhnend ein, während Friedrich Wilhelm die zweite Stimme übernahm:

»Was nehmen wir mit ins neue Vaterland?
Wohl allerlei, wohl allerhand:
Viele Bundestags-Protokolle,
Manch Budget und manche Steuerrolle,
Eine ganze Ladung von Schablonen
Zu Regierungsproklamationen.«

Doktor Vosswinkel mit tief brummender Stimme kam dazu:

»Weil es in der neuen Welt
sonst dem Deutschen nicht gefällt.«

Während des anschließenden Gelächters, das die Tassen auf den Tellern mitklirren ließ, trafen sich die Blicke von Henriette und Eva Vosswinkel, einer zierlichen, rötlichblonden, bernsteinäugigen Frau in einem hoch am Halse mit einer Bernsteinbrosche geschlossenen, weißen Kleid. Die beiden musterten sich einen Augenaufschlag lang, ehe sie sich wieder Hoffmann zuwandten, der das Gelächter abbrach, Friedrich Wilhelms »kernigen Bariton« lobte, auf Rückerts Auswanderungsvorschläge zurückkam, einige Anekdoten anderer Professoren und Künstlerkollegen und deren Auffassungen, die politische Dichtung jener Jahre betreffend, nachschob und, als Doktor Vosswinkel bemerkte: »Recht eigenartig auch in diesem Zusammenhang die Brüder Grimm, nicht wahr?«, dieses als Stichwort aufgriff und die Geschichte des Zerwürfnisses zwischen ihm und den Grimms erzählte oder vielmehr als eine Art szenisches Stück mit Gesangseinlagen brachte.

Ein Jahr nach seiner Absetzung hatte Hoffmann, dem auf seinen Reisen kreuz und quer durchs Land der ständig wachsende Ruhm eines unerschrockenen Freiheitssängers vorauslief, die Grimms in ihrem Haus am Tiergarten in Berlin besucht, und zwar an jenem Abend, an dem Wilhelm Grimms Geburtstag mit Fackelzügen, Vivats und Liedern gefeiert wurde, was Hoffmann zum Anlaß nahm, seinen Kopf aus dem Fenster zu strecken, so daß die Ständchen bringende Menge unten ihn erkannte, von dem auf dem Balkon stehenden Geburtstagskind abließ und sich dem Berühmteren zuwandte. »Hoffmann von Fallersleben, hoch, hoch, hoch«, riefen sie und stimmten dessen »Zensors Klagelied« nach der Melodie »Ich lobe mir das Burschenleben« an:

»Wer nie ein Zensor ist gewesen,
der weiß nicht, wie es solchem geht;
was muß er doch nicht alles lesen,
und wenn er's auch gar nicht versteht!
Doch kann er streichen nach Belieben
und wenn's der liebe Gott geschrieben.«

Dann tobten sie so lange, bis der Verfasser selbst herunterkam, einige von ihnen heraufholte und mit ihnen weiter seine Lieder sang, ein Ereignis, das sofort in aller Mund war, den Polizeipräsidenten zur umgehenden Ausweisung des Fest- und Friedensstörers Hoffmann aus Berlin und die Grimms zu einer öffentlichen Erklärung veranlaßte, in der sie sich von Hoffmanns Meinungen und Handlungen distanzierten. Das nun wieder rief im Lager der radikalen Liberalen Empörung hervor. Man warf den Grimms, die sieben Jahre zuvor, während des hannoverschen Verfassungscoups, so rücksichtslos widerstanden hatten, Feigheit und Opportunismus vor, mokierte sich über die gestelzten Phrasen der beiden in ihrer öffentlichen Erklärung, aus der nun Hoffmann mit hessischem Tonfall zitierte, einmal den gesetzteren Wilhelm imitierend, wobei er das linke Auge zukniff, mit der Rechten auf dem Kopf einen Türkenfez andeutend, sprach: »In dem Qualm des Parteiwesens, von welcher Seite er aufsteigt, können wir nicht atmen«, um dann als Jakob, das Kinn vorgestreckt, die Unterlippe vorgeschoben, zu brummeln: ». . . wollen wir in Ruhe und Frieden arbeiten, so werden wir doch niemanden unbefugt an uns rütteln lassen.«

Am lautesten hat wieder einmal Friedrich Wilhelm, der die Geschichte nur zu gut kannte, gelacht. Sie hatte mehr oder weniger den Anlaß für eine Rauferei beim Turn- und Sängerfest in Haspe, das er mit seinem Onkel August besucht hatte, geboten, und zwar knapp zwanzig Jahre nach Hoffmanns Zerwürfnis mit den Grimms, genau einen Tag nach dem Tod des letzten der Grimm-Brüder, des Jakob. Die Sänger wollten dem Jakob mit Schweigefünfminuten und Hoffmanns Lied »Wie könnt' ich dein vergessen« letzte Ehre geben. Doch die auf die dünkelhaften Sänger ohnehin wütenden Turner, allen voran Onkel August, der die Grimms »Abtrünnige, Rückwärtsmarschierer« und ähnlich schimpfte, hatten das brüllend und schließlich handgreiflich verhindert. »Ehren – und dann noch mit einem Lied unseres Hoffmann von Fallersleben, den sie so niederträchtig verrieten, das fehlte noch«, hatte Onkel August auf der Rückfahrt aus geschwollenem Mund getobt und ihm, Friedrich Wilhelm, die Geschichte des Geburstagsspektakels bei den Grimms, im Jahre vierundvierzig, so erzählt, als sei er selbst dabeigewesen.

Als nach Friedrich Wilhelms Gelächter – Henriette nannte es »lärmendes Lachen« – alle an der Kaffeetafel erstaunt aufschauten, schilderte mein Urgroßvater das Begebnis auf dem Hasper Turn- und Sängerfest, wobei seine nüchterne, geschäftsprotokollähnliche Darstellung das Komische der Prügelei zwischen den Herren im Turnkostüm und den Herren im Frack noch hervorhob.

Wieder haben alle laut gelacht, bis Hoffmann unterbrach: Ja, das Volk habe ein langes Gedächtnis, und das sei gut so. »Doch Ihr guter Onkel August, lieber Hasenclever, hat weidlich übertrieben. Überläufer, Reaktionäre, Verräter waren die Grimm-Brüder wahrhaftig nicht; vorsichtig ja, und das sind damals viele gewesen. Sie waren große Gelehrte und wirkliche Deutsche, und vielen von uns haben sie den richtigen Weg in einer Zeit gewiesen, als Deutschland nur als Wort vorkam. Mich zum Beispiel, wie viele von uns Winkelmännern, die nach Italien und Griechenland zum Studium des klassischen Altertums strebten, haben sie endgültig aufs Deutsche verwiesen. ›Liegt Ihnen Ihr Vaterland nicht näher?‹ ermahnte mich, den Jüngling, der Jacob, eine Art Sauluserlebnis, anno 18; und von da an bin ich ihr Gefolgsmann geworden, habe ihnen zugearbeitet, manchen philologischen Schatzfund ihnen zukommen lassen, weshalb der 4. Teil von Jacobs deutscher Grammatik unter anderem auch mir gewidmet ist. Unser Zerwürfnis – nun gut, man wird das aus der Zeit heraus verstehen müssen. Die weitaus längere Zeit jedenfalls waren wir Freunde. Also aller Ruhm und alle Ehre den Grimms, und nicht nur, weil man über Tote nur Gutes verkünden soll. Aber schaut jetzt alle mal lieber dort hinüber. Wunderbar – der Adebar!«

Henriette und Friedrich Wilhelm mußten den Kopf drehen, um den am Rand des Blumengartens stolzierenden Storch zu sehen, der, wie wenn er sein Publikum belustigen wollte, mit einemmal zu klappern begann, drollige Hopser vollführte, mit letztem Sprung sich in die Luft hob und kräftigen Flügelschlags über den Weserwiesen verschwand.

»Ein wunderbarer Sommernachmittag, wie er im Buch steht«, hat mein Urgroßvater in sein Tagebuch notiert. »Es roch nach Heu und Rosen, und ein klappernder Storch mischte sich in unser Gespräch.«

Er stimmte an:

»Auf unserer Wiese gehet was,
Watet durch die Sümpfe.«

Der Alte winkte ab, hob selber an, fistelstimmig zu singen, im Stil einer Kinderversrezitation:

»Storch, Storch, Langbein,
Wann fliegst du ins Land herein
bringst dem Kind ein Brüderlein«,

und antwortete sich selbst dann baßbrummelnd:

»Wenn die goldenen Ringen
in der Kiste klingen,
wenn die roten Appeln
in der Kiste rappeln«,

woraufhin Alwine zum Berge – Henriette fand, »maliziös« – lächelte. Das sei aber wirklich nicht zweideutig bis anzüglich auf uns beide gemünzt gewesen vom Hoffmann, meinte Henriette, als sie mit Friedrich Wilhelm auf dem Rückweg darüber sprach, ihr Märchenriese sei dazu überhaupt nicht fähig, jedenfalls habe sie ihren Kindervers

Storch, Storch, Steiner!
Mit den langen Beiner,
flieg nur in das Bäckerhaus,
hol mir ein warmen Weck heraus!

dagegensetzen müssen, weil dieser Vers ihr besser gefalle. Friedrich Wilhelm verschwieg, daß er ihr Poemlein in diesem Zusammenhang nun wirklich als anstößig empfand. Aber er entdeckte, so vertraute er seinem Tagebuch an, »auf ihrem Gesicht nichts als reine, weibliche Unschuld, ein weiterer Beweis dafür, daß sie trotz aller Raffinesse und manchmal das Frivole streifenden Verhaltens reinherzig geblieben ist und sich ein unschuldiges Gemüt und eine blanke Seele bewahrt hat«.

Eva Vosswinkel hat dann im Pavillon den Vers mit heller Glockenstimme zu Ende gesungen:

»Ist der Storch nicht ein schönes Tier,
Hat einen langen Schnabel und säuft kein Bier.«

Während Alwine Kaffee nachschenkte, Hoffmann, die Herren ansprechend, dem Thema »Ultramontane« sich zuwandte, dem gerade vom Reichstag angenommenen Jesuitengesetz, musterten sich Henriette und Eva Vosswinkel ein weiteres Mal, lächelten sich zu, erkannten sich »als vom gleichen Orden«, wie Henriette es ausdrückte, und das meinte mehr als denselben Beruf, dem sie beide nachgingen, klammheimlich sozusagen, wie sie bald feststellen sollten, insofern sie nämlich ohne den Status von Redakteurinnen ihre Artikel, die nicht Mode oder ähnliche Frauenthemen betrafen, nur anonym oder unter männlichem Vornamen beziehungsweise Namen, welche das Geschlecht nicht erkennen ließen, veröffentlichen konnten.

Später, als sie sich duzten, gestand ihr die Vosswinkel: »Bis zu unserem Storchenlied habe ich dich für eine dieser kreuzbraven, höchstens einmal à la Gartenlaube aufmüpfigen Töchter berühmt-berüchtigter Väter gehalten.« Sie beschlossen übrigens, daß ihre Freundschaft, die ein Leben lang dauern sollte, während des Storchenlieds an jenem Julinachmittag im Pavillon des Schlosses zu Corvey begonnen habe. Eigentlich war Henriette aber der Gedanke, die zierliche Rotblonde näher kennenzulernen, erst nach diesem Storchenlied gekommen.

Der Alte hatte gegen das Jesuitengesetz gewettert: Dieses sei doch ein Alarmsignal für die katholischen Massen, denen man nicht zu Leibe käme, wenn Ausnahmegesetze nicht fortan die Regel werden sollten; im übrigen liege das Kommando der ultramontanen Armee bei den Bischöfen, Jesuiten seien nur deren Generalstabsoffiziere; hätte die Regierung die Presse und die religiösen Bestrebungen nur gewähren lassen, man wäre mit ihnen und, nebenbei gesagt, auch mit den Junkern schon besser fertig geworden. Freie Presse allenthalben nämlich bedeute reines Quellwasser, das von allen Seiten herbeiströme und die Sumpfgerüche wegspüle, die Luft reinige.

Hier hatte Vosswinkel begeistert unterbrochen: »Ganz meiner Meinung, verehrter Herr Professor, und wie immer vortrefflich formuliert. Und deshalb mein Vorschlag: Sie sollten eine dahingehende Erklärung abgeben, die wir in der ›Westfälischen Zeitung‹ veröffentlichen, vielleicht mit einer Deutung des Begriffs ›Pfaffe‹, wie Sie ihn in ihren poetischen Angriffen verwenden und wie er von mancher Seite falsch ausgelegt wird, so, als ob Sie sich gegen alle Geistlichen wenden würden.«

Die Reaktion nun von Eva Vosswinkel auf diese Äußerung, der Ausdruck in ihrem Gesicht, diese Mischung aus Nachsicht, Ironie, aber auch lieber, zuwendender Aufmerksamkeit zu der beflissenen, etwas ungelenken Art und Weise, mit der ihr Mann das Verlangen und den Auftrag seiner Zeitung, die wegen des Abdrucks der aggressiven Antipfaffengedichte Hoffmanns unter Beschuß stand, dem Alten nahebrachte, gefiel Henriette. Sie dachte sich, daß sie von dieser zarten Frau keltischen Typs vielleicht dieses oder jenes über den Umgang mit einem kräftigen Herrn germanischen Typs lernen könne.

»Eine solche Erklärung bekommen Sie«, sagte der Alte, »aber, ich widerrufe nicht«, und zu Henriette gewandt, »das kann ich schon nicht Ihrem Herrn Vater antun, der sich ja wohl hinter der famosen, mit prächtigem Landau-Spott gewürzten und mich verteidigenden Philippika gegen Majunkes Zeitung ›Germania‹, dieser, wie er schreibt, ›Großmagd im Dienste des Herrn‹ in den ›Berliner Wespen‹, verbirgt.«

»Er ist ein alter Fuchs, Dein Märchenriese«, hat Karl Landau seiner Tochter, die ihm darüber berichtete, nach Abdruck von Hoffmanns Erklärung in der »Westfälischen Zeitung« geschrieben, »aber in principiis obstat. Davon gibt's leider nicht mehr viele.«

»Also die Erklärung wird morgen abgeschickt«, sagte Hoffmann zu Vosswinkel, »und Sie wollen ja morgen auch wohl wieder in Ihr schönes Dortmund zurück.«

Das wurde als Zeichen zum Aufbruch verstanden, die Gäste erhoben sich, Hoffmann begleitete sie bis zur Freitreppe, verabschiedete dort die Vosswinkels, sagte aber zu Henriette: »Mit Ihnen möchte ich noch einen Spaziergang zu dem mir liebsten Platz in Corvey unternehmen.« Er schien tatsächlich ein wenig überrascht zu sein – »indigniert«, meinte Henriette –, daß Friedrich Wilhelm statt ihrer antwortete, man wolle aber doch keineswegs die Zeit des Herrn Professors über Gebühr in Anspruch nehmen, obwohl natürlich die Gesellschaft mit einer Persönlichkeit der Zeitgeschichte seines Zuschnitts und seiner Größe ein unvergeßliches Erlebnis sei, dem zu entsagen mehr als schwerfalle; eine zu offensichtlich und zu dick aufgetragene Schmeichelei, wie Henriette fand, und über Friedrich Wilhelms Entgegnung, »nein, zu ironisch vielleicht«, überrascht lachte.

Bei der Verabschiedung Vosswinkels an der Freitreppe drückte Henriette Landau Eva Vosswinkels Hand nach jener Kinderart, wobei man die Handfläche des anderen mit dem Nagel des kleinen Fingers ritzt, ein Verschwörungszeichen, das die andere gleich verstand, denn sie lächelte, nickte und sagte: »Wir«, das »Wir« betonend, »wir logieren übrigens im Hotel ›Stadt Bremen‹«, worauf Henriette sagte, »und *wir* im ›Berliner Hof‹. Wir unternehmen übrigens morgen gemeinsam einen Ausflug auf der Weser. Wollen Sie sich nicht anschließen?«

»Nun, ich weiß nicht«, meinte Ernst Vosswinkel.

»Müssen Sie«, sagte der Alte. »Es ist ein Erlebnis auf dem kleinen Steamer, der von Höxter bis Bodenwerder und zurück schippert, und der Kapitän ist ein wahres Unikum, West-Westfale übrigens, wie Sie beide, meine Herren.«

»Na vielleicht«, sagte Vosswinkel. Seine Frau lächelte Henriette zu und nickte, unmerklich für die anderen.

»Also ade«, sagte Hoffmann zu den Vosswinkels, nahm Henriettes Arm und marschierte los, über die Wiese zur Weser hin.

Sie sind dann dort – Friedrich Wilhelm hinterdrein –, den nur paarbreiten Weg an der Parkmauer entlang, zum Steinkreuz unter den drei uralten Linden gleich am Flußufer gegangen, und während Hoffmann, die Ähnlichkeit der beiden Henriettes immer wieder betonend, die alte Henriette, die von

Schwachenberg, als eine wunderschöne, märchenprinzessinnengleiche Frau voller Esprit und kultivierter Eleganz, dennoch echter und tiefer Gefühle, ja leidenschaftlicher Empfindungen fähig, beschrieb, machte Friedrich Wilhelm sich Gedanken darüber, wie er sich der jungen Henriette, »meine Henriette«, so nannte er sie bereits in seinem Tagebuch, anschließend im Hotel erfolgreicher als am Abend zuvor nähern könnte.

Ein Souper à deux und séparé müßte arrangiert werden; daran wäre nichts auffällig, weil man später eintreffen würde und Henriette die Zusammensetzung an der Table d'hôte, vor allem dieser aufdringliche Bötticher, mißfiel und man schließlich zu zweit besser den Nachmittagsausflug und den Besuch in Corvey Revue passieren lassen könnte; Champagner dazu bei Kerzenlicht – nachher sie dann bis in ihr Zimmer begleiten, das müßte, verhielte er sich nicht zu tölpelhaft, gelingen. Seine ernsten Absichten – und zwar klipp und klar die Ehe, die er ja nun wirklich auch wünschte – müßte er ihr allerdings vorher klargemacht haben, unmißverständlich und glaubhaft, daß auf keinen Fall, auch nur ein Augenblick lang, der Eindruck entstünde, er suche bloß ein flüchtiges Abenteuer. Leicht würde das nicht werden, ahnte er. Seine Erfahrungen jedenfalls – sie betrafen ganz andere Frauen als Henriette, und es waren auch nur wenige – würden ihm in diesem Fall kaum nützen.

Er schreckte aus seinen Gedanken auf, als der Alte, Henriette am Arm führend, plötzlich vor ihm dröhnte: »Ja, ich habe sie geliebt«, und leiser, »und sie mich. Doch wir konnten zusammen nicht finden.« Der Unterschied im Stand, sie eine Aristokratin, er ein mittelloser Bürgerlicher, sei der Hinderungsgrund gewesen, habe er lange geglaubt. Aber der wahre Grund habe in der Zerrissenheit ihres Wesens gelegen, einer Lust auf das Leben einerseits, einem Schmerz der Hoffnungslosigkeit, herrührend aus ihrem in einer fürchterlichen Frühehe verlorenen Jugendglück, andererseits. Das habe sich in einer ständig unbefriedigten Sehnsucht auf Ungreifbares geäußert und schließlich wortwörtlich zu einer Lähmung und einem viel zu frühen Tod geführt.

Ob sie aber Freunde geworden, geblieben seien, fragte Henriette Landau, obwohl sie es aus seinen Memoiren wußte. Er bejahte. Ja, Freunde, Henriette von Schwachenberg und ihr nachmaliger Gemahl, den er auch noch nach ihrem Tod einige Male besucht habe, auf jenem Gut, an jenem Ort, wo ihre Romanze einst gespielt habe, und jedesmal hätten sie beide eine Kerze für Henriette – ihrer beider Liebe – angezündet. Und – verehrte liebe Henriette – ich werde es heute abend noch einmal tun.

Zu auffällig geschmeichelt habe sie dazu den Kopf verdreht und gesenkt und zu affektiert gelächelt, hat Friedrich Wilhelm noch am Abend zu Henriette, die das entrüstet bestritt, gesagt.

Die drei haben sich dann auf die Bank, neben das in einem mächtigen Bruchsteinsockel eingelassene Steinkreuz, überdacht vom Laub der steinalten Linden, gesetzt, einige Schritte vom Fluß, der beinahe blank und wellenlos floß, hier und da im Licht der Abendsonne glitzerte und wie von Ferne leise strömte.

Hoffmann redete von der Liebe zur vollkommenen Schönheit, der weiblichen, oft nur imaginierten Schönheit, und der Sehnsucht nach ihr, die nie vergehe, selbst dann nicht oder vielmehr gerade dann nicht, wenn der Gegenstand der Liebe unerreichbar bleibe oder gar, plötzlich und unvorhergesehen greifbar, beim Zugriff zerfalle, was eine fürchterliche Enttäuschung bereiten könne. »Ich weiß, wovon ich spreche, liebe verehrte Henriette. Es wurde bei meiner, darf ich so sagen, nächsten Liebe zu der arabischen Prinzessin Botheina – einer vollkommenen Schönheit – am Ende meiner sieben gräßlichsten Breslauer Jahre Ereignis. Doch davon sei hier geschwiegen, nicht allerdings von der Sehnsucht, welche über alle Zweifel hinweg bleibt.« Ja, sie werde sogar intensiver, diese Sehnsucht; sie sei nämlich die Träne, die im deutschen Gemüt zur Perle verwandelt und nur von der deutschen Sprache eingefaßt werden könne; denn kein anderes Volk habe ein Wort dafür, für diese Sehnsucht.

Friedrich Wilhelm hat nur »mit halben Ohr« zugehört, die

beiden Fischer in ihrem Boot beobachtet, die – ihre abgelassenen Senknetze an Stangen über die Kante gehängt – völlig regungslos warteten, auch noch, als ein Lastkahn vorüberglitt und ihre Boote schwanken ließ. Auf dem flachen Holzgerüst des Lastkahns, der von zwei halbnackten Riesen, einer im Bug, einer im Heck, mit langen, breitblättrigen Rudern getrieben wurde, lagen ein Mann und eine Frau, mehr als halbnackt, und, so heißt es im Tagebuch Friedrich Wilhelm Hasenclevers, »so offenkundig und eindeutig glücklich, daß man einfach lächeln mußte, wie wir drei allesamt es taten, ehe wir wegschauten«.

Botheina, die arabische Prinzessin

Natürlich war sie weder hoher morgenländischer Abkunft, noch hieß sie Botheina, die, wie er Henriette Landau vorgeschwärmt hatte, »vollkommene Schönheit«, für die er am Ende der »sieben gräßlichsten Breslauer Jahre« in Liebe entflammte. Der Name, den er ihr andichtete, entstammte Goethes »West-Östlichem Diwan«, einem Kultbuch seiner einsamen Jahre, und zwar den Musterbildern aus dem »Buch der Liebe«, welchen Titel auch er einer Sammlung seiner Liebeslyrik aus jener Zeit geben sollte.

In Wirklichkeit hieß sie Davida von Thümen, war die Tochter des früh an einer damals noch rätselhaften Krankheit verstorbenen Generalleutnants August Heinrich Ludwig von Thümen, ein, allein unter dem Regime ihrer durch und durch preußischen Mutter, preußisch erzogenes Mädchen. Ihr bräunlicher Teint, das tiefschwarze, über den Ohren zu Schnecken geflochtene Haar, eine fein gebogene Nase, die schwellenden, immer ein wenig geöffneten Lippen, der im Verhältnis zur schmalen Figur sehr üppige Busen, vor allem aber diese mandelförmig geschnittenen, ein ganz klein wenig schielenden Augen, die in einer Mischung aus Hilfsbedürftigkeit und Begehren wie über einen Haremsschleier hinweg blickten, verliehen ihr tatsächlich etwas Orientalisches. Trotzdem fand Hoffmann, als er sie zum erstenmal sah, ihr vorgestellt wurde, sie sei »eigentlich ein Nichts«.

Er war an jenem Abend bei den Winterfelds nach einem besonders heftigen Streit am Nachmittag mit seinem Intimfeind, dem Oberbibliothekar Wachler, für keinerlei Schönheit empfänglich; vielmehr verbittert und gereizt, ließ er seinen Ärger frei heraus, schimpfte aufs Philisterpack, auf Staatsbeamte, schlesische Schlafmützerei, Subordinationsgeist und so weiter, so daß ihn die Winterfelds mit strengen und lieben Worten besänftigten – ein Ritual, das von Zeit zu Zeit zwischen ihnen aufgeführt wurde. Erst zwei Wochen darauf, an einer jener Winterfeld-Musik-Soirées, bemerkte er sie wirklich, fühlte sich dann aber auch gleich zu ihr hingezogen.

Der Oberlandesgerichtsrat Carl von Winterfeld, ein vollhaariger lutherähnlicher, vitaler und vermögender Mann, war Kenner und Liebhaber früher, vor allem geistlicher Musik, Vorsteher sogar des konservativen Breslauer Instituts für Kirchenmusik, was er nicht als Widerspruch zu den Grundsätzen eines gemäßigten Liberalismus empfand, denen er sich, soweit sie dem englischen Leitbild entsprachen, verpflichtet fühlte. »Der olle Bach« sei fürs zurückgebliebene Schlesien zum Beispiel beinahe schon revolutionär, pflegte er zu entgegnen auf die Frotzeleien Hoffmanns, dessen Geschichte des deutschen Kirchenliedes – »eine Einschmeichelei für höheren Orts«, warfen ihm seine radikalen Freunde vor – übrigens auf Anregung und mit kenntnisreicher Hilfe eben Carl von Winterfelds entstanden war. Jeden Freitagabend versammelten sich in der Stadtwohnung des Oberlandesgerichtsrats am früheren Salzring, neuerdings Blücherplatz, Sänger, Sängerinnen und Instrumentalisten zum Gesang und Spiel von Kompositionen alter Meister. Das Publikum bestand aus Freunden und Bekannten der Familie. Carl von Winterfeld leitete das Ganze, seine Frau Minna, geborene von Thümen, in allem, auch in der Figur, das ganze Gegenteil ihres Gatten, sang neben Gotthold Spülwein, einem jungen, doch schon kahlköpfigen und mit einem enormen Adamsapfel ausgestatteten Theologen, die Hauptpartien. An jenem Abend nun, an dem Hoffmann »meine Botheina« fand, wie er seinem Intimus Karl Bräuer in der Nacht noch offenbarte, war es so bitterkalt, daß die Wärme aus den bullernden Öfen und dem Feuer des Kamins nicht ausreichte und man einen Punsch bereitet hatte, einen leichten zwar, aber durchfroren vom Fußmarsch hatte Hoffmann gleich mehrere Gläser davon getrunken. Er war seit dem Frühstück nüchtern, und die zur Aufführung gebrachte Bachsche Kantate wies in den Solos die üblichen Melismen und Silbenwiederholungen auf, die er, Anhänger eines schlichten, volkstümlichen Liedtons, unter Gleichgesinnten in der »Zwecklosen Gesellschaft« oft parodierte, und so spürte er schon bald im Magen diese kribbelnde Heiterkeit. Ihren Ausbruch in Gibbeln, Kichern, Prusten, Loslachen konnte er nur mühsam unterdrükken. Ohne Grimassieren ging das nicht ab, und die Gesichtszüge entglitten ihm vollends, als Spülwein, nur vom Hausherrn am Cembalo begleitet, mehrmals repetierend sang: »Alles, was ich bin und hab' und red' und tu', soll ganz allei-heihei-hein nur mei-hei-hei-hei-heinem Hei-hei-heiland, nur mei-hei-hei-nem Hei-hei-hei-heiland gewidmet sei-hei-heihein«, dazu Gurgel, Hals und kahlen Kopf hahnengleich drehend und ruckend.

Die Gäste bildeten einen Halbkreis um die am Cembalo postierten Sänger und Instrumentalisten, hörten in einer Haltung aufmerksam-andächtiger Langeweile zu, bemerkten nichts, außer der schönen Davida von Thümen, die zwischen Mutter und Schwester ihm, der hinter zwei Reihen vor ihm Sitzender an der Wand gelehnt stand, gegenübersaß. Als ihr Blick von den flackernden Kerzen im Kristalleuchter unter der Decke herabglitt, verweilte er nämlich einen Lidschlag lang auf Hoffmanns zuckendem und offen grinsendem Gesicht. Sie senkte den Kopf für einen Augenblick, hob ihn aber gleich wieder und schaute ihn, auch während des Schlußchors, so von unten her und eben wie über einen Haremsschleier hinweg an, daß sein Gibbel- und Lachkrampf sofort verschwand, ihm, wie er sich ausdrückte, »der Atem stockte und unsere Augen ineinandertauchten«. Während des folgenden Stückes aus einer Praetorius-Motette allerdings wandte sie sich dem braungelockten Cellisten zu, der – das Gesicht zum Publikum – sein Instrument mit einer dem Part unangemessenen virtuosen Gestik strich. Prompt rührte sich Mißgunst bei Hoffmann, die schon beinahe zu so etwas wie Eifersucht anwuchs, als beim gemeinsam gesungenen Choral, mit dem der musikalische Teil der Soirée wie üblich endete, Davida weiterhin nur dem Cellisten ihr Augenmerk schenkte und ihm, Hoffmann, kein einziges Mal, wie die meisten anderen es taten, anerkennend zunickte.

Hoffmanns Stimme hatte sich mit einer eigenartigen, aus seinem tiefsten Inneren her kommenden, lang aufgestaute Spannung lösenden Kraft gefüllt, die alle empfanden und alle stimulierte.

> Aus tiefem Weh die Menschheit klagt;
> sie stand in großen Sorgen.
> Wann kommt, der uns ist zugesagt,
> wie lang bleibt er verborgen?
> Oh, Herr und Gott, sieh an die Not,
> zerreiß des Himmels Ringe!
> Erwecke uns dein ewig Wort
> und laß herab ihn dringen,
> den Trost ob allen Dingen.

Im eisigen Nachtwind prickelte feiner, hartkörniger Schnee an die mit Frostblumen bedeckten Scheiben, aber drinnen, im Schein des flackernden Kaminfeuers und der vielen Kerzen in den Leuchtern an Decke und Wänden, beim Duft von Wachs und Rauch und Tannenholz, Punsch und Parfum, von im Ofen schmorenden Äpfeln, fühlte man sich geborgen, stark im gemeinsamen Gesang, der eine sich aneinander entzündende innere Bewegung entstehen ließ, die zusammen mit dem Punsch und der sich ausbreitenden Wärme die Gesichter erhitzte und die Augen blank machte.

»Advent«, sagte Hoffmann nach Verklingen des letzten Tons und einer andächtigen Schweigepause. »Ach, und was bedeutet das nicht alles für einen selbst und für unser Vaterland?« Die Gäste wandten sich ihm zu. Er redete laut und im Geiste nur für Davida, die, die Hand ihrer Mutter haltend, mit geröteten

Wangen und halb offenem Mund nun wieder nur ihn aus ihren mandelförmigen, dunklen Augen anschaute.

Eine heiße Sehnsucht nach der Ankunft des Heilands brenne in der Seele unseres Volkes, sprach er, das Verlangen nach Erlösung von Kälte und Dunkelheit des Winters, der sich mit Eis und Schnee über alles gelegt habe, die zarten Keime einer grünenden Hoffnung erfrieren und unsere Träume zu Eistropfen erstarren und uns rufen lasse: Oh, Heiland, reiß den Himmel auf, bring Licht in diese schon viel zu lang währende Finsternis und Öde . . .

Gewagte Metaphern, im Kreise wohlwollender Freunde wohl recht verstanden, aber draußen geäußert, mein Lieber, sei das nicht ohne Gefahr, gedruckt würde so etwas wohl kein Zensor passieren lassen, meinte man, hörte aber doch halb ängstlich-abweisend, halb neugierig-zurückhaltend zu, wie der dafür ja schon berüchtigte, als Kustos der Zentralbibliothek an der Universität seinen Unterhalt verdienende Gelehrte und Dichter Hoffmann, der sich von Fallersleben nannte, die heikelsten Dinge an- und aussprach.

In seiner Erregtheit noch beflügelt durch das offenbar bewundernde Staunen, das er in Davidas Haltung zu erkennen meinte, legte Hoffmann ein volles Pfund zu, sprach so, wie sonst nur in Zirkeln von Gleichgesinnten, gab der Winterkälte, dem Dunklen und Zugefrorenen Namen, sagte zum Beispiel, es sei zumindest übertrieben, Preußen insgesamt zum Hort ungezwungenen Denkens, offenen Redens, freier sowie öffentlicher Entfaltung zu erklären; und die Provinz Schlesien könne man keinesfalls als solche bezeichnen. Würden der gute Wille und die Tatkraft des einzelnen hier etwa gefördert oder, – und das Kopfschütteln der meisten stachelte ihn weiter an – oder nicht vielmehr durch eine Art angemaßte Vormundschaft geschwächt?

Man nickte noch einmal, Davida bewegte sich nicht, und er fuhr fort: Das Aushorchen, Aufpassen durch die Polizei und ihre Helfer, ersticke es nicht das letzte Vertrauen in die Regierung, erbittere gegen die Beamten?

Das bedenkliche Mienenspiel einiger irritierte ihn wenig. Davida jedenfalls blickte ihn weiter – er meinte – »heiß« an.

Könne hier von einer öffentlichen Meinung, die manches Übel abwenden, der Willkürlichkeit Schranken setzen und die gesunde Vernunft zu ihrem Recht bringen werde, die Rede sein?

Carl von Winterfeld, der ihm gegenüber hinterm Cembalo an der Wand lehnte, machte ihm vergeblich Zeichen zu enden. Winterfeld hielt zwei Gäste, zumindest Spülwein, für einen Zuträger, wo nicht Konfidenten. Hoffmann ließ sich aber nicht aufhalten. Davida hatte Augen und Mund womöglich noch weiter geöffnet.

Und wollte es auch aufwachen, das Volk, sagte Hoffmann, wollte es sein eigenes Interesse kennenlernen – würde es denn der hiesige despotische Aristokratismus und allgemeine spießbürgerliche, politische Obskurantismus überhaupt zugeben?

Die Mienen der meisten hatten sich verschlossen. Man sah an Hoffmann vorbei, einige wandten sich ab. Die innere Erregung, die alle nach dem gemeinsamen Lied und den ersten Worten Hoffmanns erfaßt hatte, war verschwunden. Nur Davida von Thümen saß, die Hand ihrer Mutter haltend, Mund und Augen offen, wie vorher da, und auf Hoffmanns rhetorische Frage, ob nicht der gebildete Teil Breslaus in politischer Unbefangenheit dahinlebe, die spanische Zensur kaum ahne, welche jeden freien Gedanken – und als Publizist dieser und jener Schrift wisse er weiß Gott, wovon er rede – gleich einer lästigen Fliege abfange, reagierte man nun wirklich abweisend, unwillig, ja peinlich berührt: So könne man nicht die eigenen Gefühle mit dem Politischen vermischen, meinte jemand, und man lachte sozusagen erlöst, als einer, das Punschglas hoch haltend, rief: »In jedem Fall aber auf unser aller Wohl erst einmal ein Prosit.«

Während die Gesellschaft sich dann schnell in miteinander plaudernde Grüppchen formierte, ging Hoffmann zu den Damen von Thümen, begrüßte sie – einem Freund der Familie von Winterfeld war das erlaubt – aufs herzlichste, sprach, nachdem er der auffallend dem Alten Fritz gleichenden Mutter ein Kompliment wegen Contenance und Wohlwuchs ihrer Töchter, deren Anmut ganz offensichtlich dem Vorbild der Mutter folge, gemacht hatte, Davida direkt an: Dem interessierten, keinmal, wie er bemerkt habe, von Unwillen überschatteten Lauschen zufolge, dürfte er wohl annehmen, daß er der Meinung des gnädigen Fräuleins nicht gänzlich zuwider sich geäußert habe?

Das Spöttische, Lauernde im Blick aus den wasserhellen Augen der Alten bemerkte er nicht, und ihr Achselzucken hätte er nicht verächtlich genannt, geschweige denn hatte er Zweifel, ob Davida, die immer noch die Hand ihrer Mutter hielt und ihn weiterhin unverwandt ansah, ihn überhaupt verstand. Er brach vielmehr in eins seiner ansteckenden Gelächter aus, als Angelika von Thümen, die ihrer Schwester Davida – allerdings in blonder Ausgabe – aufs Haar glich, kichernd fragte: »Haben Sie's nicht ein bißchen kleiner, Herr Dichter?«

Derart verzopft rede er sonst in der Tat nicht, sagte Hoffmann, das verursache aber wohl die anwesende holde Weiblichkeit, die einen einsamen Poeten und Bücherwurm leicht ins Verstiegene versetze, »also kurz und knapp und gut deutsch, wie ich's liebe, ausgedrückt: Es macht mich verlegen.«

»Verlegen möcht' ich dich einmal erleben«, sagte der hinzugetretene Hausherr, »vor allem aber behutsam, was deine politischen Äußerungen angeht.« Darüber wurde entspannt gelacht, man plauderte noch ein wenig, verabschiedete sich schließlich, wobei Hoffmann Davidas Hand nahm, sie länger, als zum Abschied nötig, hielt und drückte, worauf sie aber die Augen nicht niederschlug.

Ob er das als ein Zeichen zumindest erwiderter Sympathie werten dürfe, wollte er von Carl Milde wissen, den er auf seinem Heimweg durch eisiges Schneegestöber noch aufgesucht hatte. Carl Milde, Sohn einer der reichsten Tuchfabrikanten der Stadt, jung, kräftig, beinahe so groß wie Hoffmann, residierte in dem prächtigen Haus in der Klosterstraße, das zwanzig Jahre später Demonstrationsziel der Aufständischen werden sollte. Trotz seines Austritts aus der von Hoffmann und ihm gegründeten »Zwecklosen Gesellschaft«, der er Rückfall in Pennalismus, Renommisterei, nichtsnutzigen Radikalismus und Schlimmeres vorwarf – ihn hatten die ständigen Neckereien und Philistervorwürfe der übrigen Mitglieder genervt –, waren Milde und Hoffmann gute Freunde geblieben. Erst nach der Veröffentlichung der »Unpolitischen Lieder« sollte ihre Freundschaft enden. Milde kannte die Verhältnisse der bei den Winterfelds zu Besuch weilenden Damen von Thümen genau. »Wohl möglich«, sagte er, »wenn ich dir aber einen Rat geben darf, und auf die Gefahr hin, daß du mich in der Manier der Zwecklosen einen Geldsackspießbürger schimpfst: Verlieb dich gar nicht erst in eine der drei Schwestern. Du wirst ihre Ansprüche, womit ich natürlich nur die materiellen meine, nicht zufriedenstellen können.«

Hoffmanns Intimus, der Kunstmaler Karl Bräuer, der wie er in der Sandstraße wohnte und den er anschließend noch aufsuchte, drückte es unumwundener aus: »Laß die Finger von mittellosen Edelfräuleins. Sie sind nicht nur strohdumm, sondern für einen wie dich auch zugeknöpft an den wichtigsten Stellen – es sei denn, du legst ihnen einen Beutel voll Talern in den Schoß, und zwar jedesmal wieder einen neuen.«

Bräuer, die polnische Pelzkappe auf dem wild wuchernden Lockenhaar, einen Schal um Schultern und Hals geschlungen, in seinem mit Farbe bekleckerten Kittel, Pfeife rauchend am Ofen sitzend, wie immer um diese späte Stunde leicht besoffen, vor sich drei leere und eine halbgefüllte Flasche Rotwein, aus der er sich und dem Freund einschenkte, prostete dem Portrait auf der Staffelei, einem rothaarigen, pausbäckigen Mädchen, zu: »Solche Weiber sind für unsereinen das Richtige, Heinrich, deftig, frisch, unkompliziert, arm, aber liebevoll – eine aus dem von uns so geliebten Volk.«

»Du weißt, Lieber, ich mag keine Zyniker«, sagte Hoffmann, das Glas im Stehen leerend, ehe er zur Tür ging, »und in meinem augenblicklichen Zustand erst recht nicht.«

Der augenblickliche Zustand, nämlich der der Verliebtheit,

hielt an. Nahezu täglich besuchte er jetzt die Winterfelds unter dem Vorwand, sein Patenkind, den kleinen Sigismund, sehen zu wollen. Das hübsche Kerlchen wüchse ihm mehr und mehr ans Herz. Das war nicht gänzlich gelogen. Obwohl er den ziemlich verfetteten Knaben, der oft plärrend herumlief oder in diesem schwarzen Samtanzug mit weißem Spitzenkrägelchen, ein Holzschwert umgeschnallt, Daumen im Mund, stundenlang auf dem Schaukelpferd wippte, eigentlich nicht mochte, nahm er – natürlich nicht ohne Eigennutz – seine Patenpflichten ernst, brachte ihm immer wieder kleine Geschenke mit und schrieb einige Liedlein für ihn. Die Mutter hörte das Lob auf ihren Liebling gern, vor allem mochte sie »die entzückenden Kinderlieder«. Hoffmann trug sie im Familienkreis vor, versang sich nun öfter dabei, und zwar absichtlich, um Davida von Thümen zu bitten, mit ihm, der Noten weder schreiben noch lesen konnte, die Melodie auf dem Pianoforte einzuüben. Es schien ihr nicht unangenehm zu sein, wenn er ihr bei diesen Proben nahekam. Einmal ließ sie seine Hand auf ihrer Hand liegen. Er hatte mit ihr sein Schaukellied eingeübt, und er sang es nun allein, in ihrem und Minna von Winterfelds Beisein im Kinderzimmer, dem auf seinem Schaukelpferd wippenden, daumenlutschenden Sigismund vor:

»Schaukle auf und schaukle nieder!
Vor dem Bösen flieh zurück,
zu dem Guten kehre wieder,
denn das Gute sei dein Glück.«

Sie standen nebeneinander am Fenster. Davidas Hand lag auf dem Fensterbrett, und bei der zweiten Strophe:

»Findet sich auch Leid mitunter –
frisch! Bewegung gibt dir Kraft;
schaukle fröhlich, schaukle munter,
werde stark und ritterhaft«,

bedeckte er ihre Hand mit der seinen, und sie rührte sich nicht bis zum Ende der dritten und letzten Strophe.

Ein andermal, als er, Zufall hin, Zufall her, sie im halb hellen, nach Pfefferminz und Kamille riechenden Flur anstieß und sie, um ihr Stolpern abzufangen, beidarmig umfaßte, ging ein Zittern durch ihren Körper – ob ein wonnevolles oder erschrockenes, darüber grübelnd lag er in den folgenden Nächten stundenlang wach. Gesprächig war Davida nicht. Ihr Anteil an ihrer Konversation beschränkte sich darauf, daß sie – seinem Redeschwall lauschend – schon mal nickte oder mit Bemerkungen wie »Isses denn möglich«, »Na, sieh mal an«, »Was Sie nicht sagen« und dergleichen kommentierte; oder sie gähnte unverhohlen, wenn er auf sie einredete, schaute ihn aber weiterhin mit diesem rätselhaften Haremsschleierblick an.

»Schön ist sie, da gibt's keinen Zweifel«, meinte Karl Bräuer, nachdem er Davida von Thümen auf der Oderpromenade am Arm ihrer Mutter beim Spaziergang gesehen hatte, »man muß ihr einfach nachschauen. Kommst du ihr denn nun näher?«

»Vielleicht.«

Tatsächlich vergingen die Wochen, die Monate, ohne daß sich Entscheidendes in ihrem Verhältnis tat. Er brachte ihr kleine Geschenke mit, Bücher, meist aus seiner eigenen Bibliothek, die sie kaum beachtete. Auf seine Gedichte, in denen seine Gefühle zu ihr zumindest andeutungsweise zu erkennen waren und die er im Kreise der Familie vorlas, reagierte sie nicht anders als alle mit den üblichen Bewunderungsausrufen: »Oh, wie tief empfunden«, »Ach, dieses Naturgefühl«, »Ah, diese Poesie«, »Ein Blumenduft durchweht das Gebilde« und dergleichen. Er gab ihr seine »Alemannischen Gedichte«, Verse in jenem Idiom, das infolge der gleichnamigen, von Goethe hochgelobten Sammlung Hebels unverständlicherweise vielen als »Sprache des Herzens« galt, Davida jedoch offensichtlich kalt ließ. Zu Zeilen wie

Sagmer Näumer, öbbe Näumer,
tönt ei Namen au so süeß,
tönt ei Namen au so liebli,
wenni Di mi Botheina grüeß?

schüttelte sie den Kopf. Wie er auch turtelte, sang, fabulierte, sich spreizte, den empfindsamen Poeten oder den geistvollen Causeur, dann wieder den tiefgründigen Gelehrten herausstellte – sie blieb gleichbleibend distanziert, weder unfreundlich noch mürrisch, verweilte beharrlich in einem Zustand träger Teilnahmslosigkeit, der ihre pralle sinnliche Aura allerdings noch unterstrich, eine Ausstrahlung, die Bräuer, als Hoffmann sie ihm schilderte, »animalisch« nannte und »erstaunlich für eine preußische Offizierstochter von niederem Adel«.

Zum Ende der Wintersaison – eine für die kulturelle Tristesse Breslaus in jeder Hinsicht hochstaplerische Bezeichnung – kehrten die Damen von Thümen in ihre Heimatstadt Potsdam zurück, nicht ohne vorher versprochen zu haben, im Sommer wiederzukommen, der Einladung der Winterfelds zu folgen, mit allen gemeinsam auf deren Sommersitz in Polnisch-Neudorf die heißen Monate des Jahres zu verbringen.

Und dann beging Hoffmann einen schweren Fehler. Obwohl er doch in Erinnerung an die schöne Heny hätte wissen müssen, wie eine geliebte, doch noch ahnungslose Person es auffaßt, wenn man ihr ohne vorherige Absprache mit Verwandten seine Liebe und ernsten Absichten erstmals schriftlich statt mündlich und über eine Entfernung hinweg, die eine unmittelbare Aussprache nicht zuläßt, gesteht, schrieb er an Davida nach Potsdam, sie »meine Botheina« nennend, daß er sie verehre, begehre, um ihre Hand bitte und heimführen möchte.

Carl Milde zum Beispiel verstand überhaupt nicht, warum ihn ihre Antwort wie ein Schmiedehammerschlag traf. Bräuer mußte sogar ein Grinsen unterdrücken, als er die unterstrichene Stelle in Davidas Brief auf Hoffmanns Verlangen hin laut vorlas: »Ihr schönes und herrliches Talent ist mir allerdings nie gleichgültig gewesen. An eine innigere Übereinstimmung zwischen Ihnen und mir zu glauben habe ich Ihnen aber nie Veranlassung gegeben.« Das Niederschmetternde an dieser vermutlich von der Mutter diktierten Absage war der frostige, gefühlstote Ton, den er aus und zwischen den Zeilen heraushörte und den er nicht einfach wie Bräuer als »originär preußisch« abtun konnte. Es traf ihn zudem in einem besonders trostlosen Stimmungstief, in das er immer einmal wieder stürzte.

Schuld an diesen Stürzen gab er seinem »Breslauer Martyrium, einem Elend sondergleichen«. Dieses bestand zunächst einmal darin, daß die dreihundert Taler Jahresgehalt, die er als Bibliothekskustos bezog, einem Mann seiner Größe und seines Appetits gerade ausreichten, sich halbwegs zu ernähren und schlicht zu kleiden.

So hüllte er seine lange, hagere Gestalt aus purer Kleiderarmut in jenen grauen, mantelartigen Rock, halb Mönchskutte, halb Scholarenpaletot. Er wußte die Pauvreté allerdings zu stilisieren, indem er sein schwarzes Napfmützchen schon einmal durch eine übergroße Zipfelmütze ersetzte oder einen knalligen Schal um den Hals schlang, was seinem Äußeren etwas Malerisch-Exotisches verlieh. Ohne Einschränkung bei Speis und Trank und Garderobe blieb nichts übrig für das, was man »geselliger Verkehr« nannte, und das, was ihm ebenso wichtig oder jedenfalls wichtiger war als das ganze Bibliothekarisieren: Forschung, Dichtung und Reisen. Er arbeitete parallel zu seinen auf mehrere Bände »Horae Belgicae« geplanten niederländischen Studien an einem der ersten Grundrisse der deutschen Sprachwissenschaft und Literaturgeschichte, einer Geschichte des Kirchenliedes, einem Leitfaden für Handschriftenkunde, schrieb Lieder und Leseverse, beschäftigte sich mit einem Idiotikon sowie einer Monatszeitschrift für und von Schlesien – alles Vorhaben, für die es keine Zuschüsse gab. Im Gegenteil. An den Druckkosten zum Beispiel mußte er sich wie die meisten Autoren in der Regel noch selbst beteiligen. Die ihm zur Verfügung gestellte Amtswohnung über der Apotheke in der Sandstraße war kärglichst möbliert und beinah so feucht wie der ihm zugewiesene Arbeitsraum an der Nordseite der Bibliothek, wo er sich das Rheumaleiden zuzog, das ihn bis an sein Lebensende plagen sollte. Nun wäre das alles mit seiner in den Studentenjahren erprobten, sparsamen und spartanischen Lebensführung zu ertragen gewesen, zumal er sich bei wohlhabenden Freunden und Bekannten zumindest wochenends aufs Behaglichste satt essen und trinken konnte, bei den Winterfelds, den Mildes, den Schalls und anderen, die, wie damals unter Gleichgesinnten und Gebildeten üblich, im weiteren Sinne die Spesen des geselligen Verkehrs übernahmen. Dennoch – er wurde älter, und seine Bedürfnisse gingen allmählich über die eines hungrigen, jungen, durch Freitisch und milde Gaben stipendiierten, sich ganz dem Dienst an der Wissenschaft widmenden Gelehrten und eines von Luft und Liebe lebenden Poeten hinaus. Eine Frau zum Beispiel konnte er von seinen Einkünften nicht miternähren. Als Kustos verdiente er aber nun nicht mehr als höchstens diese dreihundert Taler im Jahr, bei kostenloser Wohnung. Die mit einer Gehaltserhöhung verbundene Beförderung zum ordentlichen Bibliothekar setzte eine Professur voraus, für die seine bisherigen Arbeiten und der ihm wegen seiner niederländischen Studien von der Universität Leiden verliehene Ehrendoktor jedoch als nicht ausreichend angesehen wurden, obwohl er doch von Johannes Schulze, dem Geheimen Rat im Kultusministerium und Logenbruder von Hoffmanns Bruder Daniel, sogar von dem von Altenstein selbst, gerüchteweise Ordensbruder seines Gönners von Meusenbach, protegiert wurde.

Hinter der Beförderungsverhinderung vermutete Hoffmann von Anfang an, übrigens zu Recht, Intrigen seiner Universitätskollegen, mit denen ihn nichts verband und – wie es so seine Art war – vor denen er diese Vermutung nicht verbarg. Er hielt sie allesamt für spießbürgerlich verklemmte, untertänige, von Neid aufeinander zerfressene, an nichts als an Ruhe, Ordnung, Karriere interessierte Provinzschranzen; den Wachler an erster Stelle, Professor für Geschichte und Oberbibliothekar, ein

Sesselfurzer und Wichtigtuer, mit dem er wegen Arbeitszeit, Aufgabenverteilung und ähnliche, die Bibliotheksverwaltung betreffende Angelegenheiten – so mußte er etwa die Ausleihe besorgen – im ständigen Streit lag. Wachler lehnte regelmäßig die Anträge auf Reisen, die Hoffmann für seine Forschungen als notwendig erachtete und ohne die ihm das Leben sowieso unerträglich schien, ab. Wachler erwies sich überhaupt als das exemplarischste Produkt der Breslauer Universität, wie Hoffmann überall verkündete. An der äußerlich prächtigen, jesuitenbarocken »Universitas litterarum Vratislaviensis« herrschte ein, nicht nur nach Hoffmanns Maßstäben, unerträglich verzopftes Klima, in keiner Weise vergleichbar dem an Universitäten zu Bonn, Heidelberg, Berlin, wo man selbst unter Obacht der Polizei noch aufmüpfte, wo klammheimlich Aufruhrgeist wehte, das Feuer am Glimmen gehalten wurde durch getarnten Widerstand verschiedenster Art – Farben und Mützen, nur Eingeweihten verständliche Redeweisen in den Kollegs, Singen vaterländischer Lieder auf geheimen Treffen, öffentliches Turnen, nächtliche Katzenmusik vor den Wohnungen von Gendarmen und Spitzeln –, und wo trotz allem Forschung und Lehre blühten. In Breslau dagegen war Friedhofsruhe, wurde nacktes, borniertes Brotstudium betrieben, Folge vor allem der unverschämtesten Armut der schlesischen Studenten, von denen, hieß es, zweie mit einem Paar Stiefel auskommen mußten. Sie konnten kaum ein öffentliches Kolleg belegen, weil sie dann zweieinhalb Silbergroschen an die Krankenkasse zu entrichten hatten, und Hoffmanns Vorstellungen von der Erforschung des Deutschen in Texten, Literatur, Volkspoesie, Liedern, Sprüchen – zur Entwicklung eines deutschen Geistes und nationalen Selbstbewußtseins – wurde, wenn überhaupt verstanden, belächelt oder für »demokratisch-subversives Gedankengut« gehalten.

Der Stillstand der Zeit, hier in dieser äußersten preußischen Provinz noch stärker spürbar als anderswo, bestimmte in ewiger Wiederkehr des Gewohnten und Gewöhnlichen die Normalität, während andererseits ein nahezu krankhaftes Sichfestkrallen an tote Dinge und Personen ans Verrückte grenzende Sonderlinge und Sonderbares, Schnurrpfeifereien und abstruse Wiederholungszwänge hervorbrachte: Ob zum Beispiel der Bibliothekskurator Neumann ausschließlich von einem Teller aß, von dem er als Kind gefüttert wurde, Professor Hufnagel in Erinnerung an seine Kavalleriezeit einen Pferdesattel mitschleppte, um, darauf sitzend, Kolleg zu halten, der Dichter und Zeitungsschreiber Wackernagel niemals, auch zum Schlafen nicht, seinen preußischen Freiwilligenmantel ablegte, die Familie Milde, bei der Hoffmann häufig aß, zu jeder Mahlzeit ein Gedeck für eine Tante auflegte, die seit zehn Jahren nicht mehr lebte, Davidas Mutter, die alte von Thümen, mit einem Bild, das ihren verstorbenen Gatten in der Uniform eines Gardeoffiziers zeigte, neben sich im Bett schlief, Settchen, das alte Hausmädchen vom Buchhändler Aderholz, das sich seit fünfundzwanzig Jahren mit einem böhmischen Fuhrmann verlobt wähnte, den Nichtexistenten der Luther-Regel folgend zweimal wöchentlich in der Nacht empfing, Schall, der Herausgeber der Breslauer Zeitung, sich zigmal am Tag die Hände wusch, dabei eine Parodie der Marienlitanei murmelnd, oder Carl von Winterfeld jeden Morgen zum Hähnekrähen aufstand, um vom Speicherfenster aus nachzusehen, wo die Stadt brannte – das alles war in Breslau gang und gäbe.

Hoffmann litt, schrieb er immer wieder an Meusebach und Bruder Daniel nach Berlin, unter der musischen und geistigen Öde der Provinz. Gewiß, es gab Gleichgesinnte, doch sie waren wenige. Ihre »Zwecklose Gesellschaft« – der Name, eine Persiflage, weil wegen des Verbots politischer Vereine gerade die Clubs der gebildeten Stände garantiert unverdächtige Absichten verfolgen mußten – entwickelte sich zwar in Gegnerschaft zu den alteingesessenen, entweder aristokratisch-reaktionären oder bloß bürgerlich-läppischen Gesellschaften mittels provozierender Zeitungsartikel, Spottgedichten, Anpflaumereien, betont albernen Nachäffens zum Störenfried aller philisterhafter Gemütlichkeit und des »Verzopften«, wie sie stolz vermeldeten, und das verschaffte eine Art spitzbübisches

– Karl Milde meinte allerdings »blödpennalistisch-studentisches« – Vergnügen, einen Ausgleich jedenfalls zur tristen provinziellen Alltäglichkeit. Wirkliche Befriedigung jedoch – gestand er sich – fand er nicht auf den samstäglichen Sitzungen der »Zwecklosen Gesellschaft«, ebensowenig wie auf den mittwöchlichen des einen weiteren Kreises von Fastgleichgesinnten umfassenden »Künstlervereins« oder an den Freitagabenden in Winterfelds Wohnung, sondern am ehesten noch montags beim Chorgesang der kleinen Breslauer Liedertafel, für die er Lieder textete, die von dem Musiklehrer Ernst Richter vertont wurden.

Er mochte nicht einmal die Stadt, die ihm während seines zwanzigjährigen Aufenthalts fremd, deren schmuddelig-lässige Schönheit ihn trotz seiner Wanderungen kreuz und quer durch ihre Straßen und Gassen, über ihre Brücken und Plätze, zwischen Ohlen und Universität, Dominsel und Ring, Neumarkt und Sand und um den Wall und an der Oder entlang, in der er abends gewöhnlich eine halbe Stunde lang schwamm, verborgen blieb. Ihm gefiel nicht das pittoreske Menschengemisch dieser alten Handelsstadt im Brennpunkt des Verkehrs zwischen Ost und West und Nord und Süd, wo, besonders an den Markttagen, kaftanwallende Pferdehändler aus Galizien, durchreisende Handwerksburschen aller Herren Länder – Ränzel auf dem Rücken, Knotenstock an der Hand –, schwankende polnische Bauern in zerschlissenen Schafspelzen, bettelarme Kiepenkerle und Weiber aus dem Riesengebirge, russische Kaufleute, Iltisbälge über den Schultern, sächsische Spediteure in breitkarierten Hosen, magyarische Vogelhändler mit Federhüten, böhmische Bierbrauer mit steilen Zylindern, mährische Fuhrleute mit Hasenfellkappen auf den Schädeln zwischen buntbefrackten Breslauer Bürgern und Damen unter riesigen Scheuklappenschuten, hier und da ein bewamster Student mit federwippendem Barett, ein Bärenfellmützenhusar oder ein verirrter Berliner Fashionable in Macintosh-Rock und verzierten Stiefelchen über dem Ring und an den Ständen und Buden vorbeiflanierten. Die berauschenden und ätzenden Gerüche, das Gebimmel und Geschrei der Anbieter und Käufer – das alles regte ihn nicht an, stieß ihn im Gegenteil ab, weil es den Eindruck machte, Breslau sei überhaupt keine deutsche Stadt.

Im Grunde fühlte er sich in die Verbannung versetzt, wo doch dieser Kustosplatz in der äußersten Provinz eigentlich nur ein Übergang hätte sein sollen, eine zwei, höchstens drei Jahre dauernde Zwischenlösung, bis eine angemessene Position in der Hauptstadt – an eine Stelle in der königlichen oder der Universitätsbibliothek dachte man – für ihn gefunden wäre. Bei den Meusebachs in Berlin hatte man sich das jedenfalls so ausgedacht.

Bei den Meusebachs hatte Hoffmann Verhältnisse kennengelernt, die ihm als ideal vorschwebten, wenn er an seine Zukunft dachte. Im Meusebachschen Salon, zu dem er sich über Bruder Daniels Beziehungen und mit einigen alten Liedhandschriften aus seinem Bestand für den biblioverrückten Carl Hardwig Gregor Freiherr von Meusebach Zutritt verschafft hatte und wo er wegen seiner originellen Plauderkunst und stimmgewaltigen Liedlustigkeit gern gesehen wurde, verkehrte preußische Prominenz: Clausewitz und Gneisenau, Savigny und Eichhorn, um nur ein paar zu nennen, dort lernte er von Altenstein und dessen Geheimen Rat Johannes Schulze kennen, aber auch berühmte Gelehrte und Dichterkollegen. Mit Hegel zum Beispiel spielte er L'hombre und Schafskopf und brachte die ledernen Züge des steifen Kerls im immer gleichen blauen Frack durch seine Kartenkunststücke und Sprüche und Witze zum vergnüglichen Zucken; mit Eichendorff, dem dabei ein Tropfen an der eigentümlich langen Nase glitzerte, zankte er über Poesie und Politik und lästerte gemeinsam über Philisterei; mit dem sorgsam auf sein Exterieur eines edlen Raubritters achtenden Chamisso – ein ebenso hervorragender Animateur wie er selbst –, der durch gebärdenreich vorgetragene Geschichten seiner Reise um die Welt den Salon in stecknadelfallendleise Stille oder prasselndes Gelächter versetzen konnte, schmetterte er Chamisso-Balladen, Uhland-Lieder und Hoffmanns Landsknechtsgesänge. Griechen-Müller, der als Geheimer Rat Spanknabe ausgegeben wurde und auch so aussah und dessen Identität es herauszufinden galt – ein beliebtes Salonspiel bei den Meusebachs –, war sein Charadepartner; der als »B. B.« vorgestellten glutäugig schönen Bettina von Arnim begegnete er dort zum ersten-, ihrem magenbittrich blickenden Ehemann Achim zum zweitenmal; vom ständig betrunkenen, als Geheimer Kriegsrat pensionierten, genialischen Volksmusiker Kretzchmer ließ er sich einige seiner Texte komponieren.

»Ja, das waren meine schönsten Stunden, damals, während meiner Berliner Zeit, und später manchmal dann, wenn ich einmal für eine Woche oder zwei von Breslau in die Hauptstadt reisen konnte«, schrieb er seiner Mutter.

Meusebach, sein Einfluß reichte bis zum Hof, nannte ihn seinen Freund. Sie schrieben sich in all den Jahren seines Breslauer Exils mindestens einmal im Monat, machten sich kleine Geschenke. Den von Karl Milde geäußerten Verdacht, ausgerechnet dieser Freund und Gönner habe sich inzwischen gegen eine Rückkehr seines Schützlings nach Berlin gestellt, wies Hoffmann laut – zu laut, um ihn insgeheim nicht zu teilen, meinte Milde – zurück.

Tatsächlich hatte Hoffmann Meusebachs Tochter Karoline umworben, manchen Vers auf sie verfaßt, allerdings immer schon ahnend, daß das Freifräulein, das er »Arlikona« nannte, für ihn unerreichbar, im übrigen auch längst einem standesgemäßen Herrn versprochen war. Aber versuchen konnte man's ja, und so hatte er bei ihrem Vater, wenn auch in den zartesten Andeutungen, um ihre Hand angehalten, was von diesem knapp und kühl zurückgewiesen worden war. Und da der Freiherr seine Tochter, ihre Anfälligkeit für junge Dichter, die so stark aussahen und taten wie die »wirklichen Männer des Volkes«, für die sie sich begeisterte, kannte, hatte er im folgenden und während all der Jahre nichts mehr von einer angemessenen und auch so bezahlten Beschäftigung Hoffmanns in Berlin erwähnt. Nun war Arlikona seit kurzem mit dem ihr erwählten Karl Hartmann Friedrich August von Witzleben verehelicht worden. Hoffmanns Hoffnung, aus Breslau fortzukommen und nach Berlin zu ziehen, die immer weitergeglimmt hatte, entflammte nun nach Davidas frostiger Zurückweisung neu, zu einem, wie er sich ausdrückte, »frischen, rastlosen Verlangen«.

Sein Elysium sei's, dieses Berlin, schwärmte er bei den Winterfelds, die ihn zu beruhigen versuchten und behaupteten, Davidas Absage sei wohl nicht als endgültig zu verstehen; bald seien die Damen von Thümen ja wieder in Breslau, dann sehe alles schon wieder anders aus, wenn man zum Beispiel von Angesicht zu Angesicht sich gegenübersitze. Sie, Minna von Winterfeld, würde, falls er's erlaube, dann gern den Postillon d'amour mündlich sowie schriftlich abgeben. Und ob er etwa so herzlos sei, den ihn um alles in der Welt verehrenden und liebenden kleinen Sigismund auf immer zu verlassen?

Hoffmann mußte sich zusammennehmen, dem quäkenden kleinen Sigismund beim Verlassen der Wohnung in dem halbdunklen Flur nicht einen Tritt zu versetzen, und als er am gleichen Tag noch erfuhr, daß die Universitätskollegen seine beantragte Ernennung zum Professor durch die gutachterliche Äußerung: »Den hiesigen Bibliothekskustos Dr. Hoffmann hält die hiesige philosophische Fakultät zu dieser Lehrstelle gar nicht geeignet, und zwar notorisch mit vollem Recht, denn er hat weder den hierzu nötigen tief eindringenden philosophischen Geist noch die ernste Studien-Assiduität«, zerstob der letzte Rest seiner Fassung. Er zertrümmerte einen Teil seines Mobiliars und betrank sich sinnlos, bevor er zwei Tage darauf nach Berlin reiste. Im Kultusministerium – allerdings nach vorheriger Absprache mit dem taktisch versierten Meusebach – bat er um seine sofortige Entlassung und Versetzung möglichst nach Berlin oder wenigstens nach Bonn, jedenfalls von Breslau weg. Johannes Schulze und der Minister von Altenstein selbst – Hoffmann hatte ihm seine inzwischen gedruckten »Fundgruben für Geschichte deutscher Sprache und

Literatur« gewidmet und durch Meusebachs Kurier überbringen lassen – schlugen ab und dafür vor, erst einmal eine außerordentliche Professur in Breslau anzunehmen, die ihm zu den dreihundert Talern Kustosjahresgehalt zweihundert weitere einbrächten, ein Angebot, das Hoffmann nicht ausschlagen konnte, sondern, »hochwohlgeborener ewiger Exzellenz« dankend, annahm, was am Abend bei den Meusebachs mit viel Rotspon begossen wurde.

Zurück in Breslau, ließ er sich nicht nehmen, in der philosophischen Fakultät sofort und öffentlich anzukündigen, was er zu lesen gedenke, nämlich erstmalig und für Breslau einzigartig: Geschichte der deutschen Sprachstudien und Geschichte der deutschen Literatur, Geschichte des deutschen Kirchenliedes und deutsche Handschriftenkunde. Im Triumph des Sieges, den der Erhalt der Venia legendi für deutsche Sprache und Literatur bedeutete, wodurch nämlich dieses Fach gegen den Widerstand von Hellenisten, Romanisten, Theologen, Philosophen, hochgestellten Bildungsphilistern, Demagogenparanoikern und Einheitsfeinden nun auch in dieser Provinz als Universitätsdisziplin anerkannt wurde, feierte er mit den gleichgesinnten Liberalen aller Couleur ein Fest, auf dem es mehr als hoch herging. Nur wegen der unglaublichen Menge geleerter Flaschen, die bekannt wurde, hat man die Teilnehmer trotz, wie es hieß, »der von ihnen zum Vortrag gebrachten umstürzlerischen und Gott, König, Fürsten, Altar, Moral und Anstand herabwürdigenden Reden, Lieder und Trinksprüche« unbehelligt gelassen, soll Merkel, der Oberpräsident für Schlesien, gesagt haben, »da will wohl die Maus die Katze ficken«.

In aller Traurigkeit und Schwermut, bei allem Ärger und Rabatz und nun wiedergewonnener Lebensfreude hatte Hoffmann doch nie aufgehört, an Botheina zu denken, von ihrem verrätselten Schleierblick, ihren trägen, sinnlichen Bewegungen, ihren üppigen Brüsten und ihrem Duft nach Rosmarin und Nägelein zu träumen. Es gab Stunden, oft dann, wenn er auf nüchternen Magen Wein getrunken hatte, in denen er halluzinierte. So meinte er sie einmal sonntags beim dröhnenden Glockengeläut zu erkennen, und zwar an ihrem katzenweichen Schritt, mit dem sie zwischen den Kirchgängern unter seinem Fenster vorbei zur Sandkirche zog, lief hinter ihr her, bis sie sich herumdrehte und ein breites Stupsnasengesicht zeigte; dann sah er sie auf einem der windschiefen Holzbalkone in der Weißgerber-Ohle Wäsche von der Leine ziehen, wobei die hochgerutschte Bluse ein Stück ihrer zigeunerbraunen Haut freigab. Die Fremde streckte ihm die Zunge heraus, als er sie anrief. Ein anderes Mal konnte er sich nicht beherrschen, dem bändergeschmückten, schwarzhaarigen Mädchen in einem von zwei Stutzern geruderten Kahn, ehe er hinter dem von den Gärten am Oderufer herabhängenden Rankenvorhang verschwand, »Botheina, wohin?« zuzurufen. Dem Studentenknaben mit den aufgeworfenen Lippen und den mandelförmig geschnittenen Augen, dem gewölbten Thorax und den strammen Schenkeln, der an seinem zu Hause abgehaltenen Privatissimum zur deutschen Handschriftenkunde teilnahm, strich er ein paarmal – Botheina vor seinem inneren Auge – übers Seidenhaar und griff ihm einmal fest ins Hinterteil. Noch vor Davidas Rückkehr kam er auf die ihm von Minna von Winterfeld angebotenen Vermittlungsdienste zurück, steckte der deswegen überaus geheimnisvoll tuenden Frau an einem der Musikabende einige »Kalitten«, das heißt »Schmetterlinge« genannte Verse, zu, die er Davida gewidmet hatte:

Ist das Glück auch mir entschwunden,
blieb der Schmerz auch mir allein,
darf ich drum der frohen Stunden
letzten Nachhall Dir nicht weih'n?
Hast Du es doch mit empfunden
eben darum ist es Dein.

Ob die Winterfeld diese Gedichte nicht übersandte, ob Davida sie nicht gelesen hatte oder ob sie nur so tat, als kenne sie sie nicht – jedenfalls schüttelte sie den Kopf, als er sie gleich nach ihrer Rückkehr nach Breslau danach fragte.

Seine Enttäuschung darüber wurde ihm erst später bewußt, und er hörte auch kaum hin, als man von der Krankheit erzählte, die Davida durchgemacht hatte und sie immer noch schwächte. Die Nachrichten aus Paris hielten ihn und die Freunde viel zu sehr in Atem. Wo standen die Barrikaden, brannten die Lunten? Rauchte nur der Palast des Erzbischofs? Wo kämpften die Blusenmänner, wo die Studenten? Wie verhielten sich Offiziere und Mannschaften der Regierungstruppen? Wollte La Fayette die Republik oder eine Monarchie nach britischem Muster? Carl von Winterfeld, der letzteres befürwortete und als sicher erwartete, ermahnte ebenso wie Carl Milde, der gegen eine Republik, vorausgesetzt, sie werde von den richtigen Leuten regiert, nichts einzuwenden hatte, zur Vorsicht und zur Besonnenheit. Würde das Feuer übergreifen? war die Frage, die sie bewegte. »Was immer ihr von den Franzosen haltet, achtet auf die Flammenzeichen in Paris! Von dort breitet sich das Feuer aus«, zitierte Hoffmann seinen Jenenser Lehrer Oken, unter dessen Anleitung und in dessen Zeitschrift »Isis« er seine ersten politischen Verse als Distichen veröffentlicht hatte. Da Freund Schall, Herausgeber der »Breslauer Zeitung«, von Berlin aus per Stafette die neueste Staatszeitung mit den neuesten Nachrichten schickte, wußten sie schon in der ersten Augustwoche, daß die Trikolore über dem Louvre und den Tuillerien wehte, Charles gestürzt war, die Erhebung gesiegt hatte. Obwohl der Zensor, ein vertrottelter Baron von Kottwitz, Mitteilungsverbot verhängte, verbreitete sich diese Neuigkeit schnell – »als brandentfachendes Lauffeuer« leider aber nicht, schrie Karl Bräuer.

Breslau blieb ruhig. Was Wunder, wie Hoffmann wetterte, wo die Fabrikanten und Kaufleute der Stadt ausschließlich an ihre Geschäfte dächten, die Gebildeten innerhalb und außerhalb der Universität in einer Mischung aus politischer Blindheit, philiströser Eigenbrötlerei und blanker Angst weiterwurschtelten, die Studenten wie die Leinenweber zu ahnungslos seien, die Handwerker und Pfahlbürger in bewährter Manier ihre Zipfelmützen über die Ohren zögen – alle also eigentlich mit der Obrigkeit einig und zufrieden, daß Ruhe und Ordnung herrsche, von den einmal mit Männern vom Schlage der Stein, Hardenberg, Clausewitz, Gneisenau und anderer unruhiger Preußen sympathisierenden Militärs zu schweigen. Einer Einladung folgend, waren er und die Freunde am Nachmittag ins nahe gelegene Polnisch-Neudorf zum Sommersitz der Winterfelds kutschiert, wo man, wie unter Gleichgesinnten in jenen Tagen und Wochen rund um die Uhr üblich, die Lage besprach. Man höre auch nichts aus Berlin, sagte Carl Milde, der selbst bei Landpartien als korrekt gekleideter Kaufmann auftrat, in Preußen sei man eben noch nicht soweit, in der äußersten Provinz Schlesiens erst recht nicht. Und erst recht nicht helfe dieses Immer-nach-der-Hauptstadt-Schielen, sagte der Dichter und Journalist Wilhelm Wackernagel, wie stets in den langen Preußisch-Freiwilligen-Mantel gekleidet, die langen, blonden Haare strähnig um Kopf und Gesicht, und Johann Sandberg, ganz in Schwarz, ehemaliger Lützow-Jäger und wegen seiner Gießener Burschenschaftszeit ohne Anstellung, aber mit gutem Geld aus dem Kornhandel, stimmte zu: Das sei wirklich nicht nötig, wo Breslau eine Freiheitstradition besitze, die sich sehen lassen könne, »jawohl, lieber Hoffmann, das mußt auch du wissen, von Breslau, meiner Heimatstadt, in der, erstmalig und einmalig in deutschen Landen, nämlich vor vierhundertdreiundsiebzig Jahren, schon ein stolzes Bürgerpatriziat im Rathaus die Huldigung der Fürsten entgegennahm, dann nach vierhundertsechsunddreißigjährigem Dornröschenschlaf, aber immerhin schließlich doch, wenigstens die ausgehungerten Schneider revoltierten, den Anschluß an den Aufbruch in Paris suchten, und wo zwanzig Jahre darauf dann aber das Hauptquartier der Résistance aufgeschlagen wurde, Stein, Scharnhorst, Gneisenau, Blücher, Arndt, Jahn zum Befreiungskrieg drängten und Friedrich Wilhelm Cunctator, der hierhergeflohen kam, schließlich zustimmen mußte, zum Spottgesang der Breslauer, die sangen: ›Als alle alle riefen, kam endlich auch der König‹ – und wo wir, von Lützow organisiert und von der Trompete Körners angefeuert, zur wilden Jagd aufbrachen . . .«

»Ja, ja, ja – und wenn sie nicht gestorben sind«, unterbrach Hoffmann, aber Schall, der immer noch sein Haar puderte und bestickte Fräcke trug und den die Freunde angriffen, weil er zuwenig in seiner Zeitung unternahm, sich zu willig, wie man fand, dem Zensor unterwarf, meinte, die Zeit sei einfach noch nicht reif.

Aufs Warten also verlegen?

Was bliebe denn anderes übrig!

»Ruhe, Ruhe, nichts als Ruhe – zum Auswachsen ist das!« schrie der in malerischer Räubertracht gekleidete Karl Bräuer, daß die Damen zusammenfuhren, außer Davida, die in gewohnter Passivität dabeisaß, sich plötzlich aber erhob und einfach durch eine der offenstehenden Türen hinausging.

Das Haus der Winterfelds im Stil der klassischen Villa rustica lag in einer breiten Waldschneisenwiese, die sich sanft zu dem See hin senkte, auf den man vom Salon aus blickte. Dorthin, durchs feldblumenbunte, wadenhohe Gras, den Strohhut am Band schwenkend, schritt Davida, und während man weiter über die lokalen Möglichkeiten und Unmöglichkeiten einer Erhebung stritt, Carl von Winterfeld, von Karl Milde und von Schall unterstützt, weiterhin, bei allem grundsätzlichen Einverständnis mit einer ernsthaften, selbst durch demonstrativen Unmut sich äußernden Empörung vor den Unberechenbarkeiten des Pöbels anläßlich von Zusammenrottungen – wie gerade in Paris doch wohl wieder erfahren – warnte, stand Hoffmann – er meinte, ein aufmunterndes Nicken Minna von Winterfelds bemerkt zu haben – auf und ging Davida nach.

Sie war dem Uferpfad gefolgt, lehnte am Geländer des Stegs, der, seitab und vom Haus aus nicht einsehbar, über einen schmalen, den See säumenden Schilfgürtel hinweg ans Wasser führte. Als Hoffmann die unter seinem Gewicht schwankende hölzerne Anlegebrücke betrat, blickte sie nur eben hin, um gleich wieder unverwandt übers Wasser hinwegzuschauen. »Welche Blütenpracht«, sagte er und meinte die auf der Wasseroberfläche schwimmenden, ganze Felder bildenden weißen und gelben Seerosen und die bunten Dolden der Schwanenblumen auf kleinen Inseln dazwischen.

Sie nickte.

Leicht nach hinten gelehnt, die Enden des über den Po gespannten Schultertuchs in den Armbeugen, in der einen Hand die Bänder des Strohhuts, in der anderen die großen gelben Blütenblätter einer Schilflilie, schaute sie übers Wasser ans andere Ufer, wo im Licht der späten Nachmittagssonne die Stämme eines Birkenwäldchens silbern glänzten. Der ovale Ausschnitt ihres Kleides aus leichter, changierender Seide legte die Schultern bis beinahe zu den Oberarmen bloß, nicht aber den Ansatz ihrer das Mieder prall ausfüllenden Brüste, deren Knospen sich deutlich gegen Tuch und Seide abmalten.

Von seiner Verzweiflung nach ihrer brieflichen Absage wollte Hoffmann sprechen, eine Entschuldigung formulieren für seinen vielleicht doch zu plötzlichen, daher von ihrer Seite womöglich unerwarteten, zudem erst einmal schriftlich abgefaßten Antrag, entsprungen seinem ihm angeborenen Ungestüm, aber eben auch seiner Verlassenheit nach ihrer Abreise aus Breslau, ja, und warum es nicht in aller ehrlichen Leidenschaftlichkeit ausdrücken, aus einer unendlich ihn ausfüllenden Liebe zu ihr heraus.

Viele schlaflose Nächte hat er damit verbracht, dahinterzukommen, warum er derart nicht zu ihr gesprochen hat. Gewiß, so selbstbewußt und sich und seiner Wirkung sicher, wie er unter Männern oder in gemischter Gesellschaft auftrat und redete, so kleinlaut wurde er, allein gelassen mit einer Frau, aber warum um alles in der Welt hatte er an jenem Augustnachmittag auf dem wackeligen Holzsteg überm Schilf die im warmen Sommerwind mit leicht geöffneten Lippen atmende, aus Traumschleieraugen weit übers Wasser blickende Frau, für die er so empfand wie vorher nie für eine Frau, minutenlang fischstumm angestarrt, und als sie den Kopf ihm zuwendete und lächelte, sie heftigst an sich gezogen, worauf sie in diesen gräßlichen, sie und den Holzsteg durch und durch schüttelnden Hustenkrampf fiel? Vielleicht, weil ihm Karl Bräuers alberner Ratschlag als einzige Möglichkeit, seine stummschüchterne Verwirrung zu durchbrechen, durch den Kopf geschossen war: »Im entscheidenden Augenblick nicht reden, sondern handeln. Also umarmen und küssen.«

Er hat sie, die wortwörtlich am ganzen Leibe zitterte und ununterbrochen keuchend pertussierte, so daß es ihren Kopf hin und her warf, ihr Gesicht bläulich anschwellen ließ, an beiden Armen stützend von der hölzernen Rampe heruntergeholt und dann – der Anfall schien sich noch zu steigern – einfach hochgenommen und auf beiden Armen im Laufschritt über die Wiese, auf der ihnen die Damen von Thümen und Karl von Winterfeld entgegenliefen, ins Haus und in ihr Zimmer ins Bett getragen.

Brustkrämpfe dieser Art blieben häufiger nach der Krankheit, die sie im Frühjahr durchgemacht habe, sagte die Alte zu ihm, als er aus dem Zimmer gekommen war, vor dem er, hin und her laufend, die schnell lindernde Behandlung – kalte Umschläge auf die Stirn, Kampfergeist auf die Brust gerieben – abgewartet hatte. Davidas Vater sei daran – und das hatte sie fast gezischelt – erstickt. Ein Eisschock habe sein Herz bei dieser Nachricht verkrampft und sich tagelang nicht gelöst, hat er später Davidas Schwester, Angelika von Thümen, die seine Vertraute wurde, erzählt.

Auf der Rückfahrt in die Stadt blieb er stumm, beteiligte sich keinmal an den hitzigen Diskussionen, die politische Lage betreffend. Sie waren bald losgefahren, aber weniger wegen des Zwischenfalls mit Davida, sondern mehr wegen eines »Mißklangs«, verursacht durch Karl Bräuer, der zu wilden Schlägen auf dem Pianoforte die Marseillaise angestimmt hatte – für den Hausherrn ein Grund, mit den Worten: »Nun ist aber wirklich Schluß!« den Aufbruch der Gäste anzumahnen.

Die mit dem Anfall Davidas wohl zusammenhängende Zurückhaltung Hoffmanns, ja die Teilnahmslosigkeit den öffentlichen Dingen gegenüber, hielt während der nächsten Wochen und Monate an. Weder der polnische Aufstand noch das Echo der Julirevolution, das schließlich doch auch durch Deutschland hallte, ließen ihn aufhorchen, geschweige denn hochtreiben. Der Aufruhr in Sachsen packte ihn ebensowenig wie der in Hessen. Nicht einmal das brennende Braunschweiger Schloß oder später die Besetzung der Hauptwache und der Stadttore durch bewaffnete Göttinger Studenten und Handwerksburschen in seinem Heimatland, dem Königreich Hannover, rissen ihn aus seinen einzig und allein um Botheina kreisenden Gedanken und Gefühlen, die von einem ihm vorher unbekannten Empfinden bestimmt wurden. Er führte es – so drückte er es in einem Brief an Angelika von Thümen aus – zurück auf seine »Selbstverleugnung und Aufopferung, nun nicht für mein, sondern nur für anderer Glück zu leben, die höchste Form der Liebe«.

Er war schon am Tag nach Davidas Brustkrampfanfall nach Polnisch-Neudorf zurückgekehrt, ein Fußmarsch von drei Stunden, hatte unterwegs einen Blumenstrauß gepflückt, den er ihr schweigend überreichte, den sie schweigend entgegennahm. Ob er sie jetzt häufiger besuchen dürfe? Die Alte hatte genickt, Minna von Winterfeld ihm konspirativ zugeblinzelt, Carl von Winterfeld ihn nur ernst angeschaut, Angelika gelacht und in gespielter Innigkeit ihre beiden Mädchenfäuste aufs Herz gedrückt und gewispert: »Wir sind drei Schwestern, mit dem Leid vertraut, tritt her, der Dichter kennt das Menschenherz.«

So kam er nun mindestens zweimal die Woche herüber. Im hellen, zum Wald hin liegenden Raum mit den Tapeten, auf denen Schäferszenen spielten, die ihn eigenartig erregten, wurde musiziert. Sie spielten Charaden, bei denen er und Davida manchmal Partner waren, oder man spazierte gemeinsam mit Angelika und Agnes, der anderen, der Alten aufs Haar gleichenden Schwester, manchmal die Alte noch selbst dazu und zuweilen ein Sommergast um den See oder zu einem

Ausflugslokal im Dorf oder man saß vor dem Haus, trank Limonade, plauderte, wobei Davida, die statt Limonade ihren Tee aus Seifenkraut, Spitzwegerich, Malve und Knabenkraut zu sich nahm, wie gewöhnlich schwieg. Wenn sie aufstand, sich an die Brust faßte, den Kopf hielt, sich räusperte oder auch nur tief durchatmete, schaute er sie ängstlich-besorgt an oder sprang auf oder fragte zaghaft an: »Es geht Ihnen doch hoffentlich nicht schlecht, liebe verehrte Davida!«

Er band ihr Blumenkränze, eine Kunst, die er, lange bevor sie gerade wieder in Mode gekommen war, von seiner Großmutter gelernt hatte. Das im Spätsommer noch blühende Sumpfvergißmeinnicht verknüpfte er mit der Wiesenmargerite oder der Löwenzahnblume – eine Aufforderung, dem Treuen sich endlich zu offenbaren; eingeflochten die Binse in Heckenrose, Gänseblume, Sauerampfer etwa oder in Braunelle, weiße und gelbe Seerose, reichte er ihr duftende, bunte Kränze, die sie sich aber nie ins Haar setzte. Mehr Liebe und Beständigkeit, verbunden mit gutem Willen, Ausdauer, Geduld – dafür stand das Farnkraut, das er als Flechtmaterial verwendete –, mehr Aufrichtigkeit konnte man kaum kundtun. »Die letzten Blumen« nannte er einige für sie geschriebene Gedichte, in denen er die Bedeutung der Blumen und Blüten verdichtete und sich mit solchen Zeilen wie

Die Blumen hatt' ich dir gebrochen
im freien Feld zur Winterszeit;
du aber hast kein Wort gesprochen,
das tut den armen Blumen leid

über ihr Desinteresse an den feinen, immer wieder neu zusammengestellten Gebinden beschwerte. Sie nahm sie entgegen – und schwieg.

Davidas angegriffener Gesundheit wegen waren die Thümens zum Herbst nicht nach Potsdam zurückgefahren. Man blieb auch den Winter hindurch bei den Winterfelds in deren Breslauer Stadtwohnung, und als das Frühjahr sich meldete, beschloß man, den kommenden Sommer wieder gemeinsam zu verbringen.

So glücklich Hoffmann darüber war, so sehr bedrückte ihn Davidas Schweigen. Carl von Winterfeld zuckte die Schultern, als Hoffmann ihn direkt darauf ansprach. Könne er mit einer Erwiderung seiner Gefühle von Davidas Seite aus rechnen? Minna von Winterfeld sagte: »Ja, bestimmt. Aber Sie kennen sie ja und ihre Verschlossenheit, Geduld.« Angelika sagte: »Versuchen Sie's einfach, sagen Sie's ihr auf den Kopf zu.« Er traute sich aber nicht. Ständig war ihre Mutter in ihrer Nähe. Sie, deren Preußenkönigsphysiognomie ihn abstieß, mochte ihn nicht, meinte er. Nur Angelika und einigen Freunden gegenüber offenbarte er, wie sehr er dieses Mädchen liebe, nämlich »bis zur Selbstaufgabe«. Zermalmen lassen würde er sich ihretwegen; gleichgültig sei ihm der Tod, wenn er nur ihre Gunst besäße; im gegengesetzten Fall dem Leben ein Ende setzen – na und! Denn selbst wenn sie jetzt sagte: Ich hasse dich!, könne er sie doch nur lieben – eine Gefühlsradikalität, die sich auch in den Zeilen einer seiner auf Davida gemünzten Romanzen zeigte:

Ihrer Huld und ihrer Liebe
hab' ich ganz mein Herz ergeben,
wie sie will, bereit zum Sterben
bin ich und bereit zum Leben.

Das war natürlich nicht in dem Sinn ernst gemeint, daß es einer Probe aufs Exempel standhalten sollte, wie überhaupt diese seelische Gemengelage aus Entsagung, Opfer und Edelmut, Selbstlosigkeit und platonischer Hingabe in Liebesdingen einer Zeitstimmung entsprach. Es ließ allerdings, für alle damals verständlich, erkennen, daß sein Gefühl die normale Verliebtheit weit hinter sich gelassen hatte und – so in einem Brief an Angelika von Thümen – »nicht einfach ein poetischer Anflug, eine leidenschaftliche Neigung, ein abenteuerlicher Versuch für ein äußeres Glück« war. Er magerte noch weiter ab, wurde aufbrausend unter Freunden und Gleichgesinnten, immer unleidlicher auch gegen sich selbst, und er trank noch mehr als sonst.

»So geht es nicht weiter, Heinrich«, sagte Karl Bräuer, der ihn eines Abends in seiner Wohnung aufsuchte. Er hatte eine Flasche polnischen Schnaps dabei, suchte aus dem schmutzigen Geschirr zwei Gläser heraus, goß sie voll, setzte sich neben ihn auf das ungemachte, zerwühlte Bett, »so, und erst einmal Prost«. Wie verstiegen und exaltiert er auch immer diese merkwürdige Beziehung zu diesem merkwürdig schönen, aber wohl auch merkwürdig beschränkten Fräulein von Thümen fände und so au fond Hoffmanns bäuerlicher Natur zuwider diese modischen Empfindungsäußerungen auch seien, er, Karl Bräuer, der die Selbstzerstörung des Freundes nicht länger mit ansehen könne, schlage jetzt vor: den Knoten durchhauen; sich ihr und den Ihren klipp und klar erklären; entweder ja oder nein, und wenn nein – dann ab durch die Mitte! Die Domglokken schlugen los, anschließend das Läutwerk der Sandkirche, dann das hellere der Kreuzkirche, so daß die Wände bebten und das Geschirr klapperte und klirrte. »Du hast recht«, schrie Hoffmann, obwohl er sich vorgenommen hatte, Bräuers Ratschläge künftig in den Wind zu schlagen, kippte ein zweites und ein drittes Glas polnischen Schnaps, »ja, du hast recht«, und später, als sie schon ziemlich betrunken waren und als Bräuer sich zum Gehen anschickte, küßte er ihn innig und lange und wiederholte noch einmal: »Du hast recht.«

Das fand auch Carl Milde, der vorschlug vorzufühlen, um dann, wie er sich ausdrückte, »das Linnen auf die Rolle zu bringen«. Hoffmann war einverstanden, Milde verhandelte bei den Winterfelds und den Thümens in der Angelegenheit zweimal, und er war anschließend bei aller Skepsis mehr oder weniger zuversichtlich, daß man den Erwartungen und Forderungen der Familie entsprechen könne. »Heinrich, dafür mußt du gut sein, vielleicht können wir dieses und jenes auch noch austarieren.« So fürchterlich Hoffmann solches Handeln auch fand – Karl Bräuer durfte er überhaupt nichts davon erzählten –, er machte mit; vor allem, wie er dem Bruder Daniel bekannte, weil er sich nun endlich auch »sehne nach einem stillen Familienleben voll Wahrheit und Gemütlichkeit«.

An einem Vorfrühlingsabend – zaghaftes Amselflöten hörte man schon, und die Luft hatte den ganzen Tag über dieses feine Vorbotenblau ahnen lassen – saßen er und Carl Milde und Carl von Winterfeld in dessen Arbeitszimmer und besprachen die Möglichkeit einer ehelichen Verbindung, der, so Winterfeld, Davida und ihre Mutter prinzipiell nicht ablehnend gegenüberstünden und in die Davida gegebenenfalls neben der üblichen Mitgift, namentlich Wäsche, Möbel, Gläser, Besteck und Persönliches wie Schmuck und dergleichen, fünfhundert Taler einbringen könnte. In der Erinnerung an jene Unterredung, die Karl Bräuer, als er davon erfuhr, einen Kuhhandel nannte, spürte Hoffmann immer wieder am und im Hals jenen Würgedruck, der nicht nur von dem Kragen herrührte, den er sich umgebunden und gegen seine Gewohnheit unter einem enggeschlungenen schwarzen Seidentuch oben zugeknöpft hatte. Die von Carl Milde entliehene karierte Doppelknopfweste schnürte ihn ein, auch der dunkelbraune Festtagsrock mit den Samtaufschlägen, den er sich hatte schneidern lassen, trug sich noch sperrig. Der Qualm ihrer Zigarren waberte um sie herum, und im diffusen Licht des schwindenden Tages verschwammen allmählich die Konturen der Möbel und ihre Gesichter, die erst als die Kerzen angezündet wurden, aus dem Dämmern wieder hervorschienen.

Hoffmann hat zu allem wenig gesagt, meistens zugestimmt, zum Beispiel der Bedingung, daß er sich eifrigst um die auf zusätzliche dreihundert Taler honorierte ordentliche Professur und um die dann fällig werdende, mit zweihundertfünfzig Talern salerierte Bibliotheksoberaufsicht bemühen werde, was insgesamt mit dem ihm bereits Zustehenden ein Jahresgehalt von eintausendfünfzig Talern ausmachen würde, eine immer noch recht geringe Summe, die aber erst mal – vorausgesetzt, sie steige mit den Jahren kontinuierlich, was zugesichert werden müsse – für eine eheliche Verbindung ausreiche. Hoffmanns Bemerkung, die Einkünfte würden sich zudem, und zwar nicht unerheblich, durch seine dichterische Tätigkeit erhöhen, wurde lächelnd überhört, dagegen nachdrücklich seine Zustimmung eingefordert, die mögliche Braut wegen ihres angegriffenen Gesundheitszustandes mit größter Zurückhaltung zu behandeln. Gewehrt hat er sich, mit Unterstützung Mildes, aber dagegen, noch vor einer Verlobung eine neue Wohnung zu mindestens achtzig Talern und wenigstens vier Zimmern zu mieten – ein Punkt, der offenblieb, über den aber, so Milde, alsbald eine Klärung unausweichlich würde. Erst einige Wochen darauf, nachdem das Ganze in mehrfacher Ausführung schriftlich verfaßt und von Hoffmann, Milde, Winterfeld und der alten Thümen unterzeichnet und notariell beglaubigt worden war, durfte er im Beisein der Verwandten seiner Botheina einen keuschen Kuß auf die Stirn geben, worauf die Verlobung auf den zweiten April – Hoffmanns Geburtstag – festgesetzt wurde.

Er betrank sich bis zur Volltrunkenheit, verschlief einen Tag und überreichte ihr am folgenden Tag ein Blumengedicht, und für den Sigismund, sein Patenkind, hatte er ein Lied dabei, das später einmal zu den von Müttern, Kinderfräuleins, Gouvernanten, sogar von vielen Kindern selbst am meisten geliebten gehören sollte. Mit diesem Lied zum Beispiel wurde mein lärmängstlicher Urgroßvater von seiner Ersatzmutter Berthe beinahe jeden Abend in den Schlaf gesungen. Hoffmann sang es vor, Carl von Winterfeld nahm einige Korrekturen an der Melodie vor, sie sangen es gemeinsam, und bald hatten sie die Begleitung dazu gefunden:

Wer hat die schönsten Schäfchen?
Die hat der goldne Mond,
der hinter unsern Bäumen
am Himmel drüben wohnt.

Am Abend darauf hielt er seine Habilitationsrede in der Aula der Universität vor einer ausgesuchten Hörerschaft, unter ihnen auch die Winterfelds und die Thümens, über Luthers Verdienste um die deutsche Sprache, kurioserweise – aber so war es Pflicht – in lateinischer Sprache. »So geht das ja gut an«, beglückwünschte ihn Carl von Winterfeld.

Einen Monat darauf wurde in Polnisch-Neudorf unter frühlingsblauem, wolkenlosem Himmel zu jubelndem Lerchengesang zwischen blühenden Forsythien, Wicken, wilden Johannisbeeren, Seidelbast, Osterglocken und Haselnußkätzchen rund ums Haus die Verlobung gefeiert. Davida küßte ihn auf den Mund.

Blumen blühn in allen Farben,
Blumen blühen aller Orten . . .
und die Schmetterling' und Käfer
trinken schwirrend, singend, summend
aus den vollen Blütenkelchen
neue seelge Frühlingswonne.
Aber meine Seele schwebet
auf des Liedes leisen Schwingen . . .,

dichtete er.

Sein – wie er es formulierte – »unaussprechliches Glück« sollte nicht lange dauern.

Weserboot-Ausflug

Nachdem sie Friedrich Wilhelm eine Zeitlang beim Frühstück zugesehen hatte, schloß sie die Augen, flüsterte, einen Schluck Kaffee nehmend: »Non, cela ne va pas.«

Zumindest in dieser Hinsicht, wenn nicht in mancher mehr, fürchtete Henriette Landau, glich sie ihrer Mutter, die bis über Mittag hinter zugezogenen Vorhängen nur ein paar Tassen starken, schwarzen, ungesüßten brasilianischen Bohnenkaffee zu sich nahm. Die Mutter lebte seit fünfzehn Jahren wieder in Paris, wo Henriette sie hin und wieder besuchte. Über den Grund der Trennung von Karl Landau einmal zaghaft befragt, hatte sie in dieser von Henriette halb verachteten, halb bewunderten Art geantwortet: »Nos relations avaient eu quelques heurts – surtout aux petits déjeuners, chérie.«

Henriette fühlte sich miserabel. Durch die offenstehenden Fenster des zum Hof hin liegenden Frühstücksraumes des »Berliner Hofs« drang der Gestank von Stallmist, der Duft unzähliger an der Hauswand rankender Kletterrosen, der aus der Küche im Souterrain steigende Dunst von anbratendem Speck mit Zwiebeln und köchelndem Kohl vermischte sich mit dem Geruch vom Frühstückstisch, auf dem Platten mit Käse, Wurst, Schinken, Fleisch, Töpfe mit Marmeladen und Konfitüren, Gläser mit Honig und Gurken, Körbchen mit Brot und Brötchen und Eiern, Kannen voll Kaffee, Tee und Milch und Schmand standen. Draußen im Hof schmatzten die Spatzen. Am liebsten wäre sie rausgelaufen. Sie versuchte, möglichst flach zu atmen. Friedrich Wilhelm aß von allem, kaute und trank, schaute lustvoll vor sich hin und Henriette an und in die Runde.

Wie ist das nur möglich, dachte Henriette, jeden Morgen so etwas ansehen und aushalten zu müssen, wie es zum Beispiel diese Frau Völz tut, die wie sie nichts aß und nur am Tee nippte. Der unmäßige Appetit ihres Mannes schien ihr ebensowenig auszumachen wie der gräßliche Odeur ringsum und der Anblick der überreichlichen Fressalien auf dem Tisch, und da Henriette sie für eine Frau ohne Arg und List hielt, war die Aufforderung an ihren dicken, rotgesichtigen, backenvoll kauenden »Hermann«, nur ordentlich zuzugreifen, doch auch noch *ihr* Ei zu nehmen, vermutlich ohne sarkastischen Hintersinn gemeint.

Richtig, man müsse vorsorgen, auf dem Ausflugsdampfer gäbe es nichts, sagte Bötticher mit vollem Mund – ein Irrtum, wie sich herausstellte, denn es wurden ihnen Butterbrotpakete mitgegeben. Um Getränke brauche man sich nicht zu kümmern, davon seien genug auf dem Schiff, das nehme der Kapitän selbst in die Hand, lachte Schwiete, der »einen wunderschönen Tag« hinterherrief, als die Ausflugsgesellschaft des »Berliner Hofs«, bestehend aus Henriette Landau, meinem Urgroßvater Friedrich Wilhelm Hasenclever, von Hippel und dessen Assistenten Henry Deter, den Ehepaaren Völz, Bötticher, Berthold sowie einem Herrn Wolff, über die Weserstraße in Richtung Anlegestelle schritt.

Venske und Schnittger, die beiden Handelsreisenden, fehlten. Sie waren in aller Frühe aufgebrochen, um ihrer Tätigkeit nachzugehen, die Venske, mit dem sich Friedrich Wilhelm die halbe Nacht hindurch unterhalten hatte, nicht ohne Selbstironie »Repräsentationspflichten« nannte. Überhaupt schien Venske, fand Friedrich Wilhelm, nicht nur ein schlauer, witziger und geschäftstüchtiger, kaufmännisch geschulter Akquisiteur zu sein, der sich in seiner Branche bestens auskannte. Er wußte über vieles mehr Bescheid, über das Leben, die Frauen, die Geschäfte und die Politik, vor allem aber über die Ökonomie in ihren verzwickten und für die meisten geheimnisvollen Abläufen, die indes, darin waren sich beide einig, wenn man's nur einmal durchschaut, besser noch, durchlebt hatte, erkennbar waren und »eiskalten« – so Friedrich Wilhelm –, »glasklaren« – so Venske – Gesetzmäßigkeiten folgten. Und so man sie kenne, also wisse, was die Welt im Innersten zusammenhalte, solle man schweigen, nicht nur gegenüber Männern vom Schlage Böttichers, vor allem gegenüber den Damen, die, enthülle man ihnen das Geheimnis, vermutlich – »todsicher«, hatte Venske eingeworfen, »todsicher« – in Eisesstarre fallen würden, aus der kein Prinz – »und kein Fürst«, so Venske – sie wachküssen könne. »Ja, die Damen, die Frauen, die Weiber ...« Venske, ein bartloser Schlacks in den Dreißigern, hatte begonnen, zunächst im allgemeinen und sozusagen philosophisch über dieses Thema zu plaudern, war dann ins einzelne gegangen, so daß Friedrich Wilhelm, anfangs nur mit halbem Ohr zuhörend und geistesabwesend vor sich hin paffend und biertrinkend, ihn dann doch hatte unterbrechen müssen: »Ja, ja – nun gut«, worauf Venske, Commis-Voyageur, der auf feinste Zwischentöne zu reagieren wußte, sofort das Thema gewechselt hatte. Daß Friedrich Wilhelm überhaupt mit Venske losgezogen war, beide hatten noch Luft schnappen wollen, und daß sich beide dann in jener Schenke am Markt wiederfanden, wo am Abend zuvor mein Urgroßvater den Schlachtdönekens der Zecher gelauscht und mit ihnen gesungen hatte, lag – so heißt's in seinem Tagebuch – »an der Enttäuschung, die mir Henriette bereitete, indem sie ein Abendessen zu zweit unter fadenscheinigen Ausflüchten ablehnte«.

Natürlich war die »Migräne«, eine Bezeichnung, gerade im Schwange für weibliche Unpäßlichkeiten aller Art, nur Vorwand gewesen. Trotz aller Überredungskünste Friedrich Wilhelms, der von »Tag in Rückschau und Harmonie ausklingen lassen«, »Abendmahl ohne ständiges Geschwätz der Gäste« redete und ihre Abwehr mittels eines glänzenden Blicks aus seinen blaublauen Augen und einer sie stark erregenden Schulterbewegung zunehmend schwächte, hatte sie wiederholt, »nein, dieses schlimme Kopfweh plagt mich zu sehr, und so müssen Sie, lieber Herr, diesen herrlichen Tag für sich allein ausklingen und das Souper à deux ausfallen lassen«. Dann hatte sie sich auf die Zehenspitzen gestellt, ihm einen Kuß auf die Stirn gegeben und war in ihrem Zimmer verschwunden. Sie hatte gelauscht, ob – ein bißchen vielleicht sogar, wenn sie ehrlich sein würde, hoffend – er vor der Tür noch ausharrte, und als sie dann hörte, wie er die Treppe hinunterging, hatte sie geseufzt, sich die Schuhe ausgezogen, sich in die Ottomane geschmiegt, eine aus dem unverdächtig einer Puderdose gleichenden Etui entnommene Zigarette angezündet, den Nachmittag und den Abend an sich vorüberziehen lassend, geraucht und sich Notizen für ihr Portrait »Ein Märchenriese im Weserschloß« gemacht. Bei einer zweiten und dritten Zigarette, in Hoffmanns Memoiren blätternd, dieses und jenes daraus sich notierend, hatte sie Lust verspürt, noch einmal hinunterzugehen, um mit Friedrich Wilhelm ein Glas Wein zu trinken und anschließend ein Stück in die Nacht hineinzuspazieren, und daß sie es nicht tat, eine solche »Unmöglichkeit« sich nicht traute, hatte sie, verbiestert, eine vierte und fünfte Zigarette rauchen und aufgrund solcher Überdosis Nikotin die halbe Nacht dann nicht schlafen lassen, Ursache wiederum des besonders kantigen Wackersteins in ihrem ohnehin morgenschlappen Magen.

Aber nun an der Luft, fühlte sie sich besser. Vom Fluß her wehte ein frischer Wind die Straße herauf, bauschte die Kleider der Damen, die an der Seite ihrer Herren zur Anlegestelle hinunterschritten, fuhr unter ihre Hüte, die sie fest aufs Haar drücken mußten. Ob er sich erneut nach dem Befinden des Fräulein Landau erkundigen dürfe, fragte Friedrich Wilhelm mit einem spöttischen Unterton, der nicht ganz ihrem flachsenden Konversationston entsprach. Sie gingen in einigem Abstand hinter den anderen her.

»Oh, beinahe schon angenehm, Herr Hasenclever, danke der besorgten Nachfrage«, antwortete sie, auch eher spitz als witzig gemeint.

»Und die Migräne?«

»Wie von Zauberhand verschwunden.«

Mit einem, wie sie fand, frohen, arglosen Lachen drückte er ihren Arm, und sie fühlte sich mit einemmal ohne Übel und wirklich wohl an diesem himmelblauen, sonnendurchstrahlten Morgen, der einen herrlichen Ausflugstag versprach, nahm seinen Arm, glich ihren Schritt an, sagte leise: »Du bist der Beste« und – auf seine laute Nachfrage: »Wie bitte?« – »Sie sind der bestaussehende Herr weit und breit, Monsieur Hasenclever, Kompliment«.

In seinem Anzug aus feinem, weißem Leinen, der beigen Seidenweste und dem beigen bernsteingeschmückten Binder – bestens passend zum blonden Haar, auf dem der Panamahut, wegen des Windes in die Stirne gedrückt, saß – war er allemal der Prinz unter Schweinehirten, fand sie. Die übrigen Herren trugen die üblichen dunklen und tristen Sachen, die üblichen Hüte, außer diesem Herrn Wolff, den man schwer einordnen konnte. Mit seiner weiten Jacke über einem rosafarbenen Hemd, einem gleichfarbenen Halstuch, den weiten, mit einem Leibriemen gehaltenen Hosen, der Schirmmütze auf dem bis über den Nacken wachsenden, silberweißen Haar sah er zwar von weitem und auf den ersten Blick aus wie ein Handwerksmeister, der feine Stoff – Seide und leichteste schottische Wolle – widersprach dem aber ebenso wie dieser – so Henriette in ihrem Brief an ihren Vater – »Kopf eines extravaganten Künstlers oder Gelehrten«. Auch war niemandem die Zuvorkommenheit entgangen, mit der das Hotelpersonal, und Schwiete höchstpersönlich, ihn behandelten. Nach Völz' Überlegungen war er »möglicherweise eine Berühmtheit, die inkognito reist, Politiker; Philosoph wohl weniger, eher Künstler. Kein Maler; Musiker, schätzte ich. Schauspieler? Keinesfalls Literat, denn von denen kenne ich jeden, jedenfalls, wenn er so betagt ist wie dieser sich Wolff nennende Herr.«

Es sollte sich herausstellen, daß Samuel Wolff von alledem nichts war oder, wenn man Karl Landau folgen wollte, »von alledem etwas, und zwar ebenso dilettantisch wie brillant«.

Das nahe Tuten eines Schiffshorns ließ sie unwillkürlich schneller gehen, aber einmal noch hielt Henriette an, schaute zurück, zeigte auf die sich wie Schwalbennester an die Stadtmauer schmiegenden Fachwerkhäuser, deren Erker und verwinkelten Balkone dichter wilder Wein umrankte. Sei das nicht so märchenhaft verwunschen, daß man sich einfach hineinträumen müsse; da zum Beispiel hinter jenes geraniengeschmückte Fenster in das Stübchen, welches man tagelang mit seinem Liebsten nicht verlassen möchte!

Bei diesem von Henriette unerhört frank und frei ausgedrückten Verlangen sei ihm das Herz stehengeblieben, schrieb mein Urgroßvater ins Tagebuch, »vor plötzlichem Glück und einem Anfall heißen Begehrens, dieses herrliche Geschöpf als Geliebte, Frau und Gemahlin zu besitzen. Aller Unmut wegen ihrer Migräne war mit einemmal verschwunden und vergessen.«

Später, in Erinnerung an ihre glücklichen Wesertage, würde er diesen Augenblick als den entscheidenden für seinen unabänderlichen Willen, sie zu ehelichen, erklären, Henriette ihn flehentlich bitten, den Honigmond mit ihr dennoch nicht in jenem Stübchen hinter jenem geraniengeschmückten Fensterchen überm Stadtmäuerchen von Höxter, sondern, wenn nicht in einer venezianischen Absteige an der Seufzerbrücke, so doch in einer der Fürstensuiten des »George V« in Paris zu verbringen.

Eng, Seite an Seite, ohne weiterzureden, kamen sie zur Anlegestelle, wo die anderen sie erwarteten. Von Bord des Ausflugsdampfers winkte und rief man ihnen zu. Friedrich Wilhelm erkannte unter den Leuten die Vosswinkels, machte Henriette darauf aufmerksam, sie winkten und riefen im Näherkommen zurück, aber der Lärm der einsetzenden Musik einer Viermannkapelle – Trecksack, Trompete, Tuba und Trommel – verschluckte ihr »Hallo« und »Huhu«.

Das Ausflugsschiff war ein für die hochsommerliche Saison umfunktionierter Schleppdampfer des Norddeutschen Lloyd namens »Hannover«, der zwischen Höxter und Bodenwerder Touristen hin und her fuhr. Man kam über eine vom Ufer am Schaufelradkasten vorbei gelegte Laufplanke mit Halteseil an Bord, wurde da vom Kapitän, einem untersetzten und um diese Zeit schon stark nach Alkohol riechenden Kerl, in einer schmuddeligen Phantasieuniform laut und auf plattdeutsch begrüßt, von einem Matrosen, dem ein Infanteriekäppi auf dem Kopf saß, entweder in die erste Klasse, das heißt zu dem segeltuchüberspannten Achterdeck, oder in die um zwei Pfennig pro Flußkilometer billigere zweite Klasse, nämlich aufs enge Vordeck am Schornstein, geführt. Die Gäste des »Berliner Hofs« – Schwiete hatte das alles arrangiert und im voraus beglichen – wurden in die erste Klasse gelenkt, dort von den schon anwesenden Ausflugsgästen begrüßt, Henriette und Friedrich Wilhelm von den Vosswinkels besonders herzlich empfangen. Man nahm auf den Bänken Platz, wobei Henriette es so einrichtete, daß sie neben Eva Vosswinkel, die beim Händedruck Henriettes Handfläche mit dem Nagel des kleinen Fingers ritzte, zu sitzen kam. Das Kinderverschwörungsspiel aufnehmend, stieß sie ihr mit dem Ellenbogen aufs Knie, als Bötticher, der die Bekanntmachung der Gäste des »Berliner Hofs« übernommen hatte, Friedrich Wilhelm, dem darauf eine leichte Röte übers Gesicht lief, als ihren Garde d'honneur vorstellte. Henriette kommentierte das – wieder einmal ein bißchen zu frivol, zumindest unnötig, meinte Friedrich Wilhelm für sich – »Honi soit qui mal y pense«, worauf Eva Vosswinkel ihr heimlich und knapp überm Hintern in den Rücken kniff.

Sie waren nun neunzehn Personen in der ersten Klasse des Ausflugsdampfers »Hannover« – neben den Gästen des »Berliner Hofs« die Vosswinkels, drei Ehepaare und ein Sohn mit seiner Mutter, Feriengäste aus dem Hotel »Stadt Bremen« und dem »Hotel Reichspost«.

»Eine Gruppe, wie sie sich zu solchen Gelegenheiten zusammenfindet, ein Durchschnitt unseres gutbürgerlichen Standes«, heißt es in Henriettes Brief an ihren Vater und weiter, die »Neulinge« betreffend: »Den riesigen Kerl, Tierarzt von Beruf, würdest Du einen germanischen Rohling nennen. Er gab während des gesamten Ausflugs nur zwei- oder dreimal Laut von sich, einmal, um Böttichers reaktionärer Suada beizustimmen, und ein andermal im tosenden Gewitter, kümmerte sich nie um seine quirlige, schlicht gekleidete Gemahlin, eine, wie man sagt, patente Frau, die sehr komische Anekdoten aus der Tierarztpraxis zum besten gab. Hasenclever war froh, in einem rothaarigen Ingenieur, der unter dem Tick litt, mit der Schulter zu zucken und gleichzeitig mit dem Finger an die Nase zu tippen – abwechselnd rechts und links –, jemanden gefunden zu haben, mit dem er fachsimpeln konnte. Seine Gattin, sie tat allen leid, strahlte eine merkwürdige Melancholie aus. Einmal, als alles wieder einmal über den Kapitän lachte, fing sie an zu weinen. Ein bißchen widerwärtig in seiner Hochnäsigkeit war ein schmissiger Referendar – Du kennst diesen neuen Typus –, forsch und dämlich und den preußischen Gardeoffizier imitierend, von seiner Mutter, einer jener lebenslustigen veuves, die nachmittags in Begleitung eines Börsianers im ›Café Kranzler‹ zu finden sind, unbändig bewundert und geliebt.«

Henriette stand auf, als das Schiff, unter dreimaligem Tuten tuckernd, stampfend, schaufelradrauschend und rußigschwarzen Qualm ausstoßend, ablegte und Fahrt aufnahm. Sie ging an die Reling und winkte den paar Leuten am Ufer zurück, die zum schaurig-schief intonierten »Muß i denn, muß i denn zum Städtele hinaus« der Viermannkapelle ihre Hüte und Mützen schwenkten. Im Gegenlicht einer von Wolff schon beim Frühstück so genannten »zu hellen, Unwetter vermeldenden Sonne« funkelte die Stadt förmlich. Die Schiefertürme von Kilianikirche und Rathaus glänzten in leuchtender Schwärze, das ewig nicht gestrichene Fachwerk der Häuser hatte seine Schmuddeligkeit verloren, wirkte frisch und bunt gepinselt und weiß getüncht, überm Ziegenberg flammte ein goldener Strahlenkranz, und der Räuschenberg flimmerte grünsilbern.

»Ein Märchenpanorama.« Eva Vosswinkel war neben sie getreten.

»Ja, wirklich«, sagte Henriette, wandte sich um, lehnte sich zurück an die Reling.

»Und Sie sehen heute wieder fabelhaft aus.«

»Finden Sie?«

Henriette trug ein fußknöchellanges blauseidenes Kleid englischen Schnitts mit einem schmalen, viereckigen, den Brustansatz eben zeigenden Ausschnitt, dessen Besatz um Schulter und Nacken einen schmalen, hochgestellten Kragen bildete. Eva Vosswinkel trug das weiße Kleid vom Vortag.

»Dieses Weiß steht Ihnen einmalig«, sagte Henriette.

Die beiden Frauen blickten sich an, ihre Mundwinkel zuckten – und sie lachten plötzlich gleichzeitig laut und prustend los. Daß Kleiderfragen und Mode einen ständigen Streitpunkt zwischen ihnen bilden würde, Eva sich über Henriettes »Putzsucht« nicht nur amüsieren, Henriette der Freundin nicht nur leichthin »Mutlosigkeit im Modischen« vorwerfen würde – einmal hätten sie sich darüber beinahe wirklich zerstritten –, ahnten sie beide noch nicht, als sie, Komplimente austauschend und lachend, an der Reling der »Hannover« standen, die die Mitte des Flusses, der trotz des heißen und trockenen Sommers genügend Wasser führte, ansteuerte, um dann in der Fahrrinne Kurs zu halten.

Friedrich Wilhelm, der bei den sich schon mehr oder weniger angeregt unterhaltenden Gästen saß, ab und zu einen Blick zu den beiden, augenscheinlich so einverständlich und herzlich miteinander plaudernden Frauen warf, fühlte mit einemmal eine – so vertraute er dem Tagebuch an – »starke Regung von Eifersucht, die mich, da eigentlich doch grundlos, verwunderte und gleichzeitig ärgerte«. Er wünschte sich innigst, ganz allein mit der geliebten Frau auf dem Schiff zu sein und, seinen Arm um sie gelegt, an der Reling stehend, die Häuser und Bäume, die in den Uferwiesen liegenden Kühe, das eine Egge ziehende, von einem Bauern über den Acker geführte Pferdegespann, den einer Festung gleichenden Backsteinbahnhof, auf dessen beiden Raubrittertürmen die Fahnen mit dem preußischen Adler flatterten, in diesem gemächlichen, doch nicht zu langsamen Siebenknotentempo vorbeiziehen zu lassen. Er stand auf, wollte zu den beiden Frauen hinübergehen, aber in dem Augenblick kam der Matrose die beiden Stufen zum Achterdeck herunter, ein Tablett voller Gläser auf beiden Händen über dem Kopf balancierend, gefolgt von dem Kapitän, der in einem

Mischmasch aus Platt und Hochdeutsch, aus dem man »zur Brust nehmen« verstand, zum Begrüßungstrunk einlud. Erst einmal nur mit Schampus, später gäbe es Herzhafteres. Man prostete sich, dem Kapitän und der »Hannover« mit dem süßlichen Schaumwein zu, wünschte sich »eine gute Fahrt«, lachte zu den Schwadronierereien des Kapitäns, der von Untiefen, gefährlichen Strömungen und Wirbeln sprach; aber man könne sich ihm und seiner Besatzung ruhigst anvertrauen, zwölfmal habe er gemeinsam mit dem Steuermann Kap Hoorn umsegelt und sämtliche deutsche Ströme, unter denen die Weser ein Waisenkind sei, befahren. »Also alle Mann, de Fruslüt inbetrocken, Prösterchen.«

Jedenfalls sei der Kapitän darin sich einig, sagte Ernst Vosswinkel, mit Friedrich Schiller, der in seinen Fluß-»Xenien« die Weser mehr als verächtlich bedacht habe, und er zitierte Schillers Weser-Vers:

»Leider von mir ist gar nichts zu sagen, auch zu dem kleinsten Epigramme, bedenkt, geb ich der Muse nicht Stoff.«

Nun ja, unbedeutsam, darauf könne man sich einigen, lachte Vosswinkel, als Völz protestierte, es sei die Frau die beste, von der am wenigsten die Rede sei. Dies, auf die Weser gemünzt, stamme im übrigen nicht von ihm, sondern von einer Bremerin, der Hedwig Hülle.

»Was Sie im übrigen, Wertester, Dingelstedts Weserbuch entnommen haben«, sagte Wolff, der seine Mütze abgenommen hatte, so daß ihm das silberweiße Haar lose auf die Schulter fiel.

»Ein sehr lesenswertes Buch«, sagte Völz, zog es aus der Jackentasche, hielt es hoch – und während nun die beiden Herren, unterbrochen von Vosswinkels und Böttichers Zwischenbemerkungen, über Dingelstedts Weserbuch sich austauschten, stand Friedrich Wilhelm auf, ging zur Steuerbordseite an die Reling, über die er sich beugte, um die Konstruktion der Brücke, der Holzmindener-Altenbeker Eisenbahnbrücke, der sie sich näherten, besser in Augenschein nehmen zu können.

»Bogenträger drei Zoll, Versteifungsträger höchstens zwei, Diagonale und Vertikale unterschiedlich; man müßte die Dicke des Fachwerkknotens kennen; gutes altes Schmiedeeisen aus dem Puderofen vermutlich.« Balschau, der rothaarige Ingenieur, war neben Friedrich Wilhelm getreten, lehnte sich ebenfalls über die Reling. Die »Hannover« steuerte in dem scharfen Ostknick, den die Weser hinter Höxter nahm, die Mitte zwischen den beiden aus Wesersandsteinquadern und aufgesetzten Eisengerüsten bestehenden Pfeilern der Eisenbahnbrücke an.

»Was die Stärke des Metalls angeht, könnten Sie recht haben«, sagte Friedrich Wilhelm, »aber es handelt sich um Flußeisen, nach der Methode Bessemer, um den neuen Stahl also.«

»Ja, da könnten Sie recht haben ...«

Mit dem Rücken zur Reling, auf die sie sich mit beiden Händen stützten, Blicke nach oben, begutachteten sie alles, besprachen diese Bogenbrücke, andere Bogenbrücken, die neue Bogenbrücke überhaupt und an sich.

Währenddessen glitten, nachdem die »Hannover« hinter der Eisenbahnbrücke wieder auf Nordkurs gegangen war, Häuser und Stallungsgeviert des Gehöfts der Abtei, Westwerk, Klosterkirche und Schloß Corvey vorüber. Der Fluß strömte an dieser Stelle in einer Breite von höchstens vierzig Metern, und in dem glasklaren, sonnendurchfluteten Licht wirkten die Gebäude hinter den Uferwiesen so nah, als stünden sie gleich nebenan. Der Weg zwischen der Parkmauer des Schlosses und dem Flußufer, den Henriette abends zuvor am Arm Hoffmanns gegangen war, schien auf Armeslänge herangerückt, und die Bank unter dem Steinkreuz bei den uralten Linden, auf der sie gesessen hatten, konnte man – so nah schien sie – mit der Hand berühren.

Der Matrose war erneut mit Getränken, diesmal mit Bier und Korn für die Herren, Wein und Likör für die Damen, in die erste Klasse gekommen, und der Kapitän rief vom schmalen Deck auf der Ruderkajüte – »der Brücke« – herunter, was man da links so nahe liegen sähe, diese »ollen Gebäude« seien so alt wie niemand an Bord, erbaut von Hermann dem Cherusker, dem ersten Kaiser von Deutschland, heute im Besitz eines seiner – die Damens weghören – illegitimen Enkelsöhne, dem hochherzigen Zigarrenraucher, Seiner Durchlaucht Fürst von Corvey und Prinz zu Hohenlohe, Herr von Waldenburg, Schillingsfürst, Öhringen, zu Langenberg, Kranichfeld, »van de Dröppelkes un twe Hüskes un Dörpers awgesein. Also« – und seine beiden Gläser, eins mit Bier, eins mit Schnaps gefüllt, zum Schloß hin hebend – »Prösterchen, Hoheit und Damens und Herrens auf der ›Hannover‹.«

In das Gelächter der anderen hinein schnarrte der Referendar, solche Despektierlichkeiten verbäte man sich; und leiser: Überhaupt einem derart dreist-plebejischen Kerl müsse man das Maul verbieten; aber die anderen lachten noch lauter, Bötticher, der meinte, solchen Resten der Kleinstaatfürsterei gehöre es ruhig ordentlich gegeben, am lautesten. Im höheren Sinne habe der freche Kerl sogar recht, was den Erbauer der ollen Gebäude anbeträfe; der erste deutsche Kaiser, nämlich Karl, sei's gewesen, und es handele sich somit und sozusagen um ein urdeutsches Bauwerk. Von Hippel, unterstützt von seinem Assistenten Henry Deter, bestritt die Urheberschaft Karls des Großen an Abtei und Kloster, reklamierte dafür dessen Sohn Ludwig.

Alle, bis auf den blasierten Referendar sowie meinen Urgroßvater und den Ingenieur Balschau, die in ein Gespräch über die Vorzüge und Nachteile des Puderofens zur Herstellung von Eisen aus phosphorhaltigem Erz vertieft waren, schauten zu den vorübergleitenden Anlagen Corveys hinüber. Henriette sagte leise zu Eva Vosswinkel – sie hatten sich wieder zu den Gästen gesetzt: »Ist alles falsch.« Warum sie's nicht richtigstelle, und zwar laut, flüsterte Eva zurück, und als Henriette zögerte: »Heraus damit!«

»Schon weil ich diesen gräßlichen Bötticher ärgern wollte«, so später zu Eva, die den Ruck, den Henriette sich gab, förmlich spürte, sagte sie dann doch laut und vernehmlich: »Um es ein für allemal richtigzustellen, meine Herren, es war so« – und sie erklärte, die Abtei, benannt nach dem Mutterhaus der Benediktiner Corbeia an der Somme, sei aufgrund einer Vermächtnisanweisung des Karolingers Karl, Charlemagnes also, ob von Ludwig selbst, Sohn Karls, sei fraglich, jedenfalls erst später und zunächst an einer anderen Stelle, drüben im Solling, gebaut und dann erst, vermutlich aber noch im ersten Viertel des neunten Jahrhunderts, von den Brüdern des heiligen Benedikts hier in diesem ruhigen und fruchtbaren Winkel errichtet worden. Von dem ursprünglichen Anwesen sei nach der Renovierung vor zweihundert Jahren und später, nach der Säkularisation, nicht mehr viel übriggeblieben, wie von so manchem alten Bauwerk jener Zeit. Das noch Erhaltene, Westwerk und Abtei, sei im übrigen auch im höheren Sinne nicht deutsch, sondern, historisch korrekt, fränkisch zu nennen.

Perplex und indigniert die Damen, außer natürlich Eva, habe man sie angeschaut; »wie ein gestochenes Kalb dieser Bötticher, ähnlich die übrigen Herren der ersten Klasse, ausgenommen Wolff, der so etwas wie Respekt murmelte, lachte und mir zuprostete«, beschrieb sie ihrem Vater den Augenblick des Schweigens danach, während Abtei und Schloß Corvey aus dem Blickfeld verschwanden.

Sie und Eva haben sich später oft an das »Intermezzo auf der Weserfahrt bei Corvey« erinnert und sich immer dann mit dem – wie sie es nannten – Schlachtruf: »Heraus damit wie damals auf der Weserfahrt« ermutigt, dieses oder jenes klar und deutlich und ohne Scheu in ihren journalistischen Arbeiten auszudrücken.

Wieder an der Reling, zeigte Henriette rückwärtsschauend auf das kleiner werdende Steinkreuz zwischen den mächtigen Linden und erzählte Eva, wie sie am Abend zuvor, nach der Verabschiedung Vosswinkels, dort noch gesessen, geplaudert und gesungen hatten; dieses Abendlied von Hoffmann: »Abend wird es wieder über Wald und Feld ...«

»Säuselt Frieden nieder, und es ruht die Welt«, zitierte Eva Vosswinkel weiter.

Daß dieser gemeinsame Gesang in der Dämmerung auf der Bank unter den uralten Linden im lauen Abendwind und zum leisen Plätschern des Flusses etwas ganz Besonderes für sie bedeutete, erzählte sie Eva nicht. Ohne falschen Ton, klar und voll nämlich, hatte sie, die seit ihrer Kindheit – infamerweise, wie sie meinte – als »Brummerin« galt, die tiefere Zweitstimme mitgesungen. »Wunderbar dunkel und geheimnisvoll«, hatte, emphatisch bejaht von Friedrich Wilhelm, der Märchenriese ihre Stimme anschließend gelobt, und das hatte sie wirklich und wahrhaftig glücklich gemacht. Sie sagte statt dessen: Eine im Wortsinn phantastische Gestalt sei Hoffmann von Fallersleben. Finde sie, Eva Vosswinkel, das nicht auch? Die nickte: Das sei er.

Vom »Alten drüben im Schloß« war auch bei den anderen die Rede. Die Frau des Tierarztes nämlich fragte, ob nicht drüben auch ein gewisser Heinrich Hoffmann wegen gefährlicher Umtriebe unter Hausarrest gehalten werde, ein ehemaliger Professor ihres Wissens, aber wohl auch so eine Art Revoluzzer. Die meisten lachten darüber, allen voran Wolff, dessen unbändiges Gelächter immer wieder ausbrach und erst endete, als Bötticher meinte, so unrecht habe die verehrte Frau Doktor Kranich nicht; Hoffmann sei tatsächlich eine Art Revoluzzer gewesen, in jener verworrenen Zeit, die Deutschland gottlob und für immer hinter sich gelassen habe, »jene Zeit ins Blaue strebender Idealität, in der so mancher in völliger Unkenntnis davon, daß ausländische Kräfte, das jüdische Element übrigens besonders stark daran beteiligt, am Werke waren, den Umsturz herbeizuführen«.

Wolff blieb ruhig, erwiderte Böttichers herausfordernden Blick nicht, sondern starrte – Ernst Vosswinkel, der das erste Rencontre später seiner Frau und Henriette und Friedrich Wilhelm erzählte, meinte »amüsiert« – auf Böttichers Vatermörder, was diesen zu irritieren schien, und sagte, so unrecht hätten die Demokraten und die Revolutionäre nicht gehabt, in jener herrlich verworrenen Zeit, die so mancher, der im Schoß einer kreuzbraven Familie wohlig ruhte und heute das große

Wort von der Größe Deutschlands im Munde führe, niemals verstehen werde.

Von Anfang an hatten Bötticher und Wolff eine instinktive Abneigung zueinander gefaßt. Darin waren sich Henriette und Friedrich Wilhelm am Abend einig. Die beiden Herren hatten sich aber, bei penibelster Einhaltung der unter den gebildeten Ständen geübten Höflichkeitsformen und Ritualen, zurückgehalten, nur hier und da, von den übrigen Gästen unbemerkt, einen versteckten Seitenhieb, einen schnellen, finnigen Biß angebracht. Nun schien der offene Kampf nicht länger vermeidbar, aber ehe Bötticher, der rot angelaufen war, schärfstens – so sah es aus – Wolff entgegnen konnte, fiel Doktor Berthold ein: »Wie auch immer, wie auch immer, heute schließlich ist Hoffmann von Fallersleben als langjähriger Streiter für Deutschlands Einheit und Ehre allseits, und zwar auch höheren Orts, anerkannt, nicht wahr?«

Möglicherweise wäre es trotz dieser Bertholdschen Vermittlung dennoch zu diesem Zeitpunkt schon zum ersten Knall zwischen den beiden gekommen, wäre nicht der Kapitän – man war vom Matrosen noch einmal mit Getränken versorgt worden – auf der Brücke erschienen und hätte, den Arm rückwärts in Fahrtrichtung des Schiffs ausstreckend, gerufen: »Die Au-au-au-gän-gä-ra-dä-ä-ä-aussss! Holzminden, dat knubbelige Städtken backbord voraus. Ein Prosit darauf, Damens und Herrens!« Der Protest des Referendars, der von »impertinenter Verhöhnung militärischer Kommandos« quasselte, ging im allgemeinen Aufbruch der Gäste, die sich zur Steuerbordseite des Schiffs begaben, unter.

Die »Hannover« bog in die Flußschleife ein, an der am sanften Hang vor den nun weiter entfernten Waldhöhen des Sollings Holzminden lag. Ein starker Geruch von Teer, nassem Holz, verwesendem Fisch und trockenem Steinstaub wehte vom Hafen her, den das Schiff nach dreimaligem Tuten anfuhr und ohne gedrosselte Geschwindigkeit in einer Entfernung von nur einigen Metern passierte. Am Kai lagen ein Schleppdampfer und drei Frachtkähne. Einer wurde von einem Kran mit

Wesersteinquadern und -platten, der andere von Schauerleuten mit Fässern, Kisten und der dritte über eine Rutsche mit Baumstämmen beladen. Die »Hannover« gab Signal, der Schleppdampfer »Bremen« antwortete – das wiederholte sich ein paarmal; dazu das Knirschen, Quietschen und Puffen des Krans, das Poltern der Steine und Stämme in die Ladebäuche der Kähne, das Rollen der Fässer überm Kopfsteinpflaster der Anlegestelle, das Rufen und Schreien der Ladeleute und Schiffer und das Jauchzen und Kreischen der zwischendurch Jagen spielenden Kinder: Die Damen hielten sich die Ohren zu, und als auf gleicher Höhe der Kapitän der »Hannover« mit dem Kapitän der »Bremen« unverständliche Schrei- und Kehllaute austauschte, fand auch Ernst Vosswinkel den Lärm »unerträglich« – »ohrenbetäubend«, schrie Bötticher. »Aber nein«, brüllte Balschau, »es ist das Geräusch des pulsierenden Lebens einer endlich auch technisch und industriell erwachenden Nation.« Bötticher schüttelte den Kopf, aber Friedrich Wilhelm, der sich bis dahin und eigentlich während des gesamten Ausflugs gemeinsam mit Balschau abseits von den übrigen Gästen hielt – nachher warf ihm das Henriette vor, bekam aber zur Antwort, sie selber hätte ja von Anfang an mit Eva Vosswinkel ein Paar gebildet – nickte zustimmend.

Als man die alte Holzmindener Brücke unterfahren hatte und der Krach leiser wurde, erklärte Friedrich Wilhelm den Gästen – von Hippel danach gefragt – Mechanik und Funktion des dampfgetriebenen Ladekrans und, einmal im Zuge, die Bedeutung Holzmindens nicht nur als Stadt der Steinmühlen, sondern auch als Eisenstadt mit Fabriken für Stahlwaren, einer Gießerei, Schleifmühlen und Hammerwerken und Gesenkschmieden, die alle hervorragendes Material produzierten, zum Beispiel Ketten, die . . .

Als die »Hannover« die letzten Häuser am Ende der Stadt passierte, hörten ihm – und das warf er später Henriette vor, die ihn daraufhin fragte, wo er denn gewesen wäre, als sie dem gräßlichen Bötticher Paroli geboten habe – allein noch Balschau und Hippel zu, letzterer allerdings so lange, bis Henry

Deter ihn an die Backbordseite rief, wo man ein Rotwildrudel am Rain des bis nah ans Ufer fallenden Kandelwaldes beobachten konnte.

Hammerwerke, Gesenkschmieden, die kenne er kaum, sagte Balschau, ein- oder zweimal habe er eine vom Wasser getriebene besichtigt, im Grunde ganz altbackenes Gewerkel. Dieses urtümlich alte Eisenhammergeschlage – Balschau machte laut »sch-bum, sch-bum«, die beiden gestreckten Arme und aneinandergepreßten Fäuste hochhebend und runterfallen lassend.

Ja, er kenne das, sagte Friedrich Wilhelm, er kenne das sehr gut, Herrgott – fügte dem nichts hinzu, schwieg, obwohl Balschau ihn erstaunt und fragend ansah.

Friedrich Wilhelm schaute über die Ebene, die sich hinter Holzminden bis dahin erstreckte, wo bewaldete Hügel wieder an den Fluß herantraten. Warum hätte er diesem netten Kerl von den gräßlichen Stunden erzählen sollen, die er in den »dröhnenden Buden«, wie Onkel August die Hasencleverschen Hammerwerke und Gesenkschmieden nannte, hatte ertragen müssen, um »von der Pike auf zu lernen«, wie es der Vater wollte.

Am schlimmsten waren die Nachmittage am Wochenende in den dröhnenden Buden, wenn man im Rückstand lag, noch ein halbes Dutzend Pflugscharen, drei Rollen Drahtseil, Kiste voll Feilen und meistens noch mehr fertiggestellt werden mußten, die Männer betrunken waren, der Meister drauflosschlug beim Fallhammergedonner, beim Kreischen, Quietschen, Krachen der Rollmechanik und Rauschen des Wassertriebwerks und Zischen der glühenden Eisen, beisprühenden Funken, in diesem Gestank aus Ölschmiere, Koksgas, verbranntem Leder, Holz, angesengtem Menschenfleisch, aus Schweiß und Schnaps und Pisse – und das alles in jenem von Lohe und flackerndem Feuer durchzuckten Halbdunkel! Die Hölle, wirklich, die Hölle war es gewesen. Den Schüttjungen hatte er machen müssen, den Schlepper, den Halter, den Schmierer und schließlich den Schmied vorm Amboß auf der Wippe, von der er an jenem Winternachmittag, als der obere Kopfring vom Holz des Hammerhelfs sprang, gegen die Esse geschleudert wurde und minutenlang betäubt im sprühenden Funkenflug liegenblieb, bis er nach mehreren über ihn ausgegossenen Eimern Wasser mit doppeltem Schädelbruch, geplatzten Trommelfellen in beiden Ohren und dieser Wunde unterhalb des Kehlkopfes quer über der Brust wieder zur Besinnung kam.

»Kommen Sie«, sagte er zu Balschau, »wir sehen uns die Schaufelräder und dann unten die Schiffsmaschine an.«

Die Schiffsmaschine der »Hannover«, zu beider Überraschung eine liegende Woolf-Receiver, die von einem schottischen Maschinisten bedient wurde, hat mein Urgroßvater in seinem Tagebuch detailliert beschrieben, gezeichnet und mit für den Antrieb zweier Schiffsschaufelräder möglichen Verbesserungen versehen. Die beiden müssen über eine Stunde unten gewesen sein, denn sie kamen – verschwitzt und mit ölverschmierten Händen – erst wieder an Deck, als die »Hannover« die enge Schleife zwischen Grave und Dölme durchfuhr und Steinmühle ansteuerte. Die Passagiere standen an der Reling, riefen, beeindruckt von dem Panorama, das sich ihnen bot, »märchenhaft«, »phantastisch«, »erhebend«, »gewaltig«, »schaurig«, als die grünen Abhänge, immer steiler und klippenreicher, schließlich eine schroffe Felswand bildeten, die senkrecht in den Fluß fiel und die Steinmühle umschloß, auf deren knarrende, ratternde, sich drehende Räder ein über einen Felsvorsprung stürzender, breiter, kristallklarer Quellstrahl prasselte. Das Schiff fuhr so nah an den Kalksteinfelsen heran, daß der Kapitän »Obacht, Obacht!« brüllte und »Dolenstein, Dolenstein, Dolenstein!«. Und als dann das Schiff, wie von Wellen hin- und hergestoßen, schwankte und wankte – ein offensichtlich mit dem Steuermann abgesprochenes Manöver –, schrien einige erschrocken auf, ließen sich aber schnell beruhigen vom Seebärengelächter des Kapitäns; so gefährlich könne es werden, würde das Schiff von unkundigen Fahrensleuten gesteuert. »Aber ik bün en goden Schipper, bi mi passert dat nich.« Bei Unwetter sei an dieser Stelle schon manches Schiff gekentert, gesunken, habe seine Fracht den Wellen übergeben. »Tesamengereknet feiftigdusend tons en feifhunnert Lüt.«

»Da wird wohl wieder nichts von stimmen«, meinte Frau Kranich, unsicher lachend. »Ne, de Düwel ook«, lachte Bötticher, »es trifft nicht zu; dieses Gewässer ist so sicher, wie – Pardon, gnädige Frau – das in einer Badewanne.«

»Was ebenfalls nicht zutrifft«, sagte Wolff, »zum Beispiel kenterte hier während eines Sturms im Jahre 1843 ein Schiff mit einhundertdrei Auswanderern, die in Amerika eine Heimat suchen wollten, welche ihnen ihr Vaterland Hessen nicht bieten konnte. Das Schiff riß fast die Hälfte von ihnen mit auf den Grund.« Das sei ja schrecklich, sagte Frau Völz.

»Ja, schrecklich«, bestätigte Wolff, »die Tausende und Tausende, die dieses Deutschland verlassen, bis heute sind es jährlich hunderttausend, ausgehungert, verarmt, kujoniert, begierig nach Freiheit und Brot, was ihnen ihr Vaterland nicht bietet – aber Amerika.«

»So?« sagte Bötticher, »so?« Würden diese Leute ihre Heimat nicht etwa nur deshalb verlassen, weil man ihnen vorgegaukelt habe, drüben in den Vereinigten Staaten fließe Milch und Honig, flögen ihnen die gebratenen Tauben direkt ins Maul?

Wolff stand an die Reling gelehnt, blickte ungerührt auf die vorübergleitenden, allmählich wieder weniger schroffen und sich vom Wasser entfernenden Felsen. »Nein«, sagte er, »sie sehen keine Möglichkeit mehr, in diesem Land so zu leben, wie ein Mensch zu leben beanspruchen darf und verlangen muß.«

Bötticher, ebenfalls an die Reling gelehnt und das Panorama betrachtend, von Wolff allerdings durch seine Frau und Henry Deter getrennt, erklärte, und das sollte mindestens ebenso beiläufig klingen, man verlasse sein Vaterland nicht, selbst dann nicht, wenn das Schicksal es einmal nicht gut mit einem meine; von Hunger, Krankheit, Armut bei den Auswanderern könne im übrigen kaum die Rede sein; Hasardeure seien die meisten, Abenteurer, amerikasüchtige Glücksritter, Verführte der Rest.

Immer noch schaute Wolff geradeaus, während Bötticher sich zu Wolff hin ein wenig zur Seite drehte, so, als ob er sich seiner neben ihm stehenden Frau widmen wolle, die er denn auch fragte: »Nun, Liebes, genießt du die Reise?«

»Ja, sehr, Paul«, sagte Frau Bötticher.

Samuel Wolff wandte sich um. »Das kann man auch wirklich, gnädige Frau«, sagte er, sie freundlich anlächelnd, lehnte sich, beide Ellenbogen auf die Reling gestützt, zurück, ließ sein Silberhaar im Wind, der plötzlich aufgekommen war, flattern, strich es aus der Stirn. »Aber zurück zum Auswandererproblem«, sagte er, »erstaunlich ist, daß viele von denen, die hier wohlleben, einfach in ihrer Unwissenheit verharren, nicht wahrhaben wollen, was doch nun landauf, landab, damals bis heute die wirkliche Lage und die Stimmung im Volk war und ist. Das setzt allerdings ein Interesse an der wirklichen Lage und an der Stimmung im Volke voraus, und das ist etwas völlig anderes, als vom deutschen Volk zu posaunen und zu trompeten.« Bötticher lief rot im Gesicht an, schubste sozusagen seine Frau beiseite – Henry Deter war bereits einige Schritte zurückgetreten, so daß die beiden nun direkt nebeneinanderstanden – und entgegnete – »zischelte«, so Henriette –, die Stimmung des Pöbels, und darum handele es sich ja wohl unstreitig, die Stimmung des Pöbels sei eine Angelegenheit der Polizei, ebenso wie die Haltung jener Leute, die ihre Aufgabe in der Aufhetzung eben dieses Pöbels sähen.

»Bravo«, rief der Referendar.

Der Westwind, durchzogen mit einem feinen Geruch von schwelender Holzkohle aus den Tälern des Sollings, hatte sich wieder gelegt. Die Sonne fühlte sich plötzlich stechend an auf der Haut, und die strahlende Bläue des Himmels war im Westen schon unter hohen Schleierwolken verschwunden – für Wetterfühlige Vorboten eines Umschlags.

»Wie inszeniert«, schrieb Henriette im Brief an ihren Vater, »wirkte die noch hauchartige Ankündigung eines Unwetters in dem Augenblick, da die beiden Kampfhähne, die schon einiges an Bier und Schnaps intus hatten, ihre Kämme schwellen ließen. Es ging auf Hieb und Stich. Wolff warf Leuten vom Schlage Böttichers und dessen Claqueuren Blindheit gegenüber der sozialen Frage, dem Elend der unteren Klassen vor, Bötticher warf Wolff und dessen Gefolgsleuten Lassallerei, wo nicht noch Darüberhinausgehendes und Schlimmeres, jedenfalls antipatriotisches Verhalten, unverantwortliches Einmischen in Angelegenheiten des Staates vor, Wolff dann dem Bötticher reaktionäre Borniertheit, die sich rächen werde, wenn – und er, Wolff, schätze schon recht bald – der Sturm losbräche, der als erstes das vollmundige chauvinistische Geschwafel wegfegen würde, worauf Bötticher rief: Aha, hier haben wir's, exakt und rein. Eine kosmopolitische, zutiefst undeutsche, gesellschaftsvergiftende Agitation, die unserem jungen, von Feinden umlagerten Reich – ein Rumpfreich zwar, aber immerhin schon ein Reich – außerordentlich schade; die Stichwortgeber und Initiatoren habe er anläßlich des vorgestrigen Soupers erkennbar zu machen versucht; sei das nun nicht – und dabei sah der Kerl mich an, Papa! – eine ›abstruse Lektion‹, wie ich nämlich seine antisemitische Predigt beim Abendessen im ›Berliner Hof‹ genannt hatte.

Derart ging es weiter fort und hin und her – unentschieden fürs Publikum, mit leichtem Vorteil für Bötticher, obwohl Wolff natürlich besser war, hervorragend argumentierte. Nur der Contenance ihres Standes übrigens war zu verdanken, daß die beiden sich nicht wortwörtlich in die Haare fuhren – allerdings auch wohl nicht infolge des Verhaltens der patenten Tierarztgattin, die, als es nun wirklich aussah, als würden die beiden Herren sich anfallen, dazwischentrat und ihre weiblichen Reize spielen ließ.«

Frau Kranich hatte sich zwischen die beiden gestellt, sich gleich Samuel Wolff, der seine Position nicht geändert hatte, zurückgelehnt, die Ellenbogen aufgestützt, ein Bein angewinkelt und den Fuß auf die untere Relingssprosse gesetzt. Das brachte ihre – nach Friedrich Wilhelm »recht ansehnliche«, nach Henriette »eher füllige« – Figur so zur Geltung, daß es nach und nach auch Wolff und Bötticher auffiel, und als die

Kranich dann ein paarmal girrend lachte und schließlich, ihren – so Eva Vosswinkel – »voluminösen Busen aufpumpend«, ihren Arm ausstreckte und rief: »Seht mal, drüben taucht ja schon Bodenwerder auf«, brachen sie den Streit ab und wandten sich – Wolff hatte sich immer näher an die Kranich herangemacht und berührte sie schon, fast sah es so aus, als wolle er seinen Arm um sie legen – den übrigen zu, die ihre Butterbrote auspackten und dem Matrosen die wiedergefüllten Gläser vom Tablett nahmen.

»Eine Stute, auf die Koppel wilder Hengste getrabt; das uralte Schema, scheußlich«, war Eva Vosswinkels späterer Kommentar dazu, dem Henriette, die meinte, man müsse, zum Vorteil der Sache, verstehe sich, die weibliche Natur einsetzen, widersprach – ein Thema, das zwischen ihnen bis zuletzt strittig blieb.

»Übrigens«, hat Karl Landau – der die Auseinandersetzung zwischen Bötticher und Wolff sarkastisch verfremdet und unter Namensänderung in den »Berliner Wespen« brachte – im Brief an seine Tochter unter PS mitgeteilt, »ist auf der Weser nie ein Auswandererschiff gesunken. Aber solche Geschichten gehören zu den Finten, mit denen Bruder Samuel seine Partien zu eröffnen pflegt.«

Die »Hannover« fuhr auf Bodenwerder zu, wo eigentlich angelegt werden sollte, damit man sich die Beine verträte. Aber der Kapitän rief von der Brücke herunter, es werde gewendet; er rechne mit einem Unwetter in den nächsten Stunden; man wolle, ehe es ausbräche, wieder im Heimathafen Höxter sein. Tatsächlich kroch über den Bergrücken hinter Bodenwerder eine dunkle Wolke hoch, Windböen kamen auf und kräuselten die Wasseroberfläche. Schaufelradrauschend, stampfend und tuckernd drehte das Schiff, ging auf Gegenkurs, das Schiffshorn tutete dreimal. »Au-au-gen zu-rück«, rief der Kapitän, »letzter Blick auf Bo-den-wär-där, Heimat van min Großvadder mütterlicherseits, Karl Friedrich Hieronymus Freiherr von Münchhausen, dä Held van Sewastopol un öwer de Kümmeltürken.« Man lachte, trank und aß, »ein Dummkopf scheint er nicht zu sein, der Kapitän«, meinte Völz, dessen Frau übel geworden war und von Frau Kranich und Frau Bötticher an die vordere Reling gebracht wurde, wo sie sich übergab.

Flußaufwärts unter Volldampf dröhnte und trommelte die Schiffsmaschine, die Schaufelräder rauschten und brausten, vom Heck bis zum Bug durchfuhr das Schiff immer wieder ein krampfartiges Rütteln und Schütteln, das sich erst wieder in der Flußschleife vor Steinmühle legte. Sehr schnell hatte sich der Himmel zugezogen. Man hörte trotz des Schiffslärms ein fernes Grummeln. Die Passagiere der ersten Klasse auf den Bänken unter dem Segeltuchdach, das im immer stärker blasenden Wind auf und nieder schlug, tranken und aßen und lachten, als störe sie das aufkommende Unwetter nicht. Henriette hatte sich eng an Friedrich Wilhelm gedrückt, und als dann kurz hinter Polle eine Sturmböe das Segeltuch wegriß, die Gläser und Butterbrote von den Bänken fegte, der erste Blitz über den schwarzen Himmel zuckte und ein gewaltiger Donnerschlag den Schiffsschornstein erbeben ließ, sprang sie auf, zog Friedrich Wilhelm mit sich bis an die Kajüte, auf der, im Ölzeug und mit Südwester auf dem Kopf, breitbeinig und seebärenlachend der Kapitän stand. Im prasselnden Regenguß preßte sie sich zitternd an Friedrich Wilhelm. Der legte den Arm um sie, sie schmiegte sich hinein und fühlte sich, völlig durchnäßt und mit aufgelöstem Haar, herrlich beschwingt und »wie eine Sturmbraut«.

»Ein unbeschreiblicher Augenblick«, schwärmte mein Urgroßvater in seinem Tagebuch, »ein Glücksstrom durchfuhr mich – wie nie vorher erlebt.«

Namenlose Gewitterschöne

Hoffmann saß, als sich das Gewitter mit einem noch fernen Grummeln ankündigte, im Friedgarten unterm Goldregen auf der Bank im stillen Winkel zwischen Klosterkirche und Ostflügel, Fränzchen, der eine Bleistiftskizze von ihm anfertigte, vor ihm auf einem Stück abgebrochenen Säulenblocks. Während er so tat, als läse er weiter in der Neuauflage von Berges Schmetterlingsbuch, in dem er bereits einige kleinere und einen schwerwiegenden Fehler entdeckt hatte, hörte Fränzchen auf zu zeichnen und sah zum Himmel hoch. Der Junge kannte die Gewitterfurcht seines Vaters, wußte, daß seine an schwülen Tagen ohnehin erhöhte Reizbarkeit sich ins Hysterische steigern konnte. Am Morgen war er mit seinem Freund und Malbruder Karl Müller, dessen Gesellschaft ihm die Schulferien auf Corvey erträglicher machen sollte, aus Holzminden, wo er das Gymnasium besuchte, angereist, und er hatte allen Grund, den Alten bei Laune zu halten. Ob man nicht drinnen fortfahren wolle, fragte er nach einem zweiten, leisen Donnerschlag. Hoffmann, der nach all den Jahren immer noch glaubte, der Sohn wisse nichts von der Panik vor Donner und Blitz seines Vaters, schüttelte den Kopf, horchte aber in innerlicher Höchstspannung dem nächsten Knall entgegen, wobei er so tat, als studiere er die Zeichnung eines Trauermantels, von dem er ein prächtiges Exemplar in seiner Sammlung besaß. Den Pestilenzhauch, den er mit jedem Gewitterausbruch in der Nase spürte, roch er noch nicht.

Tausendmal sich erinnernd, tausendmal auf Bannung des Schrecks durch Erinnern hoffend, wußte er genau, wann, wo und wie ihm diese Angst ein für allemal wortwörtlich in die Glieder und dazu noch ins Gedärm gefahren war: an jenem Samstag im zweiten Jahr der Seuche, die, nach Ansicht aller Stammtischstrategen in Hoffmanns Wirtsstube, Napoleons Armee über den Rhein geschleppt hatte, beim Anblick seiner nur zwei Jahre älteren Schwester Dorothea, aufgebahrt in einem kleinen Sarg in der Diele, ihr feines, blasses Gesicht von einer Blatternbeule entstellt. Man hatte sie in ein weißes Totenhemdchen gesteckt, wodurch die grauenhafte Pocke über Stirn und Wange noch schwärzer schwärte, und als im gleichen Augenblick, wo er seine Fäuste vor die Augen preßte, ein berstendes Donnern das Haus erschütterte – der Blitz fuhr in den Pferdestall, erschlug einen Wallach und setzte den Hängeboden in Flammen –, riß es ihm die Beine weg, und er stürzte zu Boden. Man hatte anfangs Angst gehabt, es sei Fallsucht, so hatte er gezittert. Aber weil er zugleich schrie, »as 'n gestochen Kalw«, wie Pastor Hantelmann aus Wettmanshagen später oft erzählte, wobei er nie vergaß zu erwähnen, schon damals auf die Gefahren unvermittelter Wintergewitter hingewiesen zu haben, hatte man den Fall des Fünfjährigen als gewöhnlichen Angstschock behandelt, wofür auch sprach, daß er von oben bis unten vollgeschissen war. Dieser Faulgeruch, den er dabei geatmet hatte, stammte – so rekonstruierte Hoffmann – von eigenem Kot, abgebranntem Schwefel, womit man die Blatternpest aus den Häusern vertrieb, Blitzbrand, verkohlendem Pferdefleisch und verwesendem Abfall draußen im Hof unterm schmelzenden Schnee bei plötzlich eingesetztem Tauwetter.

Und jetzt, unmittelbar nach dem nächsten Donnerschlag, mit dem sich das Gewitter über der Weserschleife bei Polle entlud, witterte er diesen Geruch wieder. Er wartete auf den Einsatz des Regens, um vor seinem Sohn einen Grund zu haben fortzurennen, sprang aber beim folgenden Knall, der nur fünf Sekunden nach dem Blitz – er hatte mitgezählt – losbrach, hoch und stand, noch bevor die ersten Tropfen fielen, unterm

Gewölbe des zum Friedgarten hin offenen Kreuzgangs der Abtei, verharrte auch da nur kurz, obwohl Fränzchen mit dem Malblock nachkam und wartete, daß er sich auf eine der Steinbänke an der hinteren Wand setzte, wo man vor Blitzschlag und dem nun doch niederprasselnden Platzregen geschützt war. Aber der nächste Donner – drei Sekunden diesmal nur auf den Blitz – hallte dermaßen dröhnend durchs Kreuzgewölbe, daß er's nicht aushielt, Fränzchen zurief, er wolle ein Fenster oben im Bibliotheksraum schließen, und, das Schmetterlingsbuch unterm Arm, die Fäuste auf die Ohren gepreßt, bis zum Ende des Ganges und von da in den Kaisersaal des Schlosses rannte. Dort starrte er, die Sekunden zählend, zu dem die Hochzeit von Kanaan darstellenden Deckengemälde hoch, bis der dem Blitz rasendschnell folgende Krach ihn weiter hinaus über den engen Flur und das Treppchen hinauf in die mit Teppichen, Kirchenfahnen, Meßgewändern, Altartüchern und Gewölle aus wer weiß was vollgestopfte Sakristeikammer trieb.

In diesem nach Wachs und Weihrauch, Staub und Filz riechenden, lärmschluckenden, fensterlosen Raum, beim Schein einer Kerze, auf dem zerschlissenen Samt einer Betbank hokkend, hatte er, gemeinsam mit dem Pudel Seiner Durchlaucht, das Ende manchen Unwetters abgewartet, unbemerkt, meinte er eine Zeitlang. Aber nicht nur Alwine wußte Bescheid, auch Kammerrat Hesse, der Schlorger, der es dem Fürsten gesteckt haben mußte. Wie sonst wäre dessen Bemerkung auf sein Zusammenzucken beim Krachen eines Holzscheits im Kamin anläßlich eines gemütlichen Beisammenseins mit Gesang, zu dem Durchlaucht seinen Bibliothekar hin und wieder lud, zu verstehen: »Kein Gewitter, mein Lieber, Sie brauchen nicht ins Kabäuschen zu fliehen.« Sicher hatte es ihm nicht der vom Verwalter betreute »Salamander« vorgebellt, der Pudel, den der Fürst während seines Aufenthalts in Corvey um sich zu haben wünschte. Salamander, schuß- und knallfeige wie ein Vogel, witterte Gewitter Stunden vorher, fand immer eine Möglichkeit zu entschlüpfen und lag, nachdem er Hoffmanns Flucht zur Sakristeikammer einmal gefolgt war, bei jedem

Unwetter – wie auch diesmal – zitternd vor der Tür und schlüpfte mit hinein.

Hier in dieser Kammer, die kein Blitz durchzuckte, wo das Toben draußen nur als fernes Dröhnen und Pauken zu vernehmen war, auf der Betbank hockend, Arme um die Beine, zwischen denen Salamander kauerte, geschlungen, beim Schein der Kerze im Leuchter auf der Kiste mit alten Meßgeräten, gab er sich in einer Art Trance seinen Gewittererinnerungen hin.

Tod oder Liebe – so hatte es sich bei ihm festgesetzt – waren meistens im Spiel gewesen.

Zu der Gewitterangst kam seit dem Anblick der toten Schwester an jenem Januartag auf der Diele des elterlichen Hauses eine weitere Überempfindlichkeit: Er konnte keine Leichen mehr sehen, ohne daß ihm die Beine wegzurutschen drohten, ihm übel wurde, sein Schließmuskel sich öffnen wollte. Natürlich war er Leichen immer ausgewichen, aber manchmal hatte er es nicht geschafft. Vor den Leichen seiner drei verstorbenen Kinder – keins von ihnen war älter als ein Jahr geworden – ist er weggelaufen; die tote Ida hat er nicht verlassen, aber während ihrer Totenstarre über der Erde blieb es ja auch ruhig. Erst als man sie drüben auf dem Friedhof zwischen Klosterkirche und Südmauer in das Grab senkte, in dem er nach seinem Willen und dem in die Hand gegebenen Versprechen Seiner Durchlaucht irgendwann bald neben ihr liegen würde, brach das Unwetter herein, schlug der Blitz ins Westwerk.

Er kraulte den Nacken des Pudels. Nein, es war nicht immer leicht gewesen, seine Schwäche beim Anblick von Leichen vor den Leuten zu verbergen. Oft war es nicht gelungen, einige hatte er geradewegs enttäuscht: die ihn für einen in allen Lagen unerschrockenen Helden haltenden Hadeler Freunde auf Helgoland zum Beispiel, als im blitzdurchzuckten Orkangetöse die drei Matrosen, ihre offenen Bäuche voller Quallen und Krebse, an Land geschleudert wurden; Samuel Schnelle, an der abgebrannten Buchholzer Rohrdachkate, vor der die vom Blitz halb verbrannte alte Frau lag, an der vier wilde Hunde rissen;

Jan Frans Williams, damals in Gent, wie er zum Sturmgeläut und Geblitze übers Brückengeländer kotzte, weil zwei aneinandergekettete Leichen mit ausgestochenen Augen unter ihnen im stinkenden Kanalwasser trieben; Tenge von Barghausen, seinen Reisebegleiter und Zahlmeister durch Italien, als er in der Kutsche zwischen Incisa und Florenz während eines gewaltigen Wolkenbruchs unter sich gehen ließ, da im Weinberg am Wegesrand die Glieder eines Geräderten flatterten; oder die Mitreisenden in der Postkutsche, denen er wieder einmal Abenteuerliches über sich vorgeflunkert hatte, im Gebirge zwischen Steiermark und Kärnten, wo im Sturmgetöse und Donnerhagel der Wagen vor ihnen in die Tiefe gestürzt war, der Schwager, halb zerschmettert auf einer Felsspitze, noch zappelte und stöhnte; oder Ruprecht und Stölpel zum Beispiel, die beiden Kombattanten vom Freikorps Willich und Samuel Wolff, als er unter dem an einem Galgen baumelnden Nackten, dem man das Gemächt zerquetscht hatte – einem »Verräter«, lachten die drei –, hin und her schwankte und losschrie: »Meine Waffe ist das Lied, verdammt noch eins, das Lied . . .«, um dann im Straßengraben abzuprotzen, wobei es in den Schwarzwaldbergen wetterleuchtete und knallte.

Draußen, wie aus weiter Ferne nur hörbar, rummelte es weiter. Salamander knurrte wohlig unter Hoffmanns kraulender Hand. »Knurre nicht, Pudel, zu den heiligen Tönen«, sagte er, streichelte aber weiter, wie Salamander weiter wohlig knurrte.

»Gewitter und die Liebe – das ist ein anderes Kapitel, hörst du, Pudel; und jenes Kapitel, in dem das einfache Landmädchen Gretchen in der weinumrankten Laube zu Poppelsdorf mir plötzlich so nahekam, daß ich mich nicht erinnere, ob ich schon vor dem ersten berstenden Donnerschlag erstarrte, ist nicht das erste Kapitel gewesen.«

Das erste hieß »Um zwölf Uhr steh'n die Toten auf«, ein Kinderkapitel, und es spielte in jenem Sommer, als sie auf den kolorierten Neuruppiner Bilderbogen von Oehmigke & Riemschneider den von Feindeskugeln getroffenen, todwunden Herzog Karl von Braunschweig vor Auerstedt mit Tränen benetzten und den von seinen Generalen umgebenen Napoleon in der Schlacht von Jena bespuckten. Er roch noch den kalkschleimigen Knochenleim, mit dem die Bilderbogen geklebt waren. Im fußlangen Pudermantel vom Superintendanten Hempel geisterte dessen einziger Sohn unter sieben Töchtern, Ferdinand, über den Friedhof am Pfarrhaus, die sieben Schwestern und ihn, den Hoffmann Heini, die sich auf den dumpfen Ruf: »Um zwölf Uhr steh'n die Toten auf« verstecken mußten, zu suchen. Er fand alle, außer sie beide, Hoffmann Augs-Heini und Hempel Kätchen, sie aber kauerten im Krügerschen Familiengrab hinter einem Marmorblock, als das Unwetter losbrach, das Donnergekrach so grauslich in der Gruft widerhallte, daß Kätchen ihn, den zitternden Heini, in die Arme schloß und auf den Mund küßte. »Süß und lockend«, hatte er gedichtet, sich aber nicht in die fünf Jahre Ältere verliebt, obwohl die sechs Schwestern ihn deswegen uzten. Er konnte es heute noch singen:

Et was ma'en Mann,
dei harr keinen Kamm . . .

Nicht süß und lockend, sondern wirklich wie das tosende Gewitter und das Prasseln des Hagels aufs Schindeldach des Hinterdomhäuschens in der Breslauer Ufergasse hatte er seinen ersten »leiblichen Liebesakt« erlebt, den ihm Anna Ptakowa bescherte, die Katzenweiche, Weißblondflaumige, die jene andere Seite des Mondes kannte. Ähnlich dem Paukenspiel, mit dem Beethovens Schicksalssymphonie beginnt, hatte er den Donner empfunden, der die erste innige Umarmung Idas begleitete, die ihn weiter umhalst hielt, nachdem er sie über die Schwelle des Schlafzimmers getragen und aufs Bett gelegt hatte. Bloß ärgerlich, trotz seines ängstlichen Bibberns, fand er den plötzlichen Wolkenbruch, als – auf der Bank im Kappschen Garten, von der aus man über den Neckar und Heidelberg hinweg aufs Schloß sah – die »so schöne wie kluge, seelenedle und geistreiche« Johanna ihren Kopf an seine Schulter legte, weinend, wie er meinte, über die Verse einer ihr gewidmeten Ghasele, die er ins Geblitze hinein rezitierte, bevor er's nicht weiter aushielt und, sie mit sich ziehend, ins Haus rannte. Lebensentscheidend aber war der nach langen Tagen unerträglicher Schwüle mit trommelfellschmerzendem Krachen hereinbrechende Wettersturz, zu dem ihn in jenem Gartenhaus am Oderufer die Frau, die ihn eine kurze Zeitlang Breslau als locus amoenus erleben ließ, küssend umarmte.

Umwerfend vor allem sei's gewesen, so rief sie, nach einem ihrer typischen, wahrhaft herzhaften Lachen, weil er nämlich, vom Donner sozusagen gerührt, tatsächlich über einen Rechen stolpernd, ihr auf dem Haufen alter Säcke und Frostschutzlinnen zwischen Hacken und Harken, Spaten und Sicheln und einer Kiste mit Zwiebeln in die Arme gefallen war. Und zu seinem Geständnis, sie habe ihm nach einer Zeit entsetzlicher Leere und Desillusion, einer Gemütsverfassung, die ihm das Leben eines Hagestolzes als das einzig Vernünftige und Angemessene habe erscheinen lassen, drüben im Gartenhaus unter Donner und Blitz den Glauben an die deutsche Frau wiedergegeben, hatte sie lächelnd sein Gesicht gestreichelt und gesagt: »So wird's gewesen sein.«

Salamander hatte sich zwischen seinen Beinen auf den Rükken gelegt und jaulte leise, eine Aufforderung, ihm den Hals zu kraulen. »Ja, ja«, sagte Hoffmann, »du bist der Beste, mein Gewitterfreund.«

Der Grund für seine innere Öde, die Enttäuschung und schlimme Tristesse, die schlimmste seiner schlimmen Breslauer Jahre, wovon ihn diese Frau, deren Identität er auch in seinen Lebenserinnerungen nicht gelüftet hat, erlöste, war das Drama, das er wegen seiner Verlobten Davida von Thümen, seiner Botheina, durchlitten hatte.

Davida von Thümen hatte ihre Zurückhaltung nach dem Verlöbnis nicht etwa aufgegeben, sondern eher noch verstärkt. Der Kuß an jenem blühenden Aprilmorgen, der ihn zu jubelnden Versen inspiriert hatte, war für Monate der erste und letzte geblieben. Von Frühlingswonnen, die aus den Blütenkelchen zu trinken er dichtend geträumt hatte, konnte nicht die Rede sein. Sie sprach ihn so gut wie nie an. Seine Monologe, denen sie mit gesenktem Kopf lauschte, unterbrach sie nicht einmal mehr mit Aufmerksamkeitsfloskeln. Näherte er sich ihr, zum Beispiel beim gemeinsamen Musizieren, wie früher, wich sie ruckartig, »ostentativ«, behauptete er später, zurück. Sicher, er hatte – sogar schriftlich – versichert, auf ihre Bresthaftigkeit Rücksicht zu nehmen, Annäherungen intimer Art während der Verlobungszeit zu vermeiden. Daran sich zu halten war ihm vor sich und den anderen selbstverständliche Ehrensache. Dennoch, und bei allen selbstmitleidigen Genuß an seiner Rolle des spirituell begehrenden Entsagungsliebhabers, einer Rolle übrigens, die bald nicht mehr zeitgemäß sein sollte, hatte er gehofft, nach der Verlobung würde sie, allmählich zwar, dann aber fortschreitend, ihre Berührungsscheu verlieren und ihn endlich, zurückhaltend erst, dann schließlich aber leidenschaftlich, umarmen. Nichts davon. Die Freunde, die von alledem nichts wußten, beneideten ihn, spielten während ihrer Saufereien auf Wonnen und Freuden an, die ihm doch wohl Mark und Besinnung rauben müßten, Freuden mit einem solchen Weib, lebensprall, wildkatzenträge; aber der Genießer schweige natürlich. Oho-haha, der Deibel auch.

Hätten sie gewußt! Karl Bräuer allerdings, dem man in dieser Beziehung kein X für ein U vormachen konnte, war, noch bevor er sich ihm offenbart hatte, aufgefallen, daß Davidas Kühle, Bräuer nannte sie Frostigkeit, weit über das Maß hinausging, welches erforderlich war, um dem Bild einer lieblich-züchtigen, vom stillen Familienglück mit dem Versprochenen träumenden Braut comme il faut zu entsprechen; »selbst falls«, so Bräuer, »deiner Botheina, die enorme Ausstrahlung, die eruptive Leidenschaft ahnen läßt, bewußt wäre, was ich nicht annehme, denn sie ist nicht weniger, aber auch nicht mehr als ein einfaches preußisches Landedelfräulein«.

»Sie litt an einer rätselhaften Krankheit!« sagte Hoffmann so unvermutet und so laut vor sich hin, daß Salamander zwischen seinen Beinen zusammenzuckte, hochsprang und hinter die Truhe mit Meßgeräten sich verkroch. »Pudel, närrisch Tier«, sagte er, »ängstige dich nicht. Komm her. Es rumort nur noch wenig, horch, bald wird es vorbei sein.«

Der Hund blieb, wo er war.

Ja, zum Donner! – Davida von Thümen hatte nun mal dieses Leiden, das durch Aufenthalte in Bergluft und Bädern zwar gelindert, endgültig aber nach allen Diagnosen nicht geheilt werden konnte. Die Brustkrämpfe – plötzlich mehr oder weniger unerwartete Anfälle von Atemnot –, die Respirations- und Zwerchfellkonvulsionen beruhten nach Ansicht Professor Novotnys aus Salzbrunn, einer Koryphäe, »auf kaum von außen beeinflußbaren Störungen des Nervengeflechts«, eine damals gerade aufgekommene Bezeichnung für ein Syndrom, das als Ursache mancher, insbesondere weiblicher, Gebrechen und Unpäßlichkeiten galt. »Eine teure Krankheit«, hatte Karl Milde zu bedenken gegeben, »weshalb die finanziellen Vorstellungen der Familie, dein Einkommen betreffend, nicht aus der Luft gegriffen sind.«

»Und die, deren Namen ich selbst dir nicht preisgebe, Pudel, schwarzer Gewitterfreund«, sagte Hoffmann, »komm her, das Unwetter ist ja schon fast vorüber, diese Dame, dieses Weib war dagegen kerngesund. Komm schon her, Pudel, nun komm schon, komm.« Salamander kroch hinter der Truhe hervor, kam näher, legte sich neben ihn auf den Rücken, schlug mit der Pfote sein Hosenbein, eine Aufforderung zum Kraulen des Halses, der Hoffmann nun lächelnd nachkam.

Nach all dem Trübkranken, Morbiden und Hoffnungslosen hatte ihn gerade das andere in Art und Aussehen der Gewitterschönen angezogen. »Ja, Gewitterschöne, so hörte sie es gern von mir, Pudelhund, Gewitterfreund, ja, die Gewitterschöne verkörperte für mich das Neue, das nach der langen Winternacht heraufdämmerte.«

Von Anfang an hatte ihn ihr stolzes, auf nichts als sich selbst bezogenes Selbstwertgefühl beeindruckt, und dem Freimut, mit dem sie sich gab und äußerte, war er bis dahin nur bei Bettina von Arnim begegnet. Mit ihrem Bruder in Begleitung war sie weit herumgekommen, hatte in Paris die sich George

Sand nennende Aurore Dupin kennengelernt und bewunderte sie, hatte mit Leuten geredet, deren Namen nach großer Vergangenheit und leuchtender Zukunft klangen, zum Beispiel mit Béranger, dessen Lieder ihr Bruder, von ihr am Pianoforte begleitet, zum halb wohligen, halb entsetzten Schaudern der anderen Anwesenden in der Villa derer von Nimptsch an jenem Abend, als er ihre nähere Bekanntschaft machte, vortrug.

Flüchtig kennengelernt hatte er die Gewitterschöne schon vorher, und zwar in Aderholzens Buchhandlung, die er täglich besuchte, nicht nur, um die neuen Bücher und Zeitschriften zu sichten und die Lage im allgemeinen und die schlesische im besonderen zu erörtern. Philip Aderholz, sein Verleger, war ein Landsmann. Sie redeten meistens plattdeutsch miteinander, und der Laden am Ring bedeutete ihm viel, nämlich in der unerfreulichen Fremde, die die preußische Provinz ihm immer blieb, Zufluchtsort, wo er diese eigenartige Wehmut, jenen Zustand aus Kindheitserinnerung, Heimweh, ungestillter Wanderlust, Sehnsucht nach Zuhause, bei gleichzeitigem Verlangen nach einer blauen Ferne, stillen und pflegen und sich die erlittenen Zumutungen sowie die Unzuträglichkeiten dieses »verfumfeiten Breslau« – wie die beiden Niedersachsen die Stadt nannten – in den Urlauten seiner Mutter- und Vatersprache vom Halse reden konnte – eine Heilsamkeit, die ihm mit der Zeit unverzichtbar geworden war. Gerade waren sie dabei, zu Kaffee, den Aderholz nach hannöverscher Art mit viel Zichorie im Prütt zubereite, und Schwatbrot met Keilkenmus den Ringelringelrosenkrans gemeinsam zu buchstabieren,

Ringelringelrosenkrans!
Mak'en Dans.
Sett dick oppe Wie
spinn 'ne klene Sie
assen Har
assen Snar . . .,

da war ihr Bruder in den hinteren Teil der Buchhandlung, wo sie hockten und snakten, gekommen oder vielmehr gestürmt, langsam und nur zögerlich gefolgt von ihr, seiner Schwester, der Gewitterschönen. Begeisterung ist gar kein Ausdruck, sozusagen im Rausch – später wußte man, daß er indisches Rauschkraut rauchte – hatte der mit polnischem Rock und breitkrempigem, weißem Filzhut bekleidete Bruder von jenem Fest in der Pfalz an der Schloßruine, von dem sie geradewegs kamen, erzählt, Teile der gehaltenen Reden auswendig rezitiert, demonstriert, wie sie untergehakt gemeinsam gesungen hatten, Wildfremde, Gesinnungsgenossen nur zum Teil, sich umarmt hatten, fünfzigtausend, jawohl, eher noch mehr, am Berg gelagert seien's gewesen; einige, er darunter, hätten die polnische Fahne neben der schwarz-rot-goldenen gehißt; eine Vorahnung sei's gewesen auf die Feier endgültiger Freiheit. »Hinauf, Patrioten, zum Schloß, zum Schloß«, hatte er angestimmt, Aderholz ihn getadelt, »um Gottes willen, nicht so laut, Sie unvorsichtiger Schwarmgeist«, und die unwillig und mit allen Anzeichen zunehmender Verärgerung im Hintergrund wartende Schwester hatte ihn schließlich an dieser Stelle unterbrochen: »Schluß jetzt und los. Wir haben eine Verabredung« – zu ihnen beiden, Hoffmann und Aderholz: »Bitte um Entschuldigung« – und hatte den Bruder buchstäblich an der Hand aus dem Geschäft gezogen.

Trotz dieses resoluten Auftritts war sie ihm nur vage im Gedächtnis geblieben. Er hatte damals andere Sorgen gehabt. Botheinas Verwandte sperrten sich mehr und mehr gegen die Heirat, verlangten den Nachweis eines höheren Einkommens, das sie, die schriftliche Abmachung »überraschenderweise extensiv interpretierend«, wie Milde meinte, auf eintausendvierhundert Taler per anno festsetzten, ein Unding, da seine Einkünfte von knapp sechshundert Talern, alles in allem jährlich, unter den gegebenen Umständen nicht wachsen würden. »Dann ändere die Umstände«, hatte Carl von Winterfeld verlangt.

Diese scheinheiligen Kleinedelleute! Wenn's ums Eingemachte ging, galten alle Ideale nichts. Ihr Materialismus trat nackt und kalt zutage. Von Winterfeld, der sich gern als ein über den trivialen finanziellen Angelegenheiten schwebender Musikant und Kunstfreund gab, dem man gewissermaßen der Umstände halber aus familiärer Verpflichtung die Rolle des Eheverhandlers aufgezwungen hatte, war noch schacherwütiger als die gierige, friderizianische alte Thümen, Davidas Mutter, gewesen. Schwamm drüber, es sei vergessen und verschmerzt. Nicht dagegen die Demütigung, der er, um ein höheres Salär zwecks Heirat bittend, vergeblich natürlich, im Berliner Ministerium ausgesetzt worden war; und schon gar nicht seine Scham vor der Verlobten, die von aller Schacherei um sie nichts ahnte. Daran wollte er jedenfalls weiterhin glauben, obwohl ihm Angelika, Davidas Schwester, das Gegenteil angedeutet und Davida selbst nicht ein einziges um ihn werbendes Wort, als er so darauf wartete, gesprochen hatte. Über jenes Geheimnis, Angelika hatte es ihm anvertraut: »Davida träumt von Frauen, von Freuden, von denen unsereiner nicht einmal träumen darf«, nachzusinnen verbot er sich bis auf den Tag.

»Du hast zertrümmert mir die Brücke,
die ich zum Himmel mir gebaut.
O hätt ich nie nach meinem Glücke
so hoffnungsvoll emporgeschaut«,

deklamierte er leise seinen letzten Vers auf sie.

Die Luft in der fensterlosen, kleinen, vollgestopften Sakristeikammer wurde stickig, und da es draußen ruhig schien, Salamander, um herausgelassen zu werden, auch schon an der Schwelle lag, den Pfosten kratzte und jaulte, stand Hoffmann auf, sprach mit seiner tiefsten Stimme: »An der Schwelle, was schnopperst du, verschwinde eilends, bis zum nächstenmal, adieu«, gab dem Hund einen Klaps, öffnete die Tür, ließ sie einen Spalt offen, setzte sich auf die Truhe mit Meßgeräten, zündete sich an der brennenden Kerze, ehe er sie ausblies, eine dem Etui aus der Brusttasche entnommene Zigarre an und blies seine Ringe in den durch den Türspalt einfallenden Lichtkegel, wobei er horchte, ob nicht ein letztes verschwindendes Grollen noch nachklang.

Es blieb ruhig. Da stand er auf, ging hinaus, verschloß die Tür, eilte die Treppe hinunter, durch den engen Flur, die Treppe zum Äbtegang hoch, hielt an, um dann gemessenen Schritts, Hände auf dem Rücken verschränkt, den gereckten Kopf leicht zurückgelegt, Zigarre im Mund, entlang den Portraits der Äbte zu seiner Wohnung zu schreiten, wo ihn Alwine, als sei sie überrascht, mit den Worten: »Na, da bist du ja« empfing.

»Einige Fenster geschlossen«, sagte er laut zum Nebenraum hin, »herrje, ein Platzregen war das ja nun.«

»Die Luft ist rein«, sagte Alwine. »Fränzchen und sein Freund Karl sind draußen und schwimmen im Fluß.« Ob er schon mit ihm über die Schule geredet habe, über Fränzchens gesteigerte Unlust dort, fragte Alwine, wohl wissend, daß damit ein Thema angesprochen wurde, bei dem er den in seinem, wie sie es nannte, »Gewitterhuck« gespeicherten Dampf ablassen konnte, und tatsächlich legte er sofort los, schimpfte seine alte Litanei auf die Drillhäuser, genannt höhere Bildungsanstalten, in denen meistens unnützes Zeugs wie Latein und Griechisch beigebracht, nicht aber wirklich die Muttersprache gelehrt, geschweige denn in Muße Musisches betrieben werde; Anstalten seien es, gelenkt von geistigen Unteroffizieren preußischer Provenienz, Lehrbetriebe, hohnsprechend dem, was Gymnasium wirklich bedeute ... und so weiter, bis Alwine fand, er habe sich genügend erregt, und den Wunsch ihres geliebten Neffen Fränzchen ansprach, in eine Kunst- und Malakademie, möglichst in die Düsseldorfer, überzuwechseln, ein für sie schmerzlicher Wunsch, denn seine Erfüllung bedeutete, daß sie ihren gehätschelten Schatz nur noch einmal während eines Jahres bei sich haben würde, wenn überhaupt. Fränzchen hatte ihr schon vorgeschwärmt von Reisen nach Italien, sei er erst einmal in Düsseldorf eingeschrieben. Entsetzlich, aber was man nicht alles tut fürs Glück und Wohlbefinden des Jungen.

Ja, sagte Hoffmann, dem müsse nähergetreten werden, da Fränzchens Neigung zur Malerei in letzter Zeit recht nachdrücklich und entschieden hervorgetreten sei und ein Maß von Talent zeige, welches nun tatsächlich gründlicher Ausbildung und Pflege bedürfe, solle aus ihm ein Künstler werden, der von seiner Malerei auch existieren könne.

Die weinende Schwägerin am Herd zurücklassend, ging er hinüber in sein Arbeitszimmer, öffnete das Fenster, ließ die frische, kühle, nach nassen Wiesen, feuchter Erde, Weserwasser und Wurzelwerk duftende Luft hineinwehen, trank ein Gläschen Rum, zündete sich die mittlerweile erloschene Zigarre noch einmal an, legte sich aufs Sofa, rauchte, formte seine verschieden großen, sich durch- und ineinanderkringelnden Ringe.

Die letzte Nacht hatte er miserabel schlecht zugebracht. Kein Wunder, wenn man sich dem Besuch so intensiv widme, insbesondere dieser aparten Mademoiselle Landau, und im übrigen brauche über den Grund verstärkter Rheumaschmerzen nach einem Tête-à-tête im Abendwind am Fluß auf feuchter Bank nicht lange gerätselt zu werden, hatte Alwine geschimpft. Er hatte dagegengehalten, das Gewitter sei ihm schon am Vortag in den Knochen geköchelt, weswegen er so laut gestöhnt und gebrabbelt habe, daß sie in ihrem Schlafraum nebenan davon wach geworden war. Die Schattengestalten an der Wand gegenüber seinem Bett, beschienen von einem milchigen, hofumrandeten Mond, waren in schneller Folge erschienen und verschwunden, aufgetaucht aus den am Nachmittag im Pavillon und am Fluß im Gespräch mit den Gästen hervorgeholten Erinnerungen: Rückerts Griesgramvisage, seine hohe, dürre Gestalt verschwammen mit der Scherenschnittsilhouette der beiden aneinandergewachsenen Brüder Grimm. Herren und Damen, Bauern und Städter, Studenten und Gendarmen, Juden in wallenden Kaftanen, perückte Aristokraten, zylinder- und vatermördertragende Bürger in Fräcken, Reisegefährten, deren Namen er nicht mehr kannte, zogen vorüber, grinsten und grimassierten, schauten ihn ernst, einige drohend an, der Vater natürlich; Carl Milde erkannte er, den Freund, der ihn später, nach den »Unpolitischen Liedern«, im Stich ließ; Wachlers spitznäsiges Lauschergesicht, das mit dem vom Kammerrat

Hesse eins wurde, war da; Wangenheim, im bestickten Schlafrock, mit einem riesigen Fez auf dem gemeißelten Schädel, kam und verschwand; warum bloß sah er auf einmal den französisch frisierten, ewig bitteren Schlegel aus Bonner Jahren, Langweiler par excellence im Kolleg? Und schließlich – darauf hatte es sich dann konzentriert – waren immer wieder die drei Aristokratinnen erschienen: die schöne Heny, Arlikona, Botheina. Sie veränderten, verwischten sich, schoben sich ineinander, wurden zu einer Figur, einem Gesicht, stoben auseinander, dann wieder auf- und ineinander, schlugen, kratzten, bissen, balgten sich – fürchterlich! Bis er laut – und davon war Alwine erwacht – gerufen hatte: »Schluß!, komm zu mir, Ida, Geliebte. Erlöse mich!« Ida war aber nicht erschienen.

»En réalité«, sagte er und blies einen besonders großen und runden Ring zum Fenster hin, »en réalité hat mich ja damals auch von dieser Edelfräuleinsweiberei die Gewitterschöne erlöst.«

Eine Ahnung davon hatte er gleich an jenem Abend bekommmen, in der Nimptschen Landvilla zu Jäschkowitz an der Oder, wo sich zu einem monatlichen Jour fixe freidenkende Menschen, Gelehrte und Künstler, Musiker und Schauspieler, Beamte und Offiziere, »die Geistesklasse«, sagte man damals, aus dem nahe gelegenen Breslau trafen. Jedesmal wartete das Haupt und die Seele der Zusammenkünfte, Leocadia von Nimptsch, eine »durch und durch Liberale«, wie ihr Gatte, der Generallandschaftsrepräsentant Karl Friedrich von Nimptsch, sie, halb tadelnd, halb anerkennend, bezeichnete, mit einem Überraschungsgast auf. An jenem Abend war es ein polnischer Aufständischer gewesen, eine Mischung aus Kosak und Salonlöwe, dessen Aufschneidereien man atemlos lauschte und für dessen Emigration nach Paris Geld gesammelt wurde. Dieser, sich geheimnisvoll »Nemo« nennende, Schwadroneur hatte sich nach dem Vortrag der Béranger-Lieder an sie, die namenlose Gewitterschöne, herangemacht, sie hatte sich dem beinahe zudringlichen Kerl mit einer Pirouette entwunden, war zu ihm, Hoffmann, gekommen und hatte in jener ihr eigenen offenherzigen Art gesagt: »Ich habe ein Lied von Ihnen gehört, gesungen von der Liedertafel, Doktor

Hoffmann. Es hat mich irgendwie beeindruckt. Wie heißt es doch gleich?« Und sie hatte losgesungen:

»Zwischen Frankreich und dem Böhmerwald,
da wachsen unsre Reben.
Grüß mein Lieb am grünen Rhein,
grüß mir meinen kühlen Wein!
Nur in Deutschland
da will ich ewig leben.«

Ihr Bruder, der hinzugetreten war, hatte ihn gefragt: »Sagen Sie, meinen Sie das etwa ernst, Hoffmann, nur in Deutschland?«

»Aber ja«, hatte er geantwortet, »in einem Deutschland, das es bis jetzt leider nur in Liedern gibt.«

»Horch, horch! Aber Sie forschen und lehren das Altdeutsche, hört man. Ist das angebracht in einer Zeit, in der es gilt, das Neue durchzusetzen?«

»Aber natürlich. In der deutschen Vergangenheit sind ebensogut wie in jeder Geschichte die Elemente des Fortschritts vorhanden. Studiert man die Denkmäler unserer altdeutschen Sprache, so findet man bald, daß sie keine Stütze sind für Feudalismus, Kastengeist, Pfaffentum, Volksbevormundung, Philisterei, Gedanken- und Gewissenszwang. Walther von der Vogelweide und Freidank und einige spätere Dichter sind so freisinnig, so vorurteilsfrei, so erfüllt von den heiligsten Gefühlen für Wahrheit, Ehre, Recht, Vaterland, Freiheit und Menschenwürde, daß kein Klopstock, Justus Möser, Georg Forster, Friedrich Schiller, Jean Paul, Jochmann von Pernau und Ludwig Börne sich schämen dürften, mit ihnen genannt zu werden.«

Er hatte sich in Hitze geredet, und der Bruder hatte lächelnd genickt und in seiner immer ein wenig mokanten Art bemerkt: »Trefflich, Hoffmann, trefflich. Zu den von Ihnen genannten neuen deutschen Dichtern würde ich aber Heinrich Heine hinzuzählen.«

»In jedem Falle gut gesungen«, hatte die Schwester den

Bruder unterbrochen und ihn, Hoffmann, lange lächelnd angeschaut, »wir müssen uns näher kennenlernen.«

Das hatte ihm die Sprache verschlagen.

Die Entlobung von Davida von Thümen, ein langwieriges, schlimmes Geschäft, das Carl Milde und Bruder Daniel für ihn abgewickelt hatten, lag ebenso hinter ihm wie eine kurze, enttäuschende, schwärmerische Zuneigung zur Schwester eines Freundes, einem Mädchenkind noch, dem – sozusagen als Ausklang seiner romantischen Entsagungsperiode – die poetischen Ergüsse in seinem »Buch der Liebe« galten. Mit dem anderen Geschlecht mochte er – ernsthaft jedenfalls und vorerst – nichts mehr zu tun haben. »Liebe, echte, wie ich sie verstehe, zu einem Weibe, davon schweig mir. Und soll mir ein Familienleben voll Wahrheit und Gemütlichkeit und Kindersegen auch nicht zuteil werden – sei's drum«, schrieb er an Bruder Daniel, betrank sich beinahe täglich, krakeelte dann über »dämliche Damen«, »stockdumme Weibstücke«, »blöde Weibsbilder«, ja »Rockseicher«, und ganz gegen seine sonstige Abscheu vor vulgären Ausdrücken aus dem Anal- und Sexualbereich benutzte er Wörter wie »Pißnelken« und »Aristokraten-Fotzen«, Ausdrücke seines alten Busenfreundes Henneberg, der, inzwischen bestens verehelicht, aus Leipzig herübergekommen war, um ihn aus seinen Depressionen zu holen. Es war ihm trotz solcher von ihm arrangierter Zerstreuungen wie Theater- und Börsenballbesuchen, Weinstubensaufereien, Trinkgelagen mit und ohne Tänzerinnen, Landpartien im Kreise von Schauspielern und Sängern nicht gelungen, und ihre alte Verliebtheit zueinander hatte sich auch nicht wieder einstellen mögen. Nicht einmal, daß Henneberg, nun verschwägert mit dem Verlagsbuchhändler Brockhaus, für die Veröffentlichung einiger seiner Gedichte sorgte, munterte Hoffmann auf – schon deshalb nicht, weil das Honorar ausblieb, und als der inzwischen fast glatzköpfige Liebling seiner Jugendzeit wieder verschwand, hatte er sich auf seine Lehr- und Forscherarbeit gestürzt, die »Horae Belgicae«, die Grundrisse und den »Reinecke Voß«, über den er begeistert vor ein paar kaum begeisterten Studenten – außer dem anhänglichen Gustav Freytag – las, hatte mittelhochdeutsche Glossen und ein Verzeichnis deutscher Handschriften herausgegeben, wieder einmal – seine Spezialität – einige Trouvailles in Hof- und Staats-, Privat- und Klosterbibliotheken auf Reisen kreuz und quer durch die Lande gemacht, gedichtet und gesungen und getrunken und sich die fleischlichen Gelüste, wie üblich, mit der Hand ausgetrieben, hatte darüber schließlich seine überdrehte – Karl Bräuer nannte sie »überschwengliche« – Liebe zu der in seiner Phantasie noch immer sinnlich-rätselhaften wie über einen Haremsschleier blickenden, morgenländischen Schönheit Botheina und seine Schwärmereien für das Schwesterchen des Freundes beinahe vergessen.

So, und nun spürte er wieder eine Regung, die er nur allzugut kannte, die sich zur Verliebtheit und noch zu viel Schlimmerem auswachsen konnte. Dabei hätte er nicht einmal zu sagen gewußt, ob die Frau, die ihn da ohne Scheu und Getue anlächelte – ihr rotblondes Haar strahlte förmlich im Schein der Abendsonne, die in den Salon des Landschlößchens derer von Nimptschs hineinleuchtete –, schön war oder nur eben ganz und gar anders als die weiblichen Wesen, die ihn bisher begeistert hatten.

»Ja, wirklich ganz und gar anders«, sagte er, in die ihm seit einigen Jahren eigene Gewohnheit des Selbstgesprächs fallend, laut. »Sie nahm nämlich am Leben teil, und wie sie es tat! Und sogar am öffentlichen Leben, was damals, selbst für Frauen ihres Standes und ihrer Bildung, nicht eben als selbstverständlich galt. Ihr Interesse an Poesie und Musik, Kunst und Wissenschaft war nicht oberflächlich wie bei den meisten Damen damals. Sie hatte ihr Wesen, ihre Bedeutung für das, was uns innerlich bewegte und nach außen strebte, begriffen und mich, den arg romantisierenden, in die Jahre gekommenen Jüngling zu neuem, poetischem, männlichem Schwung beflügelt.« Was sie allein von Liedern verstand! War es bei den Nimptschs oder im Hause der Schalls gewesen, als während einer dieser bis weit über Mitternacht andauernden Debatten jener Jahre das Gespräch auf die Neufassung von Texten zu bereits bekannten Liedern gekommen war? Ihre Schwester hielt dieses Verfahren für künstlerisch minderwertig, was der Großteil der Vokalmusik aus den Befreiungskriegen – gut, sie habe ihren Zweck gehabt – beweise.

Hoffmann sah die Gewitterschöne noch, wie sie, die ihr äußerlich sehr ähnliche, um zehn Jahre ältere Schwester förmlich sprühend anging, ihr, wenn nicht gar rückschrittliche Gesinnung, bestimmt aber vollständige Unkenntnis dessen vorwarf, was im Volke brodele und seinen Ausdruck verlange. Dafür sei die Kontrafaktur das Geeignetste, erleichtere sie doch vor allem das spontane Mitsingen – sie habe es öfter als einmal erlebt, zum Beispiel am Hambacher Schloß –, böte vor allem aber die Möglichkeit, beim Auftauchen der Polizei, ohne die Melodie wechseln zu müssen, den ursprünglichen, unverfänglichen Text des Volks- oder Kirchenliedes weiterzusingen, und sie hatte sich ans Pianoforte gesetzt, in die Tasten gegriffen und zweistimmig mit ihrem Bruder nach der Melodie »Wohl auf, Kameraden, aufs Pferd, aufs Pferd« die Hambacher Hymne gesungen.

Später dann, nachdem die meisten Anwesenden die von Schubert vertonte Müller-Lyrik als den wirklich künstlerischsten Ausdruck des Heranreifenden bestimmten, hatte sie ein Kolleg gehalten über Musik und Poesie im Freiheitskampf des Volkes. Dabei hatte sie Lieder von Béranger, dessen »Le roi d'Yvetot«, und Robert Burns »Song for a'that and a'that« mit ihrer hellen, nach Meinung ihrer Schwester »aufruhrschrillen« Stimme vorgetragen.

Brennend gern hätte sie nicht nur im kleineren Kreis unter Gleichgesinnten, sondern öffentlich, auf Schiller-Festen zum Beispiel, gesungen und rezitiert. »Ach, Brüderlein, soweit sind wir noch nicht«, hatte sie ihm geantwortet auf das »Dann tu's doch, Schwesterlein« ihres Bruders, den sie für »zu anspruchsvoll und zu zerbrechlich für diese Welt« hielt. Sie führte ihn an der Hand, um ihn vor Gefahren zu bewahren, die er nicht sah, zum Beispiel in jener Nacht auf der Schmiedebrücke, wo sie die drei Gendarmen beruhigen und überreden konnte, ihn, der lauthals den Preußenkönig einen »Hohlkopf«, seinen schlesischen Oberpräsidenten Merkel einen »Holzkopf« schimpfte,

»Tod den Tyrannen« schrie und die Carmagnole anstimmte, nicht abzuführen; oder jenen Theaterkritiker mit Geld und guten Worten veranlaßte, für eine Weile zu verschwinden, damit ihr Bruder – ein Meisterschütze – ihn in dem Duell, zu dem er ihn gefordert hatte, nicht tötete. Der Rezensent hatte die Aufführung des Tell, eine völlig verstümmelte Fassung, in der alle brisanten Stellen, zum Beispiel Stauffachers »Was braucht's des Edelmanns«, gestrichen, Rudenz als der wahre Held herausgestellt und Tell vom halbverblödeten greisen, radebrechenden Balthasar Kunitz gespielt worden waren, in der Breslauer Zeitung »mutig und vorbildlich« genannt.

Hoffmann zog die letzten Züge aus der Zigarre, ehe er sie im Aschenbecher auf seinem Bauch ausdrückte.

Deutsche Freiheit lebet nur im Liede,
deutsches Recht, es ist ein Märchen nur.
Deutschlands Wohlfahrt ist ein langer Friede –
voll von lauter Willkür und Zensur,

hatte er dem Feuerkopf, Genossen, Freund gedichtet, nachdem der ein Dezennium später, als seine Schwester nicht mehr auf ihn aufpassen konnte, wegen Majestätsbeleidigung eingesperrt worden war.

Das Tuten des Weserausflugsschiffs ließ ihn aufstehen, ans Fenster treten und hinausblicken. Ein hoher, fast wieder freigefegter Himmel überspannnte das regenfrische Land, und ein Regenbogen wölbte sich über den Fluß. Auf dem Deck des hinter einer Baumgruppe auftauchenden Raddampfers, gut sichtbar über der Uferböschung, saßen und standen Leute. Winkten da einige mit Tüchern? Rief da nicht jemand? Er winkte zurück, erkannte aber weder Henriette Landau noch die Vosswinkels, noch in dem seinen Panamahut schwenkenden Herrn meinen Urgroßvater, Friedrich Wilhelm Hasenclever.

Hoffmann ging an seinen Schreibtisch, kramte aus einer der Schubladen einige photographische Bilder, fand darunter jenes, auf dem sie, die namenlose Gewitterschöne, abgelichtet war, neben einem blumenüberquellenden Postament vor ihrem Gemahl, der hinter ihr stand und mit der Hand ihre Schulter berührte, eine Daguerreotypie, fünfundzwanzig Jahre nach jenen Breslauer Jahren im Atelier des Dresdener Lichtbildners Hermann Krone, angefertigt. Nicht gerade wie eine Matrone, aber doch mütterlich sah sie darauf aus. Ihr ehemals wildes Lockenhaar war gerafft, ihre Augen blickten allerdings noch immer hungrig und neugierig, und um ihren Mund spielte dieses ruhige, selbstbewußte Lächeln, mit dem sie ihn im letzten Jahr noch einmal empfangen hatte – Witwe nunmehr seit vielen Jahren, Großmutter vieler Enkel und ihr Haus mit den zahlreichen Bediensteten herrisch führend.

»Ein bißchen wie jene karibische Korsarin, die ich so begeistert besang, weißt du's noch, Hoffmann«, hatte sie gesagt, »was haben die Jahre mit uns gemacht. Schau nur unsere Gesichter. Wir hätten früher sterben sollen, damals, als noch alles möglich schien.«

Auf seinen erregten Widerspruch, den Hinweis auf die gerade errungene Einheit des Vaterlandes, die doch nun wieder alle Möglichkeiten eröffne, war sie mit der Hand über seine Wange gefahren: »Das habe ich an dir immer so gemocht, Hoffmann, dein Name sagt es ja schon, dein Gottvertrauen und deine schrankenlose Zuversicht.«

Die Hand einer Greisin. Und doch hatte sein Herz noch einmal gebebt bei dieser Berührung, mit der sie ihn zu beruhigen pflegte, schon damals, beim erstenmal auf dem Haufen alter Säcke und Frostschutzlinnen im Gartenhaus an der Oder, wie er in ihrer Umarmung weitergehen wollte, als sie es wünschte, seine unbeholfene Hand zwischen ihren Schenkeln tastete, nicht wußte, wo und wie zum Beispiel diese verdammten, knapp überm Knie geknöpften, im Schritt – oh, Karl Bräuer! – eben doch nicht offenen Hosen zu öffnen waren. Die Brüste – sie selbst knöpfte ihr Mieder auf – durfte er küssen. Zum erstenmal in seinem Leben!

»Die Jahre, die Jahre, die Jahre«, murmelte er, entnahm dem

Etui eine Zigarre, zögerte, steckte sie zurück und trat ans Fenster.

Wie hatte er immer den Sommer geliebt! Den Geruch von Straßenstaub, Minze, Farn und besonntem Holz, die überm Mist zappelnden Schwalben, den Bussard im Himmelsblau, das Posthorn und den gewölbten Himmel. Die Wolken, die ziehenden Wolken bewirkten immer noch dieses Kribbeln in Beinen und Kopf, Symptome des Wandertriebs, Fanale der Unrast, die ihn manches Jahr auf und davon getrieben hatten. Aber in jenem Breslauer Sommer, sie nannte ihn »heißwütig, heißwütig zieht er dahin und zu schnell«, war er geblieben. Was für ein Sommer! Man hätte nackt laufen und nackt im Fluß schwimmen mögen, und einmal, draußen in Jäschkowitz, weit weg von allen Menschen, hätten sie's beinahe getan, hatten sich dann aber doch nicht getraut, obwohl sie die ganze Zeit über davon redeten, wie schön, wie natürlich es sei, überhaupt nicht verworfen oder – damals ein Modewort – »zuchtlos«. »Geredet, geredet, geredet, den Mund fusselig, haben wir uns«, sagte er laut und lachte, »was blieb uns anderes!«

Im Garten des Hauses, in dem sie und ihre Verwandten wohnten, saßen sie oft schon morgens im Schatten einer alten, weit ausladenden Kastanie, lasen die Zeitungen, die »Augsburger Allgemeine«, die Staatszeitung aus Berlin und natürlich die Breslauer. Ihr Bruder zitierte knödelnd und höhnisch aus dem »Morgenblatt für gebildete Stände«, feierlich aus der »Zeitung für die elegante Welt«, oder ein Freund, gerade aus Paris zurück, informierte über die Debatten der wiedereröffneten französischen Kammer, ein anderer, von Wien angereist, über die neuerlichen verschlagenen Einfälle Metternichs und seiner Clique, das Fortschreiten oder Liegenbleiben der, zur Freude Schalls, zum Ärger ihres Bruders, immer weiter ausgreifenden Eisenbahn wurden diskutiert, immer wieder natürlich die überständige alte Ordnung und Herrschaft, Winkelzüge zur Umgehung der Zensur und Bestechungstricks zum Ausschalten des Zensors erdachte man sich, und sie hatten von Menschenaufläufen mit Aufstandscharakter und Freiheitsfesten geträumt, die Dichter der Saison, vor allem die nach dem Verbotsbeschluß des Bundestags nach Paris emigrierten, unter ihnen Heine, den inzwischen berühmt-berüchtigten Kommilitonen aus Bonner Studientagen, gelesen und rezensiert und parodiert, dazu fleißig Kaffee und Wein getrunken, gesungen und gealbert und gelacht und manchmal auch geweint. Oft lagen sie im Gras, schauten einfach nur so in den Himmel, oder sie gingen am Oderufer entlang spazieren, küßten sich heimlich und schnell, wenn sie sich unbeobachtet fühlten. Einmal waren sie – der Gepflogenheit junger Liebespaare folgend – in einem Kahn hinter die von den laubumspannten Gärten am Oderkai herabhängenden Rankenvorhänge gerudert, um sich dahinter umarmen und küssen zu können, und wären dabei beinahe umgekippt, was ihren Bruder, dem sie vermutlich davon erzählt hatte, am folgenden Abend zu dem Trinkspruch veranlaßte:

»Auf die, die sich hinter den Blättern verstecken,
auf daß sie beim Küssen nicht kippen und verrecken.«

Worauf er, Hoffmann, geantwortet hatte:

»Auf die, die vom Küssen nur träumen
auf daß sie es einmal wagen, nicht länger säumen«

– eine heikle Anspielung auf die schwärmerische Liebe ihres Bruders zu einem schmalhüftigen, hochbrüstigen Husarenleutnant, dem zu erklären er sich nicht traute.

»Bin ich in jenem Sommer glücklich gewesen?« Er holte aus dem Etui wieder die Zigarre heraus, roch an ihr, rollte sie zwischen den Fingern, schnupperte noch einmal, steckte sie weg. Grund genug fürs Glücklichsein hatte es gegeben. Er stand, wie er der Mutter an seinem vierzigsten Geburtstag schrieb, »in der Blüte meiner Jahre«. Er war endlich Ordinarius, Mitglied des akademischen Senats, hatte den Oberkustosposten dazubekommen, dotiert mit einhundertsechzig Talern und sieben Klaftern Holz, ein bißchen Geld – »Penunzen«, nannte die Gewitterschöne es berlinernd – kam dazu aus den Veröffentlichungen seiner »Deutschen Philologie in Grundrissen«, den »Horae Belgicae«, dem »Reinecke Voß« und den »Fundgruben«, sogar die »Altdeutschen Blätter« kosteten ihn nichts. Der niederländische König hatte ihm nach der Trouvaille des Ludwiglieds eine goldene Medaille, der belgische König einen Brillantring wegen seiner Verdienste um die niederländische Sprachforschung verliehen, er wohnte behaglich im ersten Wartenslebenschen Haus in der Heiligengeist-Straße, wo sie ihn manchmal, doch stets in Begleitung ihres Bruders, ihres Schwagers oder eines Freundes, besuchte, und er dichtete fröhlich drauflos, Verse, die ihm Ernst Richter vertonte, »Alle Vögel sind schon da« zum Beispiel – ein Lied, das ein Jahrhunderthit werden sollte. Und an einem jener blausamtenen Abende, unter der Kastanie im lauen, frischen, vom Fluß her wehenden Wind, sang er für sie:

»Abend wird es wieder:
über Wald und Feld
säuselt Frieden nieder,
und es ruht die Welt.«

Und die Strophe

»Und kein Abend bringet
Frieden ihm und Ruh,
keine Glocke klinget
ihm ein Rastlied zu«

brachte zum Ausdruck, was sie wohl auch verstanden hatte: Ohne Ehe konnte er sich ein Glück nicht vorstellen.

Sein Ideal vom Familienleben teilten die meisten seinesgleichen, ja, es gehörte, wie ihr Bruder süffisant bemerkte, »zur Gemütsausstattung jedes deutschen patriotischen Revolutionärs«. Aber über eine Ehe mit ihr zu sprechen, hat er nie gewagt, weil er fühlte, ja wußte, wie sie reagieren würde. Seine Wange hätte sie gestreichelt und gelächelt und so etwas gesagt wie: »Hoffmann, Liebster, bitte nicht, wirklich nicht.«

Ja, der Sommer war zu heißwütig und zu schnell dahingefahren, der Herbst dafür besonders knallig-bunt dahergekommen, so daß die Kastanie, unter der sie so oft gesessen hatten, bald ihre Blätter verlor, die zu häßlichen rostigen Haufen zusammengekehrt wurden.

»Sieh dir das an«, hatte er gesagt, als sie beide am Fenster standen und in den von Regen und Wind durchfegten Garten schauten, »wie herrlich weiß leuchteten die Kerzen im Mai, strahlte das Grün der im Sommer zu Riesenhänden geformten Blätter, und nun im Herbst ist alles Kehricht.«

»Nicht solche Sinnbilder«, hatte sie gesagt und geweint.

Dann gab es kurze, stille Momente im Trubel und Wirbel der Wintersaison mit ihren Bällen, Theater- und Konzertbesuchen, so daß sie kaum zu sich kamen, hier mal auf einem Treppenabsatz, dort hinter einer spanischen Wand, unter einem Torbogen – auf eine Droschke wartend –, einmal sogar zwischen Bündeln von Sonnenschirmen im Hinterhof eines Gartenrestaurants sich flüchtig umarmten und küßten. Aufs Schillerfest war sie, verkleidet als Mann, mitgekommen, hatte sein »Schiller in Laufstadt«, ein balladeskes Versgedicht, mit dem er den anwesenden Heinke, Kurator der Universität und gleichzeitig Breslauer Polizeipräsident – ein Schnüffler übelster Sorte –, zum homerischen Gelächter aller Gäste hochnahm, begeistert beklatscht.

»Genau diese Form, diese Mischung aus Pasquil und naivem Volksliedton, zugeschnitten dann noch auf einen schlagkräftigen Refrain, wie's der Béranger so wunderbar schaffte, das ist deine Stärke, Hoffmann, das schnalzt, das greift ein, auf so etwas warten alle, du hast's selbst erlebt«, hatte sie ihn anschließend, von ihrem Bruder unterstützt, gelobt, und als Hoffmann ihnen kurz darauf – man war nach einem starken Punsch sehr hochgestimmt, vor den Kamin hatte er sich postiert, die Haltung eines launigen Flaneurs, der den Moritatensänger mimt, hatte er angenommen – vortrug, was Introitus seiner »Unpolitischen Lieder« werden sollte, da waren alle wirklich wie aus dem Häuschen gewesen:

»Von allen Wünschen in der Welt
nur Einer mir anjetzt gefällt,
nur: Knüppel aus dem Sack!
Und gäbe Gott mir Wunschesmacht,
ich dächte nur bei Tag und Nacht,
nur: Knüppel aus dem Sack! . . .
O Märchen, würdest du doch wahr
nur einen einz'gen Tag im Jahr,
o Knüppel aus dem Sack!
Ich gäbe drum, ich weiß nicht was,
und schlüge drein ohn' Unterlaß:
Frisch! Knüppel aus dem Sack
aufs Lumpenpack!
aufs Hundepack!«

Schall rief: »Der deutsche Béranger ist geboren!« Ihr Bruder schlug ihm auf die Schulter, schnarrte husarenleutnantsgleich: »Bravo, Hoffmann, weiter so«, Karl Bräuer grinste und schrie: »Hurra! Hurra!«, umarmte ihn dann überwältigt, und sie, die namenlose Gewitterschöne, sie stand strahlend da, schaute in die Runde, als wolle sie sagen: »Na – hab' ich's euch nicht prophezeit«, und sie küßte ihn dann vor aller Augen auf den Mund.

Herrlich! Er schmunzelte, sich an diese Urszene aller seiner späteren Auftrittsszenen erinnernd. Wie waren sie alle so nichtsahnend, unschuldig, kindlich gewesen, aber doch auch aufrecht stolz und voller Saft. Und wie hatte er in die Halle Welt hineintrompetet!

Ihre Wege hatten sich schon einige Wochen darauf fürs erste getrennt. Weihnachten hatten sie noch gemeinsam gefeiert, die Kinder ihrer Schwester und die Schallsche Blagerei, ein lärmschlagendes Kindervolk, hatten sein

Morgen kommt der Weihnachtsmann,
kommt mit seinen Gaben.
Trommel, Pfeifen und Gewehr,
Fahn und Säbel und noch mehr,
ja, ein ganzes Kriegesheer
möcht ich gerne haben,

geschmettert, wozu albernerweise der Bruder in seiner Weihnachtsmannkluft, einen preußischen Unteroffizier karikierend, kaspernd herumsprang.

Ein letztes intimes Beisammensein – Hoffmann nahm die Zigarre nun doch aus dem Etui, zündete sie an, paffte los, paffte weiter, paffte und dampfte wie eine Lokomotive –, »ach, herrje, dieses Stück im Stroh bei den Pferden, verflucht noch einmal, sollte vergessen werden«, brummte er, »ich verstand's damals noch nicht«. Ihm war es so passiert wie seinerzeit auf der Bank im Garten von Gut Hove, als die schöne Heny seine Hand in seinem Schoß ergriff. Aber dieses Mal, im Pferdestall, hatte er sogar – wie Karl Bräuer so etwas zu nennen pflegte – »blankgezogen« und ihn ihr auf ihren Wunsch anhandgeben wollen.

Die namenlose Gewitterschöne war ihm mit der Hand über die Wange gefahren, hatte ihr Lächeln gelächelt und ihn sanft geküßt. Einen Tag nach Neujahr verschwand sie mit ihrem Bruder. Erst Jahre später sollten sie sich wiedersehen.

»Da seid ihr beide ja«, rief Hoffmann zum Fenster hinaus den beiden Jungen, Fränzchen und Karl Müller, zu, die, lachend, sich jagend und puffend und mit den nassen Badetüchern sich schlagend, vom Fluß her über die Wiese zur Freitreppe stürmten.

»Kaffee und Kuchen gibt es«, rief nebenan Alwine aus dem Fenster, »aber die Haare werden vorher trockengerieben.«

Der Antrag

Die Duellforderung Samuel Wolffs, anderntags Gesprächsstoff an allen Stammtischen Höxters, hat Henriette Landau nicht miterlebt. Mein Urgroßvater mußte ihr die Szene später immer wieder vorspielen: die pathetische Rage des Herausforderers einerseits, die verschwitzte, bängliche Wut des geforderten Bötticher andererseits – eine Charade, bei der Henriette das Publikum mimte, einmal den zitternden von Hippel, dann dessen vor Schrecken kichernden Assistenten Henry Deter, ein andermal den begeistert applaudierenden Buchhänder Völz, der sich als Sekundant anbot, oder den, »wie auch immer, meine Herren«, beschwichtigenden und dann losprustenden Friedrich Wilhelm oder Venske, wie er sich, lautlos lachend und grimassierend, auf die Schenkel schlug.

Die Damen befanden sich bereits auf ihren Zimmern zur Stunde dieser überspannten, zum Teil gewiß aus der stark alkoholisierten Stimmung beim Kartenspiel heraus zu erklärenden Szene im Rauchsalon des Hotels »Berliner Hof«. Durchnäßt, frierend, hustend und schniefend, zerzaust und aufgelöst, dabei gar nicht einmal übler Laune war die Gesellschaft nach ihrem Weserausflug, mit dem Wettersturz auf der Rückfahrt, im Hotel angekommen, von Schwiete empfangen, der »Pfefferminztee für die Damen, Grog für die Herren« anordnete, »vite, vite«, das Personal auf Trab brachte, »es wird Ihnen alles aufs Zimmer gebracht. Eiligst und los«, den Bediensteten zurief.

Henriette ließ sich von Friedrich Wilhelm zu ihrem Zimmer hinaufführen, in Begleitung allerdings des Mädchens, das, nachdem es schnell hinter Henriette das Zimmer betreten hatte, mit einem Knicks die Tür vor ihm schloß. »Vielen herzlichen Dank, Herr Hasenclever«, rief Henriette, »für Ihre Begleitung, Ihren Schutz während unseres abenteuerlichen Ausflugs.« Heimliches Lachgurren in ihrer Stimme, das er herausgehört haben wollte, stritt sie nachher ab – aber »en présence de la femme de chambre« hätte sie sich doch wohl nicht anders verhalten können, »n'est-ce pas, mon prince«?

Ob man sich zum Abendessen treffe, wollte Friedrich Wilhelm durch die Tür hindurch wissen, wiederholte die Frage, als die Antwort ausblieb, und hörte ihre Stimme entfernt und wie hinter einem Vorhang gerufen – er stellte sich vor, wie sie sich die feuchten Kleider vom Leibe zog –, »jaha«. Ein bißchen enttäuscht über die Aussperrung war er, aber doch glücklich, »schwebend wie auf Wolken«, heißt es in seinem Tagebuch, denn er hatte keinen Zweifel mehr, schrieb er, daß Henriette ihm über ihre beider »flirtenden, mit mancherlei Flachsereien gewürzten Freundschaft hinaus mit tieferen Empfindungen zugetan« sei.

Henriette hatte, nachdem das Gewitter mit Sturm und Regengüssen über die »Hannover« hinweggegangen war und sie sich aus der schützenden Umarmung Friedrich Wilhelms gelöst hatte, seine Hand so lange festgehalten, bis er sie in eine der vom Kapitän für die Damen hergeschafften Decken hüllte. Später, an der Reling nebeneinanderstehend, sich berührend, hatte sie schweigend auf das vorübergleitende, regennasse, dampfende Land geschaut, das hin und wieder im gleißenden Licht einer hinter schnell ziehenden Wolken hervortretenden Sonne aufglänzte. Beim Rattern und Rucken des mit Volldampf weseraufwärts stampfenden Dampfers stießen sie immer wieder gegeneinander, lachten darüber, und als sie direkt unter dem aus der Senke bei Albaxen bis zu den Höhen des Sollings reichenden Regenbogen hindurchzufahren schienen, sagte er ihr ins Ohr, laut genug, um vom Rauschen und Rattern des Schaufelrades neben ihnen nicht verschluckt zu werden: »Ich liebe dich.« Sie hatte nichts gesagt, aber seine Hand gedrückt und nicht mehr losgelassen, bis auf der Höhe von Corvey die Vosswinkels sich zu ihnen gesellten und sie – »Steht er nicht dort am Fenster?« fragte Eva Vosswinkel – hinüberwinkten. Friedrich Wilhelm riß den Panamahut vom Kopf, schwenkte ihn und rief laut und juchzend: »Juhu!«

»Das ist aber äußerst unerwachsen, Monsieur Hasenclever«, hatte Henriette gemeint, und in ihr Lachen hatten alle eingestimmt.

Henriette schaute, während sie den heißen Pfefferminztee mit Bienenhonig schlürfte, in den Spiegel über der Waschkommode. In ihrem weißen, seidenen Hausmantel und mit dem Handtuch als Turban um ihre Haare gewickelt, glich sie einer indischen Maharani, fand sie, tupfte sich aus dem Rougeschminktopf ein pfenniggroßes Mal auf die Nasenwurzel und faltete die Hände vor ihrer Brust, worüber das Zimmermädchen, eine blonde, sommersprossige Ostwestfälin, in ein nicht enden wollendes Kichern ausbrach. »Es ist gut«, sagte Henriette zu ihr, »ich brauche dich nicht mehr.« Sie werde sich jetzt ins Bett legen, um vor dem Abendessen noch ein bißchen auszuruhen. Nachdem das Mädchen mit einem Knicks das Zimmer verlassen hatte, sah Henriette wieder in den Spiegel. »Ich habe mich tatsächlich in diesen Herrn verliebt«, sagte sie zu ihrem Spiegelbild, »ob das gut ausgeht, dieses Mal?«

Beim erstenmal war es aufregender gewesen. Siebzehnjährig hatte sie sich »Hals über Kopf« in einen Redakteur und Dichter verliebt, der wunderschöne Billets doux verfaßte, manche Nächte im Garten unter ihrem Fenster zubrachte, einmal die Glocken für sie läuten ließ und rote Schals um seinen Nacken schlang. Sie hätte ihn stundenlang streicheln und küssen mögen.

Dann hatte sie sich, hingerissen, entflammt, verzückt und bis in die Schenkel erregt in der Nähe des Husarenleutnants Roderich von Halstenbeck gefühlt, eines blonden Pagen mit Siegfriedbrust, der sie beim Tanz so faßte, daß ihr schwindelig wurde, dessen dunkles Lachen ihr die Kehle schnürte, der aber so keusch küßte wie ein Bruder die Schwester. Zu dem, was sie und ihre damalige Busenfreundin Elsa Lindtberg, ohne eine Ahnung davon zu haben, »das sinnliche Erlebnis der Liebe« nannten, war es aber in beiden Fällen nicht gekommen.

Im Augenblick empfand sie weder Aufregung noch Leidenschaft, sondern eine stille, sie durchwärmende, im Bauch spürbare Zärtlichkeit für den Hasenclever junior mit seinen blaublauen Augen, seiner halb naiven, halb ironischen Aufrichtigkeit und den für einen Handelsmann merkwürdig muskulösen Armen. Und das könnte sie, die Henriette Landau, möglicherweise und à la longue, ahnte sie, mehr mitnehmen und außer Fassung bringen als das, was sie und Elsa unter »rasender Leidenschaft« verstanden hatten. Sie hätte gern mit einer Freundin über dieses neue Gefühl geredet, nicht mit Elsa, die zu einer fürchterlich philiströsen Kaufmannsgattin gemacht worden war, aber vielleicht mit ihrer alten Vertrauten, der Tante Jenny, die sie einst, als Dreizehnjährige, in dem riesigen Kleiderschrank bei naßfingrigen Spielen zu wilden erotischen Träumen ertappt, doch nicht gewütet, sondern die Schranktür behutsam wieder geschlossen, die Nichte später lachend umarmt und ihr erzählt hatte, so habe sie früher auch oft gespielt, und zwar in demselben riesigen, nach Lavendel duftenden Schrank. Ja, mit ihr würde sie jetzt reden mögen, der herrlichen Tante Jenny, die ihr nach und nach und peu à peu vieles über die Liebe in allen ihren Spielarten erklärt hatte. Ob Eva Vosswinkel, die neue, mögliche Freundin, eine solche Vertraute werden könnte? »On verra . . .«, sagte sie laut.

Freundin und Vertraute würde Eva Vosswinkel bald werden, aber in Angelegenheiten der Liebe würde sie, aus einer eigenartigen, von Henriette nie begriffenen Gefühlsprüderie heraus, wenig zu sagen wissen. Henriette beugte sich vor und drückte ihren Mund lange und innig auf den Spiegel. Dann zog sie den Hausmantel aus, legte sich ins Bett, schlug das voluminöse Plumeau so gut es eben ging zurecht, sah an die Decke und zählte in der wuchtigen Stuckverzierung die Blumenknospen an den Girlanden.

Zum Abendessen erschien sie in einem blauseidenen, hochgeschlossenen Kleid, eine rote Brosche am Halsbändchen, ein Zeichen, das Friedrich Wilhelm richtig deutete. »Ja, ich liebe dich«, flüsterte er ihr, als er sie unten an der Treppe empfing, ins Ohr und führte sie an die Table d'hôte. Alle redeten durcheinander, wiederholten die Ereignisse des Tages, lachten zu den witzigen Fragen und Kommentaren Venskes, der nicht mit von der Partie gewesen war, amüsierten sich noch einmal über die Sprüche des Kapitäns der »Hannover«, den zu aller Erstaunen Henry Deter in Tonfall und Ausdruck täuschend echt imitierte, ließen Schwiete hochleben, der den Ausflug arrangiert hatte und glaubte, sich für den von niemandem vorhersehbaren Wettersturz entschuldigen zu müssen.

Von niemandem, das sei übertrieben, hielt Wolff dagegen, er erinnere sich, beim Frühstück von einer zu hellen, Unwetter vermeldenden Sonne gesprochen zu haben, worauf Bötticher meinte, dann sei schwer verständlich, warum er, Wolff, nicht eindringlich für Regenkleidung, zumindest das Mitnehmen von Parapluies plädiert habe. Wolffs Entgegnung – Friedrich Wilhelm fand sie da schon unangemessen hochtrabend –, jeder könne, dürfe, ja solle sich nach eigenem Gefühl für oder gegen etwas entscheiden, quittierte Bötticher mit einem »oh, wie freisinnig«, eine Plänkelei nicht ohne giftige Untertöne, die im allgemeinen Frohsinn und bei hochgehender Stimmung nicht weiter beachtet wurde. Beim Nachtisch allerdings geriet die frostige Abneigung der beiden gegeneinander, die später noch offenkundiger wurde und schließlich zu der Duellforderung führen sollte, zu einem von allen wahrgenommenen Mißton. Im Anschluß an ein Prosit auf die drei Damen am Tisch hielt Bötticher aus dem Stegreif eine Damenrede, welche Ereignisse des Tages und insbesondere das Verhalten der Frauen beim Ausflug launig herausstellte. Sie endete mit dem Satz: »Wie auch immer, um unseren Doktor Berthold zu zitieren, wie auch immer: Die Unterordnung des Weibes ist die Vorbedingung zu ihrem Glück.«

Daß sie keinen Mut gefunden hatte, dieser zwar vergnüglich

vorgebrachten, aber doch ernst gemeinten Auffassung vom Weib, die leider als allgemein gelten konnte, zu widersprechen, ließ Henriette die halbe Nacht lang nicht schlafen, und der Gedanke, sie habe eine passende, in jedem Fall scharfe Erwiderung unterdrückt, um Friedrich Wilhelm nicht zu verstören, beruhigte sie keinesfalls. So blieb es Samuel Wolff überlassen – und er tat es offensichtlich mit Genuß –, »diese philiströse Vorstellung vom rechten Weibe«, wie er sie nannte, zurechtzurücken: Von Sklavengesellschaften, derer man sich in Europa längst entledigt zu haben glaubte, sei solches Denken, welches das schöne Geschlecht als das vor allem dienende und gehorchende auffasse, übernommen worden; ob aus Unwissenheit, Dummheit oder Trägheit, Bequemlichkeit, sei dahingestellt, vermutlich aus alledem; nicht nur von großen Dichtern und bedeutenden Gelehrten – und jetzt fixierte er Bötticher –, auch von den unbedeutenden sei solches leider gepriesen, ja verherrlicht worden; tatsächlich messe sich der Fortschritt eines Volkes aber vor allem anderen auch an der gesellschaftlichen Stellung seiner Frauen. Also zumindest als hinterwäldlerisch – er sage bewußt nicht barbarisch – müsse die Ansicht vom schönen Geschlecht, welche der Damenredner so überaus launig geäußert habe, bezeichnet werden.

Bötticher hatte sich, in der ihm eigenen Eßgier, über den Grießbrei mit Himbeersoße hergemacht und antwortete, mit dem leeren Löffel, bevor er ihn wieder in den rot verlaufenen, weißen Puddinghaufen auf seinem Teller stieß, in Richtung Wolff wackelnd, aber ohne ihn anzublicken: »Wie freisinnig, wie fortschrittlich, doch wenn ich Bibel und Talmud richtig verstehe, widerspricht Ihr Weiberideal dem Ihres Volkes aufs entschiedenste. Heißt man solchen Widerspruch nun dialektisch, oder ist es einfach nur Chuzpe?«

Nein, dieses knirschende Geräusch habe nicht Wolff mit seinen Zähnen produziert, es sei von draußen, vom Hof, gekommen, wo die Pferde ausgeschirrt wurden, berichtigte Friedrich Wilhelm, als Henriette später Samuel Wolffs gebremsten Zorn nachspielte. Venske war es, der da schon versuchte, den

Ausbruch der Feindseligkeit, die alle mit einemmal in der nur Sekunden dauernden Eisesstille spürten, aufzuhalten.

»Täterä, täterä, täterä«, schmetterte er, »dä Frulüt sit dat beste op de Äe, hat dieses westfälische Blasmusikstück nicht der Kapitän auf der ›Hannover‹ trompetet?«

Selbst Wolff und Henriette stimmten in das allgemeine, die »dicke Luft« – so Friedrich Wilhelm – wegblasende Gelächter ein, das dann aber nicht wieder ausbrechen wollte, als der für die Nähmaschinenfabrik Loewe reisende Schnittger am unteren Tischende neben Venske singend anschloß:

»Täterätä, Täterätä,
Frau Wirtin die Trompeterin
ist eine gute Bläserin ...«

Er konnte das Lied aber nicht zu Ende bringen, weil Venske ihn unterbrach, indem er ihm den Mund zuhielt. Alle wandten sich wieder dem Essen zu.

Zu einem Schlummer- und Schlaftrunk mochten die Damen von den Herren nicht eingeladen werden, man sei doch nach dem Ausflug arg angestrengt, man wolle sich empfehlen, was Doktor Berthold laut begrüßte, nicht, wie er gleich betonte, daß ihn die Anwesenheit »holder Weiblichkeit« störe, im Gegenteil, er müsse aber als Arzt auf früher Bettruhe, vor allem des schwachen Geschlechts, bestehen, denn wegen der Turbulenzen während des Ausflugs, der alle regendurchnäßt und durchgeschüttelt habe, könnten Erkältungskrankheiten nicht ausgeschlossen werden; dem sei vorzubeugen, weshalb er jedem ein wirksames Mittel, ein Pülverchen, etwas Antifebrines und im Grunde Harmloses, aushändigen möchte, aufzulösen in einem Glas Wasser und vor dem Schlafengehen einzunehmen.

»Wie lieb von dir«, sagte seine Frau, und Doktor Berthold zog aus seiner Rocktasche einige Tütchen und überreichte jeder und jedem am Tisch eins davon.

»Na gut«, sagte Wolff, »Giftmischerei traue ich Ihnen, lieber Doktor, nicht zu, danke bestens ...«

»Aber wir, die Herren der Schöpfung«, sagte Bötticher, »werden erst einmal den ereignisreichen Tag bei einem Glase besseren Stoffs als diesem und dem grausigen Schampus auf der ›Hannover‹ begießen«, stand auf und begab sich, gefolgt von den übrigen Herren, in den Rauchsalon.

Friedrich Wilhelm allerdings begleitete Henriette ins Foyer, wo sie sich auf ein von zwei palmenartigen Zimmerpflanzen flankiertes Sofa niederließen und schwiegen, beide eigenartig befangen, nicht nur, weil die anderen Gäste, so drei laut miteinander redende Offiziere des Fünfundfünfzigsten Infanterieregiments, herumsaßen und sie aus den Augenwinkeln heraus beobachteten. Friedrich Wilhelm hatte sich fest vorgenommen, an diesem Abend noch Henriette seine, wie es im Tagebuch heißt, »ernsten Absichten zu unterbreiten, m. a. W. ihr einen Antrag zu machen, sie zu fragen, ob sie meine Frau werden wolle«. Die Situation, sozusagen auf dem Präsentierteller unter den Blicken der Gäste, schien ihm nun aber doch unpassend dafür zu sein. Zu einem Abendspaziergang sie aufzufordern, unter der Ankündigung, er habe etwas auf dem Herzen, das herausmüsse, überlegte er noch, als Henriette ihre Hand auf die seine legte und leise sagte, sie sei doch ziemlich überanstrengt, hoffentlich noch nicht erkältet, sie würde gern jetzt bald zu Bett sich begeben, schlafen, schlafen; »bist doch nicht bös«?

Tatsächlich sah sie blaß aus, ihre Augen wirkten müde, und ihre Stimme klang belegt. Er sprang auf: um Gottes willen, wenn sie krank werde! Vielleicht es schon sei! Wie rücksichtslos von ihm, ihren durch die Turbulenzen des Tages angegriffenen Gesundheitszustand nicht früher bemerkt zu haben; wie dumm und egoistisch von ihm. Sie müsse jetzt wirklich auf ihr Zimmer gehen, Doktor Bertholds Medizin gleich schlucken. Obwohl Henriette heraushörte, daß er nicht den von ihnen gerade in derartigen Situationen bemühten, munter-ironischen Ton anschlug, sich vielmehr innige Anteilnahme in seiner Stimme ausdrückte, sagte sie, aufstehend und nach einem kurzen, bedeutungsvollen Blick auf die sie belauernden Gäste ringsum: »Danke für Ihr Mitgefühl, Herr Hasenclever. Ich spüre en effet un peu de ...« Sie wischte sich mit leichter Hand über die Stirn.

»Ich begleite Sie die Treppe hinauf, wenn Sie gestatten«, beeilte er sich zu sagen, unnötigerweise dabei – fand Henriette – die Hacken zusammenschlagend.

»Sie zählen die Sekunden, bis du wieder unten bist«, flüsterte sie, als sie, auf seinen Arm gestützt, die Treppe hinaufschritt.

»Na wenn schon«, flüsterte er zurück. Ihm schoß der Gedanke durch den Kopf, sie einfach bis in ihr Zimmer hineinzuführen, sie dort zu umarmen und zu küssen. Vielleicht wäre es gerade der geeignete Augenblick, da sie, offensichtlich der natürlichen und die Konvention wahrenden Abwehr müde, sich ihm ... Doch sofort erschrak er über die Schamlosigkeit seines Einfalls, der darauf hinauslief, den Schwächezustand der geliebten Frau auszunutzen, und er wurde, obwohl er vor der Tür Henriette zumindest einen Gutenachtkuß hatte geben wollen, nicht eigentlich ärgerlich, als sie das Zimmermädchen dort empfing, um, wie sie sich ausdrückte, »noch bißchen zur Hilfe gehen die Dame, beim Int'-Bett-Gehen« – eine Redewendung, die Friedrich Wilhelm zu passenden Gelegenheiten später manchmal benutzen sollte. So küßte er nur Henriettes Hand und sagte: »Schlafen Sie bitte recht wohl. Ich freue mich sehr auf morgen.«

»Ihr verheißungsvolles Lächeln, der Ausdruck tiefster Zuneigung in ihren Augen und das leise gesprochene: ich ebenfalls«, notierte er in seinem Tagebuch, »machte mich heute abend zum vermutlich glücklichsten Menschen Höxters.« Und während Henriette darüber nachsann, wie sie sich verhalten hätte, würde Friedrich Wilhelm, statt des Mädchens, mit ihr ins Zimmer gekommen sein, sie dann umarmt, geküßt, aufs Bett gelegt haben – eine ihr ganz und gar nicht unangenehme Vorstellung –, holte Friedrich Wilhelm den Mantel aus seinem Zimmer, ging hinunter und in die Nacht hinein.

Noch vor der Uferstraße kehrte er um, zurück ins Hotel. Er

brauchte Gesellschaft, und die fand er im Rauchsalon, wo die Herren beim Kartenspiel saßen. Man drosch Skat, dieses »écarté für echte deutsche Männer«, nach Onkel August Hasenclever, bei dem Friedrich Wilhelm sich das Spiel durch reine Beobachtung, Kiebitzen in der Skatsprache, beigebracht hatte, wenn mit dem Onkel jene drei geheimnisvollen Männer – einer unter ihnen mit Augenklappe und einem Holzbein, Admiral genannt, ehemaliger Schiffsoffizier unter Garibaldi, hieß es –, Kampfgefährten, nach Onkel August, Saufkumpanen, nach Friedrich Wilhelms Vater, einmal im Monat in dem verqualmten, mit Erinnerungsstücken vollgestopften Kabinett des Onkels die Karten klopften, mehrere Flaschen Cognac leerten und dabei über Gott und die Welt palaverten.

»Da ist ja der Garde d'honneur«, rief Bötticher, »kommen Sie, Hasenclever, spielen Sie mit.«

»Danke bestens«, sagte Friedrich Wilhelm, aber da er sowieso einer zuviel in jeder der beiden Runden sei, kiebitze er lieber, eine ihm ohnehin gleichwertige Teilnahme. »Jaja, die Herren Generale«, sagte Dr. Berthold, »immer die Übersicht über alle Truppen behalten, was!« Aber um äußerste Zurückhaltung müsse man bitten; jedes Mienenspiel werde mit einem Groschen, jedes Handsignal mit einem Kassenmänneken, Quasseln mit einer Mark bestraft, sagte Wolff.

»Kiebitz, kapiert und akzeptiert?« fragte Venske.

»Akzeptiert«, lachte Friedrich Wilhelm.

Bötticher, Berthold, von Hippel und Henry Deter saßen an einem, am anderen Tisch Wolff, Völz, Schnittger und Venske. Friedrich Wilhelm stellte sich hinter die Spieler, mal an den, mal an den anderen Tisch. Der Einsatz, ein Zehntelpfennig, amüsierte ihn. Er spielte in der Regel um sehr viel mehr, wohl auch Wolff, der, wenn er als Aussetzer notierte, in gespielter Erregung Gewinn oder Verlust ausrief: »Donnerwetter! Einundzwanzig und einen halben Pfennig gewonnen für einen Grand mit drei Buben. Enorm.«

Während des Spiels wurde neben den üblichen Skatsprüchen, zunehmend erhitzt vom Cognacgenuß, über dieses und jenes, das gerade als Gesprächsthema aufkam, geredet, zum Beispiel über die Neuordnung des Reiches, ein Gegenstand, bei dem Bötticher und Wolff bereits wieder fast aneinandergerieten, schließlich über Kolonien, die, nach allgemeiner Meinung der Herren, Deutschland baldmöglichst sich anzueignen habe, um im Wettstreit mit dem »perfiden Albion«, wie Bötticher England, und dem »raffinierten Raubstaat«, wie er Frankreich bezeichnete, gleichzuziehen. »Jedoch nicht in Übersee, wie es die Koofmichs im Lande wünschen, sondern in den für Deutschland natürlichsten Kolonisationsgebieten in Ost und Südost«, sagte er, Zigarre im Mund, die Karten mischend; und die Zigarre ablegend und die Karten austeilend: In jene Gebiete bis zum Dnjepr im Osten und bis zum Rotenturmpaß im Südosten müsse die Auswanderung Deutscher, die, von der Großstadt befreit, die germanische Sehnsucht nach Grundbesitz und eigener Scholle beseele, geleitet werden, um die dort stehengebliebene Germanisierung fortzuführen, einen Bauernstand zu bilden, der den gesunden Kern der Nation abgeben würde, einer Nation, die dann allerdings kaum noch übermäßig reiche Leute, aber auch keine Proletarier mehr kenne, dagegen mittels organisierter Kolonisationsarbeit, welche die besten Seiten des deutschen Charakters zutage treten lasse, zum Beispiel seine Führungsfähigkeit gegenüber dem Slawentum, ein Großgermanien baue, das dann erheblich weiterreiche als jenes vom guten Hoffmann im Corveyer Schloß drüben besungene. »Deter, Sie spielen aus.«

»Und damit hätten Sie einen Krieg am Halse, der diesmal weniger leicht zu gewinnen wäre als der letzte, weil nämlich alle Mächte, Österreich-Ungarn, Frankreich, Britannien und Rußland gegen uns marschieren würden«, sagte Wolff, ein As ausspielend, zu Böttichers Tisch hinüber, worauf Bötticher lachte: »Na und? Es wird einem nichts geschenkt auf dieser Welt; und der Krieg ist immer noch der Vater aller Dinge, aller Dinge König, wie die Griechen sagten!«

Wolff zählte seine Stiche. »Genau 61, so spielt man mit Studenten«, sagte er und ohne zu Bötticher hinüberzuschauen,

»unbegreiflich, wie ein Gelehrter Ihres Rufs, den Sie doch angeblich haben sollen, solchen gefährlichen Unsinn verzapfen kann.«

Venske, der gegeben hatte, lachte: »Ich muß Ihnen jetzt eine Geschichte erzählen, die mir gestern anläßlich der Akquisition bei Netheim, Eisenwaren en gros und en détail, passierte, also ...«

»Bemühen Sie sich nicht, Venske«, sagte Bötticher, »der Herr Samuel Wolff möchte seinen Unfrieden, soll er ihn haben. Das ist Leuten seiner Art nun einmal eigen. So sie sich aber in deutsche Dinge einmischen, wird's allerdings mehr als ärgerlich. Gut gespielt, Doktor Berthold. Wollen mal sehen, ob die anderen überhaupt aus dem Schneider sind.«

Es wurde mucksmäuschenstill. Man sah betreten vor sich hin oder in die Karten. Die Feindseligkeit konnte man förmlich fassen.

Friedrich Wilhelm Hasenclever, meinem Urgroßvater, waren heftige Auseinandersetzungen nicht fremd. Schließlich ging es bei Geschäftsverhandlungen der Firma Hasenclever und Co. in der Regel um hohe Beträge, und anläßlich von Abmahnungen oder wenn Liefer- oder Zahlungstermine eingehalten werden mußten, konnte Höflichkeit nicht weiterhelfen. Er hatte sogar regelrechte Prügelszenen unter seriösen Geschäftsleuten, denen das Wasser bis zum Halse stand, erlebt. Doch das Gezänk zwischen Bötticher und Wolff schien ihm merkwürdig abgehoben, durch nichts Wirkliches veranlaßt und daher so unnötig, wie »auf den Amboß strüllen« – eine Redensart unter Gesenkschmieden. Außerdem ließ ihn die Gewißheit erwiderter Liebe, die ihn in einen Zustand schwebender Leichtigkeit versetzt hatte, von der er in seinem Tagebuch spricht, alles andere um ihn herum irgendwie liebenswürdig erscheinen, und so versuchte er sich, ganz gegen seine sonstige Gewohnheit in solchen Situationen, als Vermittler einzuschalten. »Wie auch immer«, begann er, lachte dann aber, als ihm diese von Doktor Berthold stammende Schlichtungsformel herausrutschte, laut los, und vielleicht hat gerade dieser, nach Henriette, der Friedrich Wilhelm alle Einzelheiten des Streits berichten mußte, »herrliche Fauxpas« die animose Stimmung tatsächlich so angeheizt, daß das Folgende möglich wurde. Wolff nämlich schnippte den Kartenfächer in der Hand zum Päckchen, warf es auf den Tisch, wandte sich, Daumen unter die Achseln gedrückt, dem Widersacher zu und sagte: »Das ist nun zuviel. Sie sind ein Lump, Bötticher.« Seine Wangen waren rot angelaufen, gewiß nicht allein vom Cognacgenuß. »Wie bitte?« fragte Bötticher, dessen Gesicht bis zur Stirn aus dem Bart heraus ein noch tieferes, ins Bläuliche gehende Rot überzog.

»Ich sagte, Sie seien ein Lump«, wiederholte Wolff zum Entsetzen nun aller im Raum. Venske stand auf: »Aber meine Herren, das ist doch . . .«

»Hinsetzen, Sie . . . Sie . . . Laufbursche«, bellte Bötticher ihn an, und zu Wolff gewandt: »Ich verachte Sie, das ist das eine, und das andere, ich ersuche Sie, zumindest in meiner Gegenwart sich nicht in deutsche Angelegenheiten einzumischen.«

Ob er damit ausdrücken wolle, er, Wolff, habe nicht das Recht, in deutschen Angelegenheiten mitzureden, da er kein Deutscher sei?

»Sie haben es endlich begriffen«, schnaufte Bötticher, »und ich sage es jetzt klipp und klar: Jawohl, Sie sind kein Deutscher. Herr von Hippel, die Karten bitte.«

Hippel hatte seinen Sessel zurückgesetzt, und seine Hände zitterten, als er, sich vorbeugend, die Karten aufnehmen wollte.

»Lassen Sie nur, Herr von Hippel«, sagte Wolff, »das Spiel ist aus.« Er stand auf, ging zur Tür, drehte sich, bevor er sie erreichte, halb herum, sagte über die Schulter hinweg – es sollte sich beiläufig anhören, klang dafür aber doch zu heiser: »Bötticher, ich fordere Sie auf Pistolen und erwarte Ihre Sekundanten.«

»Sprach's, schritt hinaus und schmiß die Tür hinter sich ins Schloß«, schilderte Friedrich Wilhelm Henriette den Abgang des Herausforderers, »während Völz applaudierte und ich sekundiere Ihnen rief.«

»Sie sind doch überhaupt nicht satisfaktionsfähig«, schrie,

nach sekundenlanger Verblüffungs- und Schreckpause, Bötticher, von dessen Stirn der Schweiß rann, in Richtung Tür.

»Zertreten sollte man Sie«, er griff sich ans Herz.

»Um Himmels willen«, stotterte Hippel. Doktor Berthold, sein Sessel fiel dabei um, sprang Bötticher bei, fragte: »Eine Attacke?« Aber der winkte ab: »Lassen Sie, lassen Sie, es ist nichts.« Venske grimassierte und lachte lautlos, Schnittger grinste kopfschüttelnd, und Henry Deter war leichenblaß und kicherte.

Später zog Friedrich Wilhelm mit Venske – der meinte, man müsse dabeigewesen sein, um es für möglich zu halten, er habe ja schon allerhand an Streitigkeiten erlebt, Messerstechereien gar, aber einen Krach unter Herren der gebildeten Stände bis zum Duell auf Pistolen, so was lese man sonst nur in Romanen – noch einmal durchs nächtlich leere Höxter auf der Suche nach einer offenen Gastwirtschaft, die sie in einer der Gassen nah am Fluß fanden, eine von Schiffern und Flößern besuchte Schenke. Man gestattete, daß sie sich zu ihnen an den einzigen langen Tisch unter der Petroleumlampe setzten. Ein stämmiger Flößer, dem der Bart bis zum Bauch wuchs, ließ ihnen vom Wirt zwei Krüge Bier bringen, und nach einem freundlichen »Prosit ob de niggen Lüt am Tisch« kümmerte man sich nicht weiter um sie.

Es waren acht Männer, allesamt Flößer und ein Knabe, der auf seinen eingewinkelten Armen am Tisch schlief. Die kerligen Gestalten mit ihren bärtigen Gesichtern unter in den Nakken geschobenen breitkrempigen Hüten wirkten in dem schummrigen Licht der Lampe märchenhaft-wild, ihre Geschichten von Flößen in Strudeln, von rollenden, rutschenden Stämmen, sich aufbäumendem Holz, abgequetschten Gliedern und Blutlachen auf glitschigen Planken, von Driften im Schlick, unheimlichen Schreien im Schilf, wimmernden Winden bei Neumond und Geistern und Kobolden, die plötzlich ums Feuer tanzten, während der Strom aufwärts floß, klangen wie Balladen aus versunkener Zeit.

Friedrich Wilhelm hätte gern ein Lied angestimmt – »im

Sturm die wilden Wogen brausen« zum Beispiel –, aber er traute sich trotz seiner anhaltend euphorischen Stimmung nicht, spürte, daß diese Männer ihre eigenen Gesänge hatten, die nicht in jedem Fall zu singen waren, schon gar nicht von Fremden. Nach einem zweiten Krug Bier, den sie wiederum nicht zahlen durften, am Tisch aufgenommen sei man Gast der Runde, verabschiedeten sich Friedrich Wilhelm und Venske von den Männern mit Handschlag und verließen die Kneipe.

Draußen wehte eine feine Brise über den leise rauschenden Fluß. Die Sterne funkelten, und ihre Schritte hallten laut auf dem Katzbuckelpflaster der winkeligen Gasse ohne Trottoir, in der es nach Fisch und Pferdepisse, altem, zerbröckeltem Fachwerk, Schimmel und wildem Wein, der an den Häusern rankte, roch. Von Ferne hörten sie den Nachtwächter die zweite Stunde ausrufen, aus einem offenstehenden Fenster tönte das röchelnde Schnarchen eines – so Friedrich Wilhelm zu Venske – »braven, biervollen Bürgers«, und als ein geduckter Schatten die weinüberwucherte, von einer sich lautlos schließenden Tür hinunterführende Stiege herab und vor ihnen her durch die Gasse huschte, über ein Mäuerchen setzte und verschwand, stießen sie sich an. Friedrich Wilhelm winkte sogar dem heimlichen Liebhaber nach, hätte am liebsten »Bravo« gerufen und laut aufgejauchzt, hätte, heißt's im Tagebuch, »überhaupt die ganze Welt umarmen können«. Dieses ozeanische Gefühl war aber wohl nicht allein der Grund dafür, daß er seinen Nachtwandlerkumpan, stehenbleibend, am Arm fassend und ihn herumdrehend, fragte: »Venske, wollen Sie bei mir anfangen. Ich meine, bei der Firma Hasenclever & Co.?«

Mein Urgroßvater, der in geschäftlichen Dingen überaus risikofreudig, dann wieder außerordentlich vorsichtig war, eine Mischung, die ihm ein paarmal fast zum Verhängnis wurde, hatte sich das Angebot längst überlegt. Ihm war in mehreren Gesprächen die hervorragende Kenntnis des für die Görlitzer Gesellschaft für Eisenbahnbedarf akquirierenden Venske, sowohl im Waren- wie im Handelsbereich, aufgefallen, und da er seit einiger Zeit einen tüchtigen Mann suchte, um ihn zu einem ihm ergebenen Vertrauten heranzuziehen, Venske trotz aller Schläue und Handelsvertreterredseligkeit auf ihn einen guten Eindruck machte, »charaktervoll und echt bei aller nach außen zu lenkender Gerissenheit«, laut Tagebuch, schien er ihm gerade der rechte Mann und jetzt der rechte Augenblick für dieses Angebot zu sein.

Venske blickte ihm in die Augen, wandte sich dann um, sagte im Weitergehen – und damit hatte er bei Friedrich Wilhelm einen weiteren Stich gemacht: »Ich danke Ihnen sehr. Geben Sie mir bitte eine Woche Zeit. Schauen Sie mal dort drüben, die schwarze Katze, von rechts nach links, Gutes winkt's.«

Im »Berliner Hof« angekommen, sagte Venske: »Wenn's denn klappt, ich habe vorab eine Forderung: Für die Hasenclever möchte ich zweiter Klasse reisen.«

»Diese Forderung wäre zugestanden«, sagte Friedrich Wilhelm, und die beiden wünschten sich, die Treppe zu ihren Zimmern hinaufgehend, »gute Nacht«.

Venske sollte übrigens akzeptieren. Daß mein Urgroßvater keinen besseren Vertrauten und treueren Angestellten – er gab ihm bereits nach fünf Jahren Prokura – hätte finden können, stellte sich schon bald heraus, als nämlich der Vater meines Urgroßvaters, für den »gutes Blut« Voraussetzung für die Aufnahme in die Familie Hasenclever war, seinen Sohn aus der Firma zu prozessieren beabsichtigte, weil der »die Landau als Eheweib ins Haus holen« wollte.

»Die Landau«, wie sich übrigens Henriette selbst gern nannte und später in Journalistenkreisen auch respektvoll genannt wurde, lag noch wach, als Friedrich Wilhelm zurückkam, hörte seine Schritte im Zimmer unter dem ihren, hörte, wie er sich aufs Bett warf, hörte dann nichts mehr, schlief schließlich ein und wachte am Morgen erst nach mehrfachem Klopfen des Zimmermädchens auf. Da sie sich zum frühen Frühstück mit den Vosswinkels, die noch vor Mittag heimreisen wollten, im Hotel »Stadt Bremen« verabredet hatten, mußte sie sich mit der Morgentoilette beeilen – mehr als unangenehm für sie, die doch morgens lange brauchte, um wirklich wach zu werden, und prompt stieß sie dabei auch die Porzellankanne vom Waschtisch, wofür sich das Zimmermädchen unnötigerweise entschuldigte und, als es deswegen angeherrscht wurde, losheulte, was Henriette erst recht aufbrachte. Ärgerlich über ihr eigenes falsches Benehmen, warf sie das Mädchen hinaus, mußte sich nun allerdings allein ankleiden, konnte das gewählte, das gelbseidene, Kleid mit dem grünen Besatz und dem tieferen Ausschnitt nicht nehmen, weil es hinten zu viele, unmöglich allein zu schließende Knöpfe aufwies, zog dafür das einzig mögliche blau-weiße, das ihr aber noch nie so recht gefallen hatte, an, und als ihr dann beim Schuhezuknöpfen eine Lasche riß und dabei das schlecht gebundene Mieder verrutschte, wollte sie einfach aufgeben und wieder ins Bett kriechen. Sie hätt's auch getan, wäre ihr nicht die vorerst letzte Begegnung mit der von ihr bereits beinahe geliebten Eva Vosswinkel wichtiger gewesen als ihr eigenes, wütendes Selbstmitleid, und so gab sie sich einen Stoß und machte sich, so gut es eben ging, zurecht.

Friedrich Wilhelm, der sie im Foyer mit Ungeduld erwartete – er hatte die Absicht, ihr auf dem Weg zum Hotel »Stadt Bremen« den Heiratsantrag zu machen –, erkannte gleich, als sie die Treppe hinunterschritt, daß dies wohl kaum die rechte Stunde sei, mit ihr etwas Lebensentscheidendes zu besprechen. Ihre »Morgenmuffeligkeit«, wie Henriette selbst ihre Unausstehlichkeit in der Frühe nannte, schien, sah man nur ihre den Ekel aller Welt ausdrückenden Augen, den Höchststand erreicht zu haben. Schwiete war an der Rezeption. Sein und Friedrich Wilhelms »Schönen guten Morgen, Fräulein Landau« beantwortete sie mit einem Kopfnicken und leisem »danke«, sagte, zu Friedrich Wilhelm gewandt: »Ich glaube, wir müssen uns beeilen, Herr Hasenclever, die Vosswinkels werden schon warten.« Vor dem Hotel schnappte sie nach Luft. »Also los!« sagte Friedrich Wilhelm, bot ihr den Arm. »Verzeih«, sagte sie, »ich . . .«, nahm seinen Arm, und sie machten sich auf den Weg.

Wieder war der Himmel wolkenlos. Die Morgensonne

strahlte. Fischhändler schoben ihre Karren zum Markt, Fuhrwerke, von schweren Gäulen gezogen, rumpelten übers Kopfsteinpflaster, und zwei eingehakte, betrunkene Schiffer sangen laut und lallend ein Lied in den jungen Tag. Aus einer offenen Backstube wehte der Duft von frischem Brot über die Fischkarren. Friedrich Wilhelm blickte Henriette von der Seite an und beschloß, seine während der Morgentoilette noch einmal formulierte und ein paarmal vor sich hin gesprochene Bitte um ihre Hand zum Ehebund jetzt nicht vorzubringen, sondern zu versuchen, Henriette erst einmal aufzuheitern, was ihm schnell gelang, indem er, Tonlage und Ausdrucksweise des Sekondeleutnants Herjet imitierend, die Duellforderung Samuel Wolffs während des Kartenspiels im Rauchsalon schilderte.

Sie wollt's nicht glauben. »Du schwindelst. Ja? Nein? Erzähl noch einmal – aber vernünftig, bitte«, und als Friedrich Wilhelm die Geschichte wiederholte, noch einmal versicherte, so sei's wirklich gewesen, rief sie: »Phantastisch. Das hat er wirklich so gesagt? Das muß ich . . .«, und sie begann im Geiste ihren Brief an ihren Vater – das konnte vielleicht eine Glosse für den »Kladderadatsch« werden – weiterzuschreiben: ». . . und Papa, Du wirst es nicht fassen, dieser Herr W., ein freisinniger, durchaus moderner und aufgeschlossener Herr alter Schule, hat jenen bekannten Orientalisten B., anläßlich einer Auseinandersetzung über die Frage deutscher Kolonisierung im Osten, auf Pistolen gefordert . . .«

Warum er, Friedrich Wilhelm, sich nicht gleich Völz, als Sekundant Wolffs angeboten habe? »Monsieur, Sie verhielten sich unehrenhaft. Noch heute mittag müssen Sie das, soll ich Sie nicht bis an Ihr Lebensende verachten, revidieren«, und sie malte aus, wie sie im kühlen, nebligen Morgengrauen in einer vierspännigen Kutsche mit zugezogenen Fenstern zum Duellplatz in der Waldlichtung bei den Anlagen am Räuschenberg fahren, den in weißen, halsoffenen Hemden, Rücken an Rükken stehenden, Pistole in hochgestreckter Hand haltenden Duellanten, den Sekundanten in Frack und Zylinder und Doktor Berthold mit seiner Arzttasche zurufen würde: »Haltet ein. Ich bin's nicht wert!«

Friedrich Wilhelm machte den Vorschlag, seinem Onkel August zu telegraphieren, den innen rotsamtausgeschlagenen Ebenholzkasten mit den beiden Duellpistolen, die mindestens fünfmal schon in Ehrenhänden benutzt worden waren, zu schicken, und zwar per Eilpost, er, Friedrich Wilhelm nämlich, wolle nun doch, um ihre, Henriettes, Verachtung nicht auf sich zu ziehen, Wolff als Sekundant beistehen und mit den Sekundanten Böttichers, vermutlich Hippel und Henry Deter, die Bedingungen aushandeln.

Vosswinkels, die am Frühstückstisch eines Nebenzimmers im Hotel »Stadt Bremen« warteten, fanden die Geschichte überhaupt nicht komisch. Dem Wolff habe er nun gerade eine derartig dumme Geste feudaler Ehrpusseligkeit nicht zugetraut, meinte Ernst Vosswinkel, und Eva sagte mit beinahe bebender Feierlichkeit in der Stimme, das gesetzliche Duellverbot müsse sehr ernst genommen, bewaffnete Zweikämpfe dürften nie ins Lächerliche gezogen werden, so daß Henriette sich fragte, ob sie sich in der »Füchsin«, wie sie Eva für sich schon nannte, nicht doch getäuscht habe. Da wußte sie allerdings noch nicht, daß einem jungen Redakteur der »Westfälischen Zeitung« von einem Dragonerleutnant die Augen blindgeschossen worden waren, weil er Evas, das Benehmen der Dragoner in der Stadt beschreibende und ironisierende, Glosse auf seinen Namen genommen hatte. Ihre Skepsis verflog aber bei Evas girrendem Lachen auf ihre Bemerkung, sie möge sich doch nur den vor Angst schlotternden Bötticher angesichts der Pistole in der zitternden Hand des, einen Gardeoffizier mimenden, Samuel Wolff vorstellen. Außerdem erkannte sie eine weitere Gemeinsamkeit: Auch Eva schenkte der vollen Frühstückstafel, über die die beiden Männer regelrecht herfielen, keinerlei Beachtung, sie schaute im Gegenteil, offensichtlich angeekelt, zur Seite und trank nur eine Tasse Kaffee. So folgte sie gern ihrer Aufforderung, sie ins Zimmer zu begleiten, um ihr beim Packen der letzten Stücke zu helfen. Auf dem

Weserbootsausflug tags zuvor, nach der Feststellung, daß sie denselben Beruf ausübten, und dem Austausch ihrer Erfahrungen zum Beispiel darüber, was, worüber und für welche Zeitschriften und Zeitungen unter welchen Auflagen sie schreiben durften, hatten sie sich versprochen, sich künftig über ihre Arbeiten auszutauschen, und so erzählte, während Eva die Koffer packte, Henriette von ihrem Projekt eines Portraits über Hoffmann von Fallersleben.

Sei der Alte drüben im Schloß Corvey nicht »verehrungswürdig«?

»Verehrungswürdig«, meinte Eva, würden tatsächlich junge Damen, die die Gesellschaft eines berühmten Professors und Dichters genossen hätten, enthusiastisch ausrufen. Als Journalistin indes stelle sie die Frage, ob er nicht doch auch arg eitel sei und ziemlich pompös.

Henriette war einen Augenblick lang perplex, bevor sie auflachte. Richtig, aber machten seine Aufgeschlossenheit und beinahe kindliche Neugier das nicht wieder wett?

Ja, sagte Eva, Hoffmann wirke bei allem in der Tat – sie suchte das Wort – »unverdorben«.

»Keusch«, sagte Henriette, und darüber kicherten sie erst, wiederholten dann aber unisono: »Ja, keusch.« Und hinter aller Schläue in seinem Faltengesicht, so Henriette, und trotz und vielleicht gerade wegen seiner manchmal komischen Gestik, seines Gepränges, seiner altertümlichen Plauderkunst finde man da etwas, das ihm jene, aus einer längst verschwundenen Märchenzeit herrührende, Aura verleihe, der man sich einfach nicht entziehen könne.

Ja, und das habe sie sehr schön ausgedrückt, sagte Eva, dürfe sie's lesen, wenn sie's geschrieben habe, noch vor der Veröffentlichung?

»Oh, ja«, sagte Henriette, und schon deswegen würde sie gern mit ihr, Eva, bald wieder zusammentreffen.

Die beiden lächelten sich an. »Ich sage jetzt du«, sagte Eva Vosswinkel, »du, Henriette.«

»Du, Eva«, sagte Henriette.

Sie gingen aufeinander zu und umarmten sich, und nachdem sie sich eine Zeitlang an den Händen gehalten, ihre Freundschaft freudig besprochen und sich gelobt hatten, sie unter allen Verhältnissen und Umständen hochzuhalten und zu bewahren, erzählte Henriette, sie werde von Höxter aus nach Berlin reisen, um ihren Vater dort zu treffen, der ihr bei dieser oder jener Redaktion die Tür zu öffnen versprochen habe.

»Willst du nicht auch kommen?« Karl Landau sei so amüsant wie hilfsbereit, gerade, wenn es um Frauen ginge, die er Kolleginnen nenne. »Überleg nicht lange. Sag ja«, und sie gab Eva die Karte ihres Vaters, »dort wohne ich.«

Gern, sagte Eva, aber sie müsse ihren Mann dazu überreden; ohne ihren Gatten zu reisen . . . Henriette wisse, so was sei so gut wie ausgeschlossen für eine verheiratete Frau. Und wie's mit ihr sei? »Begleitet dich Herr Hasenclever nach Berlin?«

Diese im ersten Augenblick verblüffende Direktheit sollte Henriette an der Freundin noch schätzen lernen. »Vielleicht werde ich bald in ähnlicher Lage sein wie du«, sagte sie, »Herr Hasenclever, so sieht's jedenfalls aus, wird mir wohl bald einen dahingehenden Vorschlag unterbreiten, und ich weiß nicht, ob ich darauf eingehen soll.«

Aber sie liebe ihn ganz augenscheinlich doch.

»Ja. Aber ob das genügt?«

Darauf wußte Eva Vosswinkel – plötzlich eigenartig abgekehrt – keine Antwort. Sie wechselten das Thema, sprachen über Berlin, das beide »phantastisch« fanden, und nachdem Eva zu Ende gepackt hatte, begaben sie sich zur Rezeption, wo die beiden Männer bereits auf sie warteten. Hausdiener holten die Koffer, verstauten sie in der Droschke, die draußen wartete.

»Nun geht's ans Abschiednehmen«, sagte Ernst Vosswinkel, der wie Friedrich Wilhelm ein bißchen erstaunt zu sein schien über die Duzfreundschaft der beiden, die sich an den Händen hielten und miteinander redeten. »Ach, ich möchte einen Eisenbahnabschied mit Taschentuchwinken«, sagte Henriette, »wir fahren mit.«

Sie stiegen lachend zu viert in die Droschke und fuhren zum

Bahnhof, wo sie auf dem Perron prominierten, bis der Zug ratternd und schnaufend einlief und unter quietschendem Zischen und einem krachenden Ruck zum Stehen kam – ein Geräusch, das Henriette seit Kindertagen in einer Mischung aus Schrecken und Neugier genoß und das einen Druck auf ihre Blase erzeugte, so daß sie die Schenkel zusammenpressen mußte. Vor dem Ungetüm der Lokomotive und den schwarzen Männern im Feuerschein des Führerstandes gruselte ihr immer noch, und Eva Vosswinkel erzählte, daß es ihr ganz ähnlich erginge. Der Stationsvorsteher bat um Beeilung, man habe bereits fünfeinhalb Minuten Verspätung. Eiligst stieg man ein, nachdem ein Dienstmann das Gepäck hineingeschafft hatte. Im Abteilfenster, dessen Scheibe heruntergelassen wurde, erschienen die Vosswinkels noch einmal, man schüttelte sich die Hände, sagte: »Auf Wiedersehen« – Henriette flüsterte Eva zu: »Bis Berlin« –, und dann ertönten das: »Von der Bahnsteigkante zurücktreten!« und das schrille Pfeifen des Stationsvorstehers, der die Kelle hob – wie oft hatte Henriette das nachgespielt –, und ehe das Zischen und Puffen und Rollen erneut begann und sie noch einmal leicht schaudern ließ, waren Vosswinkels verschwunden, um das Anrucken des Zugs sitzend über sich ergehen zu lassen, tauchten dann aber wieder am Fenster auf, und Friedrich Wilhelm und Henriette winkten mit Taschentüchern so lange, bis der letzte Wagen aus dem Bahnhof verschwunden war.

Während er noch winkte, wußte Friedrich Wilhelm, daß nun der rechte Zeitpunkt für seinen Antrag gekommen sei. Henriette hatte Abschiedstränen in den Augen, und als sie Hand in Hand den vom Bahnhof in die Stadt führenden Weg an der Weser vorbei entlangschritten, begann er: Nichts sei so traurig und deprimierend, wie wenn zwei Liebende sich, sei's auch nur vorübergehend, trennen, in verschiedene Richtungen auseinandergehen müßten; oder wenn der eine bliebe und der andere fortfahre. Doch müsse das denn wirklich sein? Wenn zwei Menschen zueinanderfänden, sich vertrauten, sich möchten, sich schließlich liebten und feststellten, daß sie über den

Augenblick hinaus zueinander paßten, ja füreinander bestimmt seien, dann sollten sie doch das einzig Richtige beschließen, nämlich für immer beieinanderzubleiben. »Henriette« – und das war der Satz, den er seit gestern einige Male vor sich hin gesprochen hatte –, »ich liebe dich, vertraue dir, wie du mir; ich bin überzeugt, wir passen zueinander, ja, wir sind füreinander bestimmt. Ich bitte dich, meine Frau zu werden.« Fast hätte Henriette gekichert, eine höchst ärgerliche Angewohnheit bei Anlässen, die sie verunsicherten und ihre Gefühle durcheinanderbrachten. Dabei hatte sie den Antrag erwartet. Flachsend in den Ton der in der »Gartenlaube« abgedruckten Romane zu fallen – etwa »Ja, ja, jubelte ihr Herz« zu rufen, oder »Mein Herr, Ihr Antrag ehrt mich außerordentlich; aber bedenken Sie die Konsequenzen. Meine Wenigkeit ist Ihrer unwürdig« – kam ihr angesichts des lieben Ernstes in seinen blaublauen Augen und ihrer eigenen Gefühlsaufwallung nicht in den Sinn. So faßte sie nur seine Hand, drückte sie fest und zog ihn im Weitergehen mit, und während er redete und redete, sie seiner, wie es im Tagebuch heißt, »Liebe immer wieder aufs neue und in Worten, die mir nur so zuflossen, versicherte«, Pläne für eine gemeinsame Zukunft entwickelte, versuchte sie sich eine Ehe, ein Familienleben mit ihm vorzustellen. Das wäre, wie sie ja schon früher herausgefunden hatte, gewiß nichts »Unübles«, wie ihr Vater sagen würde, nicht zuletzt wegen der Hasencleverschen Wohlhabenheit, die eine geborgene und allen äußeren Sorgen enthobene Existenz erwarten ließ, etwas, das sie in Erinnerung an die, vor allem auch wirtschaftlich chaotischen, Verhältnisse der Landaus sehr schätzte. Ohne zu ahnen, was alles der Hasencleversche Firmen- und Familienchef aufbieten sollte, um die »Einheirat einer Landau«, wie er wütete, zu verhindern, malte sie sich die guten Seiten eines Lebens an der Seite Friedrich Wilhelms aus. Würde ein Gatte wie Friedrich Wilhelm Hasenclever aber ihre Arbeit, die sie zudem immer wieder außer Haus führte, goutieren? Könnte sie überhaupt neben den Verpflichtungen, die sie als Frau eines Industriekaufmanns seines Kalibers wahrnehmen müßte, im journalistischen Gewerbe weiterkommen, selbst wenn sie in Köln, am Standort der »Kölnischen Zeitung«, Wohnsitz nähmen, was durchzusetzen sie sich zutraute? Und was, wenn Kinder kämen?

Zwei Herren, augenscheinlich Honoratioren der Stadt, wanderten ihnen entgegen, zogen im Vorbeigehen grüßend die Hüte. Sie grüßten zurück, hielten sich weiter an den Händen. Die Weser floß ruhig, von einem lauen Wind nur kaum gekräuselt, neben ihnen her, bis ein stromaufwärts tuckernder Dampfer, zwei Lastkähne im Schlepp, herankam. Die Bugwellen schwappten nacheinander ins Ufergebüsch. Friedrich Wilhelm war schon bei der Hochzeitsreise angelangt, »um die halbe Welt, Venedig, Paris, Madrid, London . . .«.

Die Alternative, überlegte Henriette, wäre, ledig zu bleiben, und das hieße: allein zu leben. Das Stigma einer Sitzengebliebenen fürchtete sie nicht allzusehr, aber wenn sie an ihre Mutter dachte! . . . Und wollte sie denn am Ende eine dieser Zigarren rauchenden, mehr oder weniger geistreichen Salonschrullen werden? Zumindest eine Nacht lang müßte sie sich das alles noch durch den Kopf und durchs Herz gehen lassen, um zu einer »klaren Ausgangslage« zu gelangen – jenem von ihrem Onkel und Mentor bei der »Kölnischen Zeitung« so genannten Zustand, den sie brauchte und sich zu schaffen wußte, ehe sie eine Arbeit begann, eine Entscheidung traf. Diesmal würde sie aber, das ahnte sie, mehr mit dem Herzen als mit dem Kopf entscheiden.

Am Ende des Weges, der, bevor er in eine Straße mündete, von keiner Seite einsehbar, zwischen hohem Gebüsch verlief, blieb sie stehen, drückte sich, einer plötzlichen Aufwallung nachgebend, an ihn, küßte ihn auf den Mund, wich aber gleich wieder zurück, als er sie umarmen wollte. »Bitte jetzt nicht weiter«, sagte sie, »und laß mir etwas Zeit, über alles nachzudenken. Willst du, Lieber? Bis morgen?«

Die Eintragungen im Tagebuch meines Urgroßvaters, jenen Gang am Weserufer entlang betreffend, füllen drei Seiten und sind in einem derartig überschwenglichen Ton gehalten, daß man nicht glauben möchte, sie stammten von einem Hasencleverschen Industriekaufmann seines Kalibers. Erst der Abschluß seiner Ergüsse zeigt ihn wieder als nüchternen Praktiker: »Ich bin mir nun sicher, sie wird die Meine.«

»Ein weiterer Tag an der Weser Ihnen also zugestanden, mein Herr«, sagte Henriette, während sie nun, ohne sich an den Händen zu halten, über die Westerbachstraße in Richtung Hotel gingen, »aber machen Sie sich nun bitte Gedanken dazu, wie wir noch einmal mit dem Professor und Dichter zusammentreffen können. Das ist wichtig für das, was ich vorhabe, nämlich ein gutes Portrait von ihm anzufertigen.« Friedrich Wilhelm wollte antworten, aber in diesem Augenblick dröhnte ein Paukenschlag, Auftakt zum Regimentsmarsch des Musikkorps der Fünfundfünfziger, das in die Westerbachstraße einbog und, über die gesamte Straßenbreite blasend, trommelnd, pfeifend, paukend, ihnen entgegenmarschierte, flankiert und gefolgt von hüpfenden Kindern und einigen älteren Zivilisten, die ihre Spazierstöcke schulterten oder als Taktstab, wie der vorneweg paradierende Tambourmajor, in die Luft stießen. Unwillkürlich faßten Friedrich Wilhelms Schritte Tritt mit dem von der dicken Trommel dumpf geschlagenen, vom Schellenbaum hell begleiteten Takt des klingenden Spiels, und Henriette paßte sich ihm an. Auf dem Trottoir stehenbleibend, ließen sie den Zug vorüberziehen. »Schmissig, schmissig« – ein gerade aufgekommenes Modewort –, meinte Henriette, als man sich wieder verständlich machen konnte und Friedrich Wilhelm »in blanker Begeisterung« der Kapelle hinterherschaute.

Die Frage nach einem nochmaligen Zusammentreffen mit Hoffmann von Fallersleben beantwortete sich im Foyer des Hotels. Schwiete, der sie aufgeregt flüsternd, das Duell sei bereits Stadtgespräch, empfing, erstarrte mit einemmal förmlich. Zur Tür herein schritten Hoffmann, gekleidet in seiner Lodenjoppe, ein rotes Tuch um den Hals geschlungen, eine Handwerksburschenmütze auf dem Kopf, den Ziegenhainer in der Faust, und Samuel Wolff, in gleicher Aufmachung. Baßstimmig und blinzelnden Auges verkündete der Alte, nachdem er, den gnädigen Fürsten spielend, Schwietes tiefe Verbeugung huldvoll lächelnd und ihm die Hand reichend, mit einem »Steh er!« quittiert hatte: »Mein alter Freund Samuel Wolff, der mich heute in aller Frühe aus dem Bett geworfen hat, und ich, wir wollen die Weser entlang auf Karlshafen zu wandern. Wie wär's, verehrtes Fräulein Henriette – Herr Hasenclever selbstverständlich eingeschlossen –, wollen Sie uns zwei Alte nicht mit Ihrer frischen Jugendlichkeit beglücken, sprich, uns begleiten?

»Sehr gern«, sagte rasch und freudig Henriette.

»Schön. Das wird eine fröhliche Tour werden. Doch vorher gilt es noch mit dem von Herrn Wolff zum Duell geforderten Bötticher die Bedingungen auszuhandeln. Wo ist der Kerl? Ich möchte ihn mir vornehmen.«

Er werde Bötticher Bescheid geben, sagte Schwiete, der sich vor Ehre und Glück kaum zu halten wußte und »zwei von dem guten Welener Sonnenuhr, rasch« einem Kellner, der aus dem Speisesaal kam, zurief.

»Also, dann laßt uns erst einmal ein Glas von Schwietes Möselchen trinken«, sagte Hoffmann, ehe er sich in einen Sessel fallen ließ.

Zwei Veteranen

Samuel Wolff hatte ihn nicht aus dem Bett geworfen, sondern zusammengekauert, das Gesicht vom allmählich nachlassenden Trigeminusschmerz verzerrt, im Ohrensessel des Arbeitsraums neben dem Schlafzimmer angetroffen, eingesponnen in Nachtmahrgedanken, die wieder einmal um die Einsamkeit seiner letzten Jahre kreisten.

»Sie zermartert dich langsam, warte nur«, hatte Bruder Daniel von der Schattenwand gehöhnt, »die Einsamkeit.« – »Ich genieße sie«, hatte er zurückgezischelt – eine Lüge. Ja, er hatte sie ersehnt, die Ruhe, nach der jahrzehntelangen Unstetigkeit, die übrigens nicht allein auf die politischen Verhältnisse zurückgeführt werden konnte, auch nicht auf die Bedrängnisse und Verfolgungen, welche ihn mittel- und heimatlos die besten Mannesjahre hindurch hatten herumziehen lassen. Seine Unruhe entsprang gerade so sehr einer ihm eigenen – »urtümlichen«, nannte er sie für sich – Rastlosigkeit, unter der er litt, von der er aber andererseits zu seiner Arbeitswut und seiner Schaffenskraft angetrieben wurde, von der sein umfangreiches Œuvre zeugte, das, zu seinem steigenden Ärger, kein Verleger als gesammelte Werke herausbringen wollte. Die ihm zunehmend zur Vereinsamung geratene Ruhe im abgelegenen Corvey, nach Idas Tod anfänglich Trost und Gnade, war aber nicht zu seinem Lebenselement geworden. Sein seit Kindertagen auf Geselligkeit ausgerichtetes Wesen hatte sich überhaupt nicht verändert. Gerade in letzter Zeit wieder gierte er förmlich nach einer Gemeinschaft ihn achtender, schätzender Menschen, nicht zuletzt, um sie in alter

Beredsamkeitsartistik zu becircen und zu beweisen, daß er immer noch der Hoffmann von Fallersleben war, bewundert und geliebt wie in den großen, hellen Tagen, als man von weit her angereist kam, um ihn zu hören und zu sehen. Mehr oder weniger zufällige Besucher und Gäste, wie die schöne Henriette Landau, ihr treuherziger Galan und die braven Vosswinkels, boten nur selten solche Gelegenheiten.

Manchmal, wenn es wieder soweit war, die innere Unruhe unerträglicher wurde als die äußere Stille, packte er die Tasche und machte sich auf die Reise zu alten Freunden und Gefährten, um mit ihnen sich und die erregend alten Zeiten aufleben und die großen neuen Zeiten hochleben zu lassen. Männerrunden waren das, ähnlich denen in Lindtbergs Villa, wo Henriette Landau ihn sieben Jahre zuvor gesehen hatte. Immer unzufriedener aber kam er neuerdings zurück, den schalen Geschmack von Wieder- und Wiederaufgekochtem im Mund, und nicht einmal mehr eine Begeisterung für die neue Größe und Einigkeit Deutschlands, an der mitgewirkt zu haben er sich zugute hielt, weitete die Enge in seiner Brust.

Die Welt steht wieder still,
als wäre sie am Ziel.
Der Fortschritt, den man will,
ist nur ein Börsenspiel.

Ermüdet und erschlafft
im zweifelhaften Glück
läßt Wille, Mut und Kraft
sich drängen schon zurück,

hatte er gedichtet, und so war es ja auch, verdammt noch mal, und keiner wollte wirklich auf ihn hören. Verlassenheit, die schlimmste Form der Einsamkeit, sie fühlte er jetzt öfter, und sie vertrübte ihm den Tag, ließ manchmal schon ab Mittag Angst aufkommen vor den Schatten an der Wand, vor dieser finsteren Gesellschaft, mit der er die Nacht teilen mußte und vor der er noch vor Sonnenaufgang in den Ohrensessel geflohen war.

Sein Bruder hatte sich mit einer obszönen Geste aus der Schattenwand gelöst, um einer Gestalt in wadenlanger, Priesterpumps und Seidenstrümpfe freilassender Soutane, welche eine Schärpe zierte, einer Silhouette mit römischem Abbéhut über buschigen Augenbrauen und der unverkennbaren Adlernase Platz zu machen. »Grüß Gott auch, Signor Abate« – auf diesen spöttischen Gruß hin hatte Franz Liszt nur segnend die Hand gehoben, ernsthaft und schweigend, und hatte dem räsonierenden Freund aus Tagen überschäumender Geselligkeit gelauscht. »Der freie Geist, für den wir gestritten, auf den wir manchen Becher geleert haben, nun eingepackt unterm Priesterhut? Deine Benediktion brauche ich nicht; besuchen hätt'st du mich, das Altenburg-Album, um das ich dich bat, herbringen sollen; aber die Ehrenbürgerschaft der von uns einst so verachteten Weimarer Pfahlbürger haste dir antragen, dich vom Großherzog umarmen lassen; seinen Hofstaat um deine illustre Pfaffenfigur bereichert.« Bevor er auseinanderlief, segnete Liszt noch einmal, stumm und mit merkwürdig eckiger Geste, den vom Trigeminusschmerz halb wahnsinnigen, aufrecht im Bett sitzenden Gefährten früherer Jahre, und der krächzte: »Ja, ja, ich gebe den Segen an dein Patenkind Fränzchen weiter. Soll ich ihm erzählen, du seist kein Überläufer, sondern nur ein Schnelläufer?« Das verkrampfte Lachen blieb ihm im Hals stecken, als aus dem sich verwischenden Umriß Liszts heraus ein anderer Kontur annahm. Heinrich Wilhelm Hoffmann, breitschultrig, den Zeusschädel wie üblich reckend. »Du jetzt auch noch«, stöhnte der Sohn, »ist das zum Aushalten?« – und der Vater sprach in diesem leicht vibrierenden Baßton, Unartikuliertes erst, dann beinahe Verständliches, aus dem der sich vor Schmerz krümmende Sohn Vorwürfe wegen seines abgebrochenen Theologiestudiums heraushörte; hätt' er's weitergetrieben, wäre er Pfarrer geworden; bis zum Superintendenten wie der Hempel hätt' er's allemal gebracht; dann wäre er nun nicht ein einsamer alter Mann, sondern umgeben von einer ihn liebenden und verehrenden Gemeinde ... »Rrraus«, hatte er geschrien, »rrraus«, war aus dem Bett gesprungen, ins Arbeitszimmer gerannt, hatte sich in den Ohrensessel gekauert.

Die Erinnerung an Auseinandersetzungen mit seinem Vater wegen seines Studiums peinigte ihn zusätzlich. Den letzten und heftigsten Streit deswegen hatte es bei der letzten Begegnung mit ihm kurz vor seinem Tod gegeben: ein Tag unter blauem Frühlingshimmel, von dem eine Sonne leuchtete wie nur im März. Die Saaten grünten, und die Lerchen jubilierten. Er sah sich auf Fallersleben zu marschieren, den Ränzel geschultert, den Knotenstock schwingend, den würzigen, prickelnden Erdgeruch durch die geblähten Nüstern einziehend, manchmal aus voller Brust jauchzend und singend. Nach fast zweijähriger Abwesenheit freute er sich unbändig auf die Seinen, auf Haus und Hof und Heimat, obwohl er ahnte, daß es mit Vater und Bruder wegen seiner Pläne, deutsche Sprache und Kulturgeschichte an der gerade eröffneten Bonner Universität, wo Welcker und Arndt schon lehrten, zu studieren und sich der Forschung und der Poesie zu widmen, Ärger geben würde. Das sei doch nur eine Mode, hatte der Bruder geschrieben, das Hannoversche solle er nicht verlassen, nicht im schlimmen Preußen sein Heil versuchen; dabei stand Bruder Daniel selbst im preußischen Staatsdienst, der Klugscheißer.

Gleich nach dem Begrüßungsmahl – gezuckerter Speckpfannkuchen, Salat in Buttermilchsoße, er schmeckte alles noch auf der Zunge – war es im Arbeits- und Dienstzimmer seines Vaters, des ehemaligen Bürgermeisters und Maire, zur Aussprache gekommen. Höchstens fürs theologische Studium sei noch mit Unterstützung zu rechnen; die Vermögensverhältnisse der Familie gäben's nicht her, und wenn er dann eine in der Regel nicht schlecht dotierte Pfarre habe, könne er's zurückzahlen; man stünde mit dem Rücken zur Wand; zwanzig Taler habe er gerade gezahlt, um ihn, den Studiosus der Theologie, von der Rekrutenpflicht freizustellen.

Die unanfechtbare Autorität des Vaters, Grundelement der

Familie, hatte ihn dazu schweigen lassen. Sie verbot zum Beispiel auch die nur leiseste Andeutung von Leichtsinnigkeit in finanziellen Angelegenheiten des »Paterfamilias«, wie sich der Freund klassischer römischer Literatur gern nannte. Heinrich Wilhelm Hoffmann war äußerst nachlässig im Kolonial- und Handelsgeschäft, der vor der Landwirtschaft und dem Gast- und Beherbungsgewerbe wichtigsten Einnahmequelle der Familie. »Hä schmet ok dä Dalers met bede Hänne ut 'n Fenster rut«, so die Großmutter einmal aufgebracht, nachdem Heinrich Wilhelm die nach seinen Plänen erbaute Fallerslebener Kirche – eine den Winkelmannschen Vorstellungen sakraler Bauwerke im alten Rom nachempfundene Konstruktion – mitfinanziert und die Orgel, die bei der Lieferung zertrümmert worden war, auf seine Kosten neu bestellt hatte. Ihm liebe Gäste durften in der Schankstube tagelang frei trinken und essen. Aber das Kostspieligste war seine den Einrichtungsgegenständen aller Art geltende Kunstliebhaberei, der er vor allem bei Auktionen auf den Gütern und Schlössern in der Gegend ansässiger Adeliger, die zur Franzosenzeit in Bedrängnis geraten waren, freien Lauf ließ. Er ersteigerte Ritterschränke, Renaissancesessel, venezianische Spiegel, Meißner Porzellan, vergoldete Bilderrahmen und dergleichen zu überhöhten Preisen, Stücke, die dann überall im Hause herumstanden und -hingen, doch von niemandem gebraucht, geschweige denn von Kunden gekauft wurden.

So bekannte Hoffmann seinem Vater nur, wie ihn die Kollegs in Göttingen der Theologie entfremdet hatten, er weder beim alten Planck die Kirchengeschichte lieben gelernt noch bei Pott die hebräische Grammatik begriffen, ihn dagegen die phantasielose Behandlung der Paulinischen Briefe abgestoßen habe; nicht erwähnte er seine Abscheu vor einer Laufbahn, die, nach dem Studium in öden Hörsälen, über eine Hauslehrerstelle bei einem gnädigen Herrn ging, in dessen Kinderstube man schulmeistern, an dessen Tafel und Spieltisch man lückenbüßern mußte und die in einigen weiteren Stufen und Jahren zum Kandidaten und wallfahrenden, um eine Pfarre und ein Weib werbenden Prediger führte, um schließlich bei Gemeinde, Frau und Blagenstall zu enden, in einem Ort fernab vom stürmischen Geschehen, vom Bau der neuen Welt: des einigen, freien, großen Vaterlandes.

Daß die Karriere eines darauf sich orientierenden Denkers und Dichters in Deutschland noch weit unter solchen Erwartungen verlaufen würde, wußte er da noch nicht. Aber der Vater hatte – eine von jeher bedrohliche Geste – mit dem Kopf gewackelt und auf ihn eingeredet, keinesfalls die Theologie aufzugeben; sie führe gewissermaßen risikolos zu einer ordentlichen Versorgung; er möge an Onkel Heinrich denken, dem ging's doch blendend im Waldeckschen Mühlhausen. Als er geantwortet hatte, auch Onkel Heinrich, von dem er geradewegs komme, habe ihm von der Theologie ab- und zu der Philologie geraten, im übrigen pfeife er auf gute Versorgung, wenn der Preis dafür Unlust oder gar Unwahrheit sei, war es zu einem Wutausbruch gekommen, in dessen Verlauf der Vater, die ihm zugeschickten Gedichte und Lieder des Sohnes durchs Zimmer werfend, von kindischen Versereien und unausgegorenen lyrischen Versuchen höhnte, die abzustellen er dem Sohn als erstes dringlichst rate, ja befehle.

Es war die bitterste Erniedrigung, die er bis dahin erfahren hatte – und die vom eigenen Vater! Im jungen duftenden Gras des weiten Gartens, zwischen blühenden Forsythien liegend, hatte er sich ausgeheult, und während ihm in der Rückschau auf diese Stunden verwundeter Selbstachtung die Tränen kamen, schlummerte er in dem Ohrensessel ein, wachte von den ersten durchs Fenster fallenden Sonnenstrahlen auf, konnte nicht wieder einschlafen, wurde noch einmal von schwarzen Gedanken umsponnen, ein greuliches Netz, das erst zerriß, als Samuel Wolff, von der Schwägerin Alwine begleitet, mit einem »Hallo, alter Freund« ins Zimmer getreten war.

Hoffmann hatte immer darauf geachtet, nicht in einem leidenden Zustand angetroffen zu werden, und Alwine mußte sich später wegen des »Überfalls zu einer Stunde, in der ich mit meinem Rheumatismus zu Rande zu kommen trachte« einige

Vorwürfe anhören, die sie achselzuckend über sich ergehen ließ. Wolffs stürmisches Verlangen, »den guten alten Gefährten einfach zu überfallen«, hatte sie um so weniger widersprochen, als ihr schon vorher der Gedanke gekommen war, den Schwager, dessen Rumoren und Brabbeln sie seit Stunden mitbekommen hatte, durch eine freudige Überraschung aus seiner Verknurrtheit, die den ganzen Tag über dauern konnte, zu erlösen.

Hoffmann, dem rasches und entsprechendes Reagieren auf Unvorhergesehenes während der Zeit seines rastlosen Lebens zur zweiten Natur geworden war, ließ sich natürlich nicht durch Überraschungen dieser Art aus der Fassung bringen. »Ah«, rief er nach knappster Schrecksekunde, »der gute Wolff. Er trifft mich in einem nicht eben seltenen Zustand an – meditierend und dichtend. Das Ergebnis werde ich dir später verkünden. Doch Schluß damit!« Er sprang auf, die beiden standen sich gegenüber, blickten sich an und fielen sich um den Hals, wobei Hoffmann, immer noch den Tränen nahe, ein kurzes Schluchzen überkam. Wolff tätschelte ihm den Rücken, und nach einem ersten Wie, Wo und Wohin, bei dem Hoffmann verlangte, alsbald habe der Freund das Gepäck vom Hotel herschaffen zu lassen und Logis in einem der Gästezimmer des Schlosses zu nehmen, begaben sich beide Arm in Arm nach nebenan, wo Alwine das Frühstück bereitet hatte und am Tisch bereits zwei junge Männer saßen, die sich erhoben, als Hoffmann und Wolff eintraten.

»Mein Sohn Franz, genannt Fränzchen«, stellte Hoffmann vor, »der, dem mein Liederzyklus gleichen Namens gewidmet ist, siebzehnjährig, noch Gymnasiast, aber ein angehender Maler, der die Akademie in Düsseldorf besuchen möchte; stimmt's, Fränzchen?«

Fränzchen machte einen Diener und sagte: »Guten Morgen. Ja, Vater, du weißt, wie gern.«

»Ach, Fränzchen«, sagte Hoffmann, »ich glaube, daraus wird etwas«, und in seiner Stimme schwang etwas so Anrührendes, daß Wolff eine Ahnung davon bekam, wie sehr Hoffmann sein einziges, um fünfundfünfzig Jahre jüngeres Kind liebte.

Fränzchen, der von seiner Tante bereits informiert war, strahlte, während Hoffmann den anderen jungen Mann als Karl Müller, Fränzchens Schulkamerad aus Holzminden, »ein Jüngling, der sich ebenfalls der darstellenden Kunst widmen möchte«, präsentierte. Wolff gab den beiden die Hand. »Guten Morgen, ihr Männer«, sagte er, was die so Angesprochenen offensichtlich gern hörten.

»Und nun zugelangt«, sagte Hoffmann.

Man setzte sich an den Tisch, Heidehonig gab's auf vom Schloßbäcker gebackenem, frischem Steinofenbrot, Rühreier mit Speck und belgischen Kaffee, den Hoffmanns Genter Freunde monatlich schickten.

»Herrlich«, sagte Wolff, »ein Landfrühstück, wie ich es liebe.« Hoffmann wiederholte auch für die beiden Gymnasiasten die Vorstellung »meines lieben Bruders Samuel, der, ein seltener Fall, wenn ich mich so ausdrücken darf, wirklich ein Mann ist, der unsere Geschichte mitgeschrieben hat; ein Patriot, der überall dabeigewesen ist und es heute, wie ich höre, aber darüber wird zu diskutieren sein, unter Herren und sogenannten Proleten noch immmer ist«. Damit spielte Hoffmann auf das aus der Feder eines Anonymus stammende Portrait Samuel Wolffs in der »Neuen Preußischen Zeitung« an, überschrieben: »Einer, der überall dabei war«.

Tatsächlich kam es der Wahrheit nah, wenn es darin hieß, der mit dem Jahrhundert geborene Samuel Wolff, Preußenhasser und Sproß einer Frankfurter Bankiersfamilie, habe in Jena und Gießen studiert, beim Wartburgfest Kotzebues Schriften ins Feuer geworfen, mit den Follen-Brüdern kollaboriert und konspiriert, während des kurhessischen Aufstands in der Folge der Pariser Revolution als Anführer einer Rotte das Mainz-Zollamt gestürmt, anläßlich der Manifestation am Hambacher Schloß den Ordnungs- und Schutzdienst geleitet, im Frankfurter »Press- und Vaterlandsverein« gemeinsam mit Hinkel und anderen liberalen Kaufleuten Finanzen und Waffen für die revolutionäre Erhebung, deren Ausbruch bereits mit der mißglückten Besetzung der Frankfurter Hauptwache scheiterte, beschafft, sei der Polizei in die Schweiz entkommen, nach einiger Zeit ins Badische zurückgekehrt, habe dort an allen drei Aufständen teilgenommen, bis er als Hauptmann der badischen Volksarmee an der Murg verwundet abermals in die Schweiz habe fliehen können, von wo er nach dem Tod seines Vaters und garantierter Amnestie nach Frankfurt übergesiedelt sei; dort habe er die Bankgeschäfte geführt, gleichzeitig Turnerfeste organisiert, sich im Arbeiterbildungsverein und in der Fortschrittspartei engagiert, die er unter dem Einfluß Ferdinand Lassalles wieder verlassen habe, um künftig diesem Agitations- und Organisationstalent, trotz dessen Affinität fürs Preußische, zu folgen und auch noch nach dessen Tod die Arbeit des Allgemeinen Deutschen Arbeitervereins finanziell und ideell zu unterstützen.

»Wo sind wir uns zum erstenmal begegnet?«

»Nicht in diesem Land«, sagte Wolff.

»Richtig, in Zürich war's. Und zwar in Fröbels Literarischem Comptoir. Dieser Verlag brachte damals, weil's hier niemand mehr wagte, meine Salonlieder, die Gassenlieder, Hoffmanns Tropfen, Die deutschen Lieder sowie die kleinen Teufelchen, die ›Diabolini‹, heraus; in hohen Auflagen übrigens; aber Geld hab' ich nie davon geseh'n. Und dann ...«

»Auf der Kaiserburg«, riefen beide einstimmig und lachend und meinten Adolf August Follens Haus zum Sonnenbühl, Zuflucht und Mittelpunkt deutscher Refugiés und Emigranten.

»Übrigens«, sagte Wolff, »du weißt, daß Follen seine Flucht in die Schweiz deinem Namensvetter Ernst Theodor Amadeus, nicht nur ein begnadeter Dichter und Musiker, sondern auch Demagogenfreund, zu verdanken hatte, indem der nämlich als Untersuchungsrichter am Berliner Kammergericht Follen auf juratorische Kaution freiließ, was der Kautionierte natürlich ausnutzte. Aber was du nicht weißt, ist, daß der Kammergerichtsrat als Pfaff verkleidet den Burschenkaiser im Kerker aufgesucht und mit ihm die Flucht besprochen hat.«

»Aber sicher«, log Hoffmann, »Chamisso hat es mir damals schon erzählt. Doch ob mein Namensvetter ein begnadeter Dichter und Musiker war, nun ja. Jedenfalls ist er ein begnadeter Trinker gewesen, so, wie ich ihn noch kennengelernt habe, spindeldürr und hibbelig neben seinem Zechkumpan in der Weinstube von Lutter und Wegner.«

Zur Verwunderung Wolffs, dessen fünf nun bereits erwachsene Kinder, als sie noch am häuslichen Tische saßen, den Erziehungsvorstellungen radikalen Freisinns entsprechend, zwar Respekt, aber keinerlei Scheu gegenüber Älteren zeigten, verhielten sich Fränzchen und sein Freund merkwürdig stumm und blickten, wenn sie überhaupt die Köpfe hoben, den Alten in einer Mischung aus Ehrerbietung und – so glaubte Wolff zu bemerken – unterdrücktem Gähnen an. »Kennt ihr die Follen-Brüder?« fragte er die beiden. Die schüttelten ernst ihre Köpfe. »Sie waren zu ihrer Zeit wirkliche Kämpfer für ein freies Vaterland.«

»Na«, unterbrach Hoffmann, »sie waren vor allem Hitzköpfe. Den Adolf August Follen«, fuhr er fort, »nannte man Burschenkaiser, weil die Kommilitonen ihn einst zum Kaiser eines neuen deutschen Reichs erkoren hatten, was er nie vergessen konnte. So war seine Lieblingshymne, die seine Getreuen ihm ständig vorzusingen hatten, Schenkendorfs ›Erneuter Schwur‹, die übrigens nicht ihm, sondern dem Jahn gewidmet war. Wie geht sie, Bruder Samuel?« Und Hoffmann stimmte an:

»Wenn alle untreu werden,
so bleibe ich euch treu,
daß immer noch auf Erden
für euch ein Streiter sei.
Gefährten meiner Jugend,
ihr Bilder beß're Zeit,
die mich zur Männertugend
und Liebestod geweiht.«

Die beiden jungen Männer saßen mit einemmal ganz anders am Tisch, hatten blanke Augen und wären, meinte Wolff, am liebsten aufgesprungen, hätten die Hacken zusammengeschlagen und mitgesungen.

»Adolf Follen«, begann Hoffmann wieder nach der zweiten Strophe, »mit der Figur eines mächtigen Riesen, war ständig in eine Art mittelalterlichen Talar gekleidet und trug ein die Kaiserkrone stilisierendes Barett auf dem Germanenschädel; mehr komisch als stattlich wirkte er, wie eine efeuumrankte Ruine, nicht wahr, Samuel, aber er wurde verehrt.« Hoffmann sprach zwar zu den vieren am Frühstückstisch, doch im Geiste zu einer weit größeren Runde wißbegieriger, ihm andächtig lauschender Leute.

Der prächtige alte Geschichtenerzähler jedenfalls ist er geblieben, dachte Wolff, und der ewige Student von anno fünfzehn, wie ihn der olle Tieck nannte. Er kaute genußvoll ein Honigbrot, schlürfte dazu den heißen Kaffee und betrachtete lächelnd den Freund im schwarzsamtenen Schlafrock überm Nachthemd, Pelzbesatzmütze auf dem Kopf, von dem die weißen, dichten Haare bis über den Nacken fielen. Er lauschte, wie Hoffmann, mimisch und gestisch seine Erzählungen unterstreichend, den Hauptsaal von Follens Kaiserburg beschrieb, in dessen gewölbter Decke der kaiserliche Doppeladler, Zepter und Reichsapfel in den Krallen haltend, prangte, den Ritterkamin aus wuchtigen Bruchsteinen, über dem ein den Follen im kaiserlichen Ornat darstellendes Ölgemälde hing, das donnernde Blubbern von heißem Wasser in Zinkröhren, die durch alle Räume führten, Heizung genannt; wie er die Gäste darstellte, den spitznasigen, leicht lispelnden Wilhelm Schulz, wie er Okens geheimnisvolles Grinsen und Fröbels hibbeliges Gekicher nachmachte, wie er den mit dem Kopf eines Riesen kaum über die Tischplatte ragenden, zwergenhaften Gottfried Keller imitierte und den ewig zu allem meckernden Pipitz oder ihn selbst, Samuel Wolff, kopierte, der den Maschinisten Gustav Anton vom Deutschen Handwerksverein zur Eintracht in seinen Ansichten unterstützte, die Erde dürfe, gleich der Luft, niemandem gehören, dabei den brausenden Wortschwall Follens mit wegwerfender Geste immerfort unterbrechend, und schließlich als Höhepunkt Follens Ehefrau Susette spielte, die reiche, stets in ein gotisches Samtkostüm gewandete Müllerstochter, die in das an einer silbernen Kette an ihrer Hüfte hängende Kuhhorn stieß, um ihrem Gatten im nahe liegenden Weingut zu signalisieren, daß Gäste auf der Kaiserburg eingetroffen waren.

»Ach, herrje, ja; oh, quae mutatio rerum«, beendete Wolff das Lachen am Frühstückstisch, in das auch Fränzchen und Karl Müller – offensichtlich pflichtschuldig, fand Wolff – eingefallen waren. Aber bei aller Überspanntheit, sagte er, sei es doch in der Regel seriöser, als Hoffmanns herrlich-launische Schilderung ahnen ließ, auf der Kaiserburg und in Zürichs Wohnungen und Gassen unter den Emigranten zugegangen. Neues und Originelles seien erdacht und geplant, später dann, im Badischen zum Beispiel, umgesetzt worden, ohne Erfolg vielleicht zunächst, aber nachgewirkt habe eben doch vieles, jedenfalls mit der Zeit, wenn auch, bei Gott, nicht alles und gerade heute noch weniger. »Es ist ja nicht nur schwadroniert worden, lieber Freund.«

Die beiden jungen Maler schienen mit einemmal in unverstellter Aufmerksamkeit zuzuhören, als Hoffmann, dessen Trigeminusschmerz vollständig verschwunden war, ein in tausend Falten und Fältchen verschmitztes Gesicht zeigend, sagte: »Oh, nein, ihr wart seriöse Theoretiker und bluternste Praktiker«, aber für einen, der nicht ein Emigrierter war, sei's doch manchmal kurios gewesen: »Am Tag gingen Arm in Arm friedlich, die abends erbittert um Republik, monarchistische Demokratie, konstitutionelle Monarchie, kommunistisches Irgendwas, oder was der Deubel noch, miteinander stritten, manchmal so ausfällig, daß mir angst und bange wurde. Ich dagegen, Freund und Gefährte Samuel, du kennst und kanntest meine Devise, habe als ein gegenüber der Theoriengräue im goethischen Sinne Fremdelnder stets daran festgehalten, auf poetischem Wege ein Besserwerden anzubahnen.«

»Hast du«, sagte Wolff und dachte bei sich auf frankfordeisch, mehr haste ja ach nie kapiert.

»Dem Innenminister des Großherzogtums Baden allerdings hat deine Poesie nicht zur besseren Einsicht verholfen«, lachte Wolff und erzählte – sich Alwine und den beiden Jünglingen zuwendend –, wie sie beide, Hoffmann und er, er mit dem Paß eines Herrn Blunschli aus Basel, von Zürich aus ins Badische gereist waren. Er fiel, einen Disput zwischen sich und einem Polizisten an der Grenze spielend, ins Schwyzerdütsch, berichtete von Festessen und Kommersen im Kreise badischer Liberaler, wo der Dichter und Sänger der Résistance gefeiert, wo gebechert und politisiert wurde, und gab, von Hoffmann unterstützt, ein Rededuell des bierernst badisch brabbelnden Freundespaares Mathy–Bassermann zum besten. »Und nun muß ich euch etwas sagen, ihr beiden Jünglinge einer neuen Zeit mit neuen Liedern: Die Lieder und Verse Hoffmann von Fallerslebens, sie zündeten, begeisterten, wie man sich das heute kaum noch vorstellen kann. Oft sangen alle mit, manchmal mehrere Gesangvereine, die meistens ›Liederkranz‹ hießen, gemeinsam, zum Beispiel den ›Deutschen Zollverein‹ nach der Melodie der ›Kaiserhymne‹, ganz wie das Deutschlandlied«; und er sang:

»Schwefelhölzer, Fenchel, Bricken,
Kühe, Käse, Krapp, Papier,
Schinken, Scheren, Stiefel, Wicken,
Wolle, Seife, Garn und Bier;
Pfefferkuchen, Lumpen, Trichter,
Nüsse, Tabak, Gläser, Flachs,
Leder, Salz, Schmalz, Puppen, Lichter,
Rettig, Rips, Raps, Schnaps, Lachs, Wachs!«

Hoffmann fiel bei der zweiten Strophe ein:

»Und ihr andern deutschen Sachen,
tausend Dank sei euch gebracht!

Was kein Geist je konnte machen
ei, das habet ihr gemacht:
Denn ihr habt ein Band gewunden
um das deutsche Vaterland.
Und die Herzen hat verbunden
mehr als unser Bund dies Band.«

Die beiden Gymnasiasten lachten erstmals herzlich, und Karl Müller fühlte sich sogar bemüßigt, »herrlich und wirklich sehr scharf« zu sagen, und Alwine, die lachend und kopfschüttelnd meinte, »wenn man das so hört – wie zwei ausgesprochene Lausejungen«, begann abzuräumen, während Wolff bereits ein anderes Lied deklamierte, »dieses kam besonders gut an«.

Hoffmann dirigierte und summte seine Melodie dazu:

»Was bringt die Adelszeitung Neues?
Sie bringt die alte Herrlichkeit,
das alte Glück der alten Zeit,
der Deutschen alten Preis und Ruhm:
das heil'ge deutsche Adelstum.

Was bringt die Adelszeitung Neues?
Sie bringt, was ihr von Alters wißt,
daß uralt aller Adel ist,
denn eh die Welt den Heiland sah,
war schon der deutsche Adel da.«

»Diese Verse, vermute ich«, sagte Wolff, »haben dem Faß den Boden ausgeschlagen, weshalb per Ministerialerlaß dem Professor Hoffmann – ich kenn' den Beschluß noch heute auswendig – aufgrund seiner Gedichte und Gesänge, aufregenden und verdächtigen Inhalts, das Gastrecht im Großherzogtum aufgekündigt wurde.«

»Und ein langer Fackelzug Begeisterter brachte mich über die Grenze ins Württembergische, das ich aber alsbald auch zu verlassen hatte«, sagte Hoffmann.

Strunze konntste immer am beste, dachte Wolff für sich und sah Fränzchen an, der mit gesenktem Kopf stumm auf den Tisch starrte. »Zumindest übrigens, was die Kreuzzeitung betrifft, ist dein Gesang von der Adelszeitung aktuell geblieben«, sagte er.

»Bevor wir nun aus der Geschichte ins Heute wechseln«, Hoffmann mimte nun einen Professor vor seinen Studenten, »und ins möglicherweise arg Kontroverse eintreten, wollen wir die Tafel aufheben.« Er kleide sich eben an, sei schnellstens zurück.

Fränzchen und Karl Müller erhoben sich, fragten, stramme Haltung einnehmend, ob sie sich verabschieden dürften, sie wollten weserabwärts wandern, seien mittags zurück.

»Geht nur«, sagte Hoffmann, »vergeßt die Zeichenblöcke nicht, und bringt gute Ausbeute mit heim.«

Wieder war da etwas in seiner Stimme und in seinen Augen, das Wolff erstaunte und an ferne Tage erinnerte, da er seine Lieblingstochter Ethel in den Armen gewiegt und in den Schlaf gesummt hatte.

Später, im Arbeitszimmer der Bibliothek, nachdem sie sich Zigarren angezündet hatten, Hoffmann ihm einige Werke, so das gerade in glänzender Ausstattung von ihm herausgegebene und kommentierte niederländische Volkslied »Henneke Knecht«, zeigte und erklärte, sagte Wolff, sich in den Sessel zurücklehnend und, gleich Hoffmann, wenn auch nicht so kunstvoll, Rauchringe blasend: Selbstverständlich sei er in die Gegend gekommen, um ihn, den alten Freund, wieder einmal zu besuchen, dies und das zu bereden. Er sei allerdings auch nicht hier – das habe sich so ergeben – ohne ein spezielles Anliegen. Er bitte nämlich um Sekundanz in einem Pistolenduell.

Samuel Wolffs Duelle waren legendär, aber ebenso berüchtigt seine Scherze und Streiche. So hatte er, wurde erzählt, Amalia Struve zum Beispiel zu einem geheimen, mitternächtlichen Treff mit dem General von Gagern an einen Weiher bei Lörrach in den April geschickt und Ruge eine fingierte Einladung ins jesuitisch-kommunistische Paraguay zur Ausarbeitung einer Verfassung zugestellt. Daher sagte Hoffmann grinsend: »Mich schickst du im Sommer nicht in den April.«

»Kein Scherz, bei allem, was mir heilig ist«, schwor Wolff. Das könne nicht eben viel sein, meinte Hoffmann, immer noch belustigt, merkte dann aber doch, als Wolff insistierte, daß die Angelegenheit wortwörtlich blutiger Ernst werden konnte, faßte sich und sagte, halb erschrocken, halb erregt: »Na gut, wenn's denn einer von Majunkes Knappen ist oder er gar selbst, so laßt uns ihn erschießen.«

Nein, nein, niemand von den Ultramontanen, ein ganz anderer, weit Nichtswürdigerer müsse erledigt werden, sagte Wolff und berichtete, das Ganze übertreibend und ausschmückend und ohne durchblicken zu lassen, daß er von Anfang an einen Zusammenstoß hatte provozieren wollen, vom Disput im Rauchsalon des Hotels mit Bötticher, dessen beleidigende Äußerungen um einiges schärfer formulierend.

Die Flecken auf seinem Ehrenschild könnten tatsächlich nur mit Blut abgewaschen werden, meinte Hoffmann, in sich hineingrienend, »obwohl du eigentlich der Barbarei des Faustrechts entwunden sein solltest – aber bei diesem Kerl gilt altes Recht«. Hoffmann kannte Bötticher, den er einen bösartigen Schwätzer nannte, einen, den die Beschäftigung mit orientalischer Despotie zu grotesken Analogien verführe, die allerdings leider immer häufiger, gerade auch beim hohen Militär, Gehör fänden, schätzte allerdings, daß dieser Philister sein Ordinariat durch ein Duell niemals aufs Spiel setzen, sondern Reißaus nehmen würde. »Also fein«, sagte er, »machen wir uns auf ins Hotel ›Berliner Hof‹, wo ich mit dem Kerl die Bedingungen verhandeln werde. Du bist ja ein vortrefflicher Schütze, zwanzig Schritt genügen, auf dreißig werde ich mich noch einlassen, aber denk daran, wie und wo dein Freund Lassalle, der ebenfalls kein schlechter Schütze war, getroffen wurde. Im Anschluß an mein Parlamentieren machen wir dann einen Marsch an der Weser entlang, Richtung Karlshafen.« Ob das Fräulein Landau, Tochter des Karl Landau, noch im Hotel »Berliner

Hof« anwesend sei, wollte er wissen, sie habe dort Logis genommen und werde begleitet von einem gewissen Hasenclever, der als ihr Garde d'honneur aufträte – eine äußerst angenehme, liebreizende, junge Dame.

»Sie sind's; ein äußerst angenehmes Paar, du hast recht.«

Dann wolle man sie zur Wanderung einladen, sagte Hoffmann, doch vorher müsse man, dem Komment folgend, eine Flasche Champagner auf den guten Ausgang des Zweikampfs leeren. »Und zwar in angemessener Umgebung. Komm.«

Schon immer besaß Hoffmann, früh im elterlichen Wirtshausbetrieb erworben, einen Sinn für Inszenierungen, gerade auch zu absonderlichen Anlässen. So führte er Wolff nicht den geraden Weg über den Schloßhof, sondern durch mehrere Flure der alten Abtei und einige Treppen hinunter, die er mit einer Fackel, welche im Halter an der Wand steckte, beleuchtete, durch einen niedrigen, modrigen, von ihren Schritten und Stimmen dumpf widerhallenden Gang, an dessen Wänden alte Grabsteine lehnten, in den Weinkeller des Schlosses, einen gewölbten, weiten Raum voller alter Fässer und Regale, in denen beachtliche Mengen von Flaschen lagerten. Gegen den Willen von Kammerrat Hesse hatte ihm Seine Durchlaucht persönlich die Erlaubnis erteilt, seinen Wein dort unterzubringen, in einer abgetrennten Ecke zwar, aber das verriet er Wolff nicht, tat vielmehr so, als dürfe er über den gesamten Vorrat verfügen, suchte, nachdem er einige Kerzen angezündet hatte, herum, fand eine verstaubte Flasche – »Veuve Dame Benoît-Dach, Jahrgang 1858«, las er laut vor –, entnahm einem Wandschrank zwei Kelchgläser, ließ über einem als Tisch hergerichteten Faß, an das sie sich auf Hocker setzten, den Korken knallen, goß ein, hob das Glas und sagte im schnarrenden Ton eines Korpsbruders: »Dein Spezielles. Und daß du unserem Haufen alle Ehre machst. Ex!« Sie leerten die Gläser in einem Zug, Hoffmann goß nach, sagte: »Es floß der Champagner in Strömen. Wir saßen, gleich hier, an Fässern und tranken und sangen bis in den späten Morgen hinein. Wann und wo war's?«

»Es gab viele Nächte mit dir und Champagner«, sagte Wolff.

»Aber nur eine Nacht, in der es mehr Champagner gab als wir allesamt trinken konnten, und wir zählten viele.«

»Sag's!«

»Geisenheim«, sagte Hoffmann, »in Carl Dresels tiefstem Felsenkeller. Dresel war in geschäftlichen Schwierigkeiten, mußte die Weinhandlung auflösen, und wir halfen ihm dabei, indem wir seine Vorräte minderten.«

»Richtig«, sagte Wolff, »und der Bruder Dresels wanderte tags darauf nach Texas aus. Du wolltest ihm folgen.«

»Weil man mir dort dreihundert Acres Land in einer deutschen Siedlung, die den Namen Fallersleben trug, geschenkt hatte.«

Hoffmann reckte sich, hob das Glas und stimmte nach der Melodie »Heil dir im Siegerkranz« an:

»Wenn das Atlant'sche Meer lauter Champagner wär,
möcht ich ein Haifisch sein, schlürfte nur Wellen ein.«

Wolff fiel ein, und zweistimmig hallte und dröhnte und echote der Gesang durch den Schloßkeller, als sänge ein ganzes Dutzend Zecher. Nach der zweiten Strophe zählten sie die Personen jener Nacht im Keller der Dreselschen Weinhandlung, vor beinahe fünfundzwanzig Jahren, zusammen, kamen auf dreizehn Herren und zwei Damen, von denen die eine auf Wolffs Knien gesessen hatte, »eine Frau, doppelt so breit und so groß wie du«, behauptete Hoffmann; sie habe einen blauen Rock, eine weiße Bluse und ein rotes Leibchen, dazu ein zur phrygischen Mütze geschlungenes, rotes Tuch über dem hochgesteckten Haar getragen, erinnerten sie sich, und sie sei trinkfester als alle anderen, am Morgen sogar noch die Nüchternste gewesen. Sie stritten darüber, ob und wie lange Wolff mit dieser »germanischen Ausgabe der französischen Marianne«, wie Hoffmann sie nannte, in einem abgetrennten Teil des Kellers verschwunden war: »Du hattest ja immer deine Amouren«, sagte Hoffmann, ein drittes Mal einschenkend, »mir unverständlich, aber jeder auf seine Weist. Prost.« Wolff trank ihm zu, wollte erwidern, einige Amouren der Art, wie die seine mit dieser herrlichen, um fünfzig Jahre zu spät auf die Welt gekommenen Jakobinerin Anne-Kathrin, die neunundvierzig von der Granate aus einer preußischen Kartetsche getroffen wurde, hätten ihm, dem Hoffmann von Fallersleben, sicher gutgetan und manches miserable Liebeslied aus seiner Feder überflüssig gemacht, schwieg aber. Er hatte sich immer über Hoffmanns Schüchternheit gegenüber Frauen gewundert, die ihm um so erstaunlicher schien, als er auf Veranstaltungen und Geselligkeiten, bei denen er seine Lieder und Verse vortrug, Schnurren und Anekdoten erzählte, von den anwesenden Damen geradezu angehimmelt wurde. In merkwürdig gestelzter, altertümlicher, von ihm selbst womöglich als ritterlich verstandener Art hatte er auf deren manchmal sozusagen rückhaltlos nahegebrachte Bewunderung reagiert, und selbst bauchpinselndes Schmeicheln von Damen, deren Augen und Lippen dabei feucht wurden, war von ihm nicht für intimeres Kennenlernen ausgenutzt worden, jedenfalls nicht, soweit er, Wolff, sich erinnern konnte. »Was die Damenwelt angeht, bist du mir tatsächlich manchmal so vorgekommen, wie dein von Bonner Kommilitonen dir verliehener Spitzname anklingen läßt, als Heideblümchen nämlich, zum Beispiel an jenem Maienabend auf Itzensteins Gut Hallgarten«, sagte er.

Sie hatten damals der Ausweisung des Hausherrn aus Berlin, ein Jahr zuvor, bei Wein und Gesang gedacht, und die Frau Direktor Schröder aus Mannheim, eine blonde, temperamentvolle Bergzitherspielerin und Sängerin Hoffmannscher Lieder, war ihrem Schwarm so nahegekommen, daß die übrigen Gäste sich nach und nach aus dem Garten ins Haus verzogen, um das Tête-à-tête nicht zu stören. Nach zwei vollen Stunden hatten sie aber die beiden ebenso und an der gleichen Stelle vorgefunden, wie sie sie verlassen hatten: einträchtig beieinandersitzend und die Dame, sichtlich enttäuscht, auf ihrer Bergzither klimpernd. »Dein Herz war damals vielleicht einer anderen zugetan, Christian Kapps Tochter. War's nicht so?«

»Ach watt, dumm Tüg«, unterbrach Hoffmann, und Wolff meinte trotz des Kerzenlichts, das einen schummerigen Lichtkreis um sie bildete, eine feine Röte zu bemerken, die sich über das Gesicht seines Gegenübers zog. Duelle jedenfalls habe er niemals ausgefochten oder ausgeschossen, schon gar nicht wegen amouröser Affären, sagte Hoffmann. »Du dagegen hast ja wohl einige Male deswegen dein Leben aufs Spiel gesetzt, unsinnigerweise einem Ehrenkodex folgend, den du als Aristokratenverächter doch verabscheuen solltest.«

Er trank den letzten Tropfen aus der Flasche, ehe er sie auf den Boden legte, ihr mit dem Fuß einen Stoß versetzte, so daß sie klirrend über die Steine bis unter den Tisch, auf dem Dekantiergefäße standen und das Kellerbuch lag, rollte, und stimmte, das Glas hebend, an:

»Hier sind wir versammelt zum löblichen Tun,
drum Brüderchen, ergo bibamus!«

Und Wolff fiel ein:

»Die Gläser erklingen, Gespräche, sie ruhn
beherziget: ergo bibamus!«

»Um das ein für allemal klarzustellen«, sagte Wolff, das Lied nach der zweiten Strophe abbrechend, »wegen amouröser Affären, wie du dich auszudrücken beliebst, habe ich mich nur selten duelliert. Wegen anderer Dinge häufiger, doch nicht so oft, wie man erzählt.«

»Um so schlimmer«, sagte Hoffmann, »andere Dinge sind es noch weniger wert.«

Habe er sich nie duelliert, nicht mal als Student?

»Als Student schon überhaupt nicht«, sagte Hoffmann, denn da sei's in der Regel ja ums Allerläppischste gegangen, um reine Renommisterei; zum Beispiel habe er einen ihn koramierenden Göttinger Kartellträger, dessen Korpsbruder er tags zuvor beim Kupferstecher Fiorelli die Sicht auf ein Blatt verdeckt haben sollte, nur ausgelacht; aber auch später habe er sich geweigert, obwohl er manches Mal gefordert worden sei, Streithahn, als der er gelte, der keiner Auseinandersetzung ausweiche; doch niemals habe er akzeptiert, mit körperlicher Gewalt, gar mit Waffen, einen Zwist auszutragen.

Hoffmann blickte dem zappeligen Flug einer Motte nach, die sich einer Kerze zu sehr genähert hatte. Seine früheste Erinnerung an ein Duell hing mit einem scheußlichen Vorkommnis zur Zeit der französischen Einquartierung in Fallersleben zusammen. Im elterlichen Haus hatte der Arzt des Kürassierregiments, Docteur Ramazotte, Quartier bezogen, ein schöner, schwarzschnäuziger, im nüchternen Zustand gutmütiger Mann aus Montpellier mit einem Feuermahl auf der Halbglatze, der niemandem etwas zuleide tat, außer, daß er jede Krankheit mit in Rotwein aufgelöstem Chinin kurieren wollte. Er aß mit der Familie am Tisch, erzählte in gebrochenem Deutsch die wundersamsten Geschichten aus seiner Heimat und die grausamsten Anekdoten aus dem Paris des Terreur, währenddem er als junger Assistent eines Medizinalprofessors den fieberkrampfgeschüttelten Robespierre behandelt und geheilt zu haben behauptete. Daß er der ältesten Hempel-Tochter mit Erfolg nachstellte, kam erst später heraus. Er hatte eines Tages den Besuch eines Jugendfreundes, der in Celle stand, erhalten, und die beiden suchten ihre Wiedersehensfreude durch eine Flasche nach der anderen zu beleben, rannten randvoll betrunken schließlich heraus, zerschlugen Läden und Fenster im Ort, rissen Schilder um, schossen in die Häuser und erzwangen sich den Zugang ins Haus des Superintendenten Hempel, aus dem sie die vor Angst schlotternde Amalie herausschleppten, ins Hoffmannsche Wirtshaus brachten und dort zu entkleiden versuchten. Hoffmanns Vater, der Canton-Maire, dessen stattliche Gestalt, Körperstärke und Gewandtheit gerade auch die Kürassiere beeindruckten, war dazwischengefahren und hatte die Hempel-Tochter von den Wüstlingen getrennt.

Er, der junge August Heinrich Hoffmann, elfjährig, hatte sich, zitternd vor Ekel und Schreck, in der hintersten Ecke der dunklen Diele verkrochen, an deren Decke ein ausgestopfter Haifisch hing, der vom Lärm und Toben der beiden Kerle, die ins Zimmer Ramazottes darüber gepoltert waren, ins Schwanken und Wackeln geriet. Warum die beiden dann so aneinandergeraten waren, daß sie, barbrüstig, verkotzt und besabbert, Pistolen in der Hand, heruntergerannt kamen, sich im Garten hinterm Haus auf zwanzig Schritte gegenüberstellten und aufeinander losschossen – sie trafen sich nicht, weil sie volltrunken hin und her wankten und Hoffmanns Vater ihnen zuletzt die Pistolen aus den Händen schlug –, war ihm eine Zeitlang unerfindlich geblieben, ebenso wie das Schluchzen von Mielchen Hempel, als Ramazotte tags darauf von drei Militärgendarmen in Fesseln abgeführt und gemeinsam mit seinem Jugendfreund nach Celle verbracht wurde. Seine eigene vollständige Untauglichkeit zum Zweikampf hatte er nahezu an derselben Stelle im Garten hinterm elterlichen Haus einige Jahre später, fünfzehnjährig, in jener Zeit der Wende, als die Franzosen von den vereinigten Armeen der antinapoleonischen Allianz aus dem Land gejagt wurden, erfahren. Damals waren versprengte Gruppen durch Fallersleben gezogen. Sie wollten den Ort anzünden. Wachfeuer, an denen zerlumpte Soldaten hockten, loderten auf dem Amtshof, Rauchsäulen standen am Horizont, gehetzte reiterlose Gäule, gesattelt und gezäumt, liefen herum; vereinzelte Schüsse peitschten durchs Dorf. Frauen und Kinder kamen auf den Hoffmannschen Hof gelaufen und baten seinen Vater, der gerade Akten und andere Zeugnisse seiner Canton-Maire-Amtsgeschäfte vernichtete – das Napoleon-Portrait an der Wand hinter seinem Schreibtisch zum Beispiel –, um Schutz, den er nicht gewähren konnte, denn die von ihm Konskribierten der Fallerslebener Brigade hatten Rache geschworen und wollten ihn fortschleppen, weil man ihn bezichtigte, franzosenfeindliche Bürger denunziert zu haben.

Die Angelegenheit schien schon einen schlimmen Ausgang zu nehmen, als – die letzten Franzosen hatten Fallersleben plündernd verlassen – ein Pulk Kosaken in den Ort gesprengt kam und ausgerechnet den Hoffmannschen Hof zum Quartier nahm. Dem Vater gelang es, diese Männer in ihren weiten Umhängen und hohen Pelzmützen, die, auf ihren zotteligen kleinen Pferden an die in den Boden gerammten Lanzen gelehnt, stundenlang dösen und schlummern konnten, für sich einzunehmen, indem er ihnen in der Gastwirtschaft täglich Braten und Wein vorsetzte und ihre Pferde mit bestem Hafer versorgen ließ, so daß ihn der Hetman an einem hellen Morgen vor versammelter Bürgerschaft umarmte und küßte und August Diekmann, dem tückischen Organisten, der schrie: »Das ist doch der Canton-Maire, verhaftet ihn!« mit dem Kantschu eins überhieb und brüllte: »Nix Canton-Maire! Burgermester!«

Die einschmeichelnde Wendigkeit des Vaters, von ihm, dem Sohn, mit einer Mischung aus Scham und Bewunderung empfunden, wurde von einigen im Dorf verurteilt oder verlacht, insbesondere von den Jugendlichen, unter denen einer, Fritz Nolte, genannt Hacker, Heinrich Wilhelm Hoffmann am derbsten verhöhnte, ihn »Züngerdei«, »Schleimschitter«, »Haselant«, »Bocklaus«, »Bolzenhans« und »Denusiant« nannte. Das verletzte nicht nur seine Gymnasiastenehre, sondern die seiner gesamten Familie, und es erschien ihm vor allem deshalb als unerträglich, weil er den Vorwurf des Denunziantentums, um Himmels willen, für eine ungerechtfertigte Bezichtigung halten wollte. So hatte er Hacker zum Faustkampf gefordert, ohne zu ahnen, worauf er sich einlassen würde. Hacker nämlich hatte das Boxen von einem holländischen Musketier bei den französischen Kürassieren gelernt. So umtänzelte Hacker ihn, als sie, nur mit Hosen bekleidet, im Garten an der Mauer zum Nachbarn das Faustduell ausfochten, schlug ihm kurz und trocken auf Leib und Kopf, während er, Hoffmann, der um Kopfesgröße Längere, beinahe stillhielt und nur manchmal mit den Armen ruderte. Doch nicht einmal die Schläge, die er einstecken mußte, empfand er als so fürchterlich, vielmehr seine Hemmung, auf seinen Gegner überhaupt einzuschlagen. Er vermochte einfach nicht, obwohl er hier und da mit seinen viel längeren Armen dazu in der Lage gewesen wäre, Hacker eins zu versetzen, aus Furcht, ihm weh zu tun oder ihn gar zu verletzen. So ließ er sich geradezu wehrlos zu Boden schlagen und blutend im Gras noch einen Tritt in die Seite geben.

Die Großmutter hatte ihm dann in ihrem Bett die Wunden gesalbt, ihn »groten, tapferen Käl« genannt, während der Vater, für dessen Ehre vor allem er ja schließlich sich hatte schlagen lassen, nur meinte: »Mit einem Tagelöhnersohn prügelt sich ein Gymnasiast nicht.«

Seit jenem Faustkampf an der Mauer im Garten des elterlichen Hauses hat er sich nie wieder geschlagen, geschweige denn eine Waffe abgefeuert, mit Säbel oder Degen einen anderen bedroht.

Warum er trotzdem in Dutzenden von Landknechtsliedern ein abenteuerliches hieb- und stichfrohes Kriegerleben romantisierend besungen, Schlachtengesänge und Märsche geschrieben hat, mußte nach Karl Landau nur jenen ein Rätsel bleiben, die nicht begriffen, »daß sich oft gerade die zartestbesaiteten Germanen, besonders, wenn ihr gewaltiges Äußeres ihrem Inneren nicht entspricht, in einen Donner und Blitz schleudernden Wotan verwandeln – was zu wissen, liebe Henriette, für unsereins übrigens unter Umständen überlebenswichtig ist«.

Die Gläser waren leer getrunken. Wolff mahnte zum Aufbruch. Sie standen auf, löschten die Kerzen bis auf zwei, und während sie durch den Keller der Tür zuschritten, die direkt über eine Treppe in den Schloßinnenhof führte, sagte Hoffmann: »Mit dem Renommisten Heine ürigens hätte ich mich tatsächlich bald duelliert, in jenen Tagen zu Bonn, als uns die Welt noch offenstand, wie wir glaubten. Damals hat er gekniffen, verschwand plötzlich aus der Stadt, als Kamptzens Geheimpolizei uns auf den Fersen war. Ein ewiger Flüchtling, so, wie er auch dichtete.«

Wolff wußte, daß man mit Hoffmann nicht über Heine reden durfte, wollte man nicht Gefahr laufen, übelst beschimpft zu werden, wenn man den Verfasser des »Wintermärchens«, »Atta

Trolls« und anderer von Wolff hochgeschätzter Werke verteidigte, und so schwieg er, sagte nur fein lächelnd: »Und du bist im Lande geblieben, treu deinem so kernigen Vers:

Frei und unerschütterlich
wachsen unsere Eichen;
mit dem Schmuck der grünen Blätter
stehn sie stets in Sturm und Wetter,
wanken nicht noch weichen.«

»Jawohl, Stammesbruder des Heine«, sagte Hoffmann und ergänzte:

»Wie die Eichen himmelan
trotz der Stürme streben,
wollen wir auch ihnen gleichen,
frei und fest wie Deutsche Eichen
unser Haupt erheben.«

Nachdem sie sich von Alwine verabschiedet hatten, nein, man käme zu Mittag nicht zurück, zum Abend erst sei man wieder im Haus, verließen sie das Schloß, schritten, Knotenstock schwingend und in ihrer Kluft, einem in die Jahre gekommenen Handwerksburschenpaar auf Wanderschaft gleichend, durch Schloßinnenhof und Anlagen und über die Kastanienallee auf Höxter zu.

Durch die dichten ineinandergewachsenen Kronen der Bäume drang das Licht der Sonne aus einem nach dem Gewitter vom Vortag womöglich noch blaueren Himmel in feinen Strahlenbündeln, die auf dem Sandboden des Fahrwegs kleine helle Flecken bildeten. Es war windstill. Im Geäst schmatzten und gurrten Vögel, satt vom Körnerfraß aus den Garben auf den abgemähten Roggenfeldern. In das Kauderwelsch der Spatzen, Stare und Tauben mischten sich süße Flötentöne, die ein Gänsebub am Wegrand, dessen Schar im Feld Futter suchte, seinem aus Weidenholz geschnitzten Instrument entlockte.

»Horch«, sagte Hoffmann, blieb stehen und pfiff eine Melodie, die der des Flötenspielers ähnelte, »erinnerst du dich?«

Wolff, ein bißchen außer Atem vom Bemühen, sich dem ausgreifenden Schritt Hoffmanns anzupassen, schüttelte den Kopf.

»Holdorf. Auf dem Weg nach Buchholz«, sagte Hoffmann, »ein Hirtenbub spielte auf seiner Weidenflöte. Wir setzten uns zu ihm, und ich nahm seine Melodie für ein Liedchen«, und er trällerte:

»Jakob, wenn du Weiden schneidest,
o so denk an mich auch dann!
Schneid mir eine Weidenflöte,
daß ich mir was spielen kann.«

»Ja, doch«, log Wolff. Er konnte sich nicht erinnern. Die Tage in Mecklenburg, wo der überall ausgewiesene Dichter der »Unpolitischen Lieder« als Hintersasse auf dem Rittergut des Samuel Schnelle Einwohner- und Heimatrecht bekommen hatte – eine merkwürdige Besonderheit mecklenburgischen Feudalregimes jener Jahre, wonach jeder Gutsherr und Ritter jedermann das Aufenthaltsrecht erteilen konnte –, würde er aber nicht vergessen. »Um in Deutschland bleiben zu können, ist er Kuhhirte geworden«, dieses von Glasbrenner geprägte Wort war damals in aller Munde gewesen. Er, Wolff, hatte Hoffmann, nach der Ausweisung Heckers und Itzensteins aus Berlin, sozusagen als Emissär aufgesucht, um ihn ins Badische zu Vortragsveranstaltungen einzuladen. Man versprach sich davon, die sich mehr und mehr zersplitternde Opposition im Südwesten wieder einigen zu können, denn der von der Reaktion verfolgte Dichter und Sänger eines freien Vaterlandes wurde von den Oppositionellen aller Richtungen gleichermaßen geschätzt und hochgehalten.

Es war nicht leicht gewesen, Hoffmann, der sich in dem für Wolff »verschlafensten Landstrich Germaniens« bereits wohl und heimisch fühlte, zu überreden. Die wenigen gemäßigten

Liberalen im Land – andere Oppositionelle gab es nicht –, die in ihren legalistischen Vorstellungen und ihrem biedersinnigen Gesetzesglauben um mehrere Generationen hinter ihren badischen und württembergischen Gesinnungsgenossen herhinkten, bildeten verschworene Kegel-, Boston-, Lese-, Tee-, Jagd-, Bier-, Bet- und Mondscheinkameradschaften. Hoffmann war für sie eine Art Messias. Man riß sich um ihn, wetteiferte um seine Anwesenheit bei den Geselligkeiten in den Salons ihrer Landgüter und Stadthäuser, wo sie seinen Gedichten und Anekdoten, den Kabinettstückchen politischer Satire und den Liedern lauschten, die sie aus rauher mecklenburgischer Kehle, wenn's nach Mitternacht hoch herging, mitsangen.

Hoffmann blieb dabei meist Alleinunterhalter, ein strahlendes Licht unter lauter Funzeln. Nur hier und da kam es zu Gesprächen und Disputen. Sie brachten allerdings ganz selten wirklich Kontroversen zum Ausdruck und wurden nie mit jener Spritzigkeit oder gar Feurigkeit geführt, welche die Unterhaltungen süddeutscher Gleichgesinnter in Wolffs Umgebung bestimmten. In dieser auf solchen Soirees und Geselligkeiten ähnlicher Art herschenden Stimmung aus schwerfälliger Breitärschigkeit und bald durch Champagner und Punsch in Hitze gebrachter dampfender Fröhlichkeit, die von einem Augenblick zum anderen in störrisches, kopfschüttelndes oder kopfnickendes Dahinbrüten umschlagen konnte, war sich Wolff wie ein Mensch aus der Zukunft vorgekommen. Während die »bürgerlichen Ritter« – so wurden die nichtadligen Gutsherren genannt – wenigstens noch ein wenig derbe Lebenslustigkeit besaßen, waren die Theologen – brave, dichtende Landpfarrer zumeist – noch orthodoxer, die Redakteure und Buchhändler noch zensurängstlicher, die Juristen noch gesetzesergebener als anderswo. Daß unter solchen Verhältnissen, in die zusätzlich eine querköpfige, pietistische Frömmigkeit hineinspielte, selbst Literaten eigenartig biedersinnig wirkten, hatte Wolff bei Männern vom Schlage Fritz Reuters, John Brinkmanns und Adolf Glasbrenners allerdings doch erstaunt. Dazu gab es absonderliche Eigensinnigkeiten, zum

Beispiel die, daß Rudolf Müller, auf dessen Holdorfer Gut Hoffmann wohnte, Samuel Schnelles Landsitz im benachbarten Buchholz, wo Hoffmann als Hintersasse Wohnrecht besaß, niemals betrat, wie auch Schnelle nie einen Schritt in Müllers Haus setzte, obwohl die Familien sich immer wieder trafen. Auch der von Hoffmann schwärmerisch besungenen Landschaft konnte Wolff nichts abgewinnen. Die nur leicht hügelige Weite, durchbrochen von Baumgruppen, durchzogen von Bächen und von wenigen nichtgepflasterten Wegen, die Weiden und Koppeln, auf denen schwarz-weißes Rindvieh wiederkäute – und das alles unter einem niedrigen, wolkenbewegten Himmel –, fand er leer und trist. Nur einmal – hatte da etwa der Hirtenbub geflötet? –, als sie unter einer riesigen Buche am Wiesenrain lagen, bienenumsummt, und in wohliger Wärme nach einem Picknick, halb schlummernd, halb wach, einem über einer Hügelkuppe kreisenden Bussardpaar zusahen, den Verkauf von Hoffmanns Bibliothek, die bei einem Schreiner in einem Nachbarsort lagerte und für die Bettina von Arnim doch keinen Käufer gefunden hatte, beratschlagten, hatte er gedacht: Nun ja, vielleicht läßt sich's hier leben wie überall. Er hatte sich angeboten, den Schatz von zehntausend Bänden einer Frankfurter Bibliothek, die vom Bankhaus Wolff finanziell ausgestattet wurde, anzubieten und Hoffmanns neues Buch, eine Sammlung von Äußerungen deutscher Schriftsteller zu politischen Fragen, in Darmstadt, wo der Zensor auf seiner Lohnliste stand, unterzubringen. Das hatte dann schließlich auch den Ausschlag für Hoffmanns Zusage auf die Einladung ins Badische gegeben.

Zurückgeblieben von seinem Besuch im Mecklenburgischen vor fünfundzwanzig Jahren – einer »Zeitreise zurück ins vornapoleonische Deutschland«, hatte er seinen Freunden im Badischen den Aufenthalt dort charakterisiert – waren ein Geruch aus Kuhmist, Punschbowle, Holunder vom Busch vor dem Gästezimmer in Müllers Gutshof und dem herrlichen Fliederparfum einer Ritterbürgersdame, deren verrückte Leidenschaft ihn überwältigt hatte, und in seinem inneren Ohr das einschläfernde nachmittägliche Schwalbengezwitscher unter ihrem Fenster. Diese Geruchs- und Geräuscherinnerung stieg in ihm auf, als er im Weitergehen sagte, heimelig sei's ja wohl in diesem verschlafenen Lande gewesen; hätte aber nicht doch auch für ihn, Hoffmann, ein Aufenthalt in der Schweiz nahe den Aufständischen im Südwesten besser gepaßt?

Hoffmann verneinte laut und eindringlich. Immerhin habe er – und das könne er sich als Ruhmesorden anheften – die mecklenburgischen Oppositionellen politisiert, sie ins Öffentliche und aufs Naheliegende gestoßen, so daß im März achtundvierzig, unter seiner und Müllers Regie, die zwanzig Forderungen des mecklenburgischen Volkes aufgestellt worden seien.

»Bei diesen zwanzig pflaumenweichen Wünschen ist es allerdings geblieben«, sagte Wolff.

Nicht in der Schweiz, aber im Badischen wäre er gerne geblieben, seinerzeit, sagte Hoffmann, Wolffs Einwand überhörend, dort heimisch zu werden, habe er sich immer gut vorstellen können, unter all den wahren Freunden, »aber ausgewiesen hätte man mich, und zwar endgültig wie so viele damals nach der furchtbaren Niederlage, die uns alle jahrelang in die Verzweiflung trieb«; fast sei's mit dem Heimischwerden ja sogar etwas geworden. »Hast du, nebenbei, von Kapps Tochter in Heidelberg, die du beim Champagner im Schloßkeller erwähntest, gehört?« Eine feine Röte überzog wieder Hoffmanns Gesicht.

»Ja«, sagte Wolff, »ich traf sie im vorigen Monat.«

»Und wie geht es ihr?«

»Nun, wie es uns allen mehr oder weniger geht.« Wolff zögerte einen Augenblick, schwieg dann aber, erwähnte den Zustand nicht, in dem er Johanna Kapp angetroffen hatte.

»Sie hat mich dereinst zu meiner wohl gelungensten Liebeslyrik inspiriert.«

Gelungen ist gut, dachte Wolff, sagte aber laut: »Ich weiß und kenne sie, deine Johanna-Lieder.«

Zwei offene Droschken voller Ausflügler näherten sich

ihnen. Eine Dame mit einem roten Hut schien Hoffmann erkannt zu haben, jedenfalls blickte sie ihn während des Passierens stieläugig an, um gleich darauf mit ihrem Gegenüber zu tuscheln.

»Diese Sehenswürdigkeit im Schloß wird ihnen entgehen«, sagte Hoffmann grinsend, »laßt uns weiter fürbaß schreiten.«

In Höxter angekommen, waren sie beim Einbiegen in die Marktstraße in den Gleichschrittakt der Marschmusik des Musikkorps, die aus der Westerbachstraße herüberschallte, gefallen, hatten darüber gelacht, und Hoffmann hatte gesagt, dieser musikalische Empfang passe zu dem kriegerischen Unternehmen, das ihnen bevorstehe.

Johanna Kapp

Der Zustand, in dem Samuel Wolff die Frau angetroffen hatte, der Hoffmanns »Johanna-Lieder« galten, wurde damals noch verständnisvoll einfühlend mit »geistig umnachtet«, »gemütskrank« umschrieben, eine Verfassung, in die auch die von Henriette Landau erwähnten Pauline Lindtberg und Onkel Eduard verfallen waren, als – wie sie es ausdrückte – »die Träume sich auf Soll und Haben zurückbildeten«. Johanna Kapp hatte an die Erfüllung der Träume fest geglaubt. Fast schien sie ihr sogar bei ihrem letzten Zusammentreffen mit Hoffmann dreiundzwanzig Jahre zuvor, in jenem revolutionären badischen Mai, unmittelbar bevorzustehen. Im wahren Glücksrausch wandele sie, hatte sie ihm gestanden; jetzt, da eine neue Morgenröte aufsteige, das Weltgericht anbräche, Deutschland sich von den Fesseln der Reaktion in einer Republik befreie.

Sei das nicht zu hoffnungsfroh?

Aber nein, diesmal, da Leopold geflohen, die Regierung beseitigt und durch den Landesausschuß ersetzt sei, das Heer sich auf die Seite der Revolutionäre gestellt habe, werde es gelingen; alles werde möglich, fühle sie, »schließlich auch das, lieber Freund, woran ich zu verbrennen drohe und wovon nur Sie und ich und er wissen«.

Hoffmann, der den Staatsstreich in Berlin, in Frankfurt den Beginn der Auflösung der Nationalversammlung miterlebt hatte und gerade von den Volksversammlungen in Kaiserslautern und Mannheim und der Besichtigung einiger Kampfplätze im Badischen gekommen war, konnte ihre zuversichtliche Begeisterung nicht teilen. Ein schreckliches Trauerspiel, fürchte er, werde bald in Szene gesetzt; die Rache der Reaktion werde unerbittlich sein; immerzu denke er an die Erschießung seines Freundes Robert Blum, ein halbes Jahr zuvor in Wien; er habe keine große Hoffnung auf die nächste Zukunft, wenn er auch in dem tröstlichen Glauben lebe, daß sich durch Bajonette und Kanonen wohl eine Idee niederhalten, aber nicht zerstören lasse.

Sie hatte seine Bedenken verlacht: »Die Revolution ist schön. Ich fürchte nicht den Sturm, ich liebe ihn. Mir ist der alte Schlendrian unheimlich. Wo keine Leidenschaft Platz findet, entdecke ich kein Leben, lieber, verehrter Freund; gestatten Sie mir zu fragen, wo ist Ihr Optimismus geblieben?

Freiheit! Freiheit!
Das ist der alte ew'ge Klang,
von aller Vorurteile Nacht,
von jeder Willkür Übermacht,
für Liebe, Kunst und Wissenschaft,

sangen Sie, uns begeisternd, und bei unserer ersten Begegnung befreiten Sie mich aus kummervoller Hoffnungslosigkeit, als Sie Ihr ›Hindurch‹ schmetterten. Zwei Jahre ist es gerade her. Erinnern Sie sich?«

Das war an einem jener kalten, hageldurchpeitschten Märztage gewesen. Auf den Bergen um Heidelberg lag noch Schnee, aber die Frühlingsstürme brausten. Begleitet von Welcker, Gervinus und ihrem Vater, war er in den als Empfangssalon vorgesehenen Saal der ehemaligen, von der Familie Kapp gerade erstandenen Gastwirtschaft »Waldhorn« am Hang des Heiligen Berges getreten, wo sie das Flügelpiano von Carl Matthaes, aus Stuttgart angeliefert, probierte. Die Schritte hallten durch den riesigen, noch leeren, kahlen Raum so laut und so störend in die Musik hinein, daß sie ihr Spiel abbrach und verärgert den Deckel mit lautem, dröhnendem Knall zuwarf.

»Wie schade«, sagte er, »und wie rücksichtslos von uns, so hereinzutrampeln und das ›Bittende Kind‹ aus Robert Schumanns Kinderszenen zu stören.«

»Ihre Entschuldigung wird akzeptiert, weil jedenfalls Sie ein Kundiger zu sein scheinen, Herr Hoffmann.«

Der verbeugte sich, seine Rechte aufs Herz drückend. Sie hatte ihn gleich erkannt, obwohl er kaum noch jenem bartlosen Mann mit der leicht schräg gesetzten Schirmmütze über den langen, die Ohren bedeckenden Haaren auf der Bleistiftzeichnung im Besitze ihres Vaters glich, die ihn, auf einer Bank sitzend, zeigte, Beine übereinandergeschlagen, in der Hand am abgespreitzten Arm einen Wanderstock, in der im Schoß liegenden eine Zigarre. Er sah um vieles älter und weniger gekkenhaft aus. Sein Vollbart und sein bräunlicher Teint erinnerten sie an den, der für sie in jeder Beziehung der Größte war.

»Ich habe brennend darauf gewartet, Sie kennenzulernen«, sagte sie, und das war keine der üblichen Höflichkeitsfloskeln. Sie freute sich wirklich darauf, seine Bekanntschaft zu machen, mit ihm zu reden und vielleicht zu singen.

Hoffmann, dem, laut »Mannheimer Abend«, die »auf seine Entlassung aus dem preußischen Universitätsdienst folgenden, in zahllosen Aufenthaltsverboten gipfelnden, polizeilichen Nachspürungen die Aura eines verfolgten Nationalhelden verliehen haben«, stand auf der Höhe seines Ruhms. Seine Tour durch Südwestdeutschland, bei der er auf Zweck, Parade-, Fest- und Deputiertenessen, Stiftungs- und Jubiläumsfesten seine Lieder und Verse vortrug, war zu einem umjubelten Triumphzug geraten. »Ein Star, ein Komet, der, vom Volke angebetet, seine Bahn zieht«, hatte Hecker säuerlich und wohl auch ein bißchen neidisch kommentiert. »Aber er reißt die Leute mit«, sagten die anderen, »darauf kommt es an.« – »Wahrhaftig, ein Lied von Hoffmann wirkt mehr als hundert Zeitungsartikel«, schrieb der »Mannheimer Abend«.

Sie war jedenfalls neugierig auf ihn, obwohl Prominenz solcher Art sie sonst nicht sonderlich beeindruckte. Berühmtheiten aller Art, auch solche mit dem Odium verfolgter Freiheitshelden, sogar wirklich Gesuchte und Gejagte – letztere heimlich oder inkognito –, gingen im Kappschen Haus ein und aus, die meisten von ihnen, ob alt oder jung, verheiratet oder ledig, machten ihr, manchmal bis zur äußersten Lästigkeit, den Hof. Ihr Interesse galt vorab seiner Kunst. Hoffmann zählte zu den lebenden vier Großen der »Freiheitssänger des Deutschen Volkes«. Beim seinerzeit in den Salons beliebten Streitgespräch, wem von ihnen die Palme gebühre, hatte sie sich allerdings immer für Heinrich Heine geschlagen, Hoffmann von Fallersleben, wenn überhaupt als dazugehörig, höchstens als den nach Herwegh und Freiligrath letzten gelten lassen. Die »Unpolitischen Lieder« hielt sie für oberflächlich und effekthascherisch, die danach erschienenen »Deutschen Salonlieder« und »Deutschen Gassenlieder« empfand sie als gewöhnlich, zu sehr mit Nagelschuhen daherkommend. Sie hatte Hoffmann allerdings noch nicht beim Vortrag erlebt – »ein Muß, sonst fehlt das Wichtigste, um ihn beurteilen zu können«, hatte Hermann Hettner gesagt, der ihr fast gleichaltrige Literaturhistoriker, den sie trotz seiner zuweilen zu eindeutigen Avancen herzlich gern mochte. Anläßlich ihres Wettstreits, wer von ihnen beiden in der eisigen Mondscheinnacht auf der Neckarbrücke ohne Pelz und Mütze die Kälte länger aushalten könne, hatte Hettner ihr, bibbernd und die Arme um seinen Körper schlagend, anhand des Liedes »Himmlische Etymologie« aus dem zweiten Teil der »Unpolitischen Lieder« Hoffmanns Erstrangigkeit dargelegt. Des Autors Methode, raffinierte Anspielungen, Verweise vom Mythischen ins gegenständlich Politische – hier über das der Offenbarung des Johannes entnommene Wortspiel Gog-Ma-Gog-De-Ma-Gog – in einen einfachen, unmittelbar verständlichen Volkston zu kleiden und dadurch Aufklärung über die Verhältnisse des Hier und Jetzt in breiten Volksschichten voranzutreiben, sei das zeitgemäß Wirksamste, markiere den Übergang von reiner politischer Lyrik in ein sangbares Stadium. Nach der Melodie »Ich bin der Doktor Eisenbart« hatte er dann die »Himmlische Etymologie« angestimmt, sie war bald eingefallen, und beide waren sie Hand in Hand und singend durch Heidelbergs Gassen gerannt und dabei warm geworden.

Ein großer Teufel ist schon Gog,
Ma-Gog ist ein viel größerer noch,
was aber ist der De-Ma-Gog?
Das ist der allergrößte doch.

Danach war sie bereit gewesen, Hoffmann einen Platz gleich hinter Heine einzuräumen.

Sie habe Schumanns »Bittendes Kind« so anrührend gespielt, daß ihm das Herz einen Augenblick stillgestanden sei, sagte Hoffmann, er kenne Pianisten, die Schumann, ein guter Freund übrigens, der Robert, vorzüglich interpretierten, »doch so unvergleichlich einfühlsam wie Sie, verehrtes Fräulein Kapp ...«!

Sie spielte nicht überragend, im Vergleich zum Beispiel mit der von ihr geliebten Johanna Kinkel nicht einmal gut, aber sie fühlte sich geschmeichelt, gab sich seinem sprudelnden Redeschwall hin, lachte über seine humorigen Selbst- und Fremddarstellungen und amüsanten Geschichten, eingenommen von einer – wie sie später in einem Brief formulierte – »ihm entströmenden Herzensfreudigkeit und Frische«, die sie um so wohltuender empfand, als ein anderer, der große Geliebte nämlich, sich ihr herzlos und, wie sie es sah, feige verschloß.

Zum Getrommel der Hagelkörner an den Scheiben der hohen Fenster im leeren Waldhorn-Saal, erinnerten sich später beide, hatte der Wind gejammert, war irgendwo in dem weitläufigen Gebäude ein Laden auf- und zugeschlagen. Während Gervinus, Welcker und ihr Vater die oberen Räume der ehemaligen Gastwirtschaft daraufhin inspizierten, ob sie vorübergehend als Redaktionsstuben für das von ihnen geplante Blatt, das sie »Deutsche Zeitung« nennen wollten, in Frage kämen, gingen die beiden in dem von dem hohen Kachelkamin noch kaum durchwärmten Saal auf und ab, wobei Johanna schließlich geschickt und unter Wahrung des Respekts, den eine junge

Frau einem noch fremden, älteren Herrn zu zollen hatte, Hoffmanns Plaudereien in ein Gespräch über Musik und Lyrik zu lenken wußte. Schumanns Klaviermusik, bekam sie schnell heraus, blieb ihm, obwohl er sie enthusiastisch lobte, eigentlich fremd, das Neue darin verstand er nicht, überhaupt äußerte er einige nach ihrem Geschmack recht altbackene Ansichten, so die, wahre Dichtung sei Spiegel der Seele des Volkes und am vollkommensten da, wo sie den schlichten Ton des Herzens finde – nämlich im Volkslied.

Aber fände diesen Ton noch derjenige, der, belesen und gelehrt, die Schlichtheit des Volkes, das Naive, das sogenannte Einfache hinter sich gelassen habe? fragte sie.

»Aber doch gerade darin, verehrtes Fräulein Kapp«, rief er, »gerade darin zeigt sich die Kunst des Dichters und Sängers.« Hoffmann, der Johannas Ruf als eine, wie Carl Dresel es formuliert hatte, »trotz ihrer Jugend einzigartige Frau, in der größte Anmut mit reichster Bildung, feinstem Kunstsinn und einem freien, selbstständigen Geist sich paarten«, voll bestätigt fand, zitterte förmlich vor Begeisterung. Hochgewachsen – wie lang ihre Beine waren, sollte er später, an einem Maimorgen, da sie in einem Seidenkleid auf einem Baumstumpf gegen die Sonne stand, sehen –, berührte sie mit ihrer Schulter seinen Oberarm, was ihn unglaublich erregte und, als er sich dessen bewußt wurde, ins Stottern brachte.

Mit ihren zweiundzwanzig Jahren war Johanna Kapp, der schon einige Männer, wortwörtlich bewundernd, zu Füßen gelegen hatten, zwar nicht das, was man damals »eine erfahrene Frau« nannte, aber sie wußte ziemlich genau um ihre Wirkung, sie kannte die Reaktion sogenannter reiferer Herren auf ihre direkte, fühlbare Nähe, und so löste sie sich von seiner Seite, ging ans Flügelpiano, setzte sich, spielte einige Akkorde an. Dabei rutschte die Mantilla von ihren Schultern, so daß ihre schwarzbraunen Locken auf den Spitzenbesatz ihres Samtkleides fielen, was ihn noch mehr erregte, und als sie mit sanfter, dunkler – »aus Brunnentiefen steigender Stimme«, dichtete er – Düringers »Des Mädchens Klage«, ein schmalziges Liedlein, dessen jüngferliche Rührseligkeit ihrer augenblicklichen Gemütsverfassung aber gerade entsprach, sang, war's – so Hoffmann zum Freund Carl Dresel am nächsten Tag – »um mich geschehen«. Bereits vorher hatte er, vielleicht in ihrem Tonfall, ihrer Kopfhaltung, vielleicht in diesem müden Schwung, mit der sie die Mantilla um sich schlug, eine verhaltene Traurigkeit an ihr bemerkt, die nun, da sie so »herzinniglich«, wie er bemerkte, sang, noch stärker zum Ausdruck kam und ihn trotz des natürlich metaphorisch Gemeinten den wirklichen Grund ihres Kummers ahnen ließ.

»Ach du mein guter Gott!
S'wär besser doch als tot,
i wollt' gewiß dann gar nit weine!
Wann er nur wiederkäm',
in seinen Arm mi nähm
und sagt: Bist meine, du liebe Kleine!«

Ihr sanft gebeugter Rücken, insbesondere die Linie von ihrem Hals bis zu den Schultern, hatte nach dem Ende des Liedes auf einmal eine solche Hoffnungslosigkeit ausgedrückt, daß ihm Tränen in die Augen geschossen waren. Fast hätte er sie umarmt und gestreichelt, hatte dann aber, ohne Einleitung oder erklärende Worte, einfach sein »Hindurch« angestimmt, das sie, da das Lied der bekannten Melodie von »Stimmt an mit hohem, hellem Ton« folgte, bereits nach dem ersten Verspaar mit vollen Akkorden begleitete.

»Es ist die Zeit ein großer Fluß,
wir sitzen an dem Strande;
und was uns Freude bringen muß;
liegt drüben auf dem Lande.
Hindurch! Hindurch! Was stehst du still?
Der Fluß wird nie verrinnen.
Wer durch die Flut nicht schwimmen will,
der wird kein Land gewinnen.«

Das »Bravo« der drei Herren, die aus den oberen Räumen wieder in den unteren Saal gekommen waren, fanden sie beide deplaziert, aber Johannas zornig gefauchtes »Du verstehst wieder einmal überhaupt nichts, Papa« auf Christian Kapps mehr scherzhaft gemeinten Vorschlag: »Wie wär's mit einer Sondervorstellung zur Einweihung hier im Waldhorn – ihr beiden«, sollte Hoffmann erst später, nachdem sie ihm ihr Geheimnis preisgegeben hatte, begreifen.

Nach der Verabschiedung durch die freigehauchte Scheibe eines beschlagenen Fensters, den Herren in ihren gebauschten und wehenden Umhängen nachschauend, wie sie, vom Sturmwind getrieben, zum Neckarufer hinunterliefen, erinnerte Hoffmann sie wieder an den im Hintergrund ihrer Gedanken immer gegenwärtigen einen. Während die drei ihre Hüte mit beiden Händen festhielten, hatte er seinen Kalabreser abgenommen, ließ sich die Haare, die noch keine weißen Strähnen zeigten, um den Kopf flattern.

Einen »Cheruskerkopf«, hatte Struve, dessen verrückte Manie, jedermanns Schädel und Glieder zu messen und zu bestimmen, sie amüsierte, den seinen genannt – gleich dem des Geliebten also. Oder hatte Struve diesen als »Chattenkopf« bezeichnet? Sie wußte es nicht mehr. Jedenfalls glichen die beiden sich, meinte sie, wenn auch nicht auf den ersten Blick. Des anderen, manchmal ans Verzagte grenzende Wortkargheit fehlte dem überaus beredsamen Hoffmann vollends; auch schien er ganz und gar nicht von jener Unbeholfenheit befallen, die sie bei ihrem Geliebten so anrührte. Dennoch meinte sie hinter aller lebenserfahrener Sicherheit und der Selbstgewißheit des berühmten und gefeierten Freiheitssängers eine eigenartige Schüchternheit bemerkt zu haben, eine reizvolle Unsicherheit vielleicht gegenüber starken Gefühlen einer Frau, so wie bei ihm, dem anderen. Jedenfalls war er weniger selbstgefällig und gefallsüchtig, als Samuel Wolff ihn geschildert hatte. Ob sie ihn wirklich anziehend finden sollte, wußte sie noch nicht. Die Vorstellung, ihren Geliebten, der sie ununterbrochen mit Bertha, der dummen

Kuh – so nannte sie dessen Ehefrau –, betrog, ihrerseits mit diesem, ihm beinah gleichaltrigen, nicht unähnlichen und ebenso berühmten Mann zu betrügen, es dem Abwesenden anschließend gleich, in einem Brief, zu gestehen, hatte allerdings etwas Verführerisches – ein Gedanke, den sie aber sofort wieder wegen seiner Schamlosigkeit reuig verwarf. Sie hätte Hoffmann sicher auch bald vergessen – er verließe Baden, hieß es, seine Tour führe ihn weiter ins Württembergische –, wären sie sich nicht schon zwei Tage später in der Kappschen Stadtwohnung, der Beletage eines geräumigen Heidelberger Barockpalais, wiederbegegnet.

»Hecker wird die Kammer verlassen, sein Mandat niederlegen!« Damit war der Vater in ihr Atelier gestürzt. »Was sagst du dazu?«

Sie folgte ihm in den Salon, wo man hitzig die neue Lage besprach. Zwischen dem ständig seinen weißhaarigen Kopf schüttelnden und »ich begreif's nicht, ich will's nicht glauben« klagenden Itzenstein und dem sardonisch lächelnden Wassermann, der immer schon gewußt haben wollte, daß Hecker ihnen eines Tages in den Rücken fallen würde, saß Hoffmann, hörte nach allen Seiten hin, stimmte einmal Mathy, dann wieder Helmreich, die sich über Bedeutung und Gefährlichkeit der neuerdings immer häufiger stattfindenden ungenehmigten Zusammenkünfte stritten, zu.

»Natürlich hat Hecker recht!« Dieser apodiktische Einwurf Johannas erstaunte Hoffmann weniger als die Tatsache, daß die Runde sofort verstummte und sich ihr zuwandte. Nicht mehr die Kammern, sondern Volksversammlungen und Kundgebungen seien jetzt das richtige Forum, die Veränderung voranzutreiben, die wirkliche Umwandlung vorzubereiten, den Umsturz in eine Republik nämlich, was zu sagen sich kaum einer traue, wozu aber das Volk die Herren Politiker treibe; das habe der Hecker erkannt.

Mehrheitlich verneinte man diese Einschätzung. Mathy – Johanna hielt ihn schon damals für einen Verräter – widersprach heftigst. »Schlangengift habe er gespuckt, der Mathy«, sagte später Friedrich, genannt Fritz Kapp, Johannas Cousin, ein so blonder und blauäugiger Milchhautgesichtiger, dem jugendlichen Henneberg dermaßen ähnelnder Jüngling, daß Hoffmann ihn beinahe so oft mit den Blicken verschlang wie Johanna. Man hatte sich in Johannas Atelier begeben, wo man zunächst zwei in Öl auf Leinwand übertragene Landschaftsskizzen aus ihrer Hand bewunderte. Nachdem außer Hoffmann, der Johanna seine »fünfzig Kinderlieder in der Clavierbegleitung von Ernst Richter« mit Widmung unter herzlichen Zueignungswünschen überreichte, der Mutter, Emilie Kapp, sowie Friedrich Kapp und dessen Freund Daniel Roßberg die anderen sich wieder empfohlen hatten, nahm der ungeduldig an seinen Nägeln knabbernde Fritz das Thema nochmals auf: Tatsächlich könne durch Rücktritte einiger namhafter Abgeordneter eine Auflösung der Kammern, wie im Februar vergangenen Jahres – Beck habe das bereits angedeutet –, unter Umständen verhindert werden; Onkel Christian sollte sich Hecker anschließen, sie seien sich in manchem ja ohnehin recht nah; andere, wie Papa Itzenstein, müßten natürlich ihre Sitze behalten; aber so eröffne man eine zweite Front, die eine betriebe die Sache innerhalb, die andere außerhalb des Parlaments . . .

»Ach, lieber Fritz«, unterbrach ihn Johanna, »von politischer Taktik, den Schlangenwendungen der Klugheitslehre, verspreche ich mir in diesen Zeiten eigentlich überhaupt nichts mehr und Sie, lieber Herr Hoffmann, ich sehe es Ihnen an, wohl auch nicht.«

»Gewiß nicht, liebes verehrtes Fräulein Kapp«, sagte Hoffmann lächelnd und erklärte in einem dem Älteren und Erfahreneren zustehenden, belehrenden Ton seine Auffassung, wonach sie, das liberale, das fortschrittliche Lager, im Gegensatz zur Reaktion ohne Lug und Trug, unzweideutig, aufrecht, und das bedeute eben auch aufrichtig, also deutsch im eigentlichen Sinne, antreten müßten. Er fühlte sich durch die spöttischen Blicke, die, während seines Plädoyers fürs Gerade und Wahre des Fortschritts gegen das Krumme und Falsche des Rückwärtslertums, Friedrich Kapp und Daniel Roßberg sich zuwarfen – Roßberg ein in allen dem Freund gegensätzlicher, schwarzlokkiger, schwarzäugiger, schmächtiger Mann, der im revolutionären Mai zwei Jahre danach als erster fallen sollte –, nicht im mindesten verletzt. Jugend durfte besserwisserisch und anmaßend sein. Er war vielmehr beglückt, »ja«, so zu Carl Dresel, »im siebten Himmel«, weil Johanna ihn nämlich mit feuchten Augen anschaute und, als er geendet hatte, schluckte und sagte: »Wenn Sie wüßten, wie sehr Sie mir aus dem Herzen gesprochen haben, lieber verehrter Herr Hoffmann.«

> Du sahst mich an, doch wie mein Herz entbrann,
> du weißt es nicht.
> Du reichtest mir zum Abschied still die Hand,
> du sahst mich ziehn,
> doch daß ich blieb ein Sklav in deinem Bann,
> du weißt es nicht,

dichtete er gestelzt nach Art einer Ghasele, dieser orientalischen Gedichtform, die Johanna augenblicklich – so hatte sie erwähnt – wegen der lockeren Leichtigkeit der Sprachführung und des dauernden Gleichklangs durch magische Wiederholung bevorzugte. Er war wortwörtlich hingerissen, deutete dies und den Grund dafür Welcker an, den er veranlaßte, ihn nach Beendigung der Tour durchs Württembergische auf seinen Landsitz bei Neuenheim, unweit Haus Waldhorn, wo sich Johanna nun öfter aufhielt, einzuladen.

Alles, was er dann in den nächsten Tagen und Wochen auf seiner Besuchs- und Vortragsreise zwischen Stuttgart und Tübingen tat, geschah in Erwartung des Wiedersehens und in der Vorstellung, Johanna, »die junge, blühende Frau«, schaue ihm immer und überall zu, ja begleite ihn. Ob in den Festsälen der Gaststätten »König von Wirtenberg«, »Hirsch«, »Goldener Engel«, »Ketterer«, »Krone«, »Adler«, »Traube«, ob vor städtischem Publikum oder bei Bauern auf dem Lande unter freiem Himmel – Johanna saß für ihn dazwischen. Sie ließ die Augen nicht von ihm, der seine Verse deklamierte, seine Lieder sang, Anekdoten und Schnurren vortrug, Trinksprüche formulierte und die Leute mitriß, zum Singen, Lachen, Trampeln brachte. Er legte ihr, der für andere unsichtbar neben ihm Stehenden, den Arm um die Schulter, als ihn auf dem Balkon des Hauses von Ludwig Uhland die Tübinger Studenten von unten herauf hochleben ließen und seine Lieder sangen; er stieß sie während des ihm zu Ehren veranstalteten Gastmahls der Professorenschaft unterm Tisch an, leise und spöttisch die hochtönenden Reden kommentierend; marschierte mit ihr im bitterkalten Morgenwind durch frischgefallenen Schnee am Neckarufer entlang bis zum Türmchen des Schreinermeisters Zimmer, versprach zu ihrem hellen Lachen den halberfrorenen Enten in aufmunternden Reimen den baldigen Frühling; tauschte amüsierte Blicke mit ihr, während er des Oberkonsistorialrats Gustav Schwab Vorwurf bestätigte, er, Hoffmann, habe Freiligrath, dessen »Ça ira« gerade erschienen war und die Stuttgarter Liberalen erschreckte, zum Radikalismus verführt; genoß ihre imaginäre Bewunderung seiner Kenntnisse beim Gespräch mit Silcher über die Kompositionstechnik von Ghaselen und seines gewieften Schacherns bei den Verhandlungen über den Verkauf seiner Bibliothek mit dem Oberbibliothekar Keller, einem winzigen Kerlchen im verschlissenen, gelben Frack, das oben auf der Bücherleiter hockte; er aß und trank allmählich so, als säße sie ständig neben ihm, führte Zwiegespräche, erklärte ihr Land und Leute und das Leben, unhörbar für andere erst, bis er, zum Verwundern der Freunde, plötzlich laut das Wort an die Unsichtbare richtete. Und als er ihr am Ende den Silberbecher voll hellem Würzburger – der alte Schott hatte ihn in die Runde gegeben – mit den Worten reichte: »Trink aus, meine Liebe« und ihn so lange in der ausgestreckten Hand hielt, bis Römer rief: »Wen siehst du im Geist? Wir wollen ihr alle zutrinken«, nahm er sich für den Rest der Reise zusammen.

Leibhaftig hielt sich Johanna währenddessen bei Verwandten in Neustadt auf, wo ihr Carl Dresel als Postillon d'amour seines Freundes Hoffmann Aufwartung machte und ihr die jüngsten Gedichte des Verliebten überbrachte. Sosehr auch liebeslyrische Gebilde Ausdruck eines über die besungene Person erhabenen, ins Allgemeine weisenden Gefühls von Dichtern sein mochten, so sehr ließen diese fünf Ghaselen in ihrer Eindeutigkeit doch keinen Zweifel, wen und was dieser Autor meinte und fühlte:

> Mir ist, als müßt ich immer sagen:
> Ich liebe dich,
> und mag nicht auszusprechen wagen:
> Ich liebe dich ...
> Ich wandele fern von dir und habe
> nur einen Trost ...
> Ich liebe dich.

Obwohl sie sich bisher nur zweimal gesehen und gesprochen hatten, überraschte Johanna weder die Plötzlichkeit noch die offensichtlich ganz ernsthaft gemeinte Liebesempfindung Hoffmanns. An Erklärungen leidenschaftlichster Zuneigung schon nach kurzer Bekanntschaft, war sie seit ihrem fünfzehnten Lebensjahr gewöhnt, und nicht nur unbegabte Amateure, auch bekannte und berühmte Poeten hatten sie in Prosa und Versen angedichtet. So hätte sie normalerweise in einem Brief freundlich dankenden, doch zurückhaltenden Tons geantwortet, diese oder jene Gedichtzeile respektvoll als besonders stimmungshaltig, gelungen, poetisch durchformt gelobt und im übrigen die Angelegenheit auf sich beruhen lassen. Das Ausbleiben des Briefs, den der ferne Geliebte ihr per Adresse ihrer Cousine in Neustadt hatte senden wollen, versetzte sie jedoch in eine Stimmung, die den Wunsch wieder aufflackern ließ, den Ungetreuen zu strafen, indem sie sich einfach einem anderen zuwandte. In Frage dafür kam im Augenblick nur Hoffmann, zu dem sie sich außerdem in einer neuen, anderen Weise hingezogen fühlte, nachdem sie die Abschrift seines Briefes an Freiligrath gelesen hatte, die – beabsichtigt oder nicht – in dem Band seiner fünfzig Kinderlieder steckte und Seiten seines Lebens offenbarte, die ihn in einem anderen Licht zeigten.

Hoffmanns ungebundenes, der Kunst und der Freiheit gewidmetes Leben, sein Wandern und Fahren von Ort zu Ort, zu immer neuen Begegnungen, Erlebnissen, Erfahrungen und Empfindungen, eine solche Existenz außerhalb der fürchterlichen Routine des Alltäglichen, in der sie sich gefangen sah, hatte sie als eine phantastische, herrliche, eines Tages nach Umstürzung aller Verhältnisse für alle, sogar für eine junge Frau erreichbare bewundert. Die andere, die Schattenseite des Unbehausten hatte sie nicht geahnt. »Mein Leben ist ein ewiges Abschiednehmen«, hieß es in Hoffmanns Brief an Freiligrath, »ich schwimme am Strande umher; eine Welle wirft mich dann wol an ein blumiges Ufer, und ich habe kaum Zeit, mich daran zu freuen und zu laben, so kommt eine andere Welle und wirft mich schadenfroh wieder in die Brandung zurück. Ich hatte Dir mal nach Brüssel geschrieben. Der Brief ist wol nie in Deine Hände gekommen. Ich weiß nur noch, daß ich mich freute über ein Wort, daß Du nach Mainz geschrieben haben solltest: ›Ich kann immer wieder Kaufmann werden, das habe ich gelernt.‹ Ich kann leider weiter nichts mehr werden: mein Leben war abgeschlossen, als ich den unglückseligen Gelehrten-Beruf wählte, einen Beruf, der auch ohne politische Mißliebigkeit und Verfolgung mich nicht einmal so weit brachte, daß ich mir einen eigenen Herd gründen und eine heitere Zukunft hoffen konnte. Das deutsche Gelehrtentum ist selbst unter günstigen Verhältnissen nur immer ein glänzendes Elend, reich an Hoffnungen, noch reicher an Entbehrungen und Bedürfnissen aller Art. Ich stieg zu der höchsten Höhe, die ein deutscher Gelehrter erreichen kann, ich war Professor, ordinarius und fiel wieder herab und wurde nur glücklicher dadurch, nachdem ich Amt und Gehalt verloren hatte. Nun lebe ich freilich frei von amtlichen Beziehungen, von jedem Staatszwange, aber bin abhängig geworden von der Güte meiner Freunde, denn auf eigene Hand vermag ich nicht zu leben. Ob ich mich wieder emanzipieren werde und dabei dann ebenso sorgenfrei wie jetzt leben kann, ich weiß es wahrlich nicht. Mit Schriftstellerei bringe ich es nicht zu Wege. Ein Kapital von zehntausend Tlr. wäre dazu nötig, das mir im besten Falle fünfhundert Tlr. abwürfe, und das läßt sich von unser einem in Deutschland schwer erwerben. Meine Bibliothek habe ich zu zweitausend Tlr. ausgeboten. Wenn mir aber auch diese Summe zukommt, so fehlt mir aber an den zehntausend Tlr. noch sehr viel. Da bin ich nun eben diesen Augenblick auf einen Gedanken gekommen, der mir ein unabhängiges Dasein gründen kann. Ich will nach New-York gehen und den dortigen Deutschen öffentliche Vorlesungen über deutsche Literatur bis auf die neueste Zeit halten. Ich brauche dazu nur meine alten Hefte fortzusetzen und zu ergänzen und werde dann Belege sammeln und die neuesten Hülfsmittel durchstudieren. Das kann in den nächsten drei Vierteljahren geschehen. Dann will ich den Winter '47 in Frankfurt meine Weisheit ausgraben. Dadurch hoffe ich soviel Geld einzunehmen, daß ich meinen Plan weiterzuverfolgen im Stande bin. Ich lerne unterdessen Englisch, halte mich zwei Sommermonate '48 in London auf, um mich in der Sprache zu vervollkommnen, und gehe nach New-York. Wie gefällt Dir dieser Lebens- und Reiseplan? Ich hörte gern Deine ausführliche, unumwundene Meinung darüber! Sollte ich bis dahin meine Bibliothek noch nicht verkauft haben, so würde ich persönlich in London den Verkauf betreiben, und Du könntest mir dann durch Deine ausgebreiteten Bekanntschaften mit den Lords des Landes wichtige Dienste leisten.

Nun noch einiges über meine Irrfahrten, seit wir uns nicht mehr gesehen haben ...«

Aus seinen Plänen mit New York und London war nichts geworden und würde auch nichts werden, sollte sie später von Samuel Wolff erfahren, und seine Bibliothek blieb bislang unverkauft. Hinter seiner strahlenden Lebensfreudigkeit tauchte ein anderer, vom Leben gebeutelter Hoffmann auf. Ein

Gefühl aus Mitleid, Zuneigung, Sympathie, gewiß auch angewärmt vom roten Wermut, den sie aus einem Zinnbecher trank, durchströmte sie, als sie in der Gartenlaube seine Gedichte noch einmal las.

Der Himmel über den Weinbergen hinter Neustadt färbte sich nach einem Regenschauer auf einmal blaßblau und rosa. Lerchen stiegen auf, es roch nach frühlingsfrischer Erde, und in dem Beet voller Osterglocken zankten Finken. An einem solchen Tag vor gut zwei Jahren hatte sie der Geliebte zum erstenmal umarmt. Sie lächelte und weinte, nahm Papier und Feder, trank noch einen Schluck Wermut und schrieb an Hoffmann, keinen nur freundlich-dankenden, sondern einen sie selbst erregenden Brief, bis in den Abend hinein, der einen scharfen gelben Sichelmond über den Weinbergen zeichnete, und dichtete drei Ghaselen als Antwort auf seine Verse.

Brief und Gedichte kamen verspätet an, weil sie zunächst an die Adresse geschickt worden waren, wo Hoffmann sich vor seiner Reise durchs Württembergische aufgehalten hatte. Er wohnte inzwischen auf dem Landsitz Welckers, lief täglich zum Haus Waldhorn, traf dort aber nur Handwerker und Spediteure an, verzweifelte, fragte sich, ob es wieder einmal falsch gewesen sei, so plötzlich und schriftlich so eindeutige Liebesbezeugungen der angebeteten Frau zukommen zu lassen. Als das Päckchen schließlich bei Welcker anlangte, riß er es im Beisein der Familie gleich auf und begann noch im Hinausgehen zu lesen, las Brief und Gedichte immer wieder, und am Abend wurde ihm bewußt, daß weiteres Werben schwieriger werden würde als erwartet.

Sie habe offensichtlich ihr Herz an einen anderen verloren, sagte er zu Carl Dresel, wie sonst sollten solche Verse verstanden werden wie:

Du fühlst so schön, was ja auch ich empfunden,
drum brauchst Du nicht zu fragen, was mich beweget:
Es sind die Heiligtümer meines Herzens,

die Dir verborgen lagen, was mich beweget.
Drum macht Dein Lieben mich so froh und traurig,
Denn ich muß Dir versagen, was mich beweget!

Und solche wie:

Du sprichst so warm, ach so beredt
zu mir in Deinem Sang,
der mir wie Frühlingsruf erscholl –
das Herz ist mir so schwer.
Du bist es wert, geliebt zu sein,
doch liebt mein Herz schon lang –
oh hege meinem Glück nicht Groll!
Das Herz ist mir so schwer.

»Es scheint eine Person höchsten Ansehens zu sein«, mutmaßte Dresel; hier und da werde etwas gemunkelt, aber niemand wisse Wirkliches, erstaunlich für Heidelberg, das als Zentrale des Klatsches im ganzen Lande gelte.

So ohne weiteres gebe er Johanna nicht auf, sagte Hoffmann, das könne, das wolle er nicht. Im übrigen sei ihm Selbstlosigkeit nicht fremd; sein durch Alterserfahrenheit erlangter Gleichmut gestatte es ihm, sich der Nähe der Geliebten zu erfreuen, ohne sie gleich zu begehren. Jedenfalls erfülle es ihn mit Dankbarkeit, wieder echt und wahr zu lieben und darüber zu dichten – Liebeslyrik; wie lange habe er so etwas nicht geschrieben; es quelle nur so aus ihm heraus, Vers auf Vers . . .

»Was will ein Dichter mehr«, meinte Dresel.

Zwei Tage darauf sah er sie wieder. Man feierte seinen und Welckers Geburtstag im Kreis der Familien, mit Mannheimer und Heidelberger Freunden und Gesinnungsgenossen, an drei langen Tischen im Garten des Welckerschen Anwesens, denn die Sonne schien seit dem Morgen von einem strahlend blauen Himmel, und ein warmer, fast heißer Wind, geschwängert mit Blütenduft aus fernen, südlichen Regionen, wehte den Fluß herauf. Zwischen Essen und Trinken wechselten Reden und Trinksprüche mit lauten und leisen Diskussionen, die Lage im Land betreffend, Tricks und Kniffe zwischen Kammern, Kabinett und Großherzog wurden gesponnen, sehr lustige und sehr ernste Geschichten aus Alltag und Politik erzählt, die Frauen lachten und mischten sich ein, man besprach Familienangelegenheiten, die Kinder, schon in hellen Sommerkleidern, liefen herum, jauchzten und weinten und wurden getröstet, schaukelten auf langen Wippen, und immer wieder sang man zur Begleitung einer Gitarre und einer Violine, Hoffmann den Ton angebend, die alten und die neuen Lieder, und gerade hatte er zum Beifall aller sein »Mauskätzchen« angestimmt,

»... gab ein großes Fest
und hatte dazu geladen
Bekannt und Verwandte von Ost und West
und lauter Ihro Gnaden.«

»Miau, miau, miau«, jaulte eine jede und ein jeder, auf ihre und seine Art die Katze mimend, den Refrain, da erschien im Gartentor eine weißgekleidete Frau, einen buntbebänderten Strohhut auf dem Kopf – eine Fata Morgana, meinte er im ersten Augenblick –, Johanna! Mit den anderen im Chor miauend, kam sie näher, und nach dem letzten, im allgemeinen Gelächter endenden »Miau, miau« stand sie neben ihm, gratulierte ihm zum Geburtstag, überbrachte mit den Worten »für Sie, mein lieber Freund« ein Geschenk, eine Brieftasche mit seinem Namenszug, von ihrer Hand gestickt, und darin ein Gedicht, dessen letzter Vers lautete:

Ich muß mich Deiner Liebe freuen,
sie ist so wunderschön und rein!
Dir kann ein Frühling sich erneuen,
doch – Freunde laßt uns immer sein.

Daß damit ein für allemal ihr Verhältnis klargestellt wurde, nämlich das einer Freundschaft und sonst nichts, wollte er nicht glauben, brauchte es auch nicht, denn in den folgenden Wochen gab es manchen Anlaß, der ihn hoffen ließ, Johanna könne mehr für ihn empfinden.

Sie trafen sich beinahe täglich im Haus Waldhorn, das, wie der Garten, unter ihrer Aufsicht und Leitung eingerichtet und hergerichtet wurde. Sie bat ihn, sobald er erschien, um Rat, zum Beispiel, ob eine Tapete in dieses Zimmer passe, jenes Tableau dort hängen, die Etagere hier postiert werden, eine Vase vielleicht auf dem Säulchen neben der Tür stehen, der Steinrutsch oben am Hang eingezäunt, die Reblaube am Brunnen überdacht werden sollte. Meistens deckten sich ihre Vorstellungen, worauf sie sagte: »Wie sehr wir doch harmonieren«, oder: »Tatsächlich haben wir den gleichen Geschmack.« Das beglückte ihn und stimulierte seine Plauderkunst. Ihr Lachen, Staunen, Kopfschütteln auf seine Geschichten und Anekdoten ließen ihn zur Höchstform auflaufen. Sogar die Schilderungen von Empfindungen, anläßlich erregender oder nur banaler Erlebnisse und Begegnungen oder angesichts von Naturschönheit, ansonsten nicht seine Stärke, gelangen ihm so, daß er über sich selbst staunte, obwohl er nicht Johanna gleichkam, die gerade darin sich als Meisterin zeigte, wenn sie zum Beispiel ihre Stimmungen und Gefühle eines Morgens am Fluß, über den feine Nebelschleier wallten, oder den Aufruhr ihrer Nerven bis zum Verlust des seelischen Gleichgewichts beim Anblick eines bettelnden, geschundenen Kindes, ihr inneres Befinden mit der Wahrnehmung des Äußeren verbindend und verknüpfend, beschrieb.

Eine ganz andere Johanna lernte er im Umgang mit Handwerkern und Gärtnern kennen. Im breitesten, singenden badischen Dialekt redete und lachte sie mit ihnen, lobte oder tadelte sie, trank Bier aus Krügen mit ihnen, ja, riß Witze, und einmal beobachtete er, wie sie einem jungen Burschen auf den Rücken klatschte und ihm lachend einen derben Kosenamen nachrief. Trotz ihrer feingestimmten und in jeder Beziehung hoch- und durchgebildeten, weit über ihr jugendliches Alter entwickelten Persönlichkeit, fand er, ging etwas Ungezähmtes von ihr aus, das sich nicht nur in ihren radikalen politischen und rigoros atheistischen Ansichten äußerte. Zum Beispiel sprang sie mitten in einem Gespräch über niederländische Landschaftsmalerei auf, rannte in den Garten, schrie einen Gärtner an, den Ast einer Zeder nicht abzuhauen; dann wieder – noch in einsilbiger Verschlossenheit, geradezu abwesend – ergriff sie ein Beil und schlug einen Busch nieder, weil er von einem bestimmten Platz den Ausblick auf die Neckarbrücke störte; oder sie jagte mit ihrem jüngeren Bruder Max kreischend und lachend den Berg hinauf und hinunter, kam mit zerrissenem Kleid zurück und schüttelte ihr zerzaustes Haar um den Kopf. Hausarbeit verabscheute sie.

»Nein, ich bin keine Dorothea«, sagte sie, als sie über das Bild der Frauen in der schönen Literatur und die Vorstellung der – wie sie es ausdrückte – »auch ach so liberalen und radikalen Herren der Schöpfung« sprachen; ihr fehle jede Veranlagung für schlichte, in umsichtigem, selbstverleugnendem Wirken sich genügende Häuslichkeit. Das versetzte ihm zwar einen Stich, störte ihn aber nicht länger. »Von Tag zu Tag wird meine Liebe zu ihr stärker und inniger«, vertraute er Carl Dresel an und fragte, wie er nur seinem größten irdischen Glück, dieses wundervolle Weib als Gattin heimzuführen, näherkommen könne.

»Heimführen ist gut«, entfuhr es dem, worauf Hoffmann ihm kiebig über den Mund fuhr.

Der Gedanke lag ihm längst nicht mehr fern, hier, wo Freunde und Gesinnungsgenossen anderen Kalibers als im Mecklenburgischen lebten, Heimat und die Familie, ohne die er sich »mein wirkliches Lebensglück« nicht vorstellen konnte, zu finden. Auf Waldhorn gab es zweiundzwanzig Zimmer auf zwei Stockwerken. Unweit stand ein bezugsfertiges Nebenhaus. Die Kapps waren nicht nur vermögend, sie waren reich. Der zu dem Anwesen gehörende Garten hatte es ihm besonders angetan. Halb wildwuchernd, halb gepflegt, mit alten Bäumen und mächtigen Büschen bestanden, versteckten Lauben und Bänken hier und dort, zog er sich von der Landstraße unten am Fuß den Hang des Heiligen Bergs hinauf, erstreckte sich bis zum Philosophenweg und darüber hinaus. Von nirgendwoher gab es einen solchen Ausblick auf die Stadt, auf das Schloß, über Neckar und Brücke. Hier mit der geliebten Frau zu leben, zu arbeiten, Kinder großzuziehen, Fremden und Freunden Gastgeber zu sein, war ein Traum, für dessen Verwirklichung es tatsächlich einige Anzeichen gab: Johannas Eltern zeigten auffälliges Wohlwollen am Verkehr ihrer Tochter mit ihm, dem »gleichgesinnten, gereiften, gefestigten, stattlichen Mann«, so Friedrich Kapp in einem Brief an Ludwig Feuerbach. Sie ließen es zu, daß die beiden sich ohne gleichzeitige Anwesenheit eines erwachsenen Familienmitglieds oder einer Vertrauten des Hauses auf Waldhorn trafen und dort Stunden und ganze Nachmittage bis in den Abend hinein miteinander verbrachten. »Gehen Sie ihr ruhig zur Hand – Sie beide verstehen sich doch ausgezeichnet«, hatte Emilie Kapp anläßlich eines Gesprächs bei der Geburtstagsfeier in Welckers Garten über die Ausgestaltung von Heimen und Anlagen von Gärten gesagt, und Johanna hatte ihn eingeladen, sie auf Waldhorn, sooft ihm der Sinn danach stünde, zu besuchen und ihr zu helfen. »Nichts lieber«, hatte er geantwortet, und Christian Kapp hatte zustimmend genickt. Nun ging es darum, »Johannas Herz zu erobern«, wie er, beziehungsweise »sie dem anderen auszuspannen«, wie Dresel es ausdrückte.

Immer brachte er ihr etwas mit, meistens Blumengebinde und Kränze, die alles ausdrücken sollten. Doch Johanna tat so, als verstehe sie die Blumensprache nicht. Manchmal, wenn sie auf einer der Bänke im Garten saßen, einander Gedichte vorlasen, versuchte er sie, wie in ihren Ghaselen, die sie austauschten, zu duzen, indem er beiläufig, aus einem Poem heraus in die Unterhaltung übergehend, sie in derselben Form ansprach, was sie aber gleich, ihn prononciert siezend, abwehrte.

Überhaupt kam ihr die heikle Lage, in die sie sich durch ihre Einladung gebracht hatte, immer stärker zum Bewußtsein.

Sein Werben um mehr als nur freundschaftliche Gunst wurde allseits ebensowenig übersehen wie das zustimmende Verhalten der Eltern, die sie zu Recht verdächtigten, sich von ihrem Geliebten nicht für alle Zeit gelöst zu haben, obwohl sie ihnen oft das Gegenteil versicherte. Das gab Hoffmann wohl Hoffnung und Mut, sich weiter an sie heranzumachen, und es wurde immer schwieriger, sich seiner zwar stets korrekten, sensibel ihren Empfindungen sich einfühlenden und die gewisse Distanz wahrenden, doch ganz offenkundig auf Eroberung zielenden Annäherungen zu entziehen. Manchmal fand sie es lästig, dann wieder war sie geschmeichelt. Seine oft ins Geschwätzige abgleitenden Plaudereien gingen ihr auf die Nerven, andererseits fühlte sie sich von seiner offenen Herzlichkeit, seiner, wie sie es bezeichnete, »aus tiefem Wesensgrund entspringenden Lebensbejahung, die mir meistens fehlt, worunter ich so zu leiden habe«, angezogen.

Am wenigsten störte sie der Altersunterschied, der ja fast der gleiche war wie zwischen ihr und dem fernen Geliebten. Mit den meisten jungen Männern konnte sie ohnehin nicht über ihre Empfindungen und Erfahrungen reden, ihre künstlerischen, philosophischen und politischen Vorstellungen austauschen, und unansehnlich war er wahrlich auch nicht. Die Vorstellung, ihn zu umarmen oder von ihm umarmt und noch tiefer berührt zu werden – sie hatte eines Nachts davon geträumt –, erregte sie, anders als in ihren Phantasien um den Geliebten, zwar nicht aufs höchste, erzeugte aber durchaus keine abstoßenden Gefühle. Sie befand sich zudem in einem verwirrten Gemütszustand. Anstelle des versprochenen Briefs hatte der Geliebte ihr ein nichtssagendes Zehnzeilenbillett zukommen lassen, so frostig und fremd, daß sie wütend beschloß, ihn zu vergessen, eine Unmöglichkeit, merkte sie bald, und begann in einer Mischung aus Zorn und Selbstmitleid einen Brief an ihn, in dem sie noch einmal die Stationen ihres Verhältnisses beschrieb und interpretierte, angefangen von ihrer ersten Begegnung, der sich anschließenden Korrespondenz voll versteckter Andeutungen und listiger Knüppelverse auf

Leben, Liebe und Leute, über die Fahrt auf dem Kutschbock von Nürnberg nach Crailsheim, während der er den Arm um sie gelegt und sie an sich gedrückt hatte, über seinen und seiner Frau Bertha mehrwöchigen Aufenthalt im elterlichen Haus, wo sie sich in ihren Gesprächen über seine nicht nur die damalige Theologie und Philosophie umstürzende berühmte Schrift, aus der sie ganze Passagen auswendig wußte – von der Bertha aber nicht einmal den Hauptgedanken, nämlich die Vorstellung von Gott als von Menschen erfundene Verkörperung ihrer eigenen Gattungseigenschaften, geschweige denn die Anti-Hegelsche These vom Primat der Materie verstand –, immer nähergekommen waren, bis sie schließlich an jenem Nachmittag, »als unser Geist, Körper und Fühlen in eins schwangen«, in wirklicher und innigster Nähe vereinigten. Sie zitierte sein Bekenntnis zu ihrer gemeinsamen Liebe und mit sarkastischen Bemerkungen die Entsagungserklärung Berthas, die seinem Glück nicht länger im Wege stehen wollte; verspottete sein Zurückschrecken vor solcher Trennung und dem Gerede der Leute und kommentierte bissig die beschämende Aussprache in Schwalbach, wo er, im Beisein ihrer Mutter als Zeugin, einer engen und ehelichen Verbindung mit ihr auf ewig abgeschworen hatte, dankte ihm aber dafür, daß er sich später dann doch heimlich zu ihrer gemeinsamen Liebe bekannte, der sie sich allerdings nur schriftlich und, wegen möglicher Mitleser, nur in versteckten Andeutungen versichern konnten. Ihm seine unmännliche Haltung, seine Halbheit, seine Furcht vor einer Scheidung von Bertha und den Kindern und vor dem Verlust des philiströsen, sogenannten »guten Leumunds« vorwerfend, wollte sie den Brief beenden und nach Brückberg senden, zerriß ihn aber. Würde er in andere Hände, zum Beispiel in die der blöden Kuh Bertha, fallen – die Gefahr bestand immer –, wäre alles entdeckt und ihre Chance, eines Tages doch mit ihm zusammenzuleben, vielleicht für alle Zukunft verspielt. Die Möglichkeit, den Brief mit geheimem Kurier zu schicken, schied aus. Selbst Samuel Wolff, der ihr einst bedeutungsvoll erklärt hatte, um eine heimliche, brennende Leidenschaft zur Erfüllung zu bringen, sei er zu jeder Schandtat bereit, und den sie als Vertrauten schätzte, kam dafür nicht in Frage. Merkwürdig überhaupt dieser schillernde Mann, der seine Frau Ethel und die Familie über alles liebte, aber bei jedem Rock Stielaugen bekam.

Der Mai war gekommen, es blühte und duftete nach frischem Grün, Amseln schluchzten, Finken fiepten dem Regen entgegen, Wolken zogen über den Himmel, verbanden sich zu einem dunklen Gebirge, fernes Donnergrollen schallte aus den Odenwaldbergen, als Johanna und Hoffmann wieder einmal auf der Bank oben am Steinrutsch saßen. Anschließend an ein Gespräch vom Vortag über die Aussichten eines Umsturzes, einer revolutionären Umgestaltung, an der man, jeder auf seine Weise kämpfend, teilnehmen wollte, hatte er eine Ghasele verfaßt, die er ihr vorsprach:

»Wenn Frühling bricht des Winters Macht,
gedenke mein! . . .
Wenn er die Blumen heißt erblühn . . .
gedenke mein
und wenn ein Volk aus Winterschlaf
dem Frühling gleich
zur Freiheit endlich auferwacht,
gedenke mein!
Und wenn du hörst, daß in dem Kampf
für Freiheit blieb
auch der, der dann noch dein gedacht,
gedenke mein!«

Die elegische Sentimentalität der Verse im Ohr, sah sie sich in einem plötzlichen Traumbild, umflattert von einer Fahne, neben ihrem kokardegeschmückten Geliebten, Pistolen in der Hand, über ein Schlachtfeld voll Gefallener den feindlichen Linien – kniende und stehende, aus allen Musketen feuernde, blau-weiße Grenadiere – entgegenstürmen, sie beide, von Kugeln getroffen, zu Boden sinken, sterbend die Hände des anderen suchend und findend. Ein Schluchzen durchfuhr sie, sie legte ihren Kopf an seine Schulter, dann zuckte ein Blitz über den schwarzen Himmel, ein zweiter folgte, und Hoffmann sprang auf, rannte, sie mitziehend, ins Haus.

Noch am selben Abend faßte sie den Entschluß, sich und dem fernen Geliebten eine Frist zu setzen, innerhalb der er eine Wende zu einem wirklichen Liebes- wo nicht Lebensbund finden mußte, andernfalls sie ihr Verhältnis ein für allemal beenden würde, um fortan frei zu sein für das Werben und die Anträge anderer, in deren Reigen Hoffmann sicherlich ein Bevorzugter war. In einer Aussprache am nächsten Tag, wobei sie Hoffmanns Werben um mehr als nur herzliche Zuneigung, als ehrenvoll und schmeichelhaft, ja sie belebend, aber auch verwirrend bezeichnete, und in Andeutungen wieder den anderen im Hintergrund erkennen ließ, bat sie ihn, ihr Zeit und Ruhe für eine Entscheidung zu lassen, die ihr Leben von Grund auf ändern würde. »Bis zum Ende dieses Sommers, ich bitte Sie, lieber Freund.«

Die Eröffnung traf ihn – so zu Carl Dresel – »wie ein Schlag aus heiterm Himmel«, hatte er doch darauf vertraut, das Tête-à-tête am Vortag, bei dem sie sich weinend an ihn schmiegte, hätte die von jenem geheimnisvollen anderen um ihr Herz errichtete Barrikade durchbrochen. Er überwand die Erregung des ersten Augenblicks, indem er erst schweigend nickte und ihre Hand drückte und dann die Schnurre von dem Mann erzählte, der die Verabredung mit seiner Braut verschlief, in gespielter Lustigkeit so lachend, daß ihm Tränen kamen, die sie ihm mit einem nach Jasmin duftenden Tuch abtupfte.

Am nächsten Tag verabschiedete er sich »bis zum Herbst« von ihr und ihrer Familie und überreichte Johanna einige Geschenke, so seine gesammelten Landknechtslieder, blieb noch zwei Tage bei Welcker, um dann sein Wanderleben – als »letzter fahrender Sänger der deutschen Literatur«, schrieb der »Mannheimer Abend« – wieder aufzunehmen. Er logierte bei Freunden und Gesinnungsgenossen so lange, bis ihn die Polizei wieder auswies, und kam endlich zurück ins mecklenburgische

Holdorf, sein vorläufiges Zuhause, wo ihn die Obrigkeit leben ließ und die Familien Müller und Schnelle ihn versorgten.

Er konnte kaum an etwas anderes denken als an Johanna und eine Zukunft, in der sein »Heim und Herd« im schönen Heidelberg auf Waldhorn standen. Er dichtete erinnerungsschwangere, schwermütige, seine Verlassenheit und Heimatlosigkeit wie seine Liebe zu ihr beteuernde Verse, schickte sie ihr, begleitet von Briefen, in denen er sich in Bewunderung für sie nicht genugtun konnte, alles zu verstehen vorgab und den ihm immer noch unbekannten Nebenbuhler als seinen möglichen Freund in Aussicht stellte. »Schon der Gedanke, als könnt' ich je die Neigung Ihres Herzens zu einem Anderen trüben, als könnte ich mich nicht darüber mitfreuen, als könnte dieser Andere nicht ebensogut mein Freund sein, wie Sie – dieser Gedanke muß gänzlich aus Ihrer Seele schwinden, und wird es, wenn Ihnen mein ganzes Wesen klarer, verständlicher nach allen Seiten hin wird. Sie sind so frei, warum nicht auch hier? Sie sind so stark, warum hier zweifeln und schwanken? Sie sind so voll Hoffnung, warum hier fürchten und bangen? Nie hat mich eine Liebe reiner und edeler gestimmt – und in dieser Liebe bin ich mir eines Gefühls meiner selbst, meiner sittlichen Kraft bewußt geworden, daß ich darob erstaune ...«

Johanna beantwortete alle seine Sendungen prompt. Dem Gusto jener Zeit entsprechend, verfaßte auch sie ihre Briefe mit dem Anspruch literarischer Qualität und jenem den gebildeten Ständen eigenen, rhetorischen Schwung. Hoffmann, der sie immer wieder las, ergötzte sich an den stilistischen Feinheiten, sensiblen, lyrischen Passagen, amüsanten Schilderungen von Alltagsbegebenheiten, den Kunst, Philosophie, Politik betreffenden Aperçus und Aphorismen, fand aber weder in noch zwischen den Zeilen Auskunft über ihre angekündigte Entscheidung. Nachts klemmte er die feinen, nach Jasmin duftenden Pergamentseiten zwischen seine Schenkel, schöpfte wieder Hoffnung, bis er eines Morgens vom Himmel auf die Erde stürzte.

Er beobachtete gerade einen Fleckenfalter auf der vertrockneten Dolde eines Sommerflieders, ein besonders schönes, vielfarbig schillerndes Exemplar eines Tagpfauenauges, als der Postbote Willem, betrunken wie immer – auf seinem Ritt dreimal in der Woche von Hof zu Hof bekam er jedesmal sein Schnäpschen – ins Horn stoßend, herantrabte und ihm von seinem Klepper herab Päckchen und Briefe reichte, unter denen einer die Handschrift Johannas trug. Er ging ins Haus, holte die Schnapsflasche, gab Willem seine zwei Pinnchen, sich selbst eins und las auf der Latrine, einem Holzhäuschen neben dem Misthaufen, zum erstenmal, ein weiteres Mal im Salon und schließlich noch viele Male in seinem Zimmer vor allem die Passage, die ihre Entscheidung zu enthalten schien:

»Eine neue, allmächtige, wenngleich noch vielfach bedrohte Lebenshoffnung hat mir Mut und Kraft geschenkt, zum erstenmal seit vielen Monaten. Alles kann sich wunderschön gestalten, ich bin so überselig, wieder hoffen zu können, aber jeder Atemzug ist eine Frage an mein Schicksal. Ich werde den Himmel erobern – oder lebendig tot sein. Ich spreche Ihnen halb in Hieroglyphen, sollte gar nichts sagen, aber Ihr Lied ›Wer noch für Liebe kämpfen kann, dem ist noch reich das Leben‹ schwirrt mir im Kopfe herum. Wie kommen Sie? Über Leipzig? Ludwig Feuerbach kommt wahrscheinlich auch. Ich wünsche sehr, Sie möchten diesen Mann kennenlernen. Ich weiß Sie so gern mit diesem Freund, vor dem ich kein Geheimnis habe, bekannt.«

Natürlich – der war's. Gegen einen solchen Rivalen anzukommen, dessen Gedanken die Welt verändert hatten, dessen Berühmtheit – wenn auch nicht Popularität – der seinen allemal gleichkam, schien allein schon schwierig genug, nahezu aussichtslos, aber vor allem dadurch, daß Feuerbach alle Vorteile auf seiner Seite hatte, weil Johanna ihm, und zwar doch wohl seit längerer Zeit, nicht nur freundschaftlich zugetan war. Ehe er noch seine Gedanken, Empfindungen und Folgerungen daraus ordnen konnte, kam ein nächster Brief, in dem es hieß: »Ich habe Ungeheueres erlebt, und meine Lippen sind versiegelt. Ich mag Ihnen, der mir froh entgegenzueilen vermutlich sich anschickt, nicht das Haus verschließen. Kommen Sie, wenn Sie jetzt noch wollen, doch ich bin so wortarm, daß ich mit Bedauern Ihrem Besuch entgegensehe.«

Er brauchte Tage, um wieder zu sich zu kommen, wanderte, in ständigem Zweifel, ob er sie besuchen sollte, einige Male täglich zwischen Holdorf und Buchholz hin und her, reiste schließlich los, blieb abwartend in Mannheim, wo wieder einmal ein Ausweisungserlaß gegen ihn vorlag, der auf Vorstellung von Hecker und Itzenstein, die behaupteten, er weile nur wegen einer Traubenkur im Badischen, zurückgenommen wurde, und fuhr dann an einem nebeligen, später golddurchfluteten Oktobertag nach Heidelberg.

Als er am späten Nachmitag auf Waldhorn eintraf, kam Johanna ihm entgegen, die Stufen herunter, vor dem nunmehr zum Empfangssalon ausgestatteten Saal: ein Bild des Elends. Um ihre Augen lagen tiefe, blaue Schatten, ihre wunderschönen vollen – »blühenden«, hatte er gedichtet – Lippen waren blaß und eingerissen, das Haar war zersträhnt, förmlich in sich zusammengesunken war die hohe, volle, weiblich gerundete Gestalt. Später, noch einmal und zum letztenmal auf der Bank am Steinrutsch sitzend, tat sie, nach längeren und allgemeinen Betrachtungen über Liebe und Freundschaft, das, was sie »die Entschleierung meines Geheimnisses« nannte: Sie gab den Namen des großen Geliebten, den er längst erahnt hatte, preis – Ludwig Feuerbach –, erzählte die Geschichte ihrer leidenschaftlichen Liebe zu ihm mit allen Erfüllungen, Widrigkeiten und Entsagungen, bis zur letzten Enttäuschung, der Absage seines Besuches, den er vor einem Monat angekündigt hatte. Das von ihr erlebte, in ihrem letzten Brief angedeutete »Ungeheuere« war nichts weiter als die Erklärung Feuerbachs, nichts sei aufgehoben, höchstens aufgeschoben, immer und ewig gedenke er der erfüllten Tage und Stunden in Heidelberg, das alles dürfe nicht spur- und namenlos im Fluß der Zeit sich verlieren. Nun wisse sie, brachte sie unter Schluchzen und am ganzen Körper zitternd hervor, daß seine Liebe zu ihr weiterglühe sowie die ihre zu ihm, nichts könne sie davon abbringen . . .

Erst später wurde Hoffmann bewußt, daß der Grund für seine Erschütterung, die ihm förmlich in die Beine fuhr, so daß er beim Umhergehen wie betrunken schwankte, weniger die Zerstörung seines Traums von einem Leben mit Johanna war, sondern die – wie er es empfand – seelische Zerstörung der begehrten Frau, bewirkt durch eine von ihr als leidenschaftliche Liebe bezeichnete, in Wahrheit krankhafte, sie zerfressende Besessenheit.

Als nun endlich dein Geheimnis
über deine Lippen schlich,
war's als hätt' ich keine Worte,
keine Träne mehr für dich.

Nun ich deinen Schmerz ermessen,
ganz ermessen, wie er ist,
muß ich klagen, muß ich weinen,
weil du selbst das Unglück bist,

dichtete er sich seine Verwirrung von Leib und Seele. In der Nacht lief er in somnambulem Zustand durch Heidelbergs von einem unendlich umhoften Mond milchig beschienene Straßen und Gassen, wandelte den Neckar abwärts, zog sich aus, schwamm trotz der Kälte jener Oktobernacht, das Kleiderbündel über sich haltend, in Rückenlage ans Neuenheimer Ufer, lief ins Welckersche Haus, das ihm ein entsetzter Hausdiener öffnete, packte sich ins Bett und schlief, nachdem er sich bitterlich ausgeweint hatte, tief und fest bis in den späten Morgen hinein.

Neue Blätter, neue Blüten
trieb mein kranker Lebensbaum,
glücklich pries ich meine Zukunft –
aber alles war ein Traum.

Fahre hin denn, Lieb' und Hoffnung!
Diese Welt hat keinen Raum,
wo mein Herz nicht sagen dürfte:
alles, alles ist ein Traum,

schrieb er nach dem Frühstück, steckte das Gedicht in ein Kuvert, bat den Hausdiener, es nach Waldhorn dem Fräulein Kapp zu überbringen, und fuhr noch vor Mittag ab.

Zwei Jahre darauf, bei ihrem nächsten und letzten Zusammentreffen in jenen revolutionären Wochen und Tagen, von denen Johanna sich den Umsturz aller Verhältnisse und in dessen Folge die Erfüllung ihrer Liebe erträumte, erzählte sie ihm von ihrem Wiedersehen mit Feuerbach, der das letzte Wintersemester hindurch Vorträge in Heidelberg gehalten hatte; auch davon, daß sie inzwischen wieder einige Heiratsanträge abgelehnt hatte, so den des Dichters Gottfried Keller – eine Ehe, die für Hoffmann, und wohl nicht nur für ihn, eine Kuriosität gewesen wäre, denn der kleine Kerl reichte Johanna Kapp bis gerade unter den Busen. Nichts hatte sich geändert; die Blindgläubigkeit der Unglücklichen an ein Glück mit Feuerbach war womöglich noch fanatischer geworden. Den Schilderungen von Hoffmanns Begegnung mit Ida zum Berge, seiner siebzehnjährigen Nichte, seinen Empfindungen für sie, die er bis Ende des Jahres heiraten würde, hatte sie abwesend – und, wie ihm schien, ein wenig überheblich – lächelnd gelauscht. Zum Abschied rief sie ihm, als er den Philosophenweg hinunterschritt, nach: »Wir werden eine herrliche Zeit erleben!«

Bis auf Gerüchte, so, sie habe an der Murg bis zuletzt in einem Feldlazarett verwundete Aufständische versehen, Johanna Kinkel später bei der Befreiung ihres zum Tode verurteilten Gatten aus dem Rastatter Gefängnis geholfen, ihre Mutter und ihr Bruder Max seien dem Wahnsinn verfallen, sollte er lange Zeit nichts mehr von ihr hören.

Ein Nachmittag, der sich lohnte

Im Gegensatz zu Henriette Landau hat sich mein Urgroßvater Friedrich Wilhelm Hasenclever ganz und gar nicht über das unverhoffte Auftauchen Hoffmanns im »Berliner Hof« und die Aufforderung zur gemeinsamen Wanderung entlang der Weser in Richtung Karlshafen gefreut. Er wollte den Tag allein mit Henriette verbringen, um ihr nun wirklich, und bis in die Nacht hinein, näherzukommen. Angesichts der Freude Henriettes und ihres Wunsches, noch einmal mit Hoffmann zusammenzutreffen, ergab er sich aber »in mein Schicksal«, wie er im Tagebuch notierte.

Ein verstörter Schwiete war an den Tisch im Foyer des Hotels gekommen, an dem sie zu viert saßen und zu Weingeschichten des Alten Moselwein tranken: Professor Bötticher sei abgereist, sagte Schwiete. Nach Auskunft seiner Frau, bei der Bötticher die Rechnung bezahlt habe – er, Schwiete, sei außer Haus, auf dem Markt gewesen –, Hals über Kopf und in aller Hast. Einfach ausgerissen!

»Waaas!« fuhr Wolff auf, »einfach ausgerissen?!«

Hoffmann zog ihn in den Sessel zurück und stimmte eins seiner gewaltigen Gelächter an, das in einem Kichern ausklang: »Was willst du! Typus feiger Professor; seit jeher häufig vorkommend, dem Brotkorb näher als der Courage«, im gegebenen Fall allerdings sei er nicht einmal unglücklich darüber. Wer weiß, was passiert wäre! Einer mausetotgeschossen, vielleicht sogar alle beide oder allesamt, er, der greise Dichter, eingeschlossen, hinter schwedischen Gardinen. Aber so, nun von aller Last erlöst, könne man sich beschwingt in Marsch setzen. »Prosit!«

Sie tranken Wolff zu, der enttäuscht und verärgert tat. In Wahrheit war es ihm nur recht. Auf seine Treffsicherheit konnte er sich nicht mehr unbedingt verlassen, und Bötttichers hastige Abreise, die als Weigerung zum Ehrenzweikampf mittels Waffengang aufgefaßt werden mußte, genügte zur Wiederherstellung seiner Ehre. »Nun also«, sagte er, »aber jammerschade. Ich hätte dem Kerl zu gern eine Kugel verpaßt.«

»Und Höxter wäre neben Kampschultes wöchentlicher Kolumne im Weserknoten um eine Sensation reicher geworden. Das ist natürlich schade«, sagte Hoffmann, »aber nun laßt uns ziehen, die Gläser und Flaschen sind leer.«

»Alle waren«, heißt es dazu im Tagebuch meines Urgroßvaters, »über diesen Ausgang der Angelegenheit erleichtert, außer vielleicht Schwiete, der sich von dem Pistolenduell zweier seiner Gäste einiges fürs Geschäft, den Besuch vieler neugieriger Höxteraner zum Beispiel, gierig nach schlüpfrigen Hintergründen und blutigen Details, wie man sie aus Zeitungsgeschichten in letzter Zeit häufig erfährt, versprochen hatte.«

Ob man denn nicht wenigstens zu Mittag bleiben möchte, fragte Schwiete, pries einen Entenbraten und zum Nachtisch Speiseeis an, aber Hoffmann schlug aus: Man werde bei Dohmann in Godelheim eine ländliche Mahlzeit einnehmen; dort gäb's einen Speckpfannkuchen! »Schwiete, dieses Rezept sollten Sie dem Franz abluchsen. Sie würden mich dann häufiger an Ihrem Tisch finden. Leben Sie wohl und nichts für ungut, alter Freund.«

Die freudige Überraschung Schwietes, der sich in neugewährter Gunst sah, die ihm der Alte einst wegen jener vorwitzigen Bemerkung am Stammtisch entzogen hatte – er würde nächstens bei jeder Gelegenheit von »meinem Freund, dem Professor Hoffmann von Fallersleben« sprechen –, schien fast so groß wie die des Buchhändlers Völz, der ihnen vor der Tür des Hotels begegnete und eine, von Henriette als »Diener von Mumbartscher Qualität« bezeichnete, Verbeugung vollführte, welche Hoffmann mit einem Anflug spöttischer Übertreibung erwiderte.

Kenne man sich? fragte er den beim Anblick seiner »Sochenjestolt« puterrot angelaufenen Völz, und der antwortete, seiner Frau an seiner Seite einen Rippenstoß versetzend: »Wer kennt Sie nicht, verehrter Herr Professor. Vor neunundzwanzig Jahren beim Jubiläum der badischen Verfassung im eichengrün geschmückten Schützenhof zu Heidelberg...«, erzählte er, begeistert und übersprudelnd und vor Hast sich verhaspelnd, von seiner Begegnung mit Hoffmann, erwähnte das seitdem von ihm nicht mehr benutzte Weinglas, aus dem er, Hoffmann, ihm zugetrunken hatte, und wäre endlos fortgefahren, hätte der Alte, amüsiert – Friedrich Wilhelm fand, »triumphierend« – in die Runde blickend, ihn nicht unterbrochen: »Das ist ja nun wirklich eine in dieser Form mir selten widerfahrene Anerkennung«; dürfe er ihn und seine Gattin später auf ein neues Glas beim Schwiete einladen? Jetzt sei man in Eile, wolle rechtzeitig zum Mittagsmahl in Godelheim eintreffen.

Nur allzugern, sah man, hätte sich Völz angeschlossen, doch seine Frau zog ihn am Ärmel zur Tür, von wo er den vieren noch hinterherschaute und winkte, als sie in die Straße einbogen, die zum Weserufer führte.

Sie folgten einem Treidelpfad den Fluß entlang. Hoffmann ging voran, mal war Wolff, dann wieder Henriette an seiner Seite. Trotz der Hundstage und der im Zenit stehenden Sonne war es nicht allzu heiß, denn von den Höhen des Sollings am anderen Ufer wehte ein starker, allerdings warmer Fallwind über den Fluß, der hier und da Schaumgekräusel zeigte, kurze Wellen ans Ufer platschen ließ. Wolff hatte sich die Joppe ausgezogen und an seinen Knotenstock gehängt, den er über der Schulter trug, Friedrich Wilhelm den Binder gelöst und die Weste aufgeknöpft. Henriette hatte wohl den Schulterschal, doch aus Angst vor Sommersprossen nicht den Strohhut abgenommen, während Hoffmann, den Lodenrock zugeknöpft, das Halstuch umgeschlungen, allerdings die Mütze in der Hand, den Knotenstock schwingend, den er nach jedem sechsten Paß aufstieß, dahinschritt, als sei es ein früher, frischer Frühlingsmorgen.

»Das Urbild des Wanderers aus den Tagen, als Wandern noch Poesie war, aus jener Zeit des Aufbruchs, der unstillbaren Sehnsucht ins Weite, des Drangs in eine Welt, die wieder jung schien und es ›Hinaus‹ hieß, in die Ferne, hinaus aus den engen Gassen und Winkeln, bei Sonne, Regen, Wind und Sturm; den abgespannten Geist, den trägen Leib durchlüften, das Alte, Verzopfte, Erstickende hinter sich lassen! Augen und Ohren geöffnet, für alles Neue ringsum«, heißt es in Henriettes Portrait »Ein Märchenriese im Weserschloß«, »man muß ihn erleben, wie er die Landschaft durchstreift: Ausgreifend der Schritt, das Silberhaar wehend im Wind, den Ziegenhainer wirbelnd! Nichts entgeht seinem Blick, nicht die bunten Schmetterlinge am Heckenbusch, nicht der Habicht im Himmelsblau oder der sich kräuselnde Rauch über einem Gehöft in der Ferne, nicht das seltene Kraut, die fremde Blume am Wegesrand. Wir modernen Stadtkinder haben das alles verlernt« – letzteres im Manuskript von ihrem Vater am Rand mit »Gott sei Dank« kommentiert.

Es fiel den dreien nicht leicht, sich dem raschen Schritt des Alten anzupassen; am schwersten fiel es Samuel Wolff, der schon den Gang von Corvey bis Höxter an Hoffmanns Seite marschiert war, zu schnell, wie er meinte, und so sagte er, als der Weg sich gabelte und Hoffmann die Richtung vom Flußufer fort nahm: »Halt – und verlangsame bitte deinen eiligen Marschschritt«; man gehöre doch nicht zu einem Trupp Infanterie, der sein Quartier noch am Abend erreichen müsse. Hoffmann hielt an, stellte sich, Beine gekreuzt, eine Hand auf den Knauf des Knotenstocks gestützt, vor Wolff auf: »Also fußkrank, das alte Leiden der Semiten«; gut, er versuche, etwas langsamer zu laufen. Und während er auf dem nun breiteren Weg weniger schnell mit den dreien, die ihn zwischen sich nahmen, spazierte, gab er wieder einmal eine seiner passenden Anekdoten, von denen man nie wußte, ob es eine erlebte Geschichte oder eine ausgedachte Schnurre war, zum besten, eine Gepflogenheit übrigens, die mein Urgroßvater, zugestandenermaßen, von Hoffmann übernahm und später –

so jedenfalls sein Vater, mein Großvater also – »mit solchen Gelegenheitsvertelkes manches Geschäft erst richtig festgekloppt« haben soll.

Von der Ville herunter sei er, Hoffmann, einst, in Begleitung zweier Maurergesellen, aufs heilige Köln zugelaufen; da habe – schon angesichts der Silhouette der vieltürmigen Stadt vor dem Horizont – zwischen zwei Pappeln am Wegrand einer gesessen, gejammert, geklagt: »Auwei, auwei, di Fiß, di Fiß sind gelafe kapores; geht es nicht weiter zu Kölle, wo ich muß sein auf die Stund pinktlich fürs Geschäft oder entgiltig Ende, kapores mit Pinkus Hersch, von sieben unmündigen Kindern der Vater; bittä, bittä, traget mich hin for ein Taler, ich bittä, ein Taler, ein schäner von Silber ...«

Sein, des Hoffmanns, Felleisen sei längst schlapp, die Bündel der beiden Burschen seien länger schon leer gewesen, die Kleider zerschlissen, wenn auch notdürftig geflickt; einer, der August, sei bereits auf dem Deutschen getippelt, und so habe man »eia« gesagt, »kommst uns grad' recht, alter Freund«, habe ihn abwechselnd zwischen sich auf die Knüppel genommen und, »ach die krumm Fiß von uns Jid – durchs rote Meer hät uns Mosis getriebe, seitdem kann nicht recht laufe mehr e Jid, obacht, ihr Bursch, rüttelet, schüttelet nicht so den arm Pinkus«, den greinenden, stöhnenden Kerl in die Stadt hinein und bis vors Kornhaus bei Groß-Sankt-Martin getragen. »Und was meint ihr, hat er bezahlt? Jawohl, jedem hat er einen halben Groschen gegeben; mehr sei's nicht wert gewesen, wir hätten ihn zu sehr gerüttelt und geschüttelt beim Transport auf die Knüppel; sprach's und verschwand flugs im Kornhaus zu seinen Geschäften, der fußkranke Pinkus Hersch.«

Man lachte »pflichtschuldig«, fand Henriette, die sich allerdings nicht den pikierten und geradezu beleidigten Gesichtsausdruck des Alten nach Samuel Wolffs »Gegengeschichte«, wie er sie nannte, erklären konnte.

Einen fußkranken Kerl, so Wolff, habe er ebenfalls einmal transportieren müssen, huckepack; im Badischen sei's gewesen, die Luft voller Pulverdampf und Kugelgezwitscher und über den Schwarzwaldbergen Kartätschengedröhn; da habe dieser Kerl, ein germanischer Riese aus dem Norden, gebieterisch im Aussehen, doch butterweich im Herzen, wie so oft bei solchen Burschen, als eine Kugel ins Bäumchen neben ihn geschlagen sei, einen Lähmungsanfall bekommen und sei in einen Graben gepurzelt, dort habe er – nun, das täte nichts zur Sache –, jedenfalls sei er marschunfähig gewesen, »min Faut is verstucht, min Faut is verstucht or gebroken«, habe er in einem Dialekt der nördlichen Ebene, den ein Zivilisierter kaum verstünde, gejammert; »ich schleppte den gewichtigen, mit merkwürdig hoher Stimme wimmernden Germanen auf meinen Schultern gewiß zwei Meilen weit, bis zu einer sicheren Unterkunft. Und hat er sich etwa bedankt? Mitnichten. Wie war noch sein Name? Stromer, wenn ich mich recht erinnere.«

Während Friedrich Wilhelm und Henriette wieder pflichtschuldigst lachten, sagte Hoffmann ziemlich säuerlich: »Soso, nun ja. Aber seht mal dort, wir kommen nach Godelheim hinein.«

Karl Landau, dem Henriette später das offensichtliche Mißvergnügen des Alten auf Wolffs Geschichte schilderte, hat lange dazu gelacht und der Tocher erklärt, Stromer sei eine Person in Hoffmanns Satire »Das Parlament zu Schnappel«, der er seine eigenen Züge verliehen habe, und Wolffs Geschichte beruhe vermutlich auf Tatsachen, denn beim badischen Maiaufstand müsse Hoffmann zumindest anwesend gewesen sein, was aber in seinen Memoiren, bei denen es sich im übrigen um ein übervorsichtiges, die Stimmung der postrevolutionären Reaktionsära allzusehr berücksichtigendes Konvolut handele, aus Gründen der Vorsicht nur höchst verschleiert zum Ausdruck komme.

Godelheim, ein kleiner Oberweserort, dessen kopfsteingepflasterte Durchgangsstraße kleinbäuerliche Fachwerkhäuser flankierten, vor denen Dunghaufen und Holzstöße lagen, brütete, vom Wind aus dem Solling nicht berührt, in der Mittagshitze. Am Straßenrand und in den Gärten hinter halbhohen Lattenzäunen scharrten Hühner, auf Treppen und Fensterbänken sonnten sich Katzen, Hunde dösten im Schatten von Gerümpel, ein Schwein suhlte sich in einer Murge, es roch nach Mist und Milch, und einmal durchbrach das brummige Muhen aus einem Stall die flirrende Stille, ehe die Schritte der vier Spaziergänger übers Straßenpflaster hallten.

»Dieses Dorf ist so alt wie die Abtei Corvey«, sagte Hoffmann.

Die tausendjährige Kirche aus Wesersandstein mit einer Art Wehrturm, umgeben von uralten Linden, bestimmte die Mitte des Ortes. Um den Stamm einer der Bäume lief eine Bank. Vor dem einzigen Haus aus Stein stand eine angespannte Kutsche. Der Gaul schlief und schlug ab und zu mit dem Schwanz, um die Fliegen zu verscheuchen. Geschirrklappern klang hier und da aus offenstehenden Fenstern. Über einen Teich voller Entengrütze schossen bunte Libellen. Schwalben zappelten zwitschernd um einen riesigen Misthaufen, und als die vier zur Gastwirtschaft Dohmann schritten, kam ihnen wahrhaftig ein beleibter Schutzmann in vollem Putz entgegen, fixierte sie mißtrauisch, zuckte aber zusammen, als Hoffmann schnarrte: »Mahlzeit, Wachtmeister!«

Lachend gingen sie weiter. »L'Allemagne profonde«, sagte Wolff, »wir kennen diesen Ausdruck nicht in unserer Sprache, oder doch, Professor? Das tiefe Deutschland?«

Hoffmann holte Luft, blieb stehen: »In dieser Form jedenfalls nicht«; da sei das Französische einfacher, wenn auch aus größerer Wortarmut heraus, prägnanter, das Französische, das er im übrigen, anders als den Franzosen selbst und seine affige Art, wegen der Eleganz und präzisen Ausdrucksweise immer bewundert habe; entsprechende Umschreibungen für ein »Allemagne profonde« allerdings gäbe es auch in unserer Sprache zur Genüge – und er nannte, das ländliche, bäuerische landesinnere Deutschlands bezeichnende, Ausdrücke aus verschiedenen deutschen und niederländischen Sprachregionen, erklärte ihre etymologischen, semantischen Bedeutungen und redete noch darüber, als sie die Gastwirtschaft betraten, wo er in der Mitte des niedrigen, quadratischen Raums schließlich seinen Vortrag abbrach, der Henriette übrigens so beeindruckte, daß sie dem »sprachforscherischen Genie« ihres Märchenriesen in ihrem Portrait eine ganze Passage widmete, welche ihr Vater allerdings mit der Erklärung strich, solche Langweiligkeiten paßten nicht ins journalistische Feuilleton, sondern in die ennuyanten Essays der Wissenschaftsredakteure.

Hoffmann begrüßte den aus der Küche kommenden, sich die Hände an der Schürze abwischenden Wirt, einen großen, mit dem Kopf fast an die niedrige Decke stoßenden Ostwestfalen, mit Handschlag: »Git dat gaut?« fragte er. »Jau«, sagte der, und die beiden besprachen, während sie sich alle an einen Tisch setzten, das Wetter, die schon viel zu lange andauernde Hitze, deren Auswirkung auf die Landwirtschaft und das Geschäft, welches schlecht laufe in diesem Jahr, die Ausflügler blieben aus, wanderten wohl lieber in die andere Richtung nach Corvey. »Un wie hät dann so vül van dä Lüt bi us«, schloß Hoffmann und bestellte – für alle?, man bejahte – Speckpfannekuchen nach Art des Hauses und zwei Flaschen von dem Geisenheimer, der hoffentlich noch im Keller vorrätig sei, was der Wirt nickend bestätigte.

Bis auf einen Bauern, der an einem Ecktisch über seinem Bier schnarchte, waren sie die einzigen Gäste. Friedrich Wilhelm schaute ihn an, schaute sich um und lächelte. Während seiner Reisen kreuz und quer durchs Land, bei denen die Zweigstellen der Firma Hasenclever zu inspizieren, alte Geschäftspartner zu kontaktieren, neue Kunden für den Kauf beziehungsweise den Vertrieb der Hasencleverschen Produkte zu gewinnen waren, hatte er solche ländlichen Gaststätten kennen- und liebengelernt. Er mochte die satte, verschlafene Stille zur Mittagszeit in Wirtschaften wie dieser, an deren Wänden Geweihe, ausgestopfte Vögel, Fuchs und Marder, ein Bild vom Kaiser und eins vom reitenden Blücher zwischen der bestickten Fahne des Gesangvereins »Eintracht« hingen, mochte diesen Geruch aus Tabaksqualm, Bier, Bratenduft, Stallmist und Schnaps, und selbst die unzähligen Fliegen störten ihn nicht. Die Beine streckte er von sich, fühlte sich zum erstenmal wohl und entspannt auf diesem Ausflug, bei dem er bisher schweigend mitgetrottet war, manchmal die Hand Henriettes fassend, die sie ihm aber immer wieder entzog, um an die Seite des Alten zu gehen, dessen Redseligkeit unaufhaltsam, wenngleich nicht unbeeinflußt von den Reaktionen seines Publikums schien, wie Friedrich Wilhelm schon am ersten Tag ihrer Begegnung in der Bibliothek bemerkt hatte.

Während seines Plauderns – Hoffmann brachte nun Schnurren von Bauern, die Städter in ihren Schenken nasführten – beobachtete er aus den Augenwinkeln heraus Mienen und Kopfhaltung seiner Zuhörer, setzte, je nachdem, wie sie sich verhielten, eine Pointe früher an, zog die Geschichte hinaus oder brach sie ab. So hatte er Friedrich Wilhelms Wohlbehagen ebenso wahrgenommen wie das Fremdeln Henriettes, die städtische Kaffeehäuser und Restaurants gehobener Güteklasse schätzte, »derartige Pinten voller Schnaps und Mistdunst und Fliegengeschmeiß scheußlich« fand, erklärte sie jedenfalls Friedrich Wilhelm am Abend.

»Tscha«, sagte Hoffmann, »die gute alte Kneipe ist wohl eher etwas für uns Herren der Schöpfung, nicht wahr, Herr Hasenclever?«

»Nun ja«, antwortete Friedrich Wilhelm mit einem Blick auf die neben ihm sitzende Henriette, die sich ihrerseits beeilte zu beteuern, durchaus etwas Bukolisch-Pittoreskes besäßen solche rustikalen Schenken, für Damen in Begleitung von Herren der Schöpfung sogar zuweilen etwas Anmutiges – was Samuel Wolff zu einem gelächelten »Wie elegant umschrieben« veranlaßte, »worauf«, so im Tagebuch meines Urgroßvaters, »Henriette ihm eines ihrer reizvollsten Lächeln schenkte«.

»Gewiß, gewiß, liebes verehrtes Fräulein Landau«, sagte Hoffmann, »aber sie ist viel mehr, unsere gute alte deutsche Gastwirtschaft – ob ländlich oder städtisch, ob in Süd oder Nord, Ost oder West; Wohnstätte und Schauplatz ist sie, Zuflucht und Ausflucht für groß und klein und hoch und niedrig – für das Volk also, wie es leibt und lebt. Wenn, wo nicht dort, kann man ihm aufs Maul schauen?«

Er lächelte – »versonnen«, fand Henriette – vor sich hin. Kinderstube, Schule, Werkstatt fürs Leben war sie für ihn gewesen, die Kneipe im Fallerslebener Hof, Gastwirtschaft und Pensionsbetrieb der Eltern. Schon als Vierjähriger in der Ecke neben Schanktisch und Vorratsraum am kleinen Tisch malend oder blätternd in bebilderten Folianten, hatte er im Stimmengewirr gehört, ob da einer von weit her oder nah aus dem Hannoverschen stammte, konnte Sprechweisen und Dialekte imitieren, Pastor Hantelmann aus Wettmannshagen nachäffen – »Horchse mal wedder, Wittkopp?«, so sein Spitzname aufgrund des weißblonden Haarschopfs –, und bald unterschied er geschlossenen Auges den Bremer Kaffeehändler vom Hamburger Spediteur, den Braunschweiger Bierbrauer vom Celler Kaufmann. Als Erstkläßler erriet er, ohne hinzuhören, nur aus dem Gebärden- und Mienenspiel, Herkunft und Stand eines Gastes, ein Spiel, das er mit Bruder Daniel spielte und meistens gewann. Hier hatte er die Grundlagen für seine Plauderkunst geschaffen. Von Fuhrleuten, Handelsreisenden und Pferdehändlern lernte er, wie man eine Geschichte witzig zuspitzt, wo und wann man die Pointe setzt; bedächtiges Klönen lehrte ihn der Honoratiorenstammtisch, an dem Pastor, Apotheker, Advokat und Beamte des Verwaltungsamts dreimal in der Woche sich trafen und Bekanntes umständlich ausmalten, Neuigkeiten nur andeutungsweise und mit Vorsicht erzählten; die Kunst des Auslassens begriff er, den leise geführten Verkaufsgesprächen der Kaufleute im Hinterzimmer lauschend; lautes und geflüstertes Tratschen brachten ihm die am Stammtisch im hinteren Teil der Schenkstube palavernden Bauern und Handwerker bei; wie man gelangweiltes Herumdösen aufbricht, hatte er dem mächtigen, vollbärtigen, ständig mit mehr oder weniger nichtigen, doch hochgespielten Aktualitäten hereinplatzenden Baurat Klammer, wie man sich schweigend in Szene setzt, einem jährlich auf Dienstreise bei ihnen absteigenden, einarmigen Offizier des Hannoverschen Inspektionsstabes abgeschaut. Das Vorbild eines, der aufgrund knappster, doch klügster Zwischenbemerkungen, hier und da eingestreuter Detailkenntnisse, die nur auf Informationsquellen höheren Orts beruhen konnten, den Eindruck eines überlegenen Menschenkenners und Führers zu vermitteln wußte, war sein Vater gewesen.

Das Reden über Gott und die Welt und die Politik hatte er schließlich genauso beherrscht wie alle anderen, denen er aus dem »Hamburger Correspondenten« oder dem »Westfälischen Moniteur« das Älteste und das Neueste vorlas, eine Zeitlang tägliche Pflicht, die er zu einer Vortragskunst besonderer Art entwickelte, indem er die Artikel und Berichte, je nach Themen und wie es der Text nahelegte, mal im näselnden Tonfall eines Kammerpräsidenten, dann stotternd wie ein kaum lesekundiger Bauer, grinsend-naiv als Tante Clementine oder – sein größter Lacherfolg – als radebrechender Franzos oder, einen subalternen Beamten mimend, in der Form furztrockener amtlicher Mitteilungen brachte.

»Gott, ja, das Gasthaus«, sagte Wolff, »aber wie unterschiedlich sind sie doch alle . . .«

»Ja und nein«, unterbrach Hoffmann, dem keine Bemerkung seiner Umgebung entging, »ja und nein« – und er kenne sie ja nun wahrhaftig in all ihrer Mannigfaltigkeit: den eibenumstandenen »Krug« am Mecklenburger See so gut wie den ehrwürdigen »Reichshof« zu Frankfurt; die »Weinlaube« am Ufer des Rheins und das fashionable Kaffeehaus auf der Düsseldorfer Königsallee; die »Heideschenke« inmitten blühender Erika und den piekfeinen, teppichbezogenen Gesellschaftsraum im Leipziger »Hotel Cologne«; doch etwas zeichne sie alle aus, was man in keinem anderen Land der Welt fände, nicht in der römischen Trattoria, nicht im Wiener Heurigen, nicht im Prager Tschecherl oder im Baseler Beisel, schon gar nicht im französischen Bistro, geschweige denn im polnischen Kretscham und nicht einmal im flämischen Kotten – nämlich unsere gute deutsche Gemütlichkeit.

Samuel Wolff grinste, aber Hoffmann fuhr fort, »schon

früh, aber besonders während langer Jahre eines ruhelosen, umhergetriebenen Wanderlebens war sie mein zu Hause, die Gastwirtschaft, bot mir Wärme und Geselligkeit...«

»Bühne und Publikum«, ergänzte Wolff.

»Jawohl, Bruder Samuel, wo sonst hätten meine Lieder und Verse in jener Zeit, da Versammlungen unter freiem Himmel mit Kerker bestraft wurden, die Menschen erreicht? Sie ist der einzige Ort gewesen, wo Öffentlichkeit herrschte, die wir suchten, wo man frei reden, lachen, diskutieren, singen konnte. Stimmt's?«

Wolff nickte. »Ja, du hast recht«, sagte er, »und wir haben es genutzt.«

Hoffmann lehnte sich wieder zurück, lächelte – wieder »versonnen«, fand Henriette –, während der Wirt und seine Frau die Speisen auftrugen. Samuel Wolff hatte es angesprochen. Tatsächlich kam ihm heute oft jene Zeit, in der er den Einladungen der Freunde folgte oder auf eigene Faust von Ort zu Ort reiste, um seine Lieder und Gedichte vorzutragen, die Leute mit seinen Geschichten und Anekdoten zu unterhalten, wie ein einziges rauschendes Bühnenfest in einem einzigen großen geschmückten Gasthaus vor. Er sah sich neben dem Präsidenten am Tisch, einen Eichenlaubkranz im Haar, den Beifall des Publikums entgegennehmen, den Jubel abbrechen, eine weitere Weise anstimmen, die alle mitsangen, Hochs auf verfolgte Demokraten, verfehmte Radikale und Liberale ausbringen, die Gläser klingen lassen, einen Kommers aufziehen, währenddem er spritzige Rededuelle anzettelte, den einen oder den anderen in die Kanne schickte, alle zum Klatsch- oder Trampelmarsch brachte, um sie dann wieder mit leisen und innig gesprochenen Versen verstummen, gleich darauf in Gesängen oder Anekdoten voller Spott und Häme gegen Obrigkeit und Philister toben zu lassen. Wie hatten sie ihn gefeiert! Einige Male ihn auf die Schultern gehoben, und die Begeisterung in den Gesichtern der einfachen Menschen und der Anflug von Neid ob seiner Volkstribunenfähigkeit in denen der Gebildeten hatten ihn seine Lage als entlassener, mittelloser Professor, der heimat- und stellungslos herumzog, vergessen und sich als Volkshelden fühlen lassen, als einen, den die Demütigungen und Gehässigkeiten von seiten der Obrigkeiten, die Geringschätzungen und das Mitleid seinesgleichen in Amt und Würden nicht mehr anfochten. Aber er hatte auch nicht die unzähligen Stunden anderer Zeiten an vom schmauchenden Öllicht spärlich beschienenen Tischen in Wirtshausstuben vergessen, wo er die Gäste, Freunde und Bekannten, egalweg auch Fremde, mit Plaudereien, Schnurren, Witzen, Dönekes bei Laune hielt, damit sie blieben, nicht heimgingen zu ihren Familien und er allein gegen die Unerträglichkeit seines Unbehaustseins antrinken mußte, bis der Docht der Lampe verglimmte und der Wirt zum Aufbruch mahnte.

Sieh mich wie ich sing und zeche:
Keine Nacht ist mir zu lang;
wie ich Gram und Sorgen breche
frechen Muts durch Wein und Sang,

hatte er dichtend solche Stunden verklärt.

Aus seiner Versunkenheit auftauchend, kostete er vom Speckpfannekuchen, dessen Geschmack er seit seiner nächtlichen Erinnerung an zu Hause in Mund und Nase behalten hatte, sagte nachschmeckend, »ja – das ist es, herrlich«, und begann mit der aus der Gegend um Braunschweig stammenden, in Körpergröße und Massigkeit ihrem Mann gleichenden Frau Dohmann ein Gespräch über die Eigenarten niedersächsischer Küche.

Henriette hätte nach dem ersten Bissen vom daumendicken, mit gebratenen Speckscheiben und mit Zucker bestreuten Pfannekuchen beinahe alles wieder ausgespuckt, im Gegensatz zu Friedrich Wilhelm, der besten Appetits und offensichtlich genußvoll – »hörbar«, meinte Henriette sogar – speiste. Während sie, ihr Würgen hinter einem Lächeln versteckend, über den Tisch hinweg in weite Fernen blickte, nahm sie sich vor, wenn's denn nun dahin sich entwickelte, in einem Ehevertrag mit Friedrich Wilhelm auf alle Fälle festzuschreiben, daß niemals Speckpfannekuchen und dergleichen Saufraß auf den gemeinsamen Tisch kommen dürfte. Nachdem der Bissen gerutscht war, traf sich ihr aus den Fernen zurückkehrender Blick mit dem von Samuel Wolff, und bei dem kurzen Augenspiel entdeckte sie ein Einverständnis zwischen ihnen, das mehr umfaßte als die gemeinsame Abneigung gegen Speckpfannekuchen, den Wolff, ihr mit einem kräftigen Schluck Wein zutrinkend, herunterspülte, so demonstrierend, wie sie es tun solle.

Ganz gegen seine Gewohnheit, die Karl Landau »obsessive Anfälligkeit für weibliche Reize« nannte, hatte Wolff Henriette, anders als den übrigen Damen der Gesellschaft, nicht, wie man sagte, »den Hof gemacht«. Weder Bertha Bötticher noch Frieda Kurz waren davon verschont geblieben. Frau Schwiete war er mit galanten Andeutungen bis in die Küche gefolgt. Auf der Weserbootsfahrt hatte er selbst der verschüchterten Clara Völz Schmeichelhaftes über ihre dunklen Augen gesagt und der darob überlaut kichernden Mutter des affigen Referendars während des Gewitters auf der »Hannover«, beim Einhüllen in eine Decke, sogar mehr oder weniger Eindeutiges zugeflüstert. Wenn er sich Henriette gegenüber zwar zuvorkommend, jedoch zurückhaltend benahm, so lag das nicht etwa daran, daß ihn ihre für jedermann erkennbaren Reize – ihr »knisternder Charme« – kalt ließen. Im Gegenteil, sie erregten ihn, und er hatte sich Henriette gleich nackt, beim Liebesspiel, vorgestellt – ein Zwang, dem er, besonders angesichts von Frauen solchen Formats, auch noch als Greis unterlag und für den er sich eine Zeitlang geschämt hatte, bis ihm seine geliebte Frau Ethel in einer Geständnisnacht anvertraute, ihr ginge es mit gewissen Herren ähnlich. Ihm war aber nicht entgangen, daß Henriette und Friedrich Wilhelm mehr verband als nur ein freundschaftliches Verhältnis, und das Bemühen, dies vor den anderen zu verbergen, rührte ihn. Heimliche Liebe empfand er nämlich als etwas Kostbares, vor allem, wenn sie noch so jung schien. So etwas anzutasten, womöglich zu stören verbot er sich – in der Regel jedenfalls –, in diesem Fall schon deshalb, weil es sich bei Henriette um die Tochter des von ihm protegierten, aber auch gefürchteten und im speziellen Fall sicher höchst empfindlichen Karl Landau handelte.

Auf seine Bekanntschaft, ja Freundschaft zu ihrem Vater sich beziehend, begann er eine Unterhaltung mit ihr über die Presse und das Zeitungsschreiben, war verblüfft über ihre Kenntnisse, ihre Beurteilung der verschiedenen Presseorgane, von denen sie die selben vorzuziehen schien wie er selbst. Hinsichtlich Liberalität und Objektivität, in Sonderheit die der »Kölnischen Zeitung«, kamen sie zu unterschiedlichen Einschätzungen, wurden dabei von Hoffmann unterbrochen, der verkündete, es sei zur Zeit überhaupt ein Jammer mit der gesamten, vor allem aber auch der liberalen Presse, da sie im Eigentum von Kaufleuten und Gründern stehe, die nur ihrem Interesse Rechnung trügen. Die Angst, einige einflußreiche ultramontane Abonnenten zu verlieren, ließe sie im Kampf gegen diese gefährlichen Reichsfeinde schweigen, ähnlich den Poeten, die sich im letzten Krieg ihrer Wut gegen die Franzosen ach so tapfer, weil so ungefährlich, entledigten. In dem weitaus größeren Krieg, der jetzt begonnen habe, und er wisse, wovon er rede, sein Freund, der Kardinal Hohenlohe, ein Jesuitenhasser, dem der Papst die Akkreditierung just verweigert habe, was ja nun Casus belli zwischen Reich und Vatikan geworden sei, da drücke man sich, weil man das Honorar fürchte, nämlich eine ultramontane Tracht Prügel. »Ach, der Teufel hole die Feigheit und diese ganze liberale Lauheit und Flauheit und Phrasendrescherei!« Sein Mahnruf an die Kriegspoeten, der sinngemäß eben auch auf die Presse zuträfe, würde hoffentlich jetzt zur Kenntnis genommen:

Ihr habt gezwitschert und gesungen,
ihr habt geschrien und gebrüllt;
gefochten habt ihr mit den Zungen,
und was ihr wolltet, ward erfüllt ...

Ihr schweigt in diesen ernsten Tagen,
gleichgültig sitzet ihr daheim;
ihr seid wie auf das Maul geschlagen
und wagt für Deutschland keinen Reim.

Während er diesen in Versform gefaßten Mahnruf laut deklamierte, hätte Wolff am liebsten im breitesten Frankforderisch eingeworfen: »Ei, was du da in Verse babbelst, will doch heut kaaner mehr wisse.« Statt dessen aber bemerkte er, das »Zentralblatt der deutschen Juden« – so der von der »Germania« der »Neuen freien Presse« verliehene Name –, bei dem er, Wolff, ein wenig beteiligt sei, werde diesen Mahnruf jedenfalls, da sei er sicher, drucken; die Redaktion schieße sich nämlich auf den politischen Katholizismus scharf ein, unnötigerweise, denn es handele sich seines Erachtens bei den sogenannten Ultramontanen um Pappkameraden. Die wirklichen Feinde stünden anderswo, und auf die wage nun wirklich niemand zu schießen. Darüber kam's zu einem Streit zwischen den beiden, während dem – seinen Tagebuchnotizen zufolge – mein Urgroßvater für Hoffmann Partei nahm, Henriette dagegen auf seiten Wolffs stand.

»Nun ist das nicht mein Ressort«, heißt es in Henriettes Brief an ihren Vater, »darf es für Personen meines Geschlechts nicht einmal sein; allerdings ohne alles Wissen bin ich nun auch nicht mehr in politicis, und obwohl ich Majunke und Konsorten nicht als meine Gesinnungsfreunde betrachte, scheinen mir derart ruchlose Machenschaften, wie Hoffmann sie den Ultramontanen unterstellt, denen er untergründige Kriegsführung zur Herstellung vatikanisch-römischer Hegemonie über Deutschland und Wühlarbeit für ein wieder in Kleinstaaten zersplitterndes Reich vorwirft, kaum nachweisbar. Aber wenn du erlebt hättest, wie er sich ereiferte! Man bekam den Eindruck, er hasse die Papisten mehr als alles andere in der Welt, mehr jedenfalls als die, von Wolff so bezeichnete, »wirkliche Reaktion«, die preußische, feudal-militärische Clique und die Polizei des Herrn von Bismarck.«

Hoffmann hatte bereits zwei Pfannekuchen, die er, zum Entsetzen Henriettes, bevor er sie in mundgerechte Stücke schnitt, mit einer zusätzlichen Prise Zucker bestreute, verputzt, machte sich über einen dritten her, orderte eine weitere Flasche Wein, als der Name des Reichskanzlers fiel und damit die – so Karl Landau – »Gretchenfrage unter den Achtundvierzigern« aufgeworfen war. Die sollte Samuel Wolff, auf dessen Brust Hoffmanns Messerspitze zielte, nun auch umgehend, »und bitte ohne Umschweife«, beantworten.

Ein älteres Paar auf Wandertour war inzwischen eingekehrt, und zu dem Bauern am Fenstertisch hatten sich zwei andere Godelheimer gesetzt. Alle fünf horchten mit einemmal zu ihrem Tisch hinüber, so schien es Friedrich Wilhelm, der, ein großer Verehrer des von ihm so genannten Eisernen Kanzlers, gespannt eine weitere Kontroverse der beiden Veteranen erwartete, doch enttäuscht wurde, da sie – jedenfalls, was das Wesentliche anbetraf – ein und derselben Meinung waren. Beide, stellte sich heraus, gehörten zu denen, die – so Karl Landau im Brief an seine Tochter – »über Nacht zu den größten Bewunderern der Bismarckschen Einigungspolitik konvertierten, obwohl – oder gerade weil – sie einmal die wildesten Revoluzzer gewesen sind«. Dabei beteuerten beide, nie zu den Überschwenglichen gehört zu haben, die in Bismarck einen Heiland sahen; der preußische Junker sei er geblieben, jawohl, und ein royalistischer Vasall. Wolffs Forderung nach Bismarcks Rücktritt – der habe seine Aufgabe, seiner Natur gemäß, bestens und mit allen Mitteln höchster Staats- und Kriegskunst gemeistert, nun aber sei's an der Zeit, Männern größeren Freiheits- und vor allem sozialen Verantwortungsbewußtseins das Ruder des Staatsschiffs zu übergeben, ja, sein neuerlicher Bruch mit den Konservativen sei auch bloß wieder einmal Taktik – stimmte Hoffmann nicht zu, obwohl er, allerdings nur Alwine gegenüber, den »dämlichen Krautjunker und Freßkopp in den Orkus oder, besser noch, in die tiefste Hölle zu Kappes und Gänsewein« wünschte. Bismarck hatte nämlich sein vom Hamburger Nicolai-Pastor Hirsch für ihn eingereichtes Gesuch um Rehabilitierung sowie Erhöhung des Ruhestandsgehalts von 375 auf 500 Reichsmark schnoddrigst durch Minister Mühler, diesen Obermucker, abweisen lassen mit den Worten: »Auf das dem Herrn Reichskanzler eingereichte Gesuch um vollständige Rehabilitierung des Professors Hoffmann aus (sic!) Fallersleben bedauere ich . . . !« Dieser Seitenhieb hatte gesessen, und wenn in den Nachtgesprächen mit den Schatten an der Wand auf diesen Bittbrief die Rede kam, zog er sich vor Scham die Decke über den Kopf. Warum, verdammt noch mal, hatte er so was angezettelt und gleich einem Hofdichter seinen Vivatvers noch dazu beifügen lassen?

Der König, der sich eben jetzt
die Königskron' aufs Haupt gesetzt,
der muß die deutsche Kaiserkrone
einst hinterlassen seinem Sohne.
Drum laßt uns jetzt das Glas erheben:
Der König als deutscher Kaiser soll leben!

Er konnte sich das Grinsen über die ganze breite märkische Visage Bismarcks vorstellen . . . »Hoffmann von und zu, der Revoluzzer! Mühler, zeigen Sie's ihm.«

Ja, grundsätzlich gab er dem notorischen Preußenhasser Wolff recht: Polizeiapparat, das aufdringlich Militärische überall, Feudalgehabe, Zensur und Obrigkeitszwang, das alles stank wie eh und je nach diesem, auch von ihm stets gehaßten, Preußenstaat der Kamptzens, Manteuffels, Bismarcks . . . Doch nur die »eiserne Faust«, meinte er, eben dieses Kerls konnte das gerade erst vereinigte Vaterland, vorerst jedenfalls noch, zusammenhalten – »gegen die Feinde von außen, aber zunehmend gegen die gefährlicheren von innen, lieber

Wolff. Deshalb muß er wohl oder übel bleiben. Bismarck hat jedenfalls versprochen, nicht nach Canossa zu gehen, und die anderen inneren Feinde nimmt er sich ebenfalls aufs Korn, wie am Beispiel Bebel und Liebknecht, dieser Genossen der Pariser Petroleure und Dynamitarden und Verweigerer des Kredits für den notwendigen Einigungskrieg, exemplifiziert.«

»So?« fragte Wolff, »neben deinen finsteren ultramontanen Weltverschwörern sind solche Männer deine anderen gefährlichen Reichseinheitszerstörer? Gut, deren Kriegskreditverweigerung durch Stimmenthaltung konnte ich ebenfalls nicht zustimmen, aber ihre Devise: Krieg den Palästen, Friede den Hütten, sagt dir das nichts? Ruft das nicht die Erinnerung deines Herzens wach?«

Hoffmann schaute seinem alten Freund, Kameraden, Gefährten, Genossen, wie er ihn und ein paar andere Mitkämpfer aus Vor- und Nachmärztagen immer noch nannte, ins Gesicht. Hatte er es darauf angelegt, den alten Streit zwischen ihnen noch einmal zu führen?

Das wollte Samuel Wolff tatsächlich, aber nicht jetzt, zu dieser friedlich-satten Mittagsstunde, sondern später, unter vier Augen und nicht im Beisein dieser netten, jungen Leute, obwohl er liebend gern Henriette Landaus Meinung zu dem, was man wohl auch in ihren Kreisen »die soziale Frage« nannte, die aber in Wahrheit viel mehr und für die Zukunft Entscheidenderes bedeutete, gehört haben würde.

Vor fünfzehn Jahren war es zwischen ihm und Hoffmann darüber zu einem heftigen Krach gekommen, der ihre Beziehungen für lange Zeit abgekühlt hatte. Damals, nach der Amnestie, lebte er wieder in Frankfurt, stand unter offener und geheimer Aufsicht der Polizei, die besonderen Bericht dem preußischen Bundestagsgesandten Bismarck erstattete, mußte einigen Auflagen, so grundsätzlicher Enthaltung politischer Aktivitäten, nachkommen, woran er sich allerdings nicht hielt, was wegen vielfältiger Verknüpfungen hochstehender Persönlichkeiten der Freien Stadt Frankfurt und der dort ansässigen Bundesbehörden und Gesandtschaften mit dem Wolffschen

Bankhaus stillschweigend geduldet wurde. Hoffmann, von Brüssel her kommend und auf der Weiterreise nach Weimar, hatte bei ihm Station gemacht, im Gepäck zwei Kisten Cidre, die der Kutscher ins Haus schleppte, gefolgt von dem Arme ausbreitenden, strahlenden, ein Begrüßungslied tremolierenden und ihn ans Herz drückenden, unverwüstlichen, von Freunden und Gegnern »der Deutsche« genannten »Dichter und Gelehrten«, wie er selbst sich bezeichnete. Trotz der seit ihrer letzten Begegnung im Badischen vergangenen Jahre, die eine, *so* von niemandem vermutete, in Frankfurt noch am wenigsten spürbare, Reaktion des Ancien régime gebracht hatte, war es zunächst wie früher gewesen. Im Kreise schnell zusammengetrommelter Freunde aßen, lachten, tranken sie, erzählten sich die alten Geschichten und die frischen Erlebnisse, und nachdem eine Kiste Cidre leer gemacht worden war, die zweite wollte Hoffmann seinen Weimarer Freunden aufsparen, zogen sie in eine Sachsenhausener Kneipe, wo sie weiterzechten, daß ihnen der Apfelwein aus den Bärten troff, und sie dem alten und neuen Repertoire des Sängers und Stimmungsmachers lachend und seufzend lauschten, um schließlich gegen Mitternacht eine mit bunten Laternen beleuchtete Gondel zu besteigen und vorbei an der glänzenden Silhouette der Stadt, unter einem sternenübersäten Himmel, den Main hinaufzufahren.

»Nun geht es heim wohl an den Main,
denn Frankfurt ist voller Apfelwein.
Der letzte Heller muß versoffen sein:
Denn was wir wollten, das ist verdorben,
die besten Brüder sind uns gestorben –
es lebt ja keiner mehr als ich und du«,

sangen sie zum Adieu, und dieses Lied war zum Anlaß ihrer Auseinandersetzungen geworden, die sie, nachdem sie sich von den anderen getrennt hatten, auf dem Heimweg und noch im Hause weiterführten, bis sie sich grollend zurückzogen und am Morgen nicht einmal mehr voneinander verabschiedeten.

Verdorben sei vieles, und viele Brüder seien gestorben, oder – noch schlimmer – sie hätten die Fronten gewechselt, hatte Wolff, nicht unabsichtlich, begonnen, denn Hoffmanns exklusives Leben und Treiben in hocharistokratischen Kreisen zu Weimar und am Hofe des Großherzogs Carl Alexander, seine Freundschaft mit dem überkandidelten Franz Liszt und dessen exaltierter Freundin, der Fürstin zu Sayn-Wittgenstein, waren in den Augen vieler Freunde und Gefährten die reinste Abtrünnigkeit. Hoffmann schnappte denn auch sogleich ein: Jawohl, er habe die Anspielung verstanden; ob er, Wolff, etwa meine, er, Hoffmann, gehöre zu den Überläufern?

Nein, das meine er nicht, hatte Wolff geantwortet, aber er meine, eine neue Morgenröte lasse hoffen, daß die Verwirklichung ihrer alten Vorstellungen von einer neuen Gesellschaft in einem neuen Staat gegen alles Aristokratische wieder möglich schien, in neuer Konstellation und mit neuen Bündnisgenossen, und er hatte von seinen und seiner Freunde Mitwirkung in den Arbeitervereinen erzählt, erklärt, daß der Krieg zwischen Arm und Reich nun auch bewußt von den Handwerkern und Arbeitern, der neuen aufstrebenden Klasse, geführt werde; nur gemeinsam mit ihr, davon habe er sich überzeugt, seien ihre alten Freiheitsideale zu realisieren; und sie werde mit der nicht mehr aufzuhaltenden Industrialisierung größer und mächtiger, diese Klasse, zuversichtlicher zu siegen – und darin müsse man sie unterstützen, ja, daran mitwirken . . .

»Womit wir wieder beim Proletariat wären«, hatte Hoffmann gelacht, nein, von dem sei, werde es politisiert, nichts außer Randaliererei, Marodieren und Zerstören zu erwarten. In Breslau habe er in die Fratze des Plebs geschaut; wie der in falsch verstandener, revolutionärer Wut die Geschäfte geplündert, die Häuser wohlhabender, aber fortschrittlicher Bürger, das seines ehemaligen Freundes Carl Milde zum Beispiel, zerstört hätte. Nein, das sei sicher die falsche Richtung, und Hoffmann hatte begonnen, von seinen Weimarer Aktivitäten zu schwärmen, vom »Neu-Weimar-Verein«, der »Neudeutschen Schule«, wo sich Männer von Gesittung und Gesinnung fänden, sich zur geistigen Innung verbänden, um durch Kunst, Wissenschaft und neue Haltungen, durch Erziehung der Fürsten und des Volkes den Weg zu bereiten für ein einiges, freies Vaterland.

Da war es wieder gewesen, dieses darüber hinwegschwadronierende, völlige Unverständnis gegenüber den realen Bewegungen und ihren politischen Folgen und Möglichkeiten, die Hoffmann schon damals in Baden nicht den Unterschied zwischen den »Ganzen« und den »Halben«, den Offenburgern und den Heppenheimern, geschweige denn die kühle, glasklare, damals allerdings auch von ihm, Wolff, noch abgelehnte Lageeinschätzung Engels, der im Freikorps Willich kämpfte, hatte begreifen lassen.

Sicher, sie hatten in seinem Raucherkabinett zuviel von dem französischen Cognac aus dem Revolutionsjahr '30 gesüffelt, er, Wolff, war zudem allmählich in Rage geraten über das philiströse Bramarbasieren Hoffmanns, der die sozialistischen und kommunistischen Ideen, die ihn, ehe er ihre Weltfremdheit erkannt habe, früher einmal kurz ergriffen hätten, als Träumerei und unwissenschaftlichen Unsinn zu entlarven trachtete. Selbst nicht sein Freund Ruge, der brillante Wissenschaftler, geschweige denn der Dandy Engels oder der arrogante Doktor Marx hätten ihm die Umsetzung des utopischen Allerleis ins Wirkliche erklären können. Dennoch hätte er, Wolff, nicht Ruges Brief hervorholen und vorlesen sollen: »Hoffmann von Fallersleben, der hier ist, hat einen sehr beschränkten Gesichtskreis, obgleich ich zugebe, daß er eine große Wirkung auf den Philister macht. Könnte der Philister eine Revolution machen, so würde sie Hoffmann machen. Aber er ist bis zur Lächerlichkeit von Illusionen und Eitelkeit beherrscht und überlegt immer, was er denn riskiert, wenn er dies oder das tut. Von eigentlichem Radikalismus keine Spur.«

Eine Tirade Hoffmanns über bestimmte Wohlhabende und Reiche, die sich in einer Mischung aus Koketterie und typisch jüdischem Zersetzungsdrang dem zerstörungswütigen Pöbel anvetterten, war gefolgt, von ihm, Wolff, beantwortet mit einer ebenso gehässigen Suada gegen gewisse, im Gewande verseschmiedender Privatgelehrter auftretende Spießbürger und deren dumpf-reaktionäre Deutschtümelei – wonach dann die Türen geschlagen wurden und für die Dauer von zehn Jahren voreinander geschlossen bleiben sollten.

Zwei Handwerksburschen in der Tracht Hamburger Zimmerleute waren in die Gastwirtschaft gekommen, legten ihre rotkarierten Bündel auf einen Tisch, verlangten »zwei Humpen Bier«, bevor sie sich setzten und in Schweigen versanken. In die Stille hinein, die leises Geschirrklappern, das Surren der Fliegen und Hühnergegacker von draußen noch deutlicher machte, sagte Wolff, sein Glas hebend: »Lieber Freund, verzichten wir aufs weitere Politisieren für diesmal, und trinken wir darauf, daß wir noch leben, trotz alledem!«

Hoffmanns Gesicht nahm – so Henriette – »einen geradezu zärtlichen Ausdruck an«, und seine Stimme klang kehlig, als er erwiderte: »Du hast recht, guter Freund. Prosit und auf das, wofür wir standen und stehen.«

»Etwas eigenartig Feierliches, durchzogen von einem leisen, wehmütigen Nachklang längst verhallten Getümmels, längst verwehter Feste, glitt mit einemmal vorüber, während sich die Gefährten einer Zeit, in der Träume noch Wirklichkeit werden konnten, zutranken«, beschrieb Henriette in ihrem Portrait diesen Moment eines beinahe vollständigen Einklangs beider Männer, der allerdings gleich wieder zerflatterte, als Hoffmann nach einem letzten Schluck rief: »Nun denn also, laßt uns aufbrechen und weitermarschieren.«

»Nein«, sagte Wolff, »mich bekommst du hier vorerst nicht weg. Die Fiß sind kapores, um mit Pinkus Herrsch, oder min Faut ist verstocht, um mit August Heinrich Stromer zu sprechen.«

»Den Vornamen hättest du dir sparen können«, sagte Hoffmann, »er lautet übrigens anders. Dennoch, auf und weiter geht's.«

Wenn schon nicht Rücksicht auf seine Wanderunwilligkeit

genommen werde, sagte Wolff, so – einen verständnisvollen Blick mit Henriette austauschend – dann doch wenigstens auf das Mußebedürfnis der Dame in ihrer Mitte, woraufhin Hoffmann Henriette anschaute, die, »keine Schauspielerin hätte es vortrefflicher zu mimen vermocht«, meinte Friedrich Wilhelm später, ein wenig die linke Schulter hob und dazu ein sanftes, ergebenes, doch leicht gequältes Lächeln auf ihrem Gesicht entstehen ließ. »Zauberhaft und eindeutig«, kommentierte Wolff. Hoffmann gab sich »vom überaus liebreizend demonstrierten Unwillen unserer Prinzessin« geschlagen, und man kam überein, draußen, im kiesbestreuten Hofgarten der Gastwirtschaft, unter der Blutbuche, weitere Rast zu halten und die Hitze erst einmal abziehen zu lassen.

Es wurden mehrere Stunden bei Wein und Kaffee und Kuchen, »eine vergnügliche, bisweilen nachdenkliche, Gott und die Welt, das Hier und Heute, Gestern und Dort in Gesprächen streifende, also, wie man so sagt, gemütliche deutsche Runde«, schrieb Henriette im Brief an ihren Vater, »während der der unverwüstliche Alte – mein Märchenriese – mit Anekdoten, Schnurren, neuen und alten Liedern brillierte, die wir, so gut es eben ging, mitsangen oder -summten. Und die beiden Copains d'antan, sich neckend und auf drollige Art miteinander streitend, erinnerten an komische und ernste Begebenheiten und gemeinsame Abenteuer.«

Ihre Rolle als hofierte Dame – »einziges Huhn im Hof dreier herumstolzierender Hähne, unter ihnen mein Favorit«, wie sie ihrer neuen Freundin Eva Vosswinkel schrieb – unaufdringlich ausspielend, so daß ihre Fragen nicht als journalistentypische auffielen, hatte sie Hoffmann noch manches für ihr Portrait Interessante entlockt, zum Beispiel diese gewaltige Schimpfkanonade auf das von ihm so genannte »scheußliche Gründertum«. Vermischt mit aus dem Handgelenk heraus getexteten Versen – zu einigen erfand er spontan Melodien –, zog er her über das Makler- und Gründergesocks, vom Krieg wie Hefe beim Gewitter nach oben getrieben; über die mit dem verderblichen Reparationsgoldregen ausgebrochene, das Gerade des deutschen Wesens verbiegende Protzerei; über die hemmungslose Spekulationsgier und jede Klitsche in Aktiengesellschaften verwandelnde Börsianerei; über das Profitstreben eines gnadenlosen, hemmungslosen Industrierittertums, welches in Verbindung mit einer dreisten Fabrikarbeiterschaft alle Poesie des Alltags zerstöre, unnachsichtig unser waldreiches, schönes Deutschland in eine stinkende, lärmende Fabrik umwandele...

»Weltfremdes Geschwätz«, nach Auffassung Friedrich Wilhelms, was er selbstverständlich schon wegen seines Respekts vor dem Fallerslebener so schroff nicht offen ausgedrückt haben würde. Aber nach Ende der Suada, der Henriette mit im Geiste gespitztem Bleistift, Samuel Wolff kopfschüttelnd und amüsiert gelauscht hatten, angeregt durch Wein, Kaffee und die allgemeine Lebhaftigkeit, vor allem aber um Henriettes willen, ergriff er doch das Wort, fragte, wieso man die sich rasant entwickelnde Industrialisierung, den aufbrechenden, in die Weltmärkte drängenden Handel nicht akzeptieren möge. Darin sei doch jetzt schon der Aufbruch zu einem Wohlstand zu erkennen, der in Frankreich und England längst herrsche und der mit der Zeit alle Klassen und Schichten erfassen, sie möglicherweise sogar unterschiedslos einebnen werde. Jawohl, etwas Neues, Brausendes, Aus-dem-Kleinen-heraus-Wollendes läge in der Luft. Das Dröhnen der Maschinen sei die Begleitmusik dazu; gewiß, vor der Wucht und Geschwindigkeit, mit der die neuen Energien das Verbrauchte hinwegfegten, könne schon einmal Unbehagen aufkommen, schmerzten die Ohren im eisernen Klang der neuen Zeit, aber gleichzeitig werde gerade dadurch doch auch manches Alte und zu Bewahrende in ganz andere Dimensionen fortentwickelt werden. »So, wie das auch Sie, verehrter Herr Professor, und andere, darf ich so sagen, Männer der alten Garde es sich einmal gewünscht haben.«

Während Samuel Wolff applaudierte und »Bravo« rief, Hoffmann lächelnd den Kopf schüttelte und sagte: »Ach, hätten Sie doch nur recht, lieber Herr Hasenclever«, war Henriette sozusagen baff und fühlte auf einmal »so etwas wie Stolz, dir zu gehören«, gestand sie später Friedrich Wilhelm, der übrigens selbst nicht wußte, wie er zu der ihm sonst fremden pathetischen, ja poetischen Ausdrucksweise gefunden hatte. Sie sei ihm vermutlich, durch ihre, Henriettes, Gegenwart beflügelt, einfach zugeflogen. Tatsächlich habe er ihr Lebensgefühl und das vieler ihrer Generation ausgedrückt, sagte Henriette, die nicht die Furcht ihres Vaters teilte, wonach »das dröhnende Vorwärtsdringen der Stahlbarone, Weltmarkteroberer und Heerführer in einem Deutschland frugaler Kleinbürger und Offiziere, verkannter Professoren und Musikanten sich zu einer höchst gefährlichen Verbindung mischen« würde.

Der rötliche Schatten der Blutbuche war übers Rostige ins Dunkle gewechselt, als man aufbrach und, am Brunsberg und Ziegenberg entlang, nach Höxter zurückkehrte, wo man sich voneinander verabschiedete.

»Hoffentlich nicht für immer«, sagte Hoffmann in einem Anflug aufkommender Melancholie und Henriette einen scheuen Kuß auf die Wange gebend.

Obwohl er den Nachmittag viel lieber allein mit Henriette verbracht hätte, sei's doch nicht, heißt's im Tagebuch meines Urgroßvaters, »so unübel – ein Ausdruck Henriettes – gewesen und sogar lohnend, insofern, als sich Kontakte mit dem Bankhaus Wolff anzubahnen scheinen, die, denkt man nur an die überregionalen und internationalen Beziehungen dieses Finanzinstituts, uns bei weiterer Ausdehnung unseres Geschäftsbereichs von erheblichem Nutzen sein können«. Sie sollten es tatsächlich und sollten mit den Jahren und Jahrzehnten zu einer immer engeren geschäftlichen Verbindung werden, die sich für die Firma Hasenclever schließlich wortwörtlich und in einem makabren Sinn bestens auszahlte, dadurch, daß Mitte der dreißiger Jahre dieses Jahrhunderts ein rein arisches Konsortium unter Führung meines Vaters das Wolffsche Bankhaus, das zum größten Gläubiger der Firma Hasenclever geworden war, entschädigungslos übernahm – eines der beschämendsten Kapitel in der Geschichte von Firma und Familie.

»Lohnend« fand auch Henriette Landau den Nachmittag in Begleitung ihres Märchenriesen allemal, »aufregend« sogar, so jedenfalls teilte sie es ihrer neuen Freundin Eva Vosswinkel mit, der sie in einem langen Brief über den Fortgang ihrer Arbeit am Portrait Hoffmanns ausführlich berichtete.

Entenbraten und Kriegsgesänge

Auf ihrem Gang über die am Brunsberg und Ziegenberg entlang führenden verschlungenen Pfade und Wege waren Friedrich Wilhelm und Henriette, sich an den Händen haltend und redend und auf nichts weiter achtend, oft so weit hinter den vor ihnen hereilenden beiden Alten zurückgeblieben, daß sie, um die Richtung nicht zu verlieren, immer mal wieder schneller schreitend, laufend und rennend, Hoffmann und Wolff einholen mußten. Sie waren dabei außer Atem gekommen, und dies sei wohl, meinte Henriette, der Grund für Friedrich Wilhelms Einsilbigkeit am Ende der auf und ab gehenden Feld- und Waldwanderung. Er hatte genickt, obwohl es nicht stimmte.

In Wahrheit befand er sich in einem ihn seit jeher in Schweigen und Stottern versetzenden Zustand zwiespältiger Vorstellungen und Gefühle, der ihm erst allmählich aufgegangen war und schließlich beim Anblick der ersten Häuser der Stadt voll bewußt wurde. Es schien beinahe sicher, daß Henriette seinen Antrag, den sie über die Nacht noch bedenken wollte, annehmen würde. Denn während des langsamen und raschen Wanderns Hand in Hand hatte sie recht eindringlich erwähnt, daß sie das Schreiben für Zeitungen als ihren Beruf verstehe, den sie unter keinen Umständen aufgeben werde, und hatte auf seine Bemerkung, das begreife er gut und könne er nur unterstützen, seine Hand fester gedrückt. Später hatte sie gefragt, ob er die vieltürmige alte römische Colonia Agrippina, Standort der »Kölnischen Zeitung«, ebenso liebe wie sie, und hatte auf sein begeistertes Bejahen und Schildern des Kölschen Karnevals seine Handinnenfläche gekitzelt. Würde sie nun aber ihre voraussichtliche Einwilligung in die Eheschließung nicht schlicht oder empört zurücknehmen beziehungsweise gar nicht erst aussprechen, wenn er sie zum vorzeitigen Vollzug der Ehe – wie das im Amtsdeutsch hieß – drängte? Bei aller Aufgeschlossenheit, Verachtung des Spießig-Philiströsen und Ablehnung falscher Konventionen, worin sie sich einig waren, könnte sie das immerhin als erniedrigende Nötigung oder verletzende Mißachtung ihrer Unbescholtenheit deuten. Nach Sitte und Anstand galt Enthaltsamkeit unter Verlobten überdies als Ausdruck wirklicher Liebe und gegenseitiger Wertschätzung, und er war sich nicht darüber klar, ob er solche Moral für bloß stumpfsinnig-bieder, armselig-klein, veraltet und verstaubt halten sollte, ganz unabhängig davon, daß ihm mit einemmal auch bange wurde, ob er ihr in intimer Zärtlichkeit überhaupt genügen würde, wo sie sich womöglich auf diesem Gebiet ähnlich benahm wie ihm gegenüber sonst, wenn sie so unnachahmlich reizend und reizvoll flachsend mit ihm flirtete; und ob er diese Mischung aus heiter-ironischer Ungezwungenheit und kapriziöser Finesse auch im Ehebett bezaubernd finden würde, wußte er nicht. Später stünde möglicherweie sogar ein ständiger Verdacht, solche Fähigkeiten betreffend, zwischen ihnen, zernagte nach und nach ihre Liebe, und zwar ohne weiteres, denn daß Henriette virgo intacta sei, setzte er voraus.

Derartig kompliziert-verschränkte Überlegungen und Ängste meines Urgroßvaters lassen sich jedenfalls aus seinen in zeittypisch genianter Umschreibung abgefaßten Tagebuchaufzeichnungen herauslesen. Aber wie auch immer – er wußte nicht recht, und als Henriette nach dem Abschied von Hoffmann und Wolff vor dem Hotel »Berliner Hof« erklärte, sie möchte jetzt gern auf ihr Zimmer gehen, einige Notizen für ihr Portrait Hoffmanns sich machen, bevor sie vor dem Souper noch etwas ruhe, sagte er richtig erlöst mit einem Seufzer: »Oh, ja, oh, ja, nun ja, sicher!«, worauf sie ihn wiederum fragte: »Ist dir nicht gut? Hast du etwas?« – und er den Kopf schüttelte.

Während sie sich in ihrem Zimmer entkleidete und ihren Hausmantel überzog, überlegte sie, ob sie etwas Falsches gesagt oder getan hätte, daß er sich plötzlich so auffällig zurückhaltend benahm. »Es wäre äußerst dumm von mir«, sagte sie beim Abschminken zu ihrem Spiegelbild, »diesen lieben Mann fortzugraulen. Ich sehne mich nämlich nach seiner Nähe. Was aber um Himmels willen habe ich angerichtet? Seine Verstörung ist offensichtlich und kommt keinesfalls von dem bißchen Dauerlauf. Sie hat mit mir zu tun, das fühle ich. Oh, Gott, ist es schon so schlimm?«

Sie zündete sich eine Zigarette an, zögerte, setzte dann die Brille auf, nahm Notizblock und Bleistift, lehnte sich in die Ottomane, versuchte zu schreiben, warf Block und Bleistift zu Boden, legte sich aufs Bett, rauchte eine zweite Zigarette, sah an die Decke, erkannte im Innern eines Stuckblumengebindes Friedrich Wilhelms Züge, hauchte, sich Glück versprechend, dreimal einen Kuß hinauf, drückte die Zigarette aus, schlummerte schließlich und träumte von ihm, wie er sich nackt über sie beugte – merkwürdig bekränzt übrigens sein Geschlecht, das sich als rosendekorierter Girlandenfortsatz im Deckenstuck herausstellte, als sie die Augen aufschlug.

Das grünbraunseidene Tournürenkleid, mit dem beinahe schon hofdamentiefen Dekolleté, würde sie anziehen, die Goldhalskette mit dem taubeneigroßen Rubin, Geschenk ihres Großvaters, des Edelsteinhändlers Adam van Heeren, anlegen, nahm sie sich vor, läutete dem Zimmermädchen, Ursula hieß es übrigens, dem sie aus schlechtem Gewissen wegen ihrer Launenhaftigkeit bereits zweimal ein Pourboire von 25 Pfennig zugesteckt hatte, schminkte sich, wusch sich mit besonderer Sorgfalt, aber mehr oder weniger gedankenlos auch untenherum, worüber Ursula, die ostwestfälische Blondhaarwuschelige, laut kicherte, und auch beim Ankleiden und Frisieren stellte die sich öfter so ungeschickt an, daß Henriette sich beherrschen mußte, sie nicht wieder einmal anzuschreien: »Du dämlicher Strohkopf« oder ähnlich. Aber als sie sich dann im

Spiegel begutachtete, Ursulas vor Bewunderung rot glühendes Gesicht sah, sagte sie: »Na, gutes Ding? Gefallen wir uns so?«, und Ursula flüsterte: »Oh, jaaa«, da gab sie ihr noch einmal 25 Pfennig.

Von allem abgesehen, habe es einem auch schon die Sprache verschlagen können, wie sie die Treppe hinunter in die Halle geschritten sei, heißt's im Tagebuch Friedrich Wilhelms, »in strahlender Schönheit und wirklich wie eine Märchenprinzessin«. Er empfing sie in seiner schwarzen Abendgarderobe am Fuß der Treppe, stumm und mit einem Handkuß, lächelte – »nervös«, fand sie – zu ihrem geflüsterten: »Heute, mon prince, ist es vielleicht soweit«, führte sie in den Eßsalon, wo die übrigen Gäste bereits Platz genommen hatten und dem Einzug des schönen Paars fast applaudierten.

»Man hätte, nebenbei gesagt, darüber streiten können, welches Paar man als das schönste bezeichnen mußte«, schrieb Henriette im Brief an ihre Freundin Eva Vosswinkel, »uns oder das andere.« Bei dem anderen Paar handelte es sich um den Rechtsanwalt Dr. Arnold Levy aus Braunschweig und Gattin Elsa, gerade getraut und auf Hochzeitsreise, »im Honigmond also«, wenn er das sagen dürfe, so Schwiete, der, bevor er auftragen ließ, die anstelle der Böttichers an der Table d'hôte sitzenden Jungvermählten vorstellte.

Tatsächlich glichen sich die beiden Paare auf eine sozusagen spiegelverkehrte Weise. Frau Levy besaß goldglänzendes, im Ton dem Friedrich Wilhelms exakt entsprechendes Haar, die Hasencleverschen blaublauen Augen, eine Stupsnase, breite Backenknochen und diesen schmalen, immer leicht ironisch-melancholisch lächelnden Mund – »die Kriemhilde schlechthin«, meinte Henriette. Dr. Levy dagegen – sein Pincenez hing am Goldkettchen, im oberen Knopfloch der Weste befestigt – schaute aus runden, tiefschwarzen, opalisierenden Augen, lächelte dazu mit einem damals sogenannten sinnlichen Mund, trug sein dunkles Haar wellig, eine Stirnlocke über dem oval geschnittenen, glattrasierten Gesicht von makelloser Haut und gleichem Teint wie dem Henriettes.

Großer Verehrer Karl Landaus sei er, sagte er, »ein brillanter Autor; größte Hochachtung meinerseits bitte ich Ihrem Herrn Vater zu melden, sobald Sie ihn treffen«. Seine Frau lächelte dazu und warf Henriette einen kurzen – »vielsagenden«, meinte sie – Blick zu. Von Anfang an übrigens, schon bei der Vorstellung, hätten Kriemhilde und sie sich auf eine eigenartige, sie würde sagen, »konspirative« Art zugelächelt, schrieb sie an Eva Vosswinkel, ohne daß die ganze Zeit über ein einziges Wort zwischen ihnen gefallen sei.

Man gratulierte dem jungen Paar, und es war Venske, der Reisende für die Görlitzer Gesellschaft für Eisenbahnbedarf und künftige Handelsvertreter der Firma Hasenclever & Co., der als erster einen Toast ausbrachte, den Jungvermählten »allzeit Glück und Ehefrieden und viel Kinder« wünschte – »unpassend und ziemlich aufdringlich«, nach Henriettes Meinung, die Friedrich Wilhelm nicht teilte. So seien sie nun einmal, die Commis-Voyageurs, und im übrigen sei's dem vom Herzen gekommen.

Die Levys jedenfalls bedankten sich beide. Er lachte, sie schmunzelte.

Ja, wirklich angenehm das Hotel, auch die Stadt, aber sie blieben nicht, sagte lächelnd Dr. Levy zu Dr. Berthold, der meinte, es sei ein guter Einfall, der den Kenner zeige, die Flitterwochen gerade hier und in Höxter und seiner herrlichen Umgebung zu verbringen; am nächsten Tage, so Levy, würde recht eigentlich erst ihre Hochzeitsreise beginnen, mit einem Dampfschiff weserabwärts bis nach Bremen. »Na dann«, sagte Friedrich Wilhelm, »auf gute gemeinsame Fahrt nach Bremen und durchs Leben«, ein Wunsch, dem alle, ihre Gläser hebend und den Levys zutrinkend, sich anschlossen und für den Henriette Friedrich Wilhelm heimlich die Hand drückte.

Zu Henriettes Linken saß wieder der Buchhändler Völz aus Leipzig, der sich ihr schon beim Servieren des ersten Ganges – klare Brühe auf Entenklein ohne Stich – zuwandte und nach dem ersten, mit spitzem Mund geschlürften Löffel Suppe, sie anstrahlend, sagte: »Ach, verehrtes gnädiges Fräulein Landau,

Sie Glückspilz! Ein Wanderspaziergang mit ihm, dem berühmten Hoffmann von Fallersleben! Wie ich Sie und Herrn Hasenclever beneide. Es muß ein einmaliges Erlebnis gewesen sein, wie? Ist er nicht einfach großartig, dieser Gelehrte und Dichter?«

Sie nickte und hörte ein bißchen amüsiert, aber im Grunde doch zustimmend, ihrem rot-pausbäckigen, wie ein romantischer Jüngling von seinem Idol schwärmenden Tischnachbarn zu, der sich nicht genug darin tun konnte, Hoffmanns Volkskundearbeiten, vor allem aber dessen Poesie in höchsten Tönen und immer neuen, hochgeschraubten Wendungen zu loben – übrigens ganz offensichtlich, wie sie bald bemerkte, nicht allein sie ansprechend. Er redete nämlich laut und lauter, hin und wieder dabei verstohlen über den Tisch zu von Hippel und dessen Assistenten Henry Deter schielend, die sich an dem Gespräch der übrigen Gäste beteiligten, welche noch einmal – Schwiete wußte Neuigkeiten von den Stammtischen dazu – Böttichers hastige Flucht, sein Ausreißen vor dem Duell mit Wolff erörterten und alles den Levys erklärten.

Die Fenster standen offen, und ein lauer Abendwind wehte in den Eßsalon. Man hörte vom Hof her das Reden und Lachen der Fuhrleute, die die Pferde ausschirrten und tränkten, Klirren von Milchkannen und letztes Schwalbengezwitscher, und einmal schrie kurz ein Kind. In den beiden Kronleuchtern brannten die Lichter, deren Gaszufuhr – ein Fortschritt, den Schwiete gern hervorhob – aus derselben Leitung wie der zu den Straßenlaternen vor dem Hotelgebäude, »zentral«, sagte er, funktionierte. Mit allmählich eintretender Dämmerung, reflektiert von den Dutzenden Kristallkugeln, Prismen und Plättchen in den Leuchtern, erstrahlten sie mehr und mehr, ihren glänzenden Widerschein warfen Spiegel an den Wänden zurück, und als man zum zweiten Gang – Entenleberpastete in Wacholdersauce – die Gläser hob, um einander zuzutrinken, funkelte der rote Wein, wie der Rubin in Henriettes – nach Friedrich Wilhelms Worten, »aufregendem« – Ausschnitt.

»Burgunder aus der Gegend um Beaune«, sagte Schwiete. »Ein Corton, zehnjährig, älter könnte er, sollte er aber nicht sein; der folgende Jahrgang, der 63er, wäre fruchtiger, doch zu schwer, der 61er ist nicht mehr genießbar, und der 60er – nun ja, wer soll den bezahlen! Genau richtig also. Prosit allerseits«, sagte Friedrich Wilhelm zum größten Erstaunen Henriettes, die damals noch nichts von der Weinkennerschaft meines Urgroßvaters, die Familienlegende wurde, wußte.

»Wir hätten Burgund besetzen sollen«, meinte Schwiete, »dann wäre der Burgunder so wohlfeil wie der Elsässer, auch der Corton aus dem Jahre 60.« Man lachte. »Warum eigentlich nicht«, meinte Levy. »Wie?« zu seinem Gegenüber Friedrich Wilhelm, der nickte und entgegnete: »Warum nicht? Wir waren ja fast dort.«

»Nun ja – ein bißchen hätten wir schon noch marschieren müssen. Standen Sie mit auf dem linken Flügel?«

Friedrich Wilhelm schüttelte den Kopf, lief rot an, trank, verschluckte sich fast. »Nein, nein«, sagte er, »dort war ich nicht« und wandte sich schnell Henriette zu, die Völz lauschte, der zwischen Schnalzen und Schlucken und Schlürfen am Wein im vollsten Zuge war: Welchem Ziele, um es einmal klarzustellen, hätten Hoffmanns Arbeiten auf gelehrtem wie auf poetischem Felde ein ganzes Menschenalter hindurch denn fast ausnahmslos gedient? Der geschichtlichen Erforschung und der praktischen Wiederbelebung des deutschen Volksliedes, von denen er in Fortführung der Tradition selber die schönsten gedichtet habe. »Und welcherlei Grundsätze befolgt er bei der Wahl seiner Stoffe und der Behandlung der Form? Sie entsprechen denen, die für alle Volkslieder gelten. Um jedem Hörer und Leser verständlich zu sein, muß er nämlich von dem Inhalt seiner Lieder alle solche Gegenstände fernhalten, deren Kenntnis außerhalb des Bildungskreises der großen Masse liegt. Wissen Sie, verehrtes Fräulein Landau«, er sprach immer lauter – und hier beziehe er sich auf den bekannten, hochgeschätzten Philologen und ihm, Völz, befreundeten Schriftsteller Adolf Strodtmann, mit dem er insofern völlig einiggehe –,

»welches die Philosophie Hoffmann von Fallerslebens ist, sofern man der Weltanschauung, die sich in seiner Poesie und seinen Liedern ausspricht, diesen vornehm klingenden Namen geben will?« Es sei die Lebensweisheit des gewöhnlichen Mannes, jawohl, die Philosophie des gesunden Menschenverstandes. Faustische Grübeleien, tiefsinnige Beschäftigung über den letzten Grund der Dinge, Klagen weltschmerzlicher Zerrissenheit, kosmopolitische Träume oder gar sarkastisches Erheben über den gemeinen Mann – nein, das sei nicht Sache des Fallerslebeners. »Doch wie köstlich naiv und charaktertreu spiegeln alle diese Jäger-, Bauern-, Hirten-, Burschen-, Landsknechts-, Kirmes-, Tisch- und vor allem aber die Kinderlieder Sitten, Denk- und Empfindungsart der betreffenden Kreise wider! Wer gäbe nicht ganze Bände voller gelehrter Stubenpoesie gern hin für diese schlichten, einfältigen, sangbaren Weisen?«

An dieser Stelle warf Henry Deter, der bereits unruhig auf seinem Stuhl hin- und herrutschte, ein: »Einfältig! Jawohl, einfältig! Sie sagen es!«

Damit endlich, schien es, hatte Völz erreicht, was er wohl von Anfang an beabsichtigt hatte. Triumphierend sozusagen und fast sich dabei verschluckend, tönte er noch um eine Spur lauter, so daß alle am Tisch jetzt lauschten und seine Frau ihn ängstlich anblickte, augenscheinlich besorgt wegen seiner Anfälligkeit für Herzattacken, die ihr Mann – so hatte sie den Damen anvertraut – oft schon bei geringster Aufregung anfielen: »Derjenige täuscht sich sehr, der es für so leicht erklärt, in der Poesie auf den gewohnten Pomp hochtrabender Phrasen, weit hergeholter Bilder und volltönender Prachtwörter zu verzichten. So was verschleiert vielmehr nur zu oft die Hohlheit und Armut des Gedankens, das Schiefe, Krankhafte und Falsche der Empfindung. Einfachheit der Form ist die schönste Probe auf den Wert des poetischen Gefühls und Gedankens – mein Herr!« Völz schnaufte vor Erregung, gabelte den Rest der Entenleberpastete auf seinem Teller durch die Wacholdersauce, führte den Bissen zum Mund, und diese Pause nutzend, warf von Hippel in seiner zurückhaltenden, eher schüchternen Art und leicht stotternd ein, er müsse, um mögliche Mißverständnisse auszuräumen, an dieser Stelle versichern, daß er, von Hippel sowie sein Assistent Henry Deter die Person Hoffmann von Fallersleben keinesfalls geringschätzten und seine Arbeiten, vor allem seine philologischen, nicht als vollständig wertlos betrachteten. Hoffmann habe, auch was seine Poesie anginge, womöglich seine Verdienste; auf dem Gebiet des naiven Kinderliedes ganz sicherlich; und was die Gesinnung der Trutznachtigall anbeträfe, so nenne man ihn ja zuweilen – von Hippel konnte ein feines Lächeln dabei nicht unterdrücken –, sein unerschrockenes Eintreten für die Einheit des Vaterlandes über all die Jahre hinweg, so stehe dieser Deutsche hoch über manchem, der heute dieses herrliche Gut in höchsten Tönen lobe, die er vorher dafür nicht gefunden habe. Dennoch ...

Er habe sehr wohl sein spöttisches oder vielleicht nachsichtiges Lächeln bei der Nennung von Hoffmanns Ehrennamen bemerkt, unterbrach Völz, aber wisse er, von Hippel und der Herr Deter, denn auch, von wem Hoffmann dieser Ehrenname »Trutznachtigall« verliehen worden sei?

»Wo nicht von ihm, dem vortrefflichen Dichter selbst, so vielleicht vom Volksmund, wie man so etwas zu benennen beliebt«, antwortete Henry Deter lachend, und damit, schien es, war er in eine Falle geraten, denn Völz strahlte förmlich wie ein hinterm Busch versteckter Jäger, dem das Wild aus der Deckung vor die Flinte gelaufen kam. »Aber nein«, sagte er mit einem Lächeln, das vermutlich souverän sein sollte, doch infolge seiner Erregung schief geriet, »Strodtmann hat ihm diesen Titel, mit dem Friedrich Spee von Langenfeld einst seinen Liederzyklus überschrieb, verliehen, jawohl, der von mir bereits erwähnte Adolf Strodtmann, dessen Einschätzung des Hoffmannschen Werkes ich vollständig und wörtlich zustimme. Als Kenner des Werkes von Heinrich Heine, den wohlverstanden ich nicht unter Hoffmann von Fallersleben ansiedeln möchte, dürfte Ihnen Adolf Strodtmann nicht unbekannt sein, Strodtmann, der Herausgeber des Heineschen

Werkes in einundzwanzig Bänden und Verfasser der zweibändigen Heine-Biographie, aus der Sie, meine Herren, ja so häufig und gerne zitieren. Strodtmann, der profundeste Kenner Ihres deutschen Lieblingspoeten, verfällt allerdings nicht in den Fehler, diesen gegen jenen auszuspielen, denn er weiß beide in ihrer unverwechselbaren Stellung innerhalb der deutschen Dichtkunst gerecht zu würdigen, was auch Sie tun sollten, meine Herren. Also Prosit.«

Etwas belustigt, mehr aber gerührt, schaute Henriette ihren Tischnachbarn an, trank ihm zu, legte ihre Linke auf seinen Arm, sagte: »Herr Völz, Sie sind ein liebenswerter Mensch, und ich teile Ihre Verehrung des« – »Märchenriesen«, wollte es ihr entschlüpfen –, »des großen alten Sängers und Poeten. Er soll noch recht lange leben!«

In diesem Augenblick drückte Friedrich Wilhelm offen und fest ihre auf dem Tisch liegende rechte Hand, und diese Berührung spürte sie durch ihren Körper bis in den Magen, und sie fand sie – sagte sie ihm später – »gerade, wo du mir zu entschwinden schienst, wortwörtlich beglückend«.

Völz strahlte vor Freude, hob das Glas, »ja, wirklich«, sagte er, »noch lang soll er leben, unser Hoffmann von Fallersleben«! Darauf tranken nun alle am Tisch, und damit hätte das Thema gewechselt werden können, wenn nicht der zunehmend hibbeligere Henry Deter gleich nach dem Toast, ohne das in solchen Fällen angemessene Schweigepäuschen einzuhalten, wieder losgelegt hätte: »Also Strodtmann wirklich in allen Ehren, die Heine-Liebhaber verdanken ihm viel«, doch ob Trutznachtigall nun ein Ehrenname sei, darüber ließe sich füglich streiten, und falls Völz die Strodtmannsche Bewertung Hoffmannscher Poesie tatsächlich korrekt wiedergegeben habe, was, mit Verlaub gesagt, er, Deter und wohl auch Herr von Hippel sich angesichts der Bewunderung Strodtmanns ja Liebe, für den dem Hoffmann ja nun absolut entgegengesetzten Heinrich Heine schwer vorstellen könnten – also bitte, wenn Strodtmann denn nun also wirklich so etwas geäußert haben sollte, dann müsse man das mehr oder weniger als Akt von

Gesinnungssolidarität eines seinerzeit ebenfalls wegen aufrührerischer Lieder relegierten Schicksalsgenossen verstehen.

Von draußen her drang der mehrfache dumpfe Aufprall von Strohballen, vom Balken des Stallgebäudes auf den Hof geworfen, ferne Granatschläge gleichsam zur ausbrechenden Rage Völzens, der »waaas ... wie bitte ...« schnaufte, »mir und Strodtmann zu unterstellen«, aber gleich von seiner Frau, die ihm den Arm um die Schulter legte und »Ruhe, bitte, Herrmann, Ruhe« sagte, gestoppt wurde – wer weiß, wie lange, wenn nicht zum Gongschlag die Türen sich geöffnet hätten und der Hauptgang hereingetragen worden wäre: drei Enten, kroßbraun gebraten, umlegt mit Äpfeln, Sauerkraut in Champagner gedünstet, mit dampfenden Knödeln und Preiselbeeren, ein Anblick, der alle, auch Völz, in »Aaahs« und »Ooohs« und schließlich, als Schwiete höchstpersönlich sich daranmachte zu tranchieren, in Beifallsklatschen ausbrechen ließ.

Man tafelte, »fraß förmlich« – wie Henriette später sagte –, lobte ausgiebigst »diesen herrlich krossen Vogel«, und Levy bemerkte, nachdem er sich ein zweites Mal hatte auflegen lassen, zu von Hippel und Deter gewandt, er habe eben mit Interesse zugehört. Ein profunder Kenner des Werks des Fallerslebeners sei er nicht, könne aber bestätigen, wie sehr dessen Lieder auf das Gemüt einzuwirken imstande seien. Während des Feldzugs in Frankreich hätten sie manchem Krieger Trost, Mut und Hoffnung gespendet, wenn beim Marsch oder am Biwakfeuer zum Beispiel das »Morgen marschieren wir« gesungen wurde oder das »Des Morgens, wenn die Hähne krähen«. Er erinnere sich einer Nacht, der ärgsten wohl in dem schrecklichen Krieg, nach der verlustreichen Schlacht bei Vionville, abends am Feuer, in dessen flackerndem Licht die vom Kampf gezeichneten Gesichter müder und erschlaffter Soldaten in Trauer um so manchen verlorenen Kameraden gespensterhaft aufschienen, da habe ein an Kopf und Arm verbundener Füsilier Hoffmanns »Schweren Abschied« ganz leise zu singen begonnen:

Hörst du nicht die Trommel schlagen?
Auf die Schulter das Gewehr!
Laß mich, laß mich Abschied sagen,
denn es quält mich gar so sehr.

Und dann seien nacheinander alle eingefallen. »Und die letzte Strophe sangen alle:

Und wie sie in die Schlacht gezogen,
stand mein Schatz im ersten Glied;
eine Kugel kam geflogen,
traf sein Herz, er sank und schied.

Das war nun wirklich ein fester, starker Chor von Männern, denen zwar die Augen feucht, aber auch die Herzen stark wurden. Ein andermal, es ist ... warten Sie ... ja, das muß noch vor Colombey-Nouilly gewesen sein ...«

»Gebannt«, heißt es im Tagebuch meines Urgroßvaters, »horchten wir den Geschichten Levys, der als Vizewachtmeister der Braunschweiger Füsiliere in Frankreich mitgekämpft hatte und im klaren Ton des Berichterstatters, doch anschaulich, vor allem über die stimulierende sowie beruhigende Wirkung von Gesängen unter Mannschaften und Offizieren zu erzählen wußte; wir summten und sangen das eine oder andere Lied mit.«

Ob dieses »Entenessen mit Gesangeinlagen«, an das sie nur mit Schaudern zurückdachte, ganz im Sinne ihres Märchenriesen gewesen wäre, wie Schwiete meinte, der immer wieder die »Abwesenheit des Herrn Professors« bedauerte – später würde er flunkern, Hoffmann habe tatsächlich an diesem Entenessen teilgenommen –, bezweifelte Henriette im Gegensatz zu Friedrich Wilhelm, der an des Alten begeistertes Tambourieren seines Regimentslieds der Fünfundfünfziger in der Schloßbibliothek erinnerte.

»Wirst Du mir glauben«, fragte sie in ihrem Brief an Eva Vosswinkel, »wenn ich Dir versichere, daß mitten beim fetten Entenbraten die Herren Schlachtgesänge anstimmten, daß sogar dieser nette, schüchterne Herr von Hippel, tremolierend begleitet von seinem blonden Knappen Henry, einfiel und am begeistertsten mein geliebter Hasenclever, der doch nicht einmal gedient hat, mitsang, die Damen außer mir und der Kriemhilde, blanken Auges, ja hingerissen, daneben saßen, hier und da mitsummend? Eine versteckte, vielleicht schon vorher leise in mir raunende Frage stellte sich mir während dieser Veranstaltung tout à coup und sozusagen laut und vernehmlich, nämlich die, was die Herren der Schöpfung, unabhängig von aller Politik, dem Dienst am Vaterland und dergleichen, recht eigentlich in die Schlachten treibe und so begeistert darüber singen lasse. Ich habe einige Vermutungen und würde bei Gelegenheit gern einmal mit Dir darüber reden.«

Man war also wieder, wie damals beinahe unvermeidlich, wo Deutsche miteinander speisten, redeten, tranken, beim gerade gewonnenen Krieg, der, und darin waren sich am Tisch alle einig, nicht nur hatte geführt werden müssen, sondern auch – zog man den Schlußstrich – »alles in allem eine gute Sache gewesen ist, hat er uns doch vor allem die Einheit unseres Vaterlandes gebracht«, so Levy, obwohl er, das könne er nun wirklich bestätigen, schreckliche Verwüstungen angerichtet habe. »Möge er der letzte in unserem Jahrhundert der Zivilisation gewesen sein«, sagte er, hob das Glas, und still und ernst tat man's ihm nach.

»Ja, schrecklich, dem könne er zustimmen«, sagte Dr. Berthold, der in einer hessischen Sanitätskompanie als Arzt so manches, »das man nicht erzählen kann und vergessen sollte«, erlebt hatte, »aber dennoch, wir mußten es durchstehen, und es war richtig«. Der Krieg sei vor allem auch eine Angelegenheit der Eigenachtung gewesen, fuhr er fort, man habe mit unerbittlicher Strenge zeigen müssen, daß die Deutschen ebensoviel stolzes Selbstbewußtsein besäßen wie die anderen Völker.

Diener anderer Herren stolzer Völker, vor allem der Franzosen und Engländer, sei man lange genug gewesen, habe ihnen die technischen und geistigen Erfindungen auf allen Gebieten, nicht zuletzt den geistigen, gemacht, mit denen diese sich dann großgetan hätten. Und was habe der Deutsche dafür bekommen? Nichts. Belächelt seien wir worden, und sogar, das müsse man allerdings zugeben, zu Recht; denn gleich Bediensteten-seelen hätten wir uns jahrzehnte-, wo nicht jahrhundertelang mit derer Herrschaft Kleider herausgeputzt, deren Moden und Sitten nachgeäfft, deren Sprache nachgewelscht. Einem bei Sedan gefangenen französischen Kollegen habe er die Frage gestellt, weshalb Frankreich uns den Rhein nehmen wolle und die Vorstellung verbreite, wenn es ihm nur einfiele und gerade passe, einen Spaziergang nach Berlin zu machen. Schulterzuckend sei dem Herrn, einem Aristokraten überdies, nichts eingefallen. »Wissen Sie, was ich ihm sagte? Wie auch immer, sagte ich, wir mußten Ihnen zeigen, daß wir ebenso vornehm sind wie Sie, damit nämlich Sie uns achten und schließlich Freundschaft mit uns schließen.« Vornehm nämlich, so habe er dem aristokratischen Arztkollegen erklärt, käme von nehmen. »Wollen wir Ihre Freundschaft, müssen wir Ihnen Elsaß und Lothringen nehmen. Wir haben ein Recht darauf, und ein ehrenhafter Mann, der etwas auf sich hält, läßt sich sein Recht nicht nehmen. Nur die Lumpen sind bescheiden, achten das ihre nicht, wissen es nicht zu erhalten, und mit Lumpen schließt man keine Freundschaft.«

Die Tischgenossen nickten dazu, hingen förmlich an den Lippen im Rauschebart des zierlichen Dr. Berthold, nur Henriette nicht und die ihr zublinzelnde Elsa Levy.

Die Spucke sei ihr einfach weggeblieben bei soviel Chuzpe, heißt es dazu im Brief an ihren Vater, der ihr antwortete: »Ja – in ihrem Exculpationsgeschwafel sind sie sogar uns überlegen.«

Dabei sah sich Henriette durchaus als gute Patriotin, glaubte an die gerechte Sache des Krieges, hatte in der Redaktion der »Kölnischen Zeitung« mit den anderen Kollegen begeistert die

Erfolge der deutschen Armeen verfolgt, farbige Fähnchen zum Abstecken der feindlichen und eigenen Linien auf der Landkarte Frankreichs geschnippelt und gemeinsam mit den Frauen der Redakteure Pullover und Strümpfe für »unsere Helden im Felde« gestrickt. Sie hätte sogar liebend gern in den Lazaretten als Sanitäts- und Krankenschwester die Verwundeten betreut, doch ihr Onkel, der die Ansicht vertrat, gute patriotische Pressearbeit sei ebenso wichtig, hatte ihr das ausgeredet. In ihren Träumen war sie aber oft in jener weißen Tracht, das Häubchen auf den Haaren, durch die Reihen der Betten geschritten, in denen die Blessierten und Kranken, die Schwer- und Leichtverletzten lagen, ihr, die sie Schwester Heny riefen, entgegenlächelten, sich, wenn sie ihnen den Arm um die Schultern legte, um ihnen zu trinken zu geben, an sie schmiegten und von ihr trösten ließen. Cousine Clara hatte ihr allerdings diese vorwiegend weißen Träume, in denen es höchstens nach Desinfektionsöl, Chloroform und Baldrian roch und in denen ein sie anbetender blondbärtiger Oberstabsarzt, der dem zwei Jahre darauf in ihr Leben tretenden Friedrich Wilhelm Hasenclever bereits ein bißchen glich, zerstört. Die um sieben Jahre ältere Clara, die sich gleich zu Beginn des Krieges freiwillig zum Sanitätsdienst gemeldet hatte, war nach ihrem Einsatz in verschiedenen Lazaretten gleich hinter der Front vorzeitig entlassen worden. Seitdem benahm sich die früher lebhaft-lustige, zu jedem Unsinn und Spaß bereite Cousine, die im Hause des Onkels das Zimmer neben Henriette bewohnte, wie verwandelt, wachte zwei- bis dreimal nachts laut schreiend auf, rannte durchs Haus, keifte die Leute an, brach plötzlich wie grundlos in Schluchzen aus.

»Erzähl doch mal«, hatte Henriette sie eines Nachts, als sie in ihr Zimmer gekommen war, aufgefordert, und da hatte Clara geflüstert: »Wirklich? Willst du wirklich hören, wie ein Mann, dessen rechte Gesichtshälfte aus einer eitrig-blutigen Masse besteht, brüllt; ein hübscher Leutnant ohne Beine und Arme sich auf seinen verschissenen Laken wälzt und nach seiner Mutter schreit; Gemeine und Offiziere ohne Hände dich grinsend und flennend anflehen, ihnen die Glieder – du weißt, was ich meine – zu massieren; wie sie kreischen, toben, sich mit den Zähnen die Wundbinden vom Leibe reißen; wie es nach Kot und verbranntem Fleisch stinkt, nach Verwesung, Urin und Eiterschleim, nach Aas und ausblutendem Leben; nach Scheiße, jawohl, nach SCHEISSE – das meistgebrüllte Wort im Krieg ... ach ...«

Clara war »innerlich so zugerichtet«, wie man das im Haus des Onkels nannte, daß sie sich in die Behandlung von Nervenärzten begeben mußte, »ebensolche Arschlöcher wie die Stabsärzte und ähnliche Beulenstecher und Eckenpisser«, sagte sie. Ihr Wortschatz wurde immer zotiger, so daß man sie zu keiner Gesellschaft mehr einladen mochte. Als Henriette eines Tages Friedrich Wilhelm von Cousine Claras Schock und dessen Folgen berichtete, ihm die Erlebnisse der Sanitätsschwester erzählte – selbstverständlich ohne drastische Einzelheiten, geschweige denn derb-dreckige Ausdrücke –, stieß sie bei ihm auf eine eigenartige Abwehrhaltung, deren Grund, vermutete sie, im Zusammenhang stand mit der Begeisterung, die die Männer in die Schlacht ziehen ließ. Man dürfe die große gemeinschaftliche Sache des Vaterlandskrieges durch persönlich erfahrene, entsetzliche Dinge nicht abwerten oder gar besudeln, müsse die Greuel und das Grauen sowie das Klein-Häßliche der Schönheit und Wahrheit des Ganzen zuliebe vergessen, wozu gerade das schöne Geschlecht sozusagen den göttlichen Auftrag besitze.

Das Thema übrigens sollte Henriette ihr Leben lang beschäftigen, Gegenstand einiger ihrer wichtigsten journalistischen Arbeiten werden und sie viele Jahre später, während des zweiten großen Krieges gegen Frankreich, an die Seite von Pazifistinnen führen, wofür man sie fast inhaftiert hätte.

Über Friedrich Wilhelm waren allmählich und vor allem durch das gemeinsame Singen und Summen der Soldatenlieder eine Ruhe und Festigkeit gekommen, die, laut Tagebuch, »alle Zweifel und Unsicherheiten, mein weiteres Verhalten der geliebten Frau gegenüber betreffend, beseitigte. Ich war bereit und entschlossen, sie noch in derselben Nacht zu erobern«, und als der Nachtisch hereingebracht wurde – eine aus buntem Speiseeis naturgetreu nachgeformte Ente, in deren Rücken drei Wunderkerzen sprühten –, alle staunend und begeistert klatschten, rückte er unter dem Tisch mit Schenkel und Bein so nah an Henriette heran, daß er unterhalb der aus Roßhaarpolstern und Stahlschienen bestehenden Tournüre, die das Kleid auch im Sitzen bauschte, ihre Körperwärme spürte.

Die Nacht war hereingebrochen, die Fenster wurden geschlossen, die schweren, rotsamtenen Vorhänge zugezogen, es gab Champagner zum Eis, aus dem besonderen Vorrat des Hauses, zu Ehren des Hochzeitspaares, Schwiete ließ die Korken knallen. Man trank den Levys und einander zu, redete lauter und durcheinander, jeder mit jedem, das Lachen klang klirr, wobei die Damen »öfter die Anstandshändchen vor ihre Schnäuzchen hielten«, wie Henriette es in ihrem Brief an Eva Vosswinkel beschrieb.

Gewohnt an die illustren Festgesellschaften im Hause des Onkels und an die rauschenden, exaltierten Landau-Partys, an denen sie schon als Kind teilnehmen durfte, fand Henriette solche biederen Table-d'hôte-Soupers fad, nicht allerdings jetzt die hautnahe Berührung Friedrich Wilhelms. Der nahm die Gespräche, Gesichter und Gesten der Tafelnden nur wie von weitem wahr, während er über das Vorgehen bei der von ihm sogenannten Eroberung nachsann. Sie mit auf sein Zimmer zu nehmen – schon dieser Ausdruck! – schied aus; doch konnte er auch nicht einfach und offen gemeinsam mit ihr in ihr Zimmer gehen. Abgesehen von seinem Versprechen, sie vor jeglicher Kompromittierung zu schützen, würde er sich und Schwiete damit strafbar machen. Er mußte also heimlich in ihr Zimmer gelangen, und das setzte ihre Zustimmung voraus, die er aber, wenn er nur an ihr geflüstertes »Heute, mon prince, ist es vielleicht soweit« von vorhin dachte, zu erlangen hoffte.

Mit heimlichen Stelldicheins hatte er allerdings keine guten

Erfahrungen. Er hat später einmal Henriette darüber berichtet, die sich so darüber amüsierte, daß er die Geschichte häufiger erzählen und vorspielen mußte, wie er auf Socken, Schuhe in der Hand, das Knarren der Stufen vermeidend, zur Kammer von Lieschen Peddinghaus hinaufschlich, Atem anhaltend, horchend vor der Tür verhielt, das ausgemachte Zeichen – leises Katzenmiauen dreimal – produzierte, und nachdem von innen der Schlüssel im Schloß gedreht wurde, weitere Sekunden verharrte, bevor er, mit festem Griff den Riegel fassend, die Tür beim zentimeterweisen behutsamen Öffnen hochzog, damit sie nicht in den Angeln quietschte, wie er sich durch den Spalt ins Zimmer schob, leise, leise die Tür hinter sich schloß, im Stockfinstern sich weitertastete aufs Bett zu und wie dann plötzlich in allen Ecken der Kammer Lampen und Fackeln aufflammten und Vater und Bruder Lieschens ihn, den mit seinen Schuhen in der Hand mitten im Zimmer Stehenden, brüllend auslachten. – Es war ein Streich gewesen, den sie dem Praktikanten in ihrem Schleifkotten spielten und von dem Lieschen wußte, obwohl sie sich doch mit Friedrich Wilhelm manches Mal in mancher verschwiegenen Ecke verküßt hatte.

Die Eis-Ente war verspeist, das letzte Glas getrunken. Als erste gingen die Levys. Er lachte zu den üblichen, mehr oder weniger anzüglichen, ihre Flitterwochen betreffenden Bemerkungen der Herren; sie, »Kriemhilde fein verächtlich lächelnd«, warf Henriette wieder jenen konspirativen Blick zu.

Völz und Frau und die Bertholds folgten ihnen und kurz darauf Venske, der in aller Morgenfrühe abreisen mußte, und so war es für Friedrich Wilhelm leicht, Dr. Bertholds Einladung auf ein Glas und eine Zigarre nebenan im Rauchsalon mit der Ausrede auszuschlagen, nach dieser herrlichen Völlerei noch einen sogenannten Verdauungsspaziergang unternehmen zu wollen, zu dem ihn übrigens seine Tischnachbarin aufgefordert habe.

»Lügenbold biste«, flüsterte Henriette, als Friedrich Wilhelm ihr in den vom Zimmermädchen geholten Mantel half, lachte aber draußen vor der Tür, drückte fest seinen Arm und sagte: »Gut gemacht, mon prince.« Sie spazierten zur Weser hinunter, fielen, den Nachmittag in Godelheim, das Abendessen und die Gäste kommentierend, in ihren flachsenden Konversationston, der ihnen aber nicht recht gelingen wollte, und am Fluß angelangt, schritten sie schweigend den Uferweg entlang, um mit einemmal – »einem inneren Kommando gehorchend«, erklärte es Henriette später – stehenzubleiben und sich einander zuzuwenden.

»Sternenbesät der Himmel und nachtfrisch der Hauch am Fluß, über den ein Nachtvogel strich, als sie in meinen Armen lag. Oh, Glück!« poetisierte mein Urgroßvater in seinem Tagebuch das weitere.

Auf dem Rückweg zum Hotel »nach wohl einer Stunde, in der wir uns unserer Liebe immer wieder versicherten«, hat er sie gebeten, ihre Tür nicht zu verschließen, worauf sie mit einem »Hmm« antwortete.

Sie hatten schon vor dem Einbiegen in die Weserstraße Räderrollen und Pferdegetrappel, Gerassel, Gelächter und Kutschentürschlagen gehört und sahen nun vor ihrem Hotel die Auffahrt: Droschken, Pferde, die im Laternen- und Sternenlicht glitzernden Tressen und Silberknöpfe an blauen Röcken und schimmernde Säbelscheiden, vernahmen diesen hohen, schmetternden Ton der Gefechts- und Kasernenhofstimmen angeheiterter Offiziere.

»Beinahe zwei Dutzend von ihnen fielen ein, und jeder der Herren schien der Karikatursammlung Martials entsprungen zu sein, les Prussiens chez nous. Sie sind schon eine Sorte für sich, diese säbelrasselnden, stolzierenden preußischen Blauen«, beschrieb sie Henriette im Brief an ihren Vater, »der Hotelier Schwiete kam vor Ehre und Ehrfurcht aus seinem Gebuckel kaum hoch, ergriffen davon, daß die Regimentsoffiziere der sechsundzwanzigsten und neunundsiebzigsten Brigade der westfälischen Infanteriedivision Nummer dreizehn nach ihrem Treff ausgerechnet bei ihm noch ein Schampusschlemmen veranstalten wollten.«

Für Friedrich Wilhelms Plan, unbemerkt in Henriettes Zimmer zu gelangen, schien solches Vorhaben wie bestellt, jedenfalls ideal für das, was sie später »Ablenkungsmanöver« nannten, womit sie die das Haus ausfüllende Geräuschkulisse aus Lachen, Reden, Gläserklirren und Gesängen meinten, wodurch die Offiziersclique alle Aufmerksamkeit der übrigen Gäste und des Personals auf sich zog.

»Bei Sedan auf den Höhen,
da stand nach blut'ger Schlacht
in den letzten Abendstunden
ein Preuße auf der Wacht«,

schallte ihr Chor durchs Hotel, als Friedrich Wilhelm eine Stunde nach ihrem Abschied vor Gästen im Foyer und nach einer halben Stunde Aufenthalt im Rauchsalon mit Dr. Berthold und anderen Zivilisten aus seinem Zimmer trat und – diesmal nicht mit seinen Schuhen in der Hand – die teppichbelegten Stufen zu dem über seinem gelegenen Zimmer am Ende des Flurs eilte und schlich.

Henriette, ganz und gar in Erwartung dessen, was sie noch nicht wirklich erfahren, doch öfter träumend erlebt hatte, fühlte sich in einen eigenartig schwebenden Zustand versetzt, »vielleicht wie Männer vor der Schlacht«, hat sie später Friedrich Wilhelm erklärt, der aber mit dieser Gefühlsbeschreibung nichts anzufangen wußte. Sie hatte sich vollständig ausgekleidet, sich nackt in den Hausmantel gehüllt, was ihr aber dann, als sie sich in die Ottomane schmiegte und eine Zigarette anzündete, zu frivol vorkam, so daß sie das fußlange Nachthemd mit den irischen Spitzen anzog und darüber den in viele Falten fallenden, bis zur Hüfte reichenden Toilettenumhang. Sie nahm die Kämme heraus, drapierte ihr Haar so, daß ein Teil vorn über ihre Schulter, der andere über den Rücken fiel, lehnte sich wieder in die Ottomane, und als zum weiteren Gesang aus den unteren Räumen die Tür spaltweise aufging, das Licht der Kerze die Bewegungen des Eintretenden und auf sie Zukommenden übertrieben an die Wand warf, kam ihr plötzlich die Vorstellung, sie sitze auf der Bühne, der Vorhang gehe hoch, der Held trete auf, und sie, die Geliebte, warte nur auf das Stichwort. Lampenfieber vielleicht, erinnerte sie sich später, hatte sie gehabt – aber keine Angst.

Ida

Hoffmann und Wolff waren, nachdem sie sich von Henriette und Friedrich Wilhelm verabschiedet hatten, nicht zur Kastanienallee, sondern zur Brücke gegangen und von dort an der Weser entlang nach Corvey gelaufen, bis dahin, von wo ein Weg zwischen Heckengebüsch bis an die Abtei heranführte.

Durch eine Tür in der die Schloßanlage umgebenden Mauer kamen sie auf den Friedhof und blieben an dem Grab mit der Aufschrift »Ida Hoffmann, geb. zum Berge, 1831–1860« stehen. Davor stand eine Bank, auf die Hoffmann sich setzte.

»Du hast sie nicht gekannt«, sagte er.

»Nein«, sagte Wolff, »leider nicht.«

»Sie ist zu früh gestorben.«

Wolff setzte sich neben ihn. Nicht nur eine dunkle, nie zu einem Ende kommende Trauer hörte er heraus, es klang auch so etwas wie Scham oder Reue mit, ein Eindruck, den Hoffmanns zu einer Totenmaske erstarrtes Gesicht verstärkte. Sie schwiegen lange.

»Jeden Tag sitze ich eine Weile hier«, sagte Hoffmann schließlich, »und dann und wann auch nachts«, und Samuel Wolff, den die Liebe zu seiner vor vielen Jahren verstorbenen Frau immer noch manche Nacht wach werden, einen scharfen Schmerz in Herz und Lenden spüren ließ, wenn ihn Kopfbewegung, Schritthaltung oder das Lächeln einer Frau plötzlich an Ethel erinnerten, legte den Arm um Hoffmanns Schulter. Es war so still, daß man das gluckernde Plätschern des Flusses im Ufergebüsch hörte und irgendwo weit auf den Weserwiesen das Klappern eines Storchs.

Hoffmanns Ehefrau Ida, eine geborene zum Berge, die um sechs Jahre jüngere Schwester Alwines, war zu der Zeit, als Friedrich Wilhelm Hasenclever und Henriette Landau jene paar Tage an der Weser verlebten, bereits seit zwölf Jahren tot, aber Hoffmann hatte sie alles andere als vergessen. »Unverminderte, ruhelose Liebe über den Tod hinaus«, wie er es, oder »besonders starke Anhänglichkeit des vereinsamten Witwers ans verstorbene Eheweib«, wie es Seine Durchlaucht Prinz Victor von Hohenlohe-Schllingsfürst, Herzog von Ratibor, der Hoffmann letzte Ruhestatt neben ihr auf dem Corveyer Schloßfriedhof versprochen hatte, ausdrückte – Samuel Wolffs Gespür für solche Dinge traf es richtiger: Hoffmanns innigem Unzertrennlichkeitsempfinden waren Schuldgefühle beigemischt.

Da nagte einmal der Verdacht, ihr enges blutsverwandtschaftliches Verhältnis sowie der Altersunterschied von immerhin dreiunddreißig Jahren könnten Ursache für die angeborenen Krankheiten der drei bald nach der Geburt verstorbenen Kinder und dadurch schließlich verantwortlich für die Zerstörung von Idas Vitalität und Gesundheit, also ihren frühen Tod, gewesen sein.

Alwine wurde fuchsteufelswild, sobald er durch neue medizinische Erkenntnisse untermauerte Vermutungen in diese Richtung anstellte. Fange er schon wieder mit solchem Unsinn an? Gäbe es nicht tausend Gegenbeispiele in bürgerlichen, vor allem aber auch in adeligen Kreisen? Kenne man nicht Dutzende Fälle, in denen sämtliche Kinder gestorben seien? Bei Brodenbeckers zum Beispiel alle vierzehn hintereinander weg? Ännchen Heitkamp, die sogar einen Bayern geheiratet habe und nach dem dritten, totgeborenen Kind im Wochenbett gestorben sei? Schicksal sei das, nicht Schuld – keine ihn beruhigenden Argumente, abgesehen davon, daß Schwägerin Alwine schon immer so geredet hatte.

Sie war die einzige in der Familie gewesen, die von Anfang an eine Ehe zwischen Onkel und Nichte befürwortet, ja sie regelrecht gestiftet hatte, indem sie in tage- und nächtelangen

Gesprächen bei den Eltern und Ida selbst Bedenken ausräumte. Wie ein zitterndes Täubchen, über das der Habicht kreist, habe sich die Siebzehnjährige gefühlt und benommen, hieß es in der Familie, nachdem der fünfzigjährige Onkel – wieder einmal einer dieser unglücklichen Liebeswerbungsbriefe Hoffmanns – sie, seine Nichte, als seine »Dichtergeliebte« bezeichnet hatte, was natürlich gleich mit »Dichterliebchen« übersetzt wurde, dem wohl Verworfensten, das man sich vorstellen konnte. Alwine war es zu verdanken, daß man diesen Fauxpas schließlich auf sich beruhen ließ. Sie, Alwine, habe Onkels Brief sofort verstanden, und es sei ihr auch kein anderer Gedanke dabei gekommen, als daß er, der berühmte Poet, auf eine sehr liebenswürdige und trauliche Weise nach Dichterart scherze, es liege durchaus nichts darin, was sowohl Idas Herz wie auch ihr ferneres Benehmen gegen Onkel Heinrich in Verlegenheit setzen könne, es sei die Sprache einer reinen, schönen Dichterseele, die einen Gegenstand gefunden habe, Ida nämlich, von der er glaube, sie empfinde gleich ihm die zarte Sprache schöner Gefühle.

Das war ein Meisterstück an Überredungskunst, wie überhaupt Alwine alles getan hatte – beide wußten, warum –, daß die Ehehindernisse nach hannoverschem und braunschweigischem Kirchenrecht, wonach zwei so nahe Verwandte nicht heiraten durften, überwunden werden konnten. Immerhin war der Vater Pastor in Bothfeld, dem Heimatort der Familie zum Berge. Sie und ihre Schwester Adele waren übrigens die einzigen aus der Pfarrersfamilie zum Berge, die an der Trauung in der Martinikirche zu Braunschweig teilgenommen hatten, und Alwine hatte ihm Ida nach Bingerbrück, in ihr erstes Zuhause, gebracht und dort den Haushalt geführt.

Gekümmert habe er sich später zuwenig um Ida, habe sich zu oft fern von ihr aufgehalten, selbst in ihren schweren Stunden sie oft allein gelassen, *das* sei's, ein Vorwurf, der Alwine um so leichter über die Lippen ging, als sie während vieler Jahre, vor allem in Weimar, wo sie gern dabeigewesen wäre, nicht mehr die Dritte im Bunde gewesen war.

Herrgott, ja, das stimmte. Er hatte Ida vernachlässigt – ein viel zu milder Ausdruck – und es viel zu lange überhaupt nicht bemerkt, bis eines Tages . . .

Es war in Weimar gewesen, wo sie bereits seit Jahren wohnten, nachdem ihm durch Vorarbeit und Vermittlung seitens Bettina von Arnims und Franz Liszts der sächsische Großherzog Carl Alexander großherzig Wohnrecht und Salär für die Herausgabe des Weimarischen Jahrbuchs für Deutsche Sprache, Literatur und Kunst gewährt hatte, allerdings nicht ohne vorher durch seinen Innenminister bei der preußischen Regierung Auskunft über den Revoluzzer eingeholt und die Antwort erhalten zu haben, der sei politisch ungefährlich, sein Verhalten und Verkehr seien dennoch nicht unbeobachtet zu lassen. Hoffmann entsann sich genau des Tages und der Stunde, als ihm mit einemmal und schlagartig bewußt wurde, daß und warum Ida nach und nach vom Mittelpunkt an den Rand seines Lebens gerückt war, eine Erkenntnis, die einen regelrechten Anfall von Übelkeit vor Gewissenspein und Zerknirschung hervorgerufen hatte.

Auf der Bank am Grab, sein Kinn auf die überm Knauf des Knotenstocks gefalteten Hände gestützt, erinnerte er Ida oft daran, wie er, in jener Nacht aus der Altenburg geflohen, zu ihr in ihre Weimarer Wohnung an der Wilhelmsallee gestürzt kam, vor ihr auf die Knie fiel, seinen Kopf in ihrem Schoß barg und weinend rief: »Verzeih mir, verzeih.« Über die Jahre zur Gewohnheit geworden, sprach er die Tote direkt an, suchte das Zwiegespräch mit ihr: »Du fühltest dich hochschwanger in denkbar schlechtester Verfassung. Übelkeit und Brechreiz schüttelten dich täglich. Wir hofften, das Kind würde diesmal ein Mädchen werden wie unser erstes, Johanna-Friedrike, das ja leider schon nach zehn Monaten starb. Du warst dir sicher, denn auch damals in Neuwied hattest du, anders als in Erwartung Fränzchens, körperlich sehr gelitten. Du warst dir nicht sicher? Nun ja, ich war es jedenfalls, weißt du's nicht mehr, daß ich aus Flandern eines dieser Spitzenkleidchen mitgebracht habe? Ja – aus der Altenburg bin ich fortgerannt in jener Nacht zu dir. Man feierte Liszts Geburtstag, seinen 45. Nein? Seinen 46.? Richtig – und sein zehnjähriges Wirken als großherzoglicher Kapellmeister, der Weimar – hieß es – zum Zentrum der neuen europäischen Musik gemacht hatte; eine dieser opulenten Festivitäten – du bist ja ein paarmal dabeigewesen. Es ging hoch her wie meistens, doch diesmal herrschte eine überspannte, sogar hysterische, ich sage *falsche* Fröhlichkeit, als ahnte man, daß die Hoch-Zeiten der Altenburg zu Ende gingen, jene Zeiten, von denen ich gesungen hatte,

Frei im Dichten, frei im Trachten
läßt die Burg ja jeden sein,
darum kehren alle freudig
auf der Burg da droben ein.
Altenburg, die ewig neue,
lebe froh und immerdar!

Den Trinkspruch zu Liszts Namenstag findest du passender? Diesen?

Es ist eine Burg, wo die Ritterlichkeit
sich erneut nach Begriffen der neuen Zeit.
Wo man nicht fragt: Was hat der Mann?
Sondern was er ist, und was er *kann*;
wo man der Wisenschaft und Kunst
erweiset Liebe, Huld und Gunst.

Ach, Ida – was sind das für Zeiten gewesen! Und unsere Feste! Was! Ja gewiß, Legenden, Legenden und Lügen wurden davon berichtet. Na aber! Wir wußten, warum und wer daran Interesse fand. Prinzeß Maria, die Gute, hat's dir ja doch häufig erzählt. Ach ja, die Tratschereien!«

Tatsächlich kursierten damals die tollsten Geschichten über Zusammenkünfte und Festlichkeiten in der hoch über der Stadt und dem Schloß an der Ausfallstraße nach Jena gelegenen Villa Altenburg, wo die aus der Ehe mit dem Reiteroberst im russischen Dienst Nicolaus von Sayn-Wittgenstein geflohene Fürstin Caroline, geborene von Iwanowka, und ihr Geliebter Franz Liszt residierten. Es waren Klatschanekdoten, in denen ein freisinniges, lebenslustiges Künstlervolk, berühmte Zeitgenossen, illustre Damen und Herren aller Couleur bei Champagnergelagen musizierten, sangen, geistreiche Diskussionen höchster Brillanz führten, konspirierten und sich – wie anders in einem Haus, das von dem skandalumwittertsten Liebespaar jener Jahre geführt wurde – bei erotischen Eskapaden vergnügten. Das meiste darin entsprang Philisterphantasien, aber einiges wurde von gewissen Leuten am Hof und außerhalb desselben bewußt ersonnen und verbreitet, um »das Nest, in dem nur Freigeisterei und Umsturzgedanken ausgebrütet werden«, wie's einer der hohen Hofschranzen einmal ausdrückte, zu zerstören.

Gewiß, anläßlich der Treffen auf der Altenburg floß der Champagner immer reichlich – doch gesüffelt aus den Pumps der Klavierschülerinnen Liszts? Grotesk! Liszt und gewiß die Fürstin hätten so etwas niemals zugelassen; zum Beispiel auch nicht, daß der kleinwüchsige Richard Wagner auf dem Tisch eine Art Rumpelstilzchentanz zu einer Chopin-Mazurka aufführte; man war höchstens ein bißchen verdutzt, wie der Opernkomponist, ein Federbarett auf dem Kopf, eigenartig fistelstimmig und mit pompöser Gestik Lohengrins Aufforderung an Elsa, ihn nie nach seiner Herkunft zu befragen, vortrug. Völlig verrückt mußte man das Gerücht nennen, Mitglieder des Neu-Weimar-Vereins schmiedeten gemeinsam mit Bakunin, Blanc und Angehörigen der zweiten Dekabristengeneration, die nachts durch geheime Gänge und Tapetentüren ins Kabinett der Fürstin schlichen, gesamteuropäische Umsturzpläne, denn Umstürzlerisches durfte – und sollte – nach einer selbstgegebenen Order nur im Bereich der Künste geplant und durchgeführt werden. Direkt aberwitzig war die Vorstellung, zu ungarischen Tänzen des Hausherrn seien Balletteusen des Hoftheaters in Zigeunerröckchen ohne etwas darunter herumgewirbelt; Dawison, der Starschauspieler, habe es nach der Aufführung seiner, Hoffmanns, pikanten melodramatischen Phantasie »Celinchen und Violinchen« mit dem Celinchen unter Beethovens altem Broadwood-Flügel getrieben. Nein – es ging diszipliniert und gesittet zu. Liszt persönlich hätte jeden unruhigen Gast hinausgeworfen, wenn die neuesten Werke der Tonsetzer aufgeführt, die letzten Arbeiten der Dichter vorgetragen wurden, und niemand wäre auf die Idee verfallen, vor Abschluß des Dargebotenen darüber Diskussionen zu entfachen. Die begannen später, wenn beim Gastmahl an großer Tafel im Silber- und Blumenschmuck und im glitzernden Licht aus hundertkerzigen Lüstern – Gelagen, bei denen feinen Gerichten immer feinere folgten, edlen Weinen immer noch edlere – die Zungen sich lösten, man frei von der Leber weg und aus dem Herzen heraus redete; immer wieder über die Auffassungen der von Liszt und seinen Jüngern gegründeten musikalischen »Neudeutschen Schule«, wobei Liszt einmal dem von Weimar nach Düsseldorf verzogenen Robert Schumann, einem Gegner dieser Richtung, unterstellte, jungen Wein in alten Schläuchen zu verkaufen, weil er meine, moderne Seelenzustände ließen sich immer noch in traditionellen Formen darstellen, und ein junger Musikus namens Rachelow, ein Verehrer Schumanns, schärfstens widersprach und Liszt und seinen Anhängern bohemienhafte Oberflächlichkeit und Formalismus vorwarf. Es war dabei allerdings nicht zu einer Rauferei gekommen, an der die gesamte Altenburger Gesellschaft, für den einen oder den anderen Partei ergreifend, teilgenommen und eine Zerstörung des Mobiliars im Werte von mehreren tausend Talern zurückgelassen haben soll; ebensowenig wie es zutraf, daß der Bildhauer Rietschel, ein eher irenisches Temperament, und der Maler Preller, ein allerdings aufbrausender Mensch, sich wegen unterschiedlicher Auffassung über Darstellungsweisen der bildenden Kunst die Gesichter zerkratzten, nachdem sie sich gegenseitig mit Champagner übergossen hatten – immer unter Anfeuerung von ihm, Hoffmann, der als Spiritus rector angesehen wurde und dessen Trinksprüche und Spruchgedichte man infam travestierte, indem man sie entweder mit frivolen beziehungsweise dreckigen Gossenausdrücken kolportierte oder sie mit devoten, der großherzoglichen Familie, Fürstin Caroline und anderen hochstehenden Aristokraten und Hofschranzen schmeichelnden Ergebensheitsfloskeln durchsetzte.

»An jenem Abend nun also, liebe Ida, anläßlich Liszts sechsundvierzigstem Geburtstag, hatte ich jenes, uns beide betreffende, Saulus-Erlebnis. Wer alles anwesend war? Also, außer Liszt und der Fürstin und ihrer Tochter Prinzessin Maria, Cornelius, Hofrat Sauppe mit Anhang, Dingelstedt mit dieser nun, du weißt ja; Steinacker, Rietschel, Pohl, Ranck, Rubinstein, Fräulein Seebach und, ich glaube, der Hofopernsänger Feodor von Milde, Coßman und Raff kamen später, dann Sixtus Preller mit Anhang, also nicht einmal die große Besetzung; die berühmteren Namen fehlten; aber es palaverte, kicherte, lachte, protzte und pratzte. Ich sprach meinen Trinkspruch auf Liszt, zum Jubel aller, wie immer, versteht sich. Ich war ja der allseits beliebte Altenburger Trinkspruchvirtuose, der Maître de plaisir. Ach Gott – hatte ich das alles mit einemmal über: Tages- und Sinnsprüche, Singspielchen und Witze – dahin war's mit mir gekommen, und das, was wir vom Neu-Weimar-Verein uns vorgenommen hatten – Erziehung von Fürst und Volk durch eine erneuerte Wissenschaft und Kunst zu einer Verständigung von Geist und Macht? Das war im Sumpf der Intrigen und Philisterei verkommen. Der Hof, die Spießerei hatten wieder einmal gewonnen.

Gewiß, gewiß, liebe Ida – ich befand mich in schlechtester Stimmung; geradewegs zurück aus Berlin, wo man meine Wiedereinstellung an eine Universität, gleichgültig, wo, wieder einmal, und diesmal endgültig, abgelehnt hatte. In Ungnade, so darf man wohl sagen, beim Großherzog; zum Septemberfest aus Anlaß des hundertsten Geburtstags des toten Carl August – wahrlich ein anderes Kaliber als Carl Alexander – war ich übergangen und dafür waren Herren vom Schlage Gerstäckers und Andersens und lauter jenensische Professoren und Schriftgelehrte eingeladen worden, mehr Juden als Christen, und ich habe meine Spottverse – wie du über sie gelacht hast! – dazu losgelassen; auch das gewiß nicht klug von mir, was meine Position anging, du hast ja recht, Ida; meine Hymne zum Septemberfest von Liszt, der sie vertonen sollte, abgelehnt! Sicher, du sagst es, er stand unter massivem Druck des Hofs, der ständig von Dingelstedt, diesem falschen Fuffziger, über alles, was auf der Altenburg passierte, informiert wurde. Aber so was wie God save the King konnte Franz nicht von mir erwarten; das Weimarer Jahrbuch sollte auslaufen, dazu meine jährlichen fünfhundert Taler. Also warum hätte ich froher Feststimmung sein sollen?

Ich bin irgendwann allein auf die Terrasse getreten, träumte vor mich hin, und dann plötzlich erblickte ich im Schein der Straßenlaterne und unter ihr – ganz kurz nur – dieses Paar: er, seinen Arm um die Schulter der um zwei Köpfe kleineren und wohl auch um einiges jüngeren Frau gelegt, sie, ihren Arm um seine Taille geschlungen und zu ihm lächelnd hochblickend – und ich erkannte in ihnen uns beide in unseren ersten glücklichen Ehejahren. Ein Blitz durchfuhr mich. Was war mit uns beiden geschehen! Wir lebten aneinander vorbei, durch meine Schuld; ja doch, laß mich es sagen; meine Reisen hatten mich immer wieder fortgeführt, und sie waren doch häufig nicht nötig. Die Unrast trieb mich, die alte verdammte; und die Sucht dabeizusein, wo Prominenz sich scharte; aber ich durfte nicht vergessen werden, Ida, vergiß das nicht! Dennoch, wenn ich dich hätte mitnehmen können, zum Beispiel nach Flandern, wo die Freunde darauf warteten, dich kennenzulernen, oder an den Kochelsee, an dem ich auf dem Landsitz der Dessauers während ein paar Monaten kurte, tat ich's nicht; oder ich feierte ohne dich auf der Altenburg; war ich daheim, redeten wir vor dem Schlafen nicht mehr über die Ereignisse des Tages – die gute alte Gewohnheit unserer früheren Jahre fortführend. Ich bin dann losgerannt zu dir, ohne mich von irgend jemandem zu verabschieden.«

Sooft er mit Ida am Grab darüber sprach, erwähnte er doch nie, daß just beim Erscheinen des Liebespaares unter der Straßenlaterne jene bilderbogenschöne, nach Mille des fleurs duftende Frau aus dem Damenanhang Hofrat Sauppes, mit dem ihn ein Erlebnis verband, das der Toten zu erzählen ihm die Scham verbot, neben ihn getreten war. Die »verführerische Kurtisane«, wie er sie für sich nannte, hatte ihn häufig schon lächelnd unverhohlen offen und begierig mit Blicken betastet, wenn er im Salon als vor Witz nur so sprühender Causeur brillierte, ihn hier und da mit größter Selbstverständlichkeit sogar berührt. In einer prickelnden, verrückten Champagnermondscheinnacht war sie ihm dann einmal in den Garten gefolgt, in den er sich begeben hatte, um sich abzukühlen und das Wasser abzuschlagen, hatte ihn lachend auf eine Bank gedrückt, ihm in die Hose gegriffen, ihn mit größtem Erstaunen angeblickt, den Gegenstand ihrer Überraschung und Bewunderung herausgeholt und ihre Lippen darübergestülpt. Und er hatte es wonnig zitternd bis zum Ende über sich ergehen lassen. Ob es nun eher das Auftauchen dieser Hofdame gewesen ist, das ihn so plötzlich und Hals über Kopf von der Terrasse herunter und heimrennen ließ, oder doch sein von ihm so bezeichnetes »Saulus-Erlebnis«, vielleicht sogar das Zusammentreffen beider Ereignisse, darüber laut nachzusinnen jedenfalls wollte er sich und Ida ersparen.

»Es wird wieder so sein wie zum Anfang«, hatte er sich und Ida in jener Nacht, da er vor ihr auf den Knien lag, versprochen, »damals, als unser gemeinsames Leben wirklich begann.«

Das war in Bingerbrück gewesen, in seiner verklärenden Erinnerung eine Zeit »reinsten Glücks, voller erfüllter Zärtlichkeit, Liebe und vollkommener Harmonie«. Er hatte den obersten Stock einer alten umgebauten, immer noch nach gedroschenem Korn und geröstetem Mehl riechenden Mühle außerhalb des Orts gemietet, die Wohnung allein und, so gut es eben ging, mit schlichtem Mobiliar eingerichtet und einen ganzen kalten Winter lang auf Idas Ankunft gewartet. Als sie ein halbes Jahr nach ihrer Eheschließung und nachfolgender Hochzeitsreise scheu und schüchtern und in ängstlicher Erwartung einer

Zweisamkeit, die ihrem Mädchentraum in keiner Weise entsprach, endlich, von Alwine begleitet, eintraf, zum erstenmal das Haus betrat, er ihr mit einem Blumenstrauß entgegentrat und sie hinaufführte, zitterte sie ein bißchen, zwang sich, nach einem Kuß von ihm auf die Stirn und einem Seitenbuff von Alwine, zu einem Lächeln, das seine Krampfhaftigkeit verlor, als er den Ausblick aus den verschiedenen Fenstern der Wohnung nach allen Seiten hin zeigte und erklärte: die Nahebrücke direkt unter ihnen, der Rochusberg dahinter, Burg Klopp, die Kirche mit einem Teil von Bingen, nach Süden Weinhänge und die weite Ebene bis zum Donnersberg, im Norden der Niederwald mit dem Ehrenfels, davor der Zusammenfluß von Rhein und Nahe, im Westen der Rupertsberg – »ein prachtvolles, fast schon zu romantisches Panorama« nach Ansicht des wohl darob etwas neidischen Ferdinand Freiligrath, der ihn kurz zuvor besucht hatte.

»Ein schöneres Zuhause jedenfalls kann man sich kaum wünschen«, hatte Alwine gesagt, und Ida hatte nach einem abermaligen Seitenbuff ihrer Schwester beinahe schon zufrieden geseufzt, genickt und »oh, ja« gesagt.

Die herrliche Landschaft im aufbrechenden Frühling, die Anwesenheit der Schwester und nicht zuletzt das aufmerksame und rücksichtsvolle Verhalten Hoffmanns, der ihr täglich einen frischen Blumenstrauß und ein Gedicht überreichte wie dieses:

> Ich möchte heute Mai'n dir bringen
> und schmücken dir dein ganzes Haus,
> nach jeder Blum' und Blüte springen
> und pflücken dir den schönsten Strauß,
> ich möchte tanzen, jubeln, singen
> in Gottes weite Welt hinaus,

machten ihr das Heimweh erträglich, das nach und nach ebenso verschwand wie ihr unwillkürliches Verlangen, ihn immer noch »Onkel Heinrich« zu nennen. Ihre bange Scheu vor dem großen, berühmten, nach Tabak und merkwürdig bitterer Süße

– Kamille, meinte sie manchmal – riechenden Oheim wich, von der Schwester diskret gesteuert, allmählich einer Art schüchternem Stolz, Muse dieses, nach Alwine, »seelenvollsten Dichters unserer Zeit« zu sein. Sein Leben sei durch sie, Ida, wieder zur reinen Dichtung geworden, vertraute Alwine ihr Hoffmanns Geständnis an. Seine Ida-Lieder, die er ihr an einem nach Märzwürze durchwehten Abend, als die Sonne in pastellenen Farben zwischen Gelb und Rosa hinter dem Rupertsberg sank, überreichte, lernte sie auswendig. Das erste in der Sammlung gefiel ihr am besten:

Ja, du bist mir verbunden!
Sei gegrüßt mit Sang und Klang!
Endlich hab ich dich gefunden,
du mein Glück, mein Traum, mein Sang!

Was ihr fehlte, war ein Klavier, aber Hoffmanns Einkünfte gestatteten nicht einmal eine tägliche Fleischmahlzeit, denn sie mußten von den 375 Talern Wartegeld, die ihm der preußische Staat nach der kleinen Amnestie jährlich zahlte und die er in Potsdam abholen mußte, leben. Ein bißchen Gespartes, Geringes aus seinen Veröffentlichungen und ein paar Taler von der Familie zum Berge kamen dazu. So durchstreiften sie die Märkte der Gegend, um billig einzukaufen, holten bei Bauern Kartoffeln, Gemüse und Milch, der Garten gab etwas her, wenig genug – aber Alwines Kochkünste, in die die ältere Schwester die jüngere einweihte, machten aus allem etwas Schmackhaftes.

Auf ihren täglichen Wanderungen über die Märkte, durch Feld und Wald und Weinberge, zu den Höfen der Bauern, erzählte er ihr in bewährter Plauderkunst aus seinem Leben, erklärte ihr seine Arbeit und seine Absichten, sprach von seinen Auffassungen von den Dingen und Verhältnissen. Sie sangen gemeinsam, komponierten aus dem Stegreif heraus, wobei Ida, die in Braunschweig Klavier studiert hatte und einiges von Kompositionstechnik verstand, ihm über war, genauso wie beim Bestimmen von Pflanzen und Blumen, die sie unterwegs pflückten und zu Kränzen banden oder zu Sträußen. Leute, die ihnen begegneten, begrüßten sie lächelnd, schauten hinter ihnen her, gaben ihrer Freude über den Anblick eines verliebten Paars nach rheinischer Gemütsart in Sprüchen wie »Ach, wat habt ihr beidet jut« oder »Passet opp, de Klapperstorch küt« Ausdruck, Sprüche, die Hoffmann sich gleich für ein rheinpfälzisches Idiotikon notierte. Ida fragte ihn vieles, er erklärte, belehrte, führte sie, wie er Alwine gegenüber äußerte, »ins Leben der Erwachsenen« ein, was er als lustvoll erlebe.

Er genoß die mädchenhaft bewundernden Blicke, wenn er, aus dem Faust zitierend, das Verhältnis von Wahrheitssuche und Lebensglück, Prinzipienfestigkeit und Hingabe besprach, ihr in einfachen Worten die Kantsche Lösung des Konflikts zwischen Pflicht und Neigung darlegte, und der Händedruck der geliebten Schülerin, mit dem sie Einverständnis oder auch nur Gleichklang ausdrückte, erregte ihn wie ein Kuß in die Handinnenfläche, womit ihn manchmal die namenlose Gewitterschöne beglückt hatte.

»Die fürchterliche Entwicklung unserer deutschen Angelegenheiten«, über die er stundenlang monologisierte und die er mit Versen kommentierte, schien sie weniger zu interessieren:

So mußten wir es denn erleben,
wie eine Welt in Trümmern fällt.
Ach unser Wünschen, unser Streben
und unser Hoffen liegt zerschellt.

Sie empfand aber mitfühlend seine Trauer, wenn er davon sprach, daß tiefe Nacht sich über unser Land senke, unser Land, das kein freies Vaterland werden wolle, und sie nickte ernst zu seiner Beteuerung, mit ihr gemeinsam werde er auch diese trostlose Zeit, ohne seelischen Schaden zu nehmen, überstehen; sie könne nicht ewig dauern, das fühle, ja verspreche er; dieser deutsche Herbst vergehe wie jede Jahreszeit.

Seine Depression nach dem Massaker an der Murg, der

Füsilierung der Gefangenen, unter ihnen mehrere Freunde und Brüder, nach dem Fall von Rastatt, und auf die Nachricht vom Schreckensregiment der preußischen Besatzung in Baden verflüchtigte sich manchmal, wenn er darüber mit ihr redete, wich einem allerdings, wie er oft selbst empfand, krampfhaften Optimismus. »Die Reaktion hat zwar gesiegt, liebe Ida, aber ihre Siegestrunkenheit wird unseren Sieg nur beschleunigen.« Jetzt erst beginne eigentlich der Kampf, der für Deutschland und ganz Europa durchgekämpft werden müsse. Traurig wäre es, wollte man schon jetzt die Waffen wegwerfen, jetzt, wo man eben erst zum Widerstand erwacht sei. Einsicht und Selbstbewußtsein der freiheitlich Denkenden und Handelnden wachse und reife. »Im Gegenteil, Ida, wir müssen mit den Waffen, die uns nicht genommen werden können, kämpfen, bis der Kampf entschieden ist. Frisch auf also mit Ernst, Ingrimm, Begeisterung, Scherz, Spott, Hohn, Witz und Humor.«

»Wie du meinst, du hast sicher recht«, sagte Ida gewöhnlich auf solche, sich selbst Mut und Hoffnung zusprechenden Suaden des Gatten, dem das Zuhören und bestätigende Nicken Idas wohltaten. Nur einmal wurde er ärgerlich, als sie, nachdem er wieder einmal über die »dumm-dreiste, reaktionäre, durch und durch verlogene, nämlich keineswegs am alten Recht, sondern allein am Besitzstand, Luxus und wollüstigen Wohlleben hängende Aristokratenclique« hergezogen war, fragte, warum er sich denn von Fallersleben nenne? Es stimme doch wohl nicht, was der Vater und Bruder Adolf meinten: Onkel Heinrich pflege insgeheim Bewunderung für Stil und Haltung der Adeligen, weshalb er sich den Anschein gebe, er sei gleichfalls einer von ihnen.

Ob er sie vom Gegenteil hatte überzeugen können, indem er, den Vorwurf so heftig bestreitend, daß zumindest Alwine skeptisch blieb, seinen Vers zitierte und interpretierte, mag dahingestellt sein:

> An meine Heimat dacht' ich eben
> da schrieb ich mich von Fallersleben.

Ich schrieb's und dachte nie dabei
an Staatscensur und Polizei.
So schrieben sich viel Biederleute
nach ihrem Ort und tun's noch heute,
und keiner dachte je daran,
durch *von* wird er ein Edelmann.

Ida jedenfalls hat sich nie anders als »Ida Hoffmann« genannt.

Ebensowenig übrigens schien sie die Beantwortung der Gretchenfrage nach der Religion zunächst zu befriedigen. Nachdem er ihr, ganz der Faust, mild lächelnd, seinen Glauben – eine Mischung aus goethischem Pantheismus, Feuerbachscher Anthropozentrik und altbackener evangelischer Frömmigkeit – dargelegt hatte, wollte sie doch wissen, ob er nun an den Gott glaube, den sie kenne, nämlich den überm Himmelszelt waltenden, dem nichts entgehe, selbst nicht, ob, wann und wie ihm und ihr auch nur ein Haar gekrümmt werde. Ja oder nein? »Aber ja«, sagte er ein bißchen irritiert nach abermaliger, etwas vereinfachter theologischer Lektion und abermaliger Rückfrage, »natürlich, liebe Ida, wir beten zum gleichen Gottvater im Himmel.«

Als unerschöpfliches Thema erwies sich die gemeinsame Verwandtschaft, die Familien der Hoffmanns, zum Berge, Boes, Behne, Balthasar, Krüger und so weiter, über deren Verhältnisse, Verknüpfungen, Nebenlinien, Abkömmlinge, Sprößlinge, Vergangenheit und Zukunft sowie über die Familienereignisse, Freuden und Trauerfeiern man stundenlang plauderte, wobei Idas Kenntnisse im Groben wie im Feinen die ihres Mannes und sogar die Alwines ausstachen.

Sie stritten sich gern darüber, wann sie sich zum erstenmal begegnet seien, er, der Onkel Heinrich, und sie, die kleine Ida.

Früh schon, als sie gerade habe sprechen können, anläßlich des Geburtstags der Großmutter, des achtundsechzigsten, da sei er von Breslau über Berlin mit Bruder Daniel nach Fallersleben gekommen, jawohl, Alwine, du hast's vergessen, und dann wieder und eigentlich erst richtig zu Bothfeld nach ihrem elften

Lebensjahr und jenem letzten Sommer der Großmama, seiner Mutter, da habe sie ihn bewundert, den berühmten, gefeierten Dichter und Onkel. Draußen habe man gesessen am langen Tisch. Er habe der Tafel präsidiert, sie und Alwine hätten sich immer näher an ihn herangesetzt, seinen herrlichen Geschichten gelauscht. An eine erinnere sie sich ganz besonders intensiv. »Alwine, erinnerst du dich? – Es war die, wo er den Verleger Campe spielte, wie der am Helgolandstrand händereibend und lobhudelnd um ihn herumwieselte, ihn um die vier Louisdor herunterhandeln wollte, die der Onkel für sein gerade verfaßtes Lied der Deutschen verlangt hatte. Ach, Heinrich, alle bogen sich vor Prusten und Lachen bei deiner Schilderung, wie dieser Schacherer schließlich die Geldtasche zog, sie zurück in die Brusttasche steckte, wieder hervorholte und schließlich dir die Taler verkniffenen Gesichts im Konversationshaus auf den Tisch zählte. Und dann haben alle das Lied gesungen. Am besten gefiel uns Mädchen die zweite Strophe:

Deutsche Frauen, deutsche Treue,
deutscher Wein und deutscher Sang
sollten in der Welt behalten
ihren alten schönen Klang,
uns zu edler Tat begeistern
unser ganzes Leben lang.«

Großmama sei übrigens an jenem Tag eine der lustigsten gewesen.

Daß die Großmama, Heinrichs Mutter also, nach dem Tode ihres Mannes, den sie um dreiundzwanzig Jahre überlebte, regelrecht aufgeblüht, immer aktiver und lebenslustiger geworden sei, wie in den Familien erzählt wurde und woran Alwine erinnerte, wollte Hoffmann trotz besseren Wissens partout nicht gelten lassen. Überhaupt gab er den Gesprächen jedesmal eine andere Wendung, kam die Sprache auf seine Mutter, die bei ihm ganz im riesigen Schatten des Vaters und dem beinahe so mächtigen seiner Großmutter stand, in deren

Bett er oft gekrochen war. Vor dem Gesicht der Mutter, das in seiner Erinnerung ständig wechselnde, ungenaue Züge trug, hatte bis zum Tod des Vaters immer ein feiner Schleier gehangen, der selten gelüftet wurde und wenn, dann das Gesicht eines Kindes zeigte, das hofft, den Schrecken durch Lächeln bannen zu können.

So kamen sie sich täglich näher. Doch zum »wirklichen Vollzug enger Zweisamkeit«, wie er den körperlichen Liebesakt umschrieb, sollte es erst an jenem gewitterdurchtosten Sommerabend kommen.

Bis dahin hatte er's zweimal versucht, und es war beide Male wortwörtlich danebengegangen. Sie hatten im Anschluß an ihre Hochzeit eine Reise ins Mecklenburgische unternommen, wo er den Freunden und Bekannten, die ihn inzwischen für einen Hagestolz hielten, seine mädchenfrische Frau präsentierte, Ida auf zwei Soirées als virtuose Klavierspielerin vorführte und mit ihr in seiner alten Wohnung auf dem Müllerschen Gut in Holdorf in einem Bett zum erstenmal gemeinsam übernachtete. Von Alwine darüber informiert, daß ihre Schwester, bis sie von ihr aufgeklärt worden sei, nicht einmal wußte, wo die Kinder heraus-, geschweige denn, wie sie hineinkommen, war er sehr behutsam vorgegangen, hatte sie, dabei pausenlos den Einzug des Großherzogs Friedrich-Franz II. in Schwerin mit seiner Neuvermählten sarkastisch kommentierend, an sich gezogen, ihren zitternden Körper streichelnd zu beruhigen versucht. Schließlich, wie er, ihr Nachthemd hochstreifend, sich an ihr Geheimstes herantastete, war sie krampfartig zusammengezuckt und – Beine an den Leib gewinkelt, sie mit den Armen umklammernd – ans obere Teil des Bettes gerutscht, wo sie, zusammengekauert, den Kopf zur Wand gedreht, wie ein Hiebe erwartendes Kind, trotz seiner beschwichtigenden, seine Liebe zu ihr beteuernden Worte hockenblieb.

In den Holdorfer Nächten darauf hielt er nur ihre Hand, erzählte ihr Geschichten und sang ihr zwischendurch leise einige seiner Kinderlieder vor, bis sie einschlief. Darüber weniger enttäuscht als gerührt, bekam seine Zuneigung zu ihr, die bis dahin von der Befriedigung, endlich beweibt zu sein, »den Ehehafen angesteuert zu haben« – wie man damals sagte –, bestimmt war und von dem Stolz, eine solch mädchenhaft-junge und zudem hübsche Frau zu besitzen, eine andere Richtung. Er empfand eine neue innige Verbundenheit mit ihr, und der Drang, das, wie er sich ausdrückte, »unberührte, holde Wesen« zu besitzen und zu behüten, übte einen eigenartig prickelnden Reiz auf ihn aus. So traf es ihn auch nicht sehr, als im »Alster-Hotel« zu Hamburg, wohin sie die Flitterwochen nach Mecklenburg weitergeführt hatten, auch der zweite Versuch abgebrochen werden mußte. Diesmal zeigte sich Ida, nach einem opulenten Mahl mit Austern und Champagner im Elbpavillon und dem Ausblick aus ihrem Hotelfenster auf die Binnenalster, in der sich flimmernd und blinkend im Widerschein von hundert Laternen die Silhouette der Stadt spiegelte, zwar bereit, ihn zu empfangen, doch wie es nach langer Umarmung, während der er ihr die liebsten Worte ins Ohr flüsterte, soweit war, konnte er nicht eindringen. Ihr Schoß blieb so fest verschlossen, daß er sich mit dem Pochen an der Tür, wie man so etwas damals umschrieb, begnügen mußte, was sie stocksteif über sich ergehen ließ, anschließend allerdings, selbstverständlich geschlossenen Auges, sein »Werkzeug« betastete – eine Bezeichnung von Anna Ptakowa, die in jenem Hinterdomhäuschen der Breslauer Ufergasse sein »Werkzeug« für »einmalig und prächtig«, doch für ihre tägliche Arbeit »unbekömmlich mächtig« gehalten hatte. Ida schien aber darüber nicht erschreckt. Sie hatte sogar nach ihrer Handprüfung aufatmend gelächelt, eine Reaktion, die ihn beruhigte, hatte er doch, was dieses »Werkzeug« anging, seit der Studentenzeit – aus den üblichen Schwanzvergleichen war er immer als der größte herausgekommen, und alle sagten, die Mädchen würden sich davor verstecken – einen Komplex. Vielleicht, vermutete er, beruhte Idas Erleichterung darauf, daß Alwine anläßlich der Aufklärung, wie und woher die Kinder kommen, auf das Bespringen einer Stute durch den Hengst des Nachbarn – von ihnen beiden einmal zufällig beobachtet – Bezug genommen hatte.

Während der ersten Wochen in Bingerbrück blieb er zurückhaltend mit der Absicht, Ida die Möglichkeit zu geben, sich erst einmal einzuleben, sich auf ihn und seine Lebensweise einzustellen und ihr in liebevollster Weise entgegenzukommen, bis sich eine Verliebtheit einstellte, die in ihr den Wunsch erweckte, »ganz die Seine« zu werden. Das dauerte seine Zeit, und allmählich war er ungeduldig geworden, wenn er, im Ehebett neben ihr liegend, ihre Hand hielt, die kleinen und großen Ereignisse des Alltags und des Vaterlandes noch einmal durchsprach und kommentierte, Geschichten erzählte, in die er mehr und mehr erotische Andeutungen einflocht, um ihr Begehren wachzurufen. Sie schlief aber immer darüber ein, und als er gerade soweit war, sei's, wie es wolle und unter Umständen auch gegen ihren Willen, den Durchbruch zu erringen – Herrgott noch einmal, sie war schließlich sein Weib! –, da brach, um im Bilde zu bleiben, der Damm, als an einem schwülen Juliabend ein Gewitter über den Donnersberg rollte und blitzte und es plötzlich draußen tobte und toste, daß die Fensterscheiben klirrten.

Sie waren vom Garten ins Haus gelaufen, die Treppe hinaufgestürmt, und noch im Flur hatte Ida sich in seine Arme geworfen, ihn umhalst und geküßt und umklammert, und er hatte sie hochgerissen, sie ins Schlafzimmer getragen und sie, während es weiterdonnerte und -blitzte, entkleidet und – so schnell war er noch nie aus den Kleidern gekommen – sie »genommen«, wie man damals sagte, indem er sich über sie, die ihre Beine weit spreizte, warf und – oh, Wunder –, als sei sie nie verschlossen gewesen, hinein- und heraus- und hineinglitt, wobei sie ihren Arm um ihn geschlungen hielt, laut und leise seufzte und einmal aufschrie.

Daß es so rauschend und ungehemmt höchstens noch zwei- oder dreimal während ihrer elfjährigen Ehe war, er es sich ähnlich aber doch öfter gewünscht hätte, erwähnte er bei seinen Selbst- und Zwiegesprächen an Idas Grab nie, wie natürlich, selbst flüsternd zur Nacht, so etwas zu ihren Lebzeiten nicht einmal in Andeutungen zur Sprache gekommen war.

An andere gemeinsame Glücksmomente aus Bingerbrücker Zeiten erinnerte er sie dagegen häufig, so an den, als sie von einer Wanderung nach Geisenheim und zurück das Klavier – von ihm heimlich bestellt und während ihrer Abwesenheit angeliefert – in der Wohnung vorfanden und Ida vor Freude darüber, von einem Schwindel erfaßt, an seine Brust taumelte, »bevor du dann bis in die Nacht hinein spieltest, Schubert, deinen Lieblingskomponisten, von dem ich dir immer wieder erzählen mußte, meine Begegnung mit ihm dir schilderte, ausmalte, flunkerte, der Franzl und ich seien, über Lieder plaudernd und Gott und die Welt und die Musik, stunden-, ja tagelang durch den Wienerwald gestreift. Dabei habe ich ihn nur einmal kurz begrüßen können, ein Jahr vor seinem Tod übrigens, in einem Grinzinger Gartenlokal, wo er ziemlich besoffen im Kreise kichernder Fräuleins wienerte, wie ein Wiener eben so wienert, ganz und gar jedenfalls nicht den Eindruck eines Schöpfers all dieser seelenvollen Melodien, die wir beide so lieben, machte. Oder erinnere dich, wie wir zum Jahreswechsel über den zugefrorenen Rhein nach Rüdesheim hinübergingen, schlendernd und schlitternd im Eiswind; du hattest die Hände im Muff, fielst mir ein paarmal in die Arme. Wie? Du bist es nicht gewesen? Dann war es Alwine. Richtig – du laboriertest an deinem schlimmen Finger, konntest nicht einmal Klavier spielen, bist zu Hause geblieben, lasest in meinen Johanna-Liedern, deren Schönheit, wie du beteuertest, dich entzückte; ein wirklich zauberhaftes Wesen sei wohl diese Frau, hast du mir, als wir zurückkamen, gesagt, und du hättest ordentlich Sehnsucht, sie kennenzulernen, obwohl du dir nicht denken könntest, daß ich andere ebenso hätte lieben können, wie ich dich liebte. Ganz uneifersüchtig. Und als der eklige Euler, einmal schmierig grinsend, dich und mich und Alwine meinend, von einer Ménage à trois sprach, hättest du ihm die Augen auskratzen mögen, wie du mir in der Nacht schluchzend bekanntest.«

Er hatte sie dazu gebracht, Tagebuch zu führen, las ihre Eintragungen, besprach sie mit ihr, und sie begriff schnell, was er gern las und hörte. Ihn entzückte zum Beispiel so etwas wie »Silvester, dich habe ich immer sehr fröhlich gefeiert, aber nicht so innig ruhig, meines Glücks bewußt«.

»Ach, liebe Ida, unser Leben an Nahe und Rhein ist doch ein einziger Glücksmoment gewesen.

Wenn dich mein Arm so fest umschlungen hält,
ist mein die Welt, denn du bist meine Welt.
Was mir entflohen schien, ich hab' es wieder:
Mein ist der Frühling, mein sind seine Lieder.

Vereint sind unsere Herzen, meins in deins,
und jeder Blick sagt: Dein Geschick ist meins.
Oh, möchte so uns jeder Tag verschwinden
und auch der letzte so uns wiederfinden!,

war das Lied für dich, auf uns, und wir haben es gemeinsam vertont wie so manches Lied damals. Ja, manchmal stritten wir uns über die Melodien, du meintest, dieses oder jenes passe kaum, wie ich es dir vorsang. Aber das waren die liebsten Streitigkeiten, nicht wahr?«

In Wahrheit war er öfter bis zur Weißglut wütend geworden, hatte Ida angeschrien: »Herrgott – ich sag's und sing's nicht noch einmal! So wird's gemacht!« Nicht die geringste Beziehung zeigte sie zum Beispiel zu seinen Landsknecht- und Soldatenliedern, die er mal wieder zuhauf schrieb, nachdem ein Trupp Dragoner eines Morgens über die Drususbrücke geritten war und er aus dem Gegröle der Männer sein »Morgen marschieren wir, ade, ade, ade« herausgehört haben wollte. Fast hätte er sich sogar einmal vergessen und ihr eine Kopfnuß verpaßt, als sie – sie sollte eine Passage aus dem Moll in die entsprechende Dur-Tonart hinübergleiten lassen – sagte: »Heinrich – ich finde, die Rauheit und Rauflust solcher Kriegergesänge paßt eigentlich nicht zu dir, wenn ich das einmal sagen darf.«

Sie verwandelte sich übrigens, sobald sie am Klavier saß und zu spielen begann, in eine völlig andere Frau, was ihn zunehmend nervte. Aus dem sinnesoffenen, der Welt jeden Tag wieder mit danbkarem Erstaunen entgegentretenden Mädchen wurde eine taktbesessene Klavierlehrerin, deren Lippen zu einem Strich sich verklemmten, wenn er, der Schüler, »falsch«, wie sie behauptete, singend komponierte. Dabei hatte er gerade diese eigenartige Veränderung Idas am Piano von einem liebreizenden, selbstvergessenen Kind zur strengen, peniblen Dame besonders reizend gefunden, als er ihr nach langen Jahren in Braunschweig wiederbegegnet war, wo sie bei Professor Praun Klavierunterricht nahm und sich zur Pianolehrerin ausbilden ließ. Bis dahin hatte er sie nur als eine der zahllosen kleinen, schüchternen, herumsitzenden oder schreienden, quietschenden, quakenden Nichten aus der zahlreichen Verwandtschaft in Erinnerung und war ziemlich perplex, wie er sie nun so verändert vorfand. Wenn sie sich später jenes trüben, regnerischen Nachmittags im Salon des Fräuleins Luise Grünert, in deren Braunschweiger »Pension für junge Damen aus gutem Hause« Ida wohnte, entsannen, lächelte sie jedesmal so wie damals.

Verlegen, den Kopf leicht gesenkt, war sie als Dritte in der Reihe von fünf Mädchen schon heiratsfähigen Alters in langen blauseidenen Kleidern und weißen Schultertüchern hereingeschritten. Er, Onkel Heinrich, auf einem Stuhl sitzend, hatte die »Entenparade« wohlwollend schmunzelnd abgenommen. Er hatte sie gleich an dem ganz leichten Linksknick der Nase, die alle Berge-Kinder – von der Mutter geerbt – aufwiesen, erkannt. Außerdem war sie die Hübscheste der fünf, und wie sie ihm entgegentrat, »eine Jungfrau in der Fülle der Jugend und mit einer lieblichen Anmut in ihrem Wesen«, wußte er: »Die und keine andere mehr. Es ist endlich an der Zeit, in dieser trüben Zeit. Und diesmal wird – um mit Karl Milde zu reden – das Linnen wirklich auf die Rolle gebracht.«

Täglich war er nun zum Tee erschienen, hatte unter Obacht der Grünert, einer Mischung aus lebenslustiger Anstandsdame

und augenzwinkernder Zuchtmeisterin, mit Ida halb onkelhaft-vertraut, halb schelmisch-galant Konversation getrieben. Das weitere war dann sozusagen planmäßig und unter Mithilfe Alwines »auf die Rolle gebracht« worden, und sie hätten vielleicht auch in Braunschweig ihren Wohnsitz genommen, wäre ihm die vakant gewordene Wolfenbütteler Bibliheksstelle, um die er sich beworben hatte, zugesprochen worden – ein von Anfang an wenig erfolgversprechendes Bemühen für jemanden, dessen Steckbrief in allen Ämtern kursierte:
Hoffmann von Fallersleben, Literat und ehemals Professor, als welcher er wegen seiner ultraliberalen Gesinnung abgesetzt wurde, seine »Unpolitischen Lieder« sind verboten, sowie überhaupt die überwiegende Mehrzahl seiner literarischen Produkte ihn als einen Feind der bestehenden Ruhe und Ordnung, als einen Feind der Fürsten und Regierungen dokumentieren. Er ist auch schon aus mehreren Städten Deutschlands wegen seiner politischen Gefährlichkeit ausgewiesen worden.

Die Wohnsitzwahl war nicht zufällig auf Bingerbrück gefallen. Der Rhein gerade dort, wo er am romantischsten floß – zwischen Koblenz und Bingen –, galt für einen deutschen Dichter in der Tradition der Volkspoeten und Sänger immer noch als beste Adresse. Außerdem gehörte die Rheinpfalz zu Preußen, wo Hoffmann als Wartegeldempfänger des preußischen Staates Residenzpflicht hatte, und schließlich und nicht letztens lebte Karl Dresel im nachbarlichen Geisenheim, und kaum tagesreiseweit lag Gut Hallgarten, Itzensteins Landsitz, Treffpunkt badischer und württembergischer Freunde aus dem liberalen Lager.

»Wir hätten für immer am Rhein dort leben, die Welt die Welt sein lassen sollen, liebe Ida«, murmelte er gern in seinen Zwiegesprächen am Grab, »Wein und Gemüse anbauen, Hühner und Gänse im Hof, im Mühlenteich Enten, Kuh und Schwein im Stall, ein Esel dazu, auf dem Fränzchen zur Schule hätte reiten, der zur Lese die Körbe hätte zu Tal bringen können; ich: Dichter und Bauer, Handwerker und Forscher; du hättest gemeinsam mit unserer treuen Alwine Garten und Federvieh besorgt, meine Lieder komponiert und Klavierunterricht erteilt; saure Wochen, frohe Feste, tags Arbeit, abends Gäste – zum eigenen Wein, zum eigenen Brot, zum eigenen Schinken und Braten und Käse . . . in Weinlaub umwucherter Laube mit Blick auf den strömenden Strom, hinauf zu den Ruinen der alten Ritterburgen und über die Wingerts . . . beim Klang der Gläser und Gesang der Lieder, zu guten Gesprächen und heiteren Reden . . . ein Leben bukolischer Fülle und Freuden, doch echten und einfachen Maßes, dem Werden und Vergehen im engen Kreislauf der Natur näher als dem hastigen Geschehen in der Welt.«

Mit den Jahren hatte er die Pastorelle immer farbenkräftiger ausgemalt, und er glaubte allmählich tatsächlich, ein solches Leben in abgeschiedener Ländlichkeit, abseits der Zentren von Politik, Kunst, Wissenschaft und vor allem der Geselligkeit Gleichgesinnter in einer Zeit voller Wechsel und Umbrüche im gegenrevolutionären Zeitwind, während er in der Vollkraft seiner Mannesjahre stand, hätte er länger als einen tiefen Atemzug lang zur Entspannung ausgehalten. Sicher, nach den ihn aufwühlenden und erschütternden Abschnitten der beiden Revolutionsjahre, der Niederlage ihrer Sache und den Demütigungen der Verlierer, war ihm die Nische zwischen Rhein und Nahe gerade recht gewesen. Aber bald, schon im nächsten Winter beim Anbruch der frühen Dunkelheit, im Schein von Kerze und Öllampe, deren Flämmchen im Zugwind züngelten, sitzend am Tisch und in Decken gehüllt, weil die feuchte Kälte durch die Ritzen zwischen den Balken der alten Mühle, dem morschen Fensterholz und unter den schiefen Türen drang, die Gespräche sich ums Alltägliche, um Familiäres, »das Kleinfurzige«, wie er es nannte, drehten, begann er das Drückende zu empfinden, die Unerträglichkeit der Existenz im engen Winkel für einen Mann seines Zuschnitts. Die Darberei war schlimm genug; dazu die Handarbeit, das Holzhacken, Graben, Reparieren von Dach, Läden, Türen. Seine Hände wurden wund, die Gelenke schmerzten, sein Rheumatismus krümmte ihn, an manchen Tagen mußte er gebückt laufen, einmal sogar auf allen vieren, ganz abgesehen davon, daß er körperliche Plackerei für unstandesgemäß hielt. Seine launigen Sprüche, die er dazu erdachte und aller Welt mitteilte – er mache den amerikanischen Grundsatz »Arbeit schändet nicht« zur deutschen Weisheit, überhaupt lebe man wie in den Vereinigten Staaten nach Rancher- und Holzfällerart, er brauche also nicht wie so viele andere Revolutionäre zu emigrieren –, klangen wenig überzeugend.

Das alles hätte er leichter erduldet, wären wenigstens Gleichgesinnte, mit denen er sich – wie er es nannte, »auf gleicher Ebene im Gleichklang auch des Geistigen« – hätte austauschen können, in der Nähe gewesen. Aber Carl Dresel war im Herbst aus dem benachbarten Geisenheim fort, für immer nach Hamburg gezogen. Gut Hallgarten stand leer. Die Freunde und Genossen, soweit nicht gefallen, erschossen, eingekerkert oder emigriert, hielten sich versteckt, versammelten sich jedenfalls nicht mehr um Itzenstein, der allein auf seinem Landsitz lebte, »von den Ereignissen in geistige Wirrnis gestürzt«, hieß es. Vernünftiges Reden mit ihm war nicht mehr möglich. Er lächelte immerzu vor sich hin, sofern er nicht Lieder summte oder mit falschen Texten fistelstimmig sang.

»Morgen werden wir auf Berlin marschieren. Ich hoffe, du hast dein Pulver trocken gehalten«, rief er Hoffmann hinterher, als der fluchtartig und heulend Hallgarten verließ und einmal noch dem mit seinen langen, im Winde wehenden Silberhaaren und kerzengrader Haltung, einer Figur aus alten Heldensagen gleichenden badischen Demokraten, unterm Hoftor zuwinkte.

Die Bingerbrücker »Menschenfreunde«, eine Gesellschaft freisinniger Männer des Ortes, die ihn zum Ehrenmitglied ernannt hatten, waren so philiströs, wie's weinnasige Rheinpfälzer Kleinbürger nur sein können, bedacht auf nichts weiter als auf – so in ihrer Vereinssatzung – »Eintracht und Frohsinn«, ein für die beginnende postrevolutionäre Epoche bezeichnendes Begriffspaar.

»Hornochsen warn's. Erinner dich, Ida, als ich ihnen auf ihrem Kommers einige Lieder sang und aus meinem gerade erschienenen ›Parlament zu Schnappel‹ vorlas; du durftest – eine Ausnahme und nur weil du mein Weib warst – teilnehmen. Sie begriffen nichts, ebensowenig wie die Buchhändler, die das Werk nicht verkaufen konnten oder wollten. Wir wissen, warum. Die satirischen Festmahlgespräche zeigten in sieben Sitzungen die ganze Misere, das Philiströse, kurz, die Gründe des Mißlingens der Umwälzung und die Kopfdreherei in der nachfolgenden Restauration. Das wollte man nicht wissen, und wenn du mich fragst, selbst Freiligrath nicht. Hat er nicht in den Chor derjenigen eingestimmt, die meinten, es handele sich beim Parlament zu Schnappel nicht um Literatur, es seien versammelte Anekdoten, die, mündlich vorgetragen, von mir, wie man wisse, ihre Wirkung nicht verfehlten. Und wenn er mir schrieb, er könne genau die Stellen bezeichnen, wo ich mit den Augen zwinkere, meinem Nachbarn in die Rippen stoße oder in den Schenkel kneife!

Fühlte ich mich verkannt und verlassen? Ach nein, Ida. Es stimmt ja auch nicht – du weißt es genau –, daß ich ein mir applaudierendes, mich mit Vivats feierndes Publikum vermißte, weshalb ich einige Male mit dem Dampfschiff den Rhein hinaufgefahren sei, um die Passagiere als Maître de plaisir zu unterhalten, begierig nach Beifall, der mir angeblich fehlte. Euler – die ›miese Eule‹ nannten wir ihn, erinnerst du dich? – las es uns aus einer Zeitung vor. Ich mußte doch einfach los den Rhein hinauf und hinunter, nach Bonn und Düsseldorf und Köln, nach Straßburg und ins Niederländische! Gibst du mir recht? Heute wenigstens? Ja, du verstehst es. Damals hast du oft geweint, verzeih. Aber es halfen dir dein gesunder Humor, dein fröhliches Gemüt darüber hinweg. Die Reisen waren nötig. Ich mußte zu den Bibliotheken für meine Arbeiten, die uns ernähren sollten. In Bingerbrück und später in Neuwied gab's nichts, es fehlten sogar die landläufigen Enzyklopädien, und ich bin fleißig gewesen, Ida, Faulheit wirf mir nicht vor: binnen kaum drei Jahren dreizehn Bücher vollendet: neben den Liebes- und Rheinliedern, Heimatklängen und Soldatenliedern zwei Opernlibretti, die neubearbeitete Ausgabe meiner Geschichte des deutschen Kirchenlieds bis zu Luthers Zeit, den Reineke Vos nach der Lübecker Ausgabe und den achten Band der Horae Belgicae, für den ich so oft ins Niederländische hinüber mußte.

Außerdem galt es, die Isolation zu durchbrechen, denn es hatte das Vergessen begonnen – sogar bei den ehemaligen Gesinnungsgenossen und Freunden. Der Fallerslebener bekommt doch sein Wartegeld; er ist versorgt; was will er noch – hieß es. Seine Zeit ist um, heute geht's weiter zu anderen Ufern – jawohl –, Becker und andere haben so geredet; Menschen, die noch vor einigen Jahren mir persönlich Achtung erwiesen, ja mir zugejubelt hatten, fielen über mich her wie über einen vogelfreien Sträfling; dieser Georg Weber zum Beispiel, ein Heidelberger Gesinnungsgenosse von einst, schrieb in seiner Literaturgeschichte, als sogenannter Fahrender Ritter sei ich in Deutschland umhergereist, hätte mein Talent in fruchtlosem Demagogenwesen verzehrt und geholfen, den verderblichen Samen zu streuen, aus dem so manche Verwirrungen, Verkehrtheiten und Frevel emporgewachsen seien. Die Zeitungen, Zeitschriften, Wochen- und Flugblätter dienten bewußt und unbewußt der politischen Umkehr, erinnere dich, liebe Ida, hetzten gegen alles Freisinnige und Patriotische, brachten es schließlich dahin, daß ich mich sogar vor Gericht für das von mir herausgegebene deutsche Liederbuch verantworten mußte. Wie warst du darüber erschrocken, weintest nächtelang, fürchtetest, man sperre mich in irgendeinen finsteren Kerker, versprachst, mich dort, und sei es mit Gewalt, wieder herauszuholen. Ach, Ida, du hast mit mir gelebt, gelitten, dich gefreut und in gleicher Weise das Gute und das Arge mit mir empfunden, und nichts hat deine aufopferungsvolle und hingebende Liebe zu mir beirrt.«

So sollte es gewesen sein, so wollte er es, aber manchmal, wenn er am Grab sich und ihr jene rheinische Zeiten in die Erinnerung zurückrief, kamen ihm Zweifel. Idas immer heftiger auftretende Niedergeschlagenheit, deren Grund er in seiner häufigen Abwesenheit, auf keinen Fall in einer grundsätzlichen Enttäuschung sehen mochte, hatte er zwar oft mit bewährter Redekunst, Geschichten und Gedichten, optimistischen Ausmalungen einer von finanziellen und anderen Sorgen freien Zukunft, in der er wieder seinen verdienten Platz als der deutsche Gelehrte und Dichter einnehmen würde, aufhellen können, Ida mit seinen Schnurren, Anekdoten, Witzen, Charakterisierungen von Menschen, die sie beide kannten, amüsanten Lebensweisheiten und Sprüchen – wie er's nun einmal drauf hatte – aufgemuntert.

Ja, er habe recht, Lachen helfe über vieles hinweg, hatte sie beteuert. Doch klang ihr Lachen nicht mit der Zeit eine Spur zu gewollt? Hier und da sogar maliziös? Galt es seinem Schwadronieren? Lachte sie ihn aus? War dem, was er »den Schalk in deinen Augen« nannte, nicht doch mehr und mehr etwas Geringschätziges, ja Verächtliches beigemischt, wenn sie strikkend, am Herd hantierend, Blumen steckend, Staub wischend, Gäste bedienend, Klavier spielend, ihn in der Umarmung empfangend, ihn bei seiner Anrede »Ida, mein Schatz, wie geht's?« anblickte oder wenn sie seine Äußerungen und Handlungen überraschend schlagfertig, wie man es früher nie erwartet hätte, kommentierte?

Anläßlich eines Streits im dritten Ehejahr war ihm zum erstenmal der Verdacht gekommen, sie habe sich verändert, aus der empfindsamen, gutherzigen, jeder Lebenslustigkeit gegenüber aufgeschlossenen, aller schlichten Schönheit gegenüber offenen Kindfrau habe sich ein mit allen Wassern gewaschenes Eheweib gehäutet. Sie lebten damals bereits in Neuwied, wohin sie – ohne Alwine, darauf hatte Ida bestanden – umgezogen waren, vordergründig wegen Ärgers mit dem Bingerbrücker Vermieter, in Wahrheit, weil er's in dem Kaff schließlich doch nicht mehr ausgehalten hatte und er sich in Neuwied, einer Stadt, die sich angeblich durch ihre Bildung auszeichnete, bessere Gesellschaft versprach. Ein Irrtum, wie sich bald herausstellte. Ihre Wohnung lag am Louisenplatz, über einer Kleinkinderschule, aus der jener typische Kinderlärm tönte, den er nie hatte ertragen können, gegen den er sich die Ohren mit Wachs verstopfte und von dem er bald dermaßen nervlich zerrüttet wurde, daß er außer sich geriet und morgens schon beim ersten Kinderlachen oder -weinen oder -singen schrie und brüllte: »Aufhören«, »Gebalge«, »Ruhe, verdammt noch eins . . .«. Ida, anfänglich zutiefst erschrocken über solche Ausbrüche aus einem Anlaß, der sie im Gegensatz zu ihm wohlig lächeln, die Hände auf ihren runden Bauch, in dem ihr erstes Kind wuchs, legen ließ, hatte sich dann ans Piano gesetzt, Schubert gespielt, was ihn eine Zeitlang beruhigte, bis er eines Tages auch sie anfauchte: »Schluß jetzt, Herrgott noch mal« – den Klavierdeckel zuwarf, so abrupt, daß sie eben noch ihre Hände wegziehen konnte. Mit, wie er es empfand, »aufreizendem Gleichmut« öffnete sie das Instrument wieder und spielte eines seiner Kinderlieder, wobei sie ihn »wie eine bösartige Veddel angrinste«.

Summm, summm, summm!
Bienchen, summm herum!
Ei, wir tun dir nichts zuleide,
flieg nur aus in Wald und Heide!
Summm, summm, summm!
Bienchen, summm herum.

Es kam zu einem heftigen Wortwechsel, während dem er den Auszug aus der Wohnung ankündigte, sie ihm erklärte, dann würde sie nicht weiter Klavierunterricht erteilen – eine Einnahmequelle versiegen lassen, welche die Familie, die bald um eine Person zunehmen werde, schließlich weitgehend ernähre. Gut, sie hatten sich schnell wieder versöhnt, sie waren umgezogen in die Neuwieder Marktstraße über eine Papierhandlung, die mehr Krach machte als alle Kinder Neuwieds zusammen, Ida gab weiter Klavierunterricht – aber sie hatte seitdem wirklich ihre Unschuld verloren, wie sie ihrer jüngeren Schwester Agnes, die ihr während der letzten Monate ihrer Schwangerschaft half, anvertraute.

Ein niederschmetternder Schlag traf sie, als das Kind, ein

Mädchen, das auf den Namen Johanna Maria Friederike notgetauft wurde, sich als nicht lebensfähig erwies und ein knappes Jahr später an einer, wie der Arzt behauptete, »angeborenen« Krankheit starb. Dieses »angeboren« nagte im Gemüt, obwohl beide nie darüber redeten – aber sie weinten gemeinsam tage- und nächtelang.

Er erholte sich, nach seiner Art, dichtend:

Dein Leben war Ein Leiden,
ein langes Weh und Ach,
und als wir sahn dich scheiden,
da weinten wir dir nach...

Du Knosp' in Engelsfrieden,
gehüllt so hoffnungsgrün,
du solltest uns hienieden
zur Blume nicht erglühn.

Ida dagegen verfiel in einen Zustand stummer Zurückweisung gegen alles und alle, eine schlimme, doch, wie sich dann herausstellte, heilsame Krise, aus der sie mit einem sie durch und durch schüttelnden Gelächter herauskam.

Sie waren nach Bothfeld gereist, um sie in ihrer Heimat unter Eltern, Verwandten und Freunden aufzuheitern, was zu mißlingen schien, denn Ida blieb, trotz liebevollsten Bekümmerns aller um sie, in sich verschlossen, ging nicht aus dem Haus, sprach kaum, bis es eines frühen Morgens an der Tür hämmerte, der Oberpolizeikontrolleur namens Duve in Begleitung zweier Gendarmen erschien, um den August Heinrich Hoffmann, genannt von Fallersleben, den ausdrücklichen Befehl sofortiger Ausweisung aus dem Königreich Hannover mitzuteilen und eine Durchsuchung durchzuführen, bei der das ganze Haus durchwühlt und des Inkriminierten schriftliche Unterlagen, vor allem das Verzeichnis seiner Briefe an alle für möglich gehaltenen Insurgenten, beschlagnahmt wurden. Ida im Schlafrock war dazugekommen, riß einem der Wühler ein

Schreiben aus den Händen, schrie ihn an: »Das ist mein Brief. Raus mit dir, du Schubejack« – und als der so Angeschriene verbiestert und erschrocken zurückwich, beide Arme abwehrend gegen sie streckte, brach sie in dieses Gelächter aus, das später alle zu »Idas erlösendem Lachen« erklärten.

Ab da schien sie wie umgewandelt, »brach endlich ihr erwachsenes, mir entsprechendes Wesen hervor«, meinte er, ihr »frisches, fröhliches Gemüt und ihr naiver gesunder Humor«, so Franz Liszt, den ihr Klavierspiel zugleich entzückte und amüsierte, ein »Charakterzug«, der Ida im Weimarer Milieu, so hieß es, »alle Herzen gewinnen ließ«. Daß dieser sogenannte Charakterzug gerade so gut »Camouflage einer absoluten Gleichgültigkeit gegenüber den Leidenschaften des Lebens, seinen unvorhergesehenen Zwischenfällen, Freuden und Leiden, ja gegenüber den Menschen, die sie lieben«, sein könnte, wie Fürstin Caroline einmal vermutete, die Ida mit ihrer Tochter Prinzeß Marie verglich – die beiden waren liebste Freundinnen geworden –, hielt Hoffmann für eine typisch aristokratische Sichtweise, welche die Natürlichkeit der Wesensart des Volkes niemals begriff.

Carl Alexander, der Weimarer Großherzog, schien insoweit ein besseres Gespür zu besitzen. »Wie drückte es Seine Durchlaucht aus, als er uns in der Pause des Hamlet mit Dawison in der Titelrolle in seiner Loge empfing, Ida, erinnerst du dich? Er sagte: Bei aller scheuen Zurückhaltung zugleich diese liebenswürdige, fröhliche Ungezwungenheit! Welche Ausstrahlung von Natürlichkeit! Beneidenswert, Hoffmann, Glückspilz! Recht hatte er. Blühende weibliche Schönheit, wenn je dieses Wort auf ein Weib zutraf, so auf dich damals. Du hattest Franz geboren, knapp ein Jahr war er alt und kerngesund. In deinen kastanienbraunen Augen unter den mondsichelgebogenen gleichfarbigen Augenbrauen wetteiferten lächelnder Mutterstolz mit lockendem Jugendschmelz, Lebensernst und Mädchenlustigkeit; die kleinen Ohrmuscheln schauten keck aus dem dunklen verschlungenen Haarschneckennest, das deinen schmalen Kopf umrahmte; dein ovales Gesicht, die makellose reine Stirn, das feine Näschen mit der nur eben geknickten Spitze; dazu dein immer zum Lachen bereiter voller, Sphinx-Mund. Vollkommen, wirklich vollkommen war deine Gestalt: knabenhaft zart und schmal oben und weibsmäßig da, wo's sein soll, Brust, Taille und Hüfte. Und wie du dich zu kleiden verstandst, trotz unserer bescheidenen Mittel! Du trugst, erinnerst du dich, in der Loge Seiner Durchlaucht dein weißes Musselinkleid mit fünffachem Volant, selbst geschneidert, und das burgunderweinrote, gefranste Schultertuch, das ich dir aus Brabant mitgebracht hatte. Er verschlang dich mit den Augen, jawohl, mit den Augen, und er hätt nur allzugern mit Haut und Haaren dich verschlungen, ewige Durchlaucht, der sächsische Großherzog, der alles – so hatt's der Rietschel ausgedrückt – gefickt hat, was nicht bis drei auf den Bäumen saß, verzeih mir, liebe Ida, aber so ist er gewesen, dieser Carl Alexander, in den ihm viel zu großen Kleidern seines Großvaters und Goethe-Freundes Carl August, dieser kleingeistige Enkel Carl Alexander, der versprochen hatte, Weimar zum Zentrum einer Fürst und Volk versöhnenden Kunst, einer Wissenschaft auf höchster Höhe der Zeit zu machen, dem aber doch nur an der Gaudi des Musik- und Sprechtheaters lag, ein Utilitarist erster Güte, der die Bedeutung geistiger Werte vielleicht ahnte, in ihr aber doch nur schmückenden Putz und Amüsement sah.

Ich weiß, liebe Ida, du hast ihn und vor allem die Großfürstin anders gesehen, ihn ja auch nur von der angenehmen guten Seite kennengelernt, und sein fürchterlicher Hofstaat hat dich bloß amüsiert, glaubtest mir nicht, wie sehr diese Brut aus Dienern, Auguren, Aufpassern, Narren, Schranzen und Wanzen, Verschwörern und Dolchträgern alles, was nur die Neuweimarer aufbauten, wieder niederriß. Diese Audienzen beim Herzog, du weißt, wie mir davor graute! Diesem Kotzbrocken, diesem Zigarrenpaffer ins feiste Gesicht blicken, lächeln, kopfnicken zu jedem blöden Wort aus seinem übelriechenden Mund...«

Wie sehr solche Audienzen, die später allerdings kaum noch

stattfanden, ihn marterten, hatte er Ida ein paarmal zu erklären versucht, seine wirklichen Empfindungen aber nicht darzustellen vermocht, teils, weil ihn ihr eigenartiges – »sphinxhaftes« – Lächeln irritierte, teils, weil ihn Scham, vor allem aber wohl die Unkenntnis seiner selbst daran hinderten. Es war ein zwiespältiges, ihn äußerst verwirrendes und ihn seit Kindheitstagen beherrschendes Gefühl, das ihn in Gegenwart einer Person befiel, der hohe Stellung und Macht über Menschen, Dinge, Tod und Leben jene unantastbare Aura des Herrschers verlieh. Zuerst hatte er es vor seinem Vater, dem Fallerslebener Potentaten, später noch oft und bis zuletzt sogar vor Prinz Victor von Hohenlohe-Schillingsfürst, der sich sein Freund nannte, verspürt und ganz stark noch einmal, als der Preußenkönig und nachmalige Kaiser Wilhelm ihn auf Schloß Corvey empfing: jene Mischung aus demutsvoller Hingabe, dem Drang zu gehorchen, zu dienen, ja, sich dem Herrn mit Leib und Leben zu opfern, und gleichzeitigem Ekel über diese seine Haltung – ein Gefühlskonglomerat, das sich dann anderswo und irgendwie in einem verbalen Ausbruch wütenden Rebellierens entlud.

Ida hätte es vermutlich noch weniger verstanden als er selbst. Überhaupt konnte er sich ihr kaum noch mitteilen, »was nicht daran lag, hörst du, Ida, daß wir in verschiedenen Welten lebten, wie Agnes, deine Schwester, meinte. Solches ist immer so gewesen und störte uns früher gerade nicht. Im Gegenteil, ja – es war wohl meine Umtriebigkeit, die mich in den letzten Weimarer Jahren öfters unterwegs und in anderer Gesellschaft fand als daheim im Kreis der Lieben. Dadurch hatten wir uns voneinander entfernt. War's nicht so? Ja, so ist es gewesen.«

Möglich. Aber daß sie darunter so arg gelitten habe, redete er sich im Grunde nur ein. Tatsächlich nämlich lebte, blühte Ida damals von Jahr zu Jahr mehr auf. Die beinahe tägliche Compagnie ihrer engen Freundin, Prinzessin Marie von Wittgenstein, das vertraute Verhältnis zu ihrer Schwester Agnes, die häufig bei ihnen in Weimar weilte, vor allem aber Pflege und Erziehung von Fränzchen, dem einzigen Kind, entschädigten sie allem Anschein nach vollauf für die abnehmende Gesprächsbereitschaft und häufige Abwesenheit des Gatten. Das, was er »mein Saulus-Erlebnis« nannte und was zu jenem Reue-und-Leid-Kniefall vor ihr geführt hatte, war übrigens ohne besondere, länger anhaltende Wirkung auf ihr Verhältnis geblieben. Ihre Entfremdung hielt an, und die gemeinsame, sie wieder in liebende Umarmungen treibende Freude über die Geburt ihres zweiten Sohnes, den sie Edward tauften, hielt nur kurz, denn das Würmchen starb schon knapp vier Wochen darauf mitten in einem eisig kalten Winter.

Ida war in der Morgendämmerung auf sein Bett gestürzt. »Unser Kind ist tot«, hatte sie geschluchzt, »so erschreckend kalt ist es wie alles ringsum.«

Er war in die Kammer gelaufen, hatte das leblose Bälglein angestarrt, war fortgerannt und erst zurückgekehrt, als Edward unter der Erde lag.

Natürlich wußte Ida um seine Leichenphobie, natürlich hatte sie ihn getröstet, natürlich hatte sie immer wieder beteuert, sie verstehe sein Verhalten – aber mit jedem Jahr glaubte er weniger, daß sie ihm auch verziehen habe. Nach dieser Erschütterung jedenfalls wurde sie beim Akt leiblicher Liebe merkbar teilnahmsloser als früher, noch teilnahmsloser als die Schicklichkeit den Frauen ihres Standes gebot. Während ihrer ersten Schwangerschaft hatte er es sich nach und nach zur Gewohnheit gemacht, sich ihr, die im Bett auf der Seite ruhte, von hinten zu nähern. Sie ließ es wortwörtlich nur noch mit sich geschehen, zeigte nicht die geringste, nicht einmal die von Sitte und Anstand erlaubte Regung. Nur ein einziges Mal noch war es anders, was ihn dann allerdings irritierte.

Er hatte sie in Kösen, wo sie zur Kur weilte, besucht, sie in Begleitung eines jungen, ihr gleichaltrigen, bleichen, fast glatzköpfigen, doch glutäugigen Herrn von Sydow angetroffen, der ihr den Hof machte, was sie ganz offensichtlich genoß. Daß sie dann in der Nacht von sich aus ihren nackten Po darbot, daß sie ins Kissen biß, um nicht zu laut zu stöhnen, ihr Hintern förmlich tanzte, während sein »Werkzeug« in ihr hin- und herfuhr, befriedigte ihn zwar sehr, doch wurde er den Verdacht nicht los, sie habe sich im Geiste nicht von ihm, sondern von jenem Herrn von Sydow erquicken lassen.

»Ein Schlawiner, wie er im Buche stand, dieser von Sydow, erinnerst du dich, Ida? Die Österreicher waren gerade bei Solferino vernichtend geschlagen worden, ich freute mich über den Sieg, obwohl ihn auch die Franzosen mit bewerkstelligt hatten; dieses Österreich, das viereinhalb Jahrhunderte alles aufgeboten hatte, jede freiheitliche Entwicklung zu unterdrükken! Dieses Österreich mit seinen Concordatlern, Jesuiten, Absolutisten, Windisch-Grätzlern! Nicht einmal zum Duell hat er mich gefordert, Herr von Sydow, ob meiner Schmährede und meiner Freude über die Niederlage seines Vaterlandes. Mit lauen Wiener Witzchen hat er versucht zu parieren. Ja, so sind sie, die Schlawiner. Hast du ihn gemocht? Ach, was red ich daher am Grab, verzeih mir, ich bin ein dummer Greis, der zuviel über Nichtigkeiten grübelt.«

Immer unerträglicher war ihm das Weimarer Milieu geworden, immer mehr hatte er sich nach einer neuen Umgebung gesehnt, wo er im Kreise der Lieben Ruhe finden, mit Ida noch einmal ein gemeinsames Glück wie vor Jahren am Rhein erleben würde; und als auf Drängen von Ida, die allmählich das Schlimmste für ihre Ehe befürchtete, Prinzessin Marie ihm bei ihrem Schwager, dem Prinzen Victor von Hohenlohe-Schillingsfürst und Herzog von Ratibor, Fürst von Corvey, eine Anstellung als Bibliothekar auf dessen Besitzung in Corvey an der Weser vermittelte, da schien sich dem nun zweiundsechzigjährigen ewigen Optimisten eine neue, herrliche Zukunft zu öffnen.

Seine Glückserwartungen trafen nicht ein. Gleich im ersten Jahr auf Schloß Corvey, an ihrem elften Hochzeitstag, starb Ida nach der Geburt eines toten Kindes.

Und wir müssen wandern . . .

Ein Hotel, heißt es, hat tausend Augen und Ohren. So war »die nächtliche Doppelbelegung des Zimmers von Fräulein Landau« nicht unentdeckt geblieben und sprach sich auch gleich unter dem Personal herum. Venske, als zukünftiger Angestellter der Firma Hasenclever zur Mitteilung kurrenten Tratsches gegenüber dem Chef verpflichtet – so meinte er jedenfalls –, paßte Friedrich Wilhelm unten an der Treppe zur Hotelhalle ab, begrüßte ihn laut und sagte, während er mit ihm ins Morgenzimmer ging, leise und lächelnd, als spräche er über Geschäftliches: »Seien Sie nicht wegen gewisser Bemerkungen, die mit dem nächtlichen Trubel und dergleichen hier im Hotel in Zusammenhang stehen, überrascht, Herr Hasenclever« – eine diskret vorgebrachte Aufmerksamkeit, die ihn meinem Urgroßvater noch mehr für einen Vertrauensposten in der Firma empfahl.

Natürlich war der nächtliche Lärm der Divisionsoffiziere das Gespräch am Frühstückstisch: Man habe kaum ein Auge zugetan, sei nach dem Wachwerden selten wieder eingeschlafen; um fünf in der Früh seien ja wohl die letzten Herren singend, um nicht zu sagen, grölend abgezogen; gewiß, man müsse den Offizieren vieles nachsehen, sie hätten im Krieg schließlich die meiste Verantwortung getragen und auch größte Opfer gebracht . . . gleichwohl, es hätten ja auch andere im Feindesland gestanden, und heute brauche nun mal ein jeder Mensch seine Ruhe . . .

Henriette, die sich gemeinsam mit den Bertholds als erste an der wieder opulent gedeckten Frühstückstafel eingefunden hatte, hörte nur mit halbem Ohr hin, begrüßte Friedrich Wilhelm so beiläufig wie möglich und bemerkte nicht Dr. Bertholds feines Lächeln dazu. Sie war zu dieser frühen Stunde über ihr gewohntes Maß hinaus abwesend und nippte gedankenverloren an ihrem Kaffee.

Die »erste Liebesnacht«, ein nach ihrer Tante Jenny »oft nicht angenehmes Ereignis«, hatte sie darin bestätigt, daß es gewisse, meistens sogar entscheidende Dinge des Lebens gibt, die man durch noch so ausgiebiges Überlegen, Bereden, Vorstellen, -fühlen und -denken überhaupt nicht, vielmehr nur in sozusagen nackter Praxis begreift. Die Angst vor einer Empfängnis zum Beispiel, welche nach Tante Jenny normalerweise unbescholtene, unverheiratete Frauen beherrsche und verschließe, weshalb man, da andere Verhütungsmittel ja in der Regel nicht in Frage kämen, der Methode professioneller Liebesdienerinnen folgend, die zu einer Röhre geformte, hohle Hand sozusagen als Attrappe vor die Scham halten solle, hatte sie gar nicht erst empfunden. Einiges von dem, was sie gehört hatte, war überhaupt einfach falsch, zumindest irritierend, wie die meisten Worte, die in diesem Zusammenhang benutzt wurden. Wie um Himmels willen konnte man dieses knochenlose, pulsierende, in der Hand schwellende, sich aufrichtende, dann wieder niederfallende Ding, das eher einem kleinen niedlichen Tier glich, »Glied« nennen; oder das, wo es hinein wollte und sollte, was es nach kurzem und – das war nun allerdings richtig – »viehischem« Schmerz auch erzwang, »Scham« nennen; oder die notwendigen und die aufreizenden Bewegungen, die Düfte und Dünste, Gerüche, der Geschmack! Vorahnen konnte man nichts. Sie hätte übrigens nichts dagegen gehabt, die Kerze weiterbrennen zu lassen, aber Friedrich Wilhelm hatte sie ausgeblasen, und so sah sie erst, als hähnekrähend der leuchtende Morgen anbrach und sie den Fenstervorhang für einen Spalt zur Seite geschoben hatte, seine Narbe, die knapp unterhalb des Kehlkopfs über die Brust bis zu den unteren Rippenbogen lief. Von einem Säbelhieb? Sie hatte sie erst sanft mit dem Finger, dann mit den Lippen nachgezogen, wovon er wach geworden war und zwischen Küssen flüsternd erzählte, wie in dieser greulichen, feuerspeienden Höhle vom riesigen, nach Leder und Schmieröl stinkenden Hammer, unter den ihr schöner, blonder Geliebter, gerade siebzehnjährig, ein glühendes Eisen schob, ein scharfer Metallring splitterte und den schönen, blonden Leib Jung Siegfrieds aufriß... Um diesen schneidenden Schmerz nachträglich noch einmal zu lindern, durfte, wollte, mußte sie ihren Leib auf seinen legen – eine »Position« übrigens – was für ein Wort in diesem Zusammenhang! –, welche »die besten Möglichkeiten zur Genußverschaffung durch eigenes geschicktes Anpassen«, wie sie später in einem sogenannten Aufklärungsbuch lesen würde, bieten sollte.

All so was konnte man getrost vergessen; das schien ihr nun klar und eindeutig. Unbedingt aber bedurfte es der Ruhe, der Zeit und Gelassenheit, um den eigenen Atem und den des Geliebten und den der Erde, des Raums, des Himmels hören und spüren zu können. Laut oder leise reden, vielleicht sogar schreien zu dürfen – das ging unter den gegebenen Umständen leider nicht. Heimlich, still und leise lieben, zwischendurch und immerzu horchend, darauf achten, daß nichts nach draußen dringt, sich schließlich fortschleichen, wenn noch die gerade so geliebte Person ausatmet – das war nichts für sie, und das wußte sie jetzt.

Die von ihr sogenannte »Kriemhilde«, Elsa Levy, die im Gegensatz zu ihrem Mann, der ebenfalls nur am Kaffee nippte, mächtig zugriff und gleich Friedrich Wilhelm wie ausgehungert von allem aß, hatte sie ein paarmal schon angeschaut, jenen konspirativen Blick mit ihr getauscht, so, als die Herren das späte Erscheinen der Levys mit den üblichen Flitterwochenwitzen kommentierten, und eigenartig – »wissend«, sagte Friedrich Wilhelm später – gelächelt. Es sei ja auch offenkundig gewesen, daß etwas mit Henriette geschehen sei, heißt es in seinem Tagebuch, »der süße Glanz in ihren Augen, die blühenden Lippen, die stolze Haltung des Kopfes sprachen für sich«.

Tatsächlich umgab sie etwas – einen »heiligen Bann« hätte der in solchen Dingen kundige Samuel Wolff es genannt –, das alle Gäste am Frühstückstisch in eine Art lächelnde Scheu ihr gegenüber versetzte. Man sprach sie, wenn überhaupt, nur zurückhaltend leise und mit jenem heimlichen Verständnis an, das sie nun überhaupt nicht mochte, und als Schwiete hereinkam, alle laut und gerade sie überherzlich begrüßte, ohne Scham ihr zuzwinkerte und sein »Wohl geruht zu haben!«, offensichtlich zweideutig auf sie gemünzt, mit dem Kompliment verband, ganz bezaubernd sehe sie heute morgen aus, da errötete sie vor Zorn und Ärger, und sie hätte dem »indezenten Kerl«, wie sie später Friedrich Wilhelm anvertraute, »am liebsten eins in die feiste Visage gegeben«.

Überhaupt, sie möchte nicht länger bleiben, sagte sie, als sie vom Dampferanleger aus, wohin sie gemeinsam mit den Bertholds die Levys zum Passagierschiff »Wilhelmina« begleitet hatten, die Weser entlangspazierten. Friedrich Wilhelm war »im ersten Augenblick zutiefst erschrocken und verwirrt, ja ratlos. Sollte ich mich dermaßen über ihre Gefühle zu mir getäuscht haben? Hatte ich Entscheidendes falsch gemacht?!« notierte er, um dann fortzufahren: »Nein – des Rätsels Lösung: ebensowenig wie ich mochte sie, meine über alles geliebte, herrliche Henriette, diese Heimlichtuereien!«

Rauschend, ja brausend überholte sie die »Wilhelmina« – einer dieser neuen, mit Promenadendeck und Komfortkabinen ausgestatteten sogenannten »Luxusdampfer« des Norddeutschen Lloyd –, zog vorbei, blitzblank und frisch gestrichen durch diesen sonnenstrahlenden, blauen Julimorgen, weißen Dampf aus ihren zwei Schornsteinen stoßend. Die beiden blieben stehen und winkten den Passagieren zu, erkannten die Levys im Heck, Kriemhilde mit ihren goldenen Haaren und ihrem kleineren dunklen Mann an ihrer Seite. »Eine Hochzeitsreise«, sagte Friedrich Wilhelm, »zu Schiff und nach Bremen – warum nicht; aber unsere wird uns in jedem Fall weiter führen.«

»Die kleinere sollte uns morgen von hier wegführen«, sagte

Henriette, »nach Berlin, was hältst du davon?« Dort könne man sich eine Wohnung mieten oder in einem dieser wirklich weltstädtischen Hotels, etwa im »Royal«, Wilhelmstraße/Ecke Unter den Linden, wo man sowohl anonym wie auch chez soi sei, wohnen. »Gleichzeitig dürftest du – lieber Bräutigam – den Karl Landau, meinen Vater nämlich, um meine Hand bitten . . . na?«

»Ein ganz und gar wundervoller Vorschlag«, Friedrich Wilhelm drückte Henriette; ob man nicht gleich zum Bahnhof wandern wolle, um sich nach den Verbindungen zu erkundigen? »Ja, ja, ja« – und während sie weitergingen, redeten, sich die nächsten Tage in Berlin ausmalten und die Tage, Monate, Jahre danach und zwischendurch stehenblieben, um sich anzusehen und – so sie in der Nähe niemanden bemerkten – sich flüchtig zu küssen, stieg die Sonne höher, schwand die Morgenfrische, wurde es wieder sommerheiß.

Der Stationsvorsteher, ein rotgesichtiger, vierschrötiger Stockwestfale, gab umständlich Auskunft. Zwei Züge kamen in Frage, einer frühmorgens, der andere fuhr am Abend.

»Laß uns nicht bis morgen warten, laß uns noch heute den Abendzug nehmen«, sagte Henriette beim Verlassen des Bahnhofs, »fort und los und durch die Nacht so weit die Räder rollen.«

Wisse sie, was das bedeute? Friedrich Wilhelm schüttelte den Kopf, irgendwo unterwegs womöglich in einer Absteige logieren in primitivster Umgebung, unter Umständen . . .

»Na und – phantastisch!« sagte Henriette, »wir beide gemeinsam; nur wir! Wär das nicht herrlich, Lieber« – sie drückte seinen Arm –, »ein Abenteuer ins Ungewisse.«

»Aber nein, Kindchen, das ist zwar sehr romantisch, indes . . .«, wollte er antworten, doch plötzlich – »blitzartig«, heißt es in seinem Tagebuch – wurde ihm klar – in ihrer Stimme hatte etwas geklungen, ihre Augen schauten so scheinbar unbeteiligt –, daß dies kein kokettes Spiel war, ihr Wunsch nicht einer am Abend längst vergessenen Laune entsprang, sondern die Probe bedeutete.

»Da stand ich nun« – liest man in seinem Tagebuch –, »ahnte, nein, wußte mit einemmal, was es wirklich bedeutete, mit ihr ein gemeinsames Leben zu führen. Es würde wahrscheinlich abenteuerlich werden. Sei's drum! Ich liebe sie über alles in der Welt.«

Wie abenteuerlich es werden würde, abenteuerlicher jedenfalls als jede Nachtfahrt ins Ungewisse – konnte er nicht wissen, ahnte nicht, was sein Vater anstellen würde, damit »das Blut der Hasenclevers nicht versaut wird«.

Friedrich Wilhelm drückte ihren Arm fest, sagte: »Ich liebe dich sehr«, aber bevor er weiterfahren konnte – daß er mit ihr bis ans Ende der Welt und der Zeiten reisen würde, wenn sie es nur wolle, und durch die Nacht bis wohin auch immer, sofort oder morgen oder am Abend –, rief sie: »Na schau mal! Aber das sind doch ...«

Es waren wirklich Hoffmann und Wolff, die da die Straße entlang zum Bahnhof kamen, und sie schienen nicht gerade bester Laune zu sein. Hoffmann eilte voraus, seinen Knotenstock sozusagen bedrohlich nach jedem dritten Schritt wirbelnd. Wolff, an der Hand seine Reisetasche, folgte mühsam. Er hatte sich zur vorgezogenen Abreise entschlossen.

Alle Überredungskünste, zu bleiben, gemeinsam noch dieses und jenes zu unternehmen, die Gegend zu erkunden, zum Beispiel hinüber nach Boffzen zu wandern, wo man beim Pfarrer Louis Trappe dessen Schwager Wilhelm Raabe jetzt häufig antreffe, weseraufwärts nach Münden zu schippern, um Greffrath, den alten Kampfgefährten und Dynamitarden, zu besuchen, vieles habe man überhaupt nocht nicht beredet, besprochen, besungen, die besten Schätze der Bibliothek harrten einer Inaugenscheinnahme, einigen Geheimnissen des Schlosses gelte es noch nachzuspüren, manche Champagnerflasche warte aufs Köpfen, alle Überredungskünste waren vergeblich gewesen. Er habe äußerst wichtige Termine wahrzunehmen, hatte Wolff gelogen, einen, den morgigen, habe er doch wahrhaftig vergessen gehabt; also unbedingt müsse er heim nach Frankfurt. In Wahrheit gab es nichts mehr, was ihn in Corvey hielt. Dabei war er gar nicht einmal unempfindlich gegenüber der landschaftlichen Schönheit ringsum, hätte zudem gern den

Greffrath und den Raabe wiedergesehen. Er mochte sogar die Atmosphäre in Schloß und Abtei, geschwängert mit Sagen und Legenden, deren Gestalten, von Hoffmann ausgiebigst ausgeschmückt, über die Treppen, Gänge und Flure, durch die Gewölbe und die vielen mit Spinnweben verschleierten Gemächer zu geistern schienen, spürte ein bißchen jenen Schauer vor den überall hinterlassenen Spuren längst vergangenen Lebens und leichten Schwindel von den Gerüchen, die eine traumhafte Erinnerung aus tiefen Schichten einer Vergangenheit hervorriefen, die man durchlebt zu haben glaubte. Trotzdem hatte er anläßlich einer ihrer heftigen Streitigkeiten geraunzt, er begreife überhaupt nicht, wie es ein Mann von Welt in solcher unkultivierten, hinterwäldlerischen Region, im Moder alten Gemäuers und Gemuffels, anachronistischer Fürstelei und Frömmelei, im Dunst des längst zu Recht Vergessenen aushalten könne.

»Weil es noch etwas anderes als Börsenschachern, Kaffeehausgeplapper, großstädtisches Getue, modisches Gehabe und Anvettern an den Zeitgeist gibt, Herr Samuel Wolff«, hatte Hoffmann zurückgebrüllt.

Nein, das lief höchstens drei Tage gut, dann ging es nicht mehr, übrigens keine neue Erkenntnis für Wolff, der es allein mit Männern nie länger ausgehalten hatte, und »solche zwei Streithähne«, wie Alwine zum Berge ihn und ihren Schwager nannte, mußten sich einfach bald trennen, sollte nicht immer wieder aufflammender Ärger in Groll umschlagen und schließlich die alte Kameradschaft zerstören.

»Obwohl wir uns doch lieben, benehmen wir uns immer wieder nach Art zänkischer Greise« – dieser Feststellung Wolffs hatten sie beide noch einmal lachend und sich zuprostend zugestimmt, bevor sie schlafen gegangen waren.

Schon beim Abendessen hatte es zwischen ihnen den ersten, von Alwine kopfschüttelnd, von Fränzchen und seinem Malerfreund Karl Müller stumm, doch höchst interessiert verfolgten Krach gegeben. Man aß nach einer abgebrannten Graupensuppe Tafelspitz, zu dem statt der von Wolff so geliebten

Frankfurter Soße eine süß-saure Mischung aus Gemüsestückchen verschiedenster Art gereicht wurde. »Eine Gabe Genter Genossen, eine flämische Spezialität«, sagte Hoffmann. »Vortrefflich«, log Wolff, dem es beim Probieren den Mund zuzog, er könne sich vorstellen, daß es ein ähnlicher Geschmack sei, mit dem die Belgier, das Schicksal Elsaß' und Lothringens vor Augen, der Ausdehnung des Deutschen Reiches zusähen ...

Also erst einmal, fuhr Hoffmann dazwischen, seien ja von uns die französischen Annexionspläne hinsichtlich des wallonischen Teils Belgiens durchkreuzt worden, und ob der Teil Belgiens, der flämisch spreche – und das gehöre zur deutschen Sprachfamilie, darüber wisse er ja nun, weiß Gott, Bescheid –, nicht gern sich verbände mit ...

»Also von der Maas bis an die Memel. Und wie weit noch?« lachte Wolff dazwischen, und damit waren die Stichworte gefallen. »Jawohl, jawohl«, rief Hoffmann, innerhalb dieser Grenzen werde deutsch gesprochen und gelebt, und daher sei's eine Einheit, die nicht dynastisch zerstückelt werden dürfe, in der vielmehr, wie es die dritte Strophe verkünde, Recht und Freiheit zu herrschen habe, Herrgott noch mal, müsse er so was dem Revolutionär Wolff erklären? Das sei doch nun wirklich trotz unterschiedlichster Vorstellungen übereinstimmende Einsicht im fortschrittlichen Lager damals und heute, eiferte Hoffmann weiter, und auf Wolffs Einwand, Leute vom Schlage Böttichers, die Erweiterungen bis zum Rotenturmpaß und bis an die Wolga im Osten, im Westen vermutlich bis ins tiefste Burgund hinein anvisierten, verstünden das gewiß anders gemeinte Lied, das ja seinerzeit einen großartigen Bewegungseffekt aufs Fortschrittliche hin bewirkt habe, ganz in ihrem neuen, imperialen Sinn, legte Hoffmann Lautstärke zu: »Na und wennschon!« Im übrigen seien's Wünsche, Träume, keine realen Absichten; und von Visionen nach Größe lebe ein Volk; »Deutschland, Deutschland über alles, über alles in der Welt, das sagt's doch; und das wird mehr und mehr die Deutschen ergreifen – ich fühl's«.

Vor blanker Begeisterung schimmerten Fränzchens und seines Malerfreunds Augen, in denen wohl er, Wolff, als eine Art Deserteur erschien, nachdem er geknurrt hatte: »Über alles, herrje! Was, wenn alle Nationen dasselbe von sich behaupteten?« – und auf Hoffmanns Einwand: »Tun sie's etwa nicht! Engländer, Franzosen, Russen, Italiener?«, nur den Kopf geschüttelt hatte.

Den Eindruck eines national Unzuverlässigen, wie jetzt diejenigen oft genannt wurden, die in die Euphorie nach dem gewonnenen Krieg nicht laut genug einstimmten, mochte Wolff nun nicht bei den jungen Leuten hinterlassen, und so bequemte er sich zu einigen Zugeständnissen, die Hoffmann ihm abverlangte. So stimmte er ihm zu in der Frage, ob das endlich geeinte Reich nicht gleich den anderen einen Anspruch auf Weltgeltung, zum Beispiel auf Kolonien und eine den Briten gleich starke Flotte, besitzen solle. Das zänkische Geplänkel nahm immer mehr den Charakter eines Wettstreits um die Gunst der beiden jungen Männer an, die, von einem zum anderen blickend, gespannt lauschten. In dieser »Konkurrenz alter Paviane um die Gefolgschaft der Jungtiere«, wie Hoffmann es später lachend bezeichnete, noch beim Nachtisch – Grießpudding mit Vanillesoße – zurückliegend, holte Wolff dann aber auf, als die beiden Jungmaler ihre am Nachmittag gefertigten Skizzen zeigten und begutachten ließen. Wolff, Liebhaber und Kenner der Malerei, der Gemälde von Runge, Schwind, Richter, Menzel, sogar Zeichnungen da Vincis und Goyas besaß, von denen sich einige übrigens seit der beschämenden Übernahme des Wolffschen Vermögens heute noch im Hasencleverschen Besitz befinden, zeigte sich als Experte. Er lobte die Schattenschraffierung einer Baumgruppe, nannte sie meisterhaft, eine perspektivische Sicht über eine Flußschleife dagegen noch unausgereift, attestierte beiden Eleven Talente, die zu großen Hoffnungen berechtigten – was ihm strahlende Blicke und, als er ihnen von einem Gespräch, das er mit Adolf Menzel über das Zeichnen in freier Natur geführt hatte, erzählte, höchste Bewunderung eintrug, was Hoffmann veranlaßte, die Anekdote zum besten zu geben, wie Wolff vor Mannheim sich darin versucht hatte, einen Freischärler am Feuer liegend abzukonterfeien und dieser grobe Kerl die Zeichnung mit den Worten: »Ei so ebbes« zerrissen und in die Flammen geworfen hatte. Das ist dann Auftakt einer jener Lagen nach Veteranenart gewesen, in denen die alten Schlachten noch einmal geschlagen werden.

Vor den beiden atemlos zuhörenden Jungmannen sich spreizend und aufplusternd, wurden der letzte badische Aufstand durchgehechelt, Fenner von Fennebergs Strategie gegen die Szynades gestellt, Siegels Kampfführung vor Rastatt und Mieroslawskis Gegenangriff bei Germersheim hoch- und niedergemacht, die Kampfweise der einzelnen Freikorps bewertet, wobei Hoffmann die der Mecklenburger, Wolff die der Truppe Willich als vorbildlich hervorhob, Protagonisten und Programme des Aufstands beurteilt, Marx und Engels und deren Forderung, auf Frankfurt zu marschieren, von Hoffmann für absolut blödsinnig, die Strategie des »Clubs des entschiedenen Fortschritts« von Wolff für die einzig richtige, dagegen Becker, Tschirner, Struve von Hoffmann für vollkommen verrückt erklärt. Laut und lauter ging's zu, bis Wolff schließlich zum Schrecken Fränzchens, der seinen Vater irritiert anblickte, schnaufte: »Du warst doch nachher überhaupt nicht mehr dabei, du bist doch aus dem Kampfgebiet in die Weinkeller von Geisenheim geflohen!«

»Weil meine Waffe – ich habe das oft genug gesagt – das Wort ist und war; das Wort und der Gesang, Herrgott noch mal«, brüllte Hoffmann.

»Ja, ja, ja«, schrie Wolff zurück, wollte hinzufügen, »un de Woi, Suffkopp«, schwieg aber, als er Fränzchen förmlich zittern, dessen Malbruder Müller hämisch grinsen sah.

Darüber debattierend, ob Hoffmanns Ablehnung einer Kandidatur für die Nationalversammlung, die alle gewünscht hatten, im nachhinein sich als goldrichtig, wie Hoffmann, oder als grundfalsch, wie Wolff meinte, erwiesen habe, begaben sie sich dann, ohne die beiden Jungen und Alwine, hinüber in Hoffmanns Arbeitszimmer, wo sie Zigarren rauchten und Rotspon tranken und Hoffmann im Schummerlicht einer Petroleumlampe und zum unruhigen Herumflattern eines Vogels im zugehängten, von der Decke baumelnden Bauer, seine letzten Gedichte las. Eines rührte Wolff tief an. Er nahm eine Abschrift davon mit, lernte es auswendig und ließ es sich zuletzt auf dem Totenbett von seiner Lieblingstochter Ethel vorlesen:

So laßt mich ruhen ungestört!
Ich habe nun genug gehört,
hab auch genug gesehn;
ich habe viel gewollt, gestrebt,
und viel durchdacht und viel durchlebt,
was um mich ist geschehn ...

Mein Herz, das immer leiser schlägt –
mein Sehnen ist gestillt.
Und was ich war und was ich bin,
es ist, als zieht es vor mir hin –
ein Traum, ein Schattenbild.

Sie stritten noch einmal laut, diesmal über die britische Außenpolitik, die Hoffmann infam, Wolff »rein interessengeleitet« nannte, bevor sie hinaus in den Klostergarten und anschließend über die Uferwiesen zum Steinkreuz unter den Linden gingen – gerade zur Stunde, in der die Dämmerung in die Nacht hinübergleitet und sanfteren Gedanken und Gefühlen Raum läßt. Die aufsteigende Feuchtigkeit bildete hauchdünne Schleier um die ins Dunkel versinkenden Baumgruppen. Der Duft von gemähtem Gras vermischte sich mit dem Flußgeruch aus faulendem Plankton, Fisch, nassem Holz, und einmal schoß vor ihnen eine Kette Rebhühner hoch und rüber ins Ufergebüsch. Die ersten Sterne am Himmel gaben schwaches Licht, und auf dem nur paarbreiten Weg entlang der Parkmauer war es fast finster, so daß sie sich an den Händen faßten. Sie sprachen über gemeinsame Freunde, was sie trieben, wo sie blieben, und als der Name Bettina fiel, hielten sie an.

»Solche Frauen gab es schon früher selten, und heute fehlen sie vollständig«, sagte Wolff.

»Na«, sagte Hoffmann, »aber vielleicht hast du recht.«

»Sie war eine schöne Frau, und sie konnte einen verschlingen«, sagte Wolff im Weitergehen, »liebenswürdig, launenhaft, anschmeichelnd, teilnehmend, herzlich und bis in ihr hohes Alter bezaubernd hinreißend; aber auch abstoßend aristokratisch ist sie gewesen, die Guldenmillionärstochter, nicht in ihren Ansichten, wohl aber in ihrem Wesen; arrogant war sie und generös, wankelmütig und standhaft, rechthaberisch und tapfer, redetüchtig und schwatzsüchtig bis zur Plapperhaftigkeit. Also alle Fehler und Tugenden besaß sie, und sie stand auf der richtigen Seite. Dabei war sie in Politicis unglaublich naiv, glaubte bis zuletzt an die Weisheit hochwohlgeborener oder geistiger Aristokratie, die man nur richtig informieren und zur richtigen Sichtweise anstoßen müsse. Was sie nicht alles an erklärenden Eingaben dem preußischen König geschickt hat! ›Wenn der König das wüßte!‹ Wie oft habe ich das aus ihrem Mund gehört, ja, wirklich unverantwortlich arglos war sie in vielem; darin glich sie manchen anderen Illusionisten aus der Schar gutwilliger Kompromißler und Freunde der Volks- und Fürstenerziehung.«

Obwohl er natürlich Wolffs Anspielung verstand, schwieg Hoffmann, lächelte, nahm wieder die Hand des Freundes, dessen Augen weitaus schlechter sahen als seine. Er verdankte Bettina von Arnim viel, sie hatte für ihn, wenn auch vergeblich, bis hinauf zum König interveniert, seine Wiedereinstellung in den Universitätsdienst gefordert, in den größten Notzeiten alles unternommen, um ihm finanzielle Unterstützung zukommen zu lassen und seine Bibliothek zu verkaufen, hatte schließlich dabei mitgewirkt, daß Großherzog Carl Alexander ihn in Weimar wohnen und arbeiten ließ.

»Sie besaß übrigens – darin ganz Tochter Italo-Frankfurter Spezereiwarenhändler, die sie ja war – etwas äußerst Medisantes. Jeder und jede unterlag ihrer Schmählust und -sucht«, sagte Wolff. Hoffmann wußte das nur zu genau, und während

Wolff von nächtlichen Spaziergängen im Tiergarten erzählte, bei denen Bettina ihn in die Kabalen, Intrigen und Liebschaften des Hof- und Regierungslebens, welche sie genauestens kannte, aber ärgerlicherweise nicht zu beeinflussen vermochte, eingeweiht hatte, erinnerte er sich an die erste Beleidigung Bettinas bei ihrer ersten echten Begegnung – im Meusebachschen Salon damals hatte sie ihn überhaupt nicht wahrgenommen – bei den Grimms in Kassel. Das war ein Jahr vor dem Erscheinen der »Unpolitischen Lieder« gewesen, die ihn mit einem Schlag berühmt machen sollten, und so hatte die Gesellschaft – darunter die Herder und Tochter, der hessische Außenminister, die Grimms natürlich und eben die das große Wort führende, trotz ihrer Vierundfünfzig immer noch schöne Bettina von Arnim – ihn, den später so Gefeierten, mehr oder weniger als einen jener zahlreichen Auch-Dichter betrachtet, und als er ein paar seiner Verse und Lieder vortrug, eigentlich bis auf den Außenminister recht unverständig zugehört und zugeschaut, bis Bettina, seinen Vortrag unterbrechend, rief: »Aber warum so outriert, bester Herr, geht's net aach e bissi moderater?«

Das hatte ihn tief verletzt, doch – und so war sie eben – zwei Tage später kam sie, gleich einer biblischen Büßerin, von allen ihren Kindern begleitet, an, vollführte eine Art Kniefall und bat halb komisch, halb ernst, jedenfalls aufrichtig, um Verzeihung für ihre invektive, ihn kränkende Bemerkung ... »Ich bitt' darum – Ihre Hand darauf.«

Ein andermal – er hielt sich, von der Polizei gesucht, illegal in Berlin auf und wollte sie wegen des Verkaufs seiner Bibliothek in ihrer Wohnung noch außerhalb der Ringmauer heimlich sprechen, wurde zunächst aber nicht vorgelassen – hörte er sie hinter der Türe zischeln: »Der aufdringliche Schreihals geht mir auf den Geist, schmeißt ihn die Treppe hinunter.« Sie hatte ihn schließlich aber doch hereingelassen, ihm sogar einiges Nette zu seinen letzten Liedern und Versen gesagt, um ihn dann persönlich und höchst konspirativ und vorher nach Gendarmen Ausblick haltend durch die Hintertür hinauszulassen.

»Ja, so war sie, die Gute«, sagte er laut, und sie redeten noch eine Weile über ihre guten und schlechten Seiten, ihre Kapricen, ihre Goethe-Vernarrtheit – der Büste des Dichterfürsten habe auf dem Totenbett ihr letzter Blick gegolten, erzählte Wolff – und über Hoffmanns Frage, ob sie am Ende nicht sogar auch geistig verwirrt gewesen sei, »nein – sie sprach nur nicht mehr, was man angesichts der Entwicklung in unserem Lande nur allzugut verstehen kann!« Eine Bemerkung, mit der Wolff ganz bewußt ein bestimmtes Thema einleitete. »Welches mir, wie du weißt, sehr am Herzen liegt, nämlich die soziale Lage der Arbeiter.«

Wolff war nämlich, nicht nur einer Laune und unbestimmter Nostalgie folgend und um Hoffmann einfach noch einmal wiederzusehen, von Berlin nach Frankfurt über Höxter gereist. Er wollte auch den »alten Verseschmied und Sänger«, wenn sich die Gelegenheit nur bot und es die Stimmung gestattete, bitten, etwas im »Sozial-Demokrat« zu veröffentlichen, vielleicht sogar ein Lied, eine Hymne zu schreiben, ähnlich der Herweghs für den Arbeiterverein. Auf dem Weg zurück von Godelheim nach Höxter hatte er ein paarmal angesetzt, aber er war nie richtig zum Zuge gekommen, weil Hoffmann immer wieder auswich. Nun sprach er's direkt an, kam auf den Sattlerstreik in Hamburg, über den gerade die Zeitungen berichteten, zu sprechen, zitierte aus dem Stegreif die Forderungen der Streikenden ... »Ein jeder, der die Zustände in Hamburg-Altona kennt, weiß, daß es eine Unmöglichkeit ist, bei dem jetzt bestehenden Lohne auch nur ein bescheidenes Auskommen zu haben. Wir haben mäßige Forderungen gestellt, nämlich fünfundzwanzig Prozent Lohnerhöhung für Überstunden und einen zehnstündigen Arbeitstag, weil durch Verminderung der Arbeitszeit unsere Lage am meisten verbessert werden kann. Trotzdem wir also verlangen ...«

»Und so weiter papperlapapp«, unterbrach Hoffmann, »eine wirklich unvergleichliche Naivität, wo nicht Chuzpe. Das soll doch eine Rechtfertigung sein, ohne den Versuch einer Feststellung der Tatbestände zu machen. Wieviel Lohn haben sie denn bisher tatsächlich verdient, in Mark und Pfennig? Den Betrag wollen sie nicht nennen, warum wohl nicht? Sie sagen einfach: Wir verlangen soundso viel. Jahr um Jahr wiederholt sich solcher Unfug...«

Sie waren beim Steinkreuz unter den Linden angelangt, hatten sich auf die Bank gesetzt. Immer mehr Sterne leuchteten auf, spiegelten sich im ruhig strömenden Fluß. Man konnte in dem matten Licht die Steinbrocken auf den Wiesen am anderen Ufer erkennen. Sie glichen überdimensionalen Schildkröten, die sich, über den Fluß betrachtet, unendlich langsam fortbewegten. Hoch am Himmel hinter der Tannengruppe, noch weit vor dem schwarzen Wald, stand leuchtend das Dreigestirn des Orion. Durch die zeitlose, nur leise rauschende Stille hallten die Stimmen der beiden zankenden Greise.

Es ging hin und her, und dann rezitierte Hoffmann – seinen alten Aversionen gegen das, was er Pöbelherrschaft nannte, die Krone aufsetzend, meinte Wolff – eines seiner letzten Zeitgedichte:

»Wer zwingt denn irgendeinen freien Mann,
daß er Fabrikarbeiter werden muß?
Ist sein Verhältnis zum Fabrikherrn schlecht,
so hat er's auszumachen nur mit ihm,
und wenn er sich mit ihm nicht ein'gen kann,
so steht ihm offen noch die ganze Welt,
zur Arbeit fehlt's nie an Gelegenheit,
denn jeder ist sich seines Glückes Schmied.«

Wolff gab es auf, erhob sich und sagte: »Komm, Bruder Heinrich, laß uns in Frieden und Eintracht die letzten Stunden miteinander verbringen. Wer weiß, ob wir uns jemals wiedersehen, morgen muß ich schon weiterreisen.«

Auf dem Rückweg aber hätte er dann beinahe doch noch, und sozusagen in Form einer Handelsofferte, sein Anliegen vorgebracht, nachdem Hoffmann ihm seinen »letzten und größten Wunsch« anvertraut hatte, nämlich eine Gesamtausgabe letzter Hand wenigstens seines gesamten dichterischen Werkes, für das sich leider, leider kein Verleger fände. Wolff rechnete im Geiste kurz durch: Nicht einmal die Kosten würde der Verkauf der schätzungsweise drei Bände erbringen; verkraftbar wäre es natürlich, und Verlage hatte er genug an der Hand. Es wäre auch amüsant zu sehen, ob und wie der alte Fuchs auf ein Geschäft – Hymne und monatliche Kolumne im »Sozial-Demokrat« gegen drei Bände Gesamtausgabe – eingehen würde. Aber es wäre doch für sie beide zu unehrenhaft und würde am Ende nicht einmal funktionieren, und so sagte er nur: »Tja – es wäre dir wirklich zu wünschen.«

Hoffmann, seit langem von der Furcht besessen, nach seinem Tode vollends in Vergessenheit zu geraten, und in der Vorstellung befangen, eine Gesamtausgabe letzter Hand würde das verhindern, hatte seinerseits vom ersten Augenblick an beabsichtigt, den mehr als wohlhabenden und einflußreichen Wolff um Hilfe für das Projekt anzurufen, einige Male angesetzt, aber Wolff, der alte Gauner, war – fand er – immer wieder ausgewichen, und auf dem Weg zurück von Godelheim nach Höxter, als er ganz unverhohlen die Sache ansprach, hatte Wolff so getan – meinte Hoffmann jedenfalls –, als stolpere er über eine Wurzel – ein unmißverständliches Signal. Die Allerweltsredewendung nun schien ganz eindeutig als Absage gemeint zu sein.

Hoffmann wurde einsilbig, und nachdem sie noch eine Flasche Rotspon getrunken hatten, gingen sie beide bald zu Bett. Als dann beim Frühstück alle Überredungskünste, Samuel Wolff wenigstens noch über das Wochenende in Corvey zu halten, fehlgeschlagen waren, verstummte der alte Redebesessene endgültig, sprach kein einziges Wort mehr und brummelte auf dem Weg zum Bahnhof nur Unverständliches zwischen den Zähnen, wenn Wolff ihn etwas fragte.

Nun aber eilte er seinem Begleiter noch schneller davon, und Henriette und meinen Urgroßvater vor dem Bahnhofsgebäude als erste erreichend, brach der Damm, und den beiden quoll ein wahrer Wortschwall entgegen, dem sie entnahmen, daß Wolff abreisen wollte, »jener Herr, der da heranschleicht, heimwehkrank, da er seinem geliebten Frankfurt, Walstatt des Schacherns, Tratsches und Trubels, bereits eine Woche ferngeblieben ist und durch nichts, nicht einmal eine Umgebung...«.

Man begrüßte sich, Wolff augenzwinkernd. »Reisende soll man nicht aufhalten«, sagte er, ob man nicht mit an den Zug kommen möchte? Der Abschied falle ihm dann leichter. »Wir werden allesamt dafür sorgen, daß du dein Abteil findest und so schnell wie möglich von hier fortkommst«, sagte Hoffmann.

Im Bahnhofsgebäude dann setzte sich Wolff an Henriettes Seite. »Ein Abschied ist traurig, aber erträglicher, wenn eine bezaubernde Dame wie Sie mir nachwinkt«, sagte er, ohne daß es die anderen mitbekamen, »Sie sind, wenn ich das sagen darf, an diesem Morgen ganz besonders schön. Ach ja, die Liebe...«

Eigentlich eine ziemlich unverschämte Anzüglichkeit, dachte Henriette, lachte aber leise. Natürlich hatte dieser Wolff mit einem Blick alles erfaßt, doch es störte sie bei ihm, anders als bei Schwiete, nicht, es befriedigte sie sogar, und sie hätte am liebsten geantwortet: »Ja, ich bin glücklich, und es freut mich, daß man es mir ansieht.« Statt dessen sagte sie leichthin und nur mit einem Anflug von Spott: »Ich nehme es als Kompliment, um so mehr als es von jemandem stammt, dessen kluger Altersweisheit jedes indiskret Zudringliche fernliegt.«

»Womit Sie mich zu Recht auf meinen Platz gewiesen haben«, lachte Wolff.

Ein Hausdiener des Hotels »Berliner Hof« kam auf ihn zu, erklärte, das Gepäck des Herrn Oberkommerzialrats sei bereits hergeschafft und stünde unter Bewachung eines Gepäckträgers auf dem Perron, bereit, ins Abteil des Herrn Oberkommerzialrats geschafft zu werden, sobald der in einer Viertelstunde eintreffende Zug hielte. Wolff gab dem Mann fünfundzwanzig Pfennig, und dann betraten sie den Wartesaal, in dem auf den Bänken ringsum die Reisenden saßen, unter ihnen, aber mit Abstand rechts und links, ein knochiger Kleriker in hochgeschlossener Soutane und mit breitkrempigem Priesterhut auf dem hageren Schädel: Dechant Kampschulte.

Ruckartig blieb Hoffmann stehen, und dann geschah das, was Henriette »die Wartesaalcharade à la Wilhelm Busch« nannte, und was eines ihrer Beziehungsspiele wurde, in dem Friedrich Wilhelm, ganz Pater Filuzius, den Dechanten Kampschulte und sie ihren Märchenriesen nachspielte.

Seitdem Kampschulte im »Weserboten«, gegen »den die Moral zersetzenden Liberalismus bestimmter Provenienz« wetternd, kaum versteckt auch Hoffmann angriff, wenn er zum Beispiel über die »im Gewande des Fortschritts gegen alles Religiöse geifernden Dichterlinge sogar in unserer nächsten Umgebung« loszog, Hoffmann mit boshaften Distichen über tiefschwarze Reaktionäre und nach Weihrauch stinkende Reichsfeinde im Pfaffengewande parierte, gingen die beiden, so sie sich zufällig begegneten, grußlos aneinander vorbei, schauten sich stumm an wie zwei Porzellanhunde. Jetzt aber, im geschlossenen Raum und vor allen Reisenden, die, sämtlich Höxteraner, höchst gespannt dem Rencontre der beiden bekannten Widersacher entgegensahen, gab's keinen Ausweg.

Die Initiative ergriff Kampschulte, indem er aufstand, ein erkennendes, überraschtes, sein ganzes filuziöses Hagergesicht überstrahlendes – Henriette nannte es »absolut pfäffisches« – Grinslächeln aufsetzte, eine Hand ausstreckte, während die andere das Brevier in der Soutanenschärpe umschloß, und auf Hoffmann zuging. »Nein, Herr Professor, wie freut es mich, Sie begrüßen zu dürfen«, rief er mit einer am gregorianischen Gesang geschulten, ölig-hohen Stimme, »ich habe ja so lange nicht das Vergnügen gehabt.«

Sie beide nun vor solchem Publikum, in solch halligem Saal und zu solcher Gelegenheit einer Abschiedsvorstellung für Wolff – das war wie für Hoffmann geradezu inszeniert.

»Vorhang auf für den Fallerslebener«, so leitete Henriette dann auch später ihr Spiel: »Im Wartesaal zu Höxter, Szenen nach Wilhelm Busch« meistens ein. Hoffmann – er trug die weiten Wollstoffhosen, die Lodenjoppe, das rote Tuch um den Hals und die Handwerksburschenkappe auf dem Kopf – stellte ein Bein vor, deutete mit dem anderen eine Kniebeuge an und »posaunte« – so Henriette, die es bei ihrer Charade jedenfalls laut und inbrünstig tat –, »Welche Überraschung, welche Freude, Hochwürden, seien Sie aufs ehrenvollste und doch herzlichste begrüßt« – er streckte beide Arme aus, faßte mit der Hand die dargebotene des Kampschulte, griff mit der anderen dessen Finger am Brevier in der Schärpe, riß sie heraus, so daß das Gebetbuch zu Boden fiel, und während sich beide danach bückten, berührten sie sich mit dem Kopf, kamen hoch, rückten ihre Kopfbedeckung zurecht, bückten sich ein zweites Mal, und auch dieses Mal gelang es weder dem weiterhin pfäffisch grinsenden Kampschulte noch dem unschuldig lächelnden Hoffmann, das Buch aufzuheben. Das tat ein rothaariger Junge, der, von seiner Mutter gestoßen, hinzusprang und es dem Dechanten in die gnädig heruntergereichte Hand drückte.

Wie das Befinden des Herrn Dechanten sei, fragte Hoffmann; gut, wie hoffentlich auch das des Herrn Professors, antwortete Kampschulte; sei das ein Sommerwetter in diesem Jahr; ach ja, ein herrliches Wetter sei's, trotz dieser ständigen Trockenheit, aber der Herrgott gibt's, der Herrgott nimmt's – er sei gepriesen; und die Meteorologen, sagte Hoffmann, die es vorausgesagt haben, so daß die Bauern sich darauf einrichten konnten. Sich zu jeder Frage und Antwort, zu jedem Satz und Gegensatz leicht voreinander verbeugend, gockelten die beiden beinahe gleich großen Herren vor dem horchenden, stielaugenschauenden, staunenden, lächelnden, grinsenden, kichernden Publikum, das plötzlich in lautes, durch den hohen holzgetäfelten Wartesaal gellendes Gelächter ausbrach, als, nachdem die zwei nach einem letzten Händedruck sich voneinander gewandt hatten, Hoffmann, beide angewinkelte Arme mit gespreizten Händen vor sein Gesicht haltend, hinter Kampschulte her eine lange Nase machte, sofort aber, unschuldigst lächelnd, eine Hand am Knotenstock, die andere in der Lodenjoppe, dastand, wie der Dechant, sich blitzschnell umdrehend, den Grund des Gelächters erfahren wollte. Darüber lachte der Saal dann noch einmal und sogar noch lauter. Der einlaufende Zug erlöste Kampschulte aus der peinlichen Lage. Er eilte hinaus.

Diese Geste des Langenasedrehens hinter dem Rücken der Reaktion, meinte Karl Landau später, den die Wartesaalcharade sehr amüsierte, demonstriere übrigens sinnbildlich das ganze harmlose Schauspiel der Rebellion des deutschen Liberalismus.

Der Gepäckträger schaffte die beiden Koffer Wolffs ins Abteil, als sie auf den Bahnsteig kamen. Kampschulte war nirgends zu sehen. »Das Volk lacht sie aus, es hat's gemerkt«, sagte Hoffmann, »nicht wahr, Wolff?«

»Es scheint so. Die Ultramontanen befinden sich auf dem Rückzug.«

»Ich werde ihnen weiterhin dabei behilflich sein.«

Der Gepäckträger nahm nun auch Wolffs Reisetasche, der Zugführer rief: »Beeilung, die Herrschaften, der Zug fährt in wenigen Minuten weiter.« Die beiden standen voreinander, verlegen schien es, dann fielen sie sich in die Arme, lösten sich schnell, Wolff stieg in sein Abteil, schaute zum Fenster hinaus, die verschränkten Arme auf die heruntergelassene Scheibe gelegt, sagte zu Hoffmann hin, der hinter Friedrich Wilhelm und Henriette stand und eigenartig still geworden war, »erinnerst du dich?«, und er begann zu singen:

»Heut noch sind wir hier zu Haus,
morgen geht's zum Tor hinaus,
und wir müssen wandern, wandern,
keiner weiß vom andern.«

Der Zug fuhr ruckend, schnaufend und puffend an, Wolff wurde durchgeschüttelt, hielt sich aber am Fenster, sang weiter, während der Zug loskam, und Friedrich Wilhelm und Henriette sangen, im Tempo des anfahrenden Zuges nebenhergehend, mit:

»Lange wandern wir umher
durch die Länder kreuz und quer,
wandern auf und nieder,
keiner sieht sich wieder.«

Der Zug fuhr schneller, Wolff winkte und sang, sie winkten zurück, bis der letzte Wagen aus dem Bahnhof verschwand.

Henriettes Augen schimmerten feucht, und Friedrich Wilhelm zog sie trotz einiger Leute auf dem Perron an sich. »Bitte nicht in aller Öffentlichkeit, Herr Oberkommerzialrat«, sagte sie und trocknete sich die Augen mit seinem Taschentuch, das sie zum Winken benutzt hatte.

»Aber wo ist denn nun . . .«

Hoffmann stand nicht mehr auf dem Bahnhof. Sie sahen ihn schon weit hinten den Pfad entlanglaufen mit diesem ausgreifenden, in langen Wanderjahren geprägten Schritt, den Ziegenhainer schwingend, ohne sich umzusehen, den linken Arm zum Gruß hebend, sicher, daß man ihm nachschaute, ehe er den Bahndamm hinunterging und in Richtung Weserufer verschwand.

»Da geht er hin, mein Märchenriese«, sagte Henriette.

»Komm«, sagte Friedrich Wilhelm, »wir gehen ins Hotel zurück. Wir müssen packen, denn am frühen Abend wollen wir fahren.«

Henriette nahm seinen Arm, drückte ihn fest, »ich liebe dich sehr«, sagte sie.

Schwiete, enttäuscht, »daß Sie und das gnädige Fräulein Landau uns schon verlassen wollen«, buckelte und stotterte in einer Mischung aus Schreck, Dienstbeflissenheit und Empörung, als Henriette ihn anfuhr: »Ja, wir reisen ab, Schwiete, und zwar schnell. Schicken Sie mir das Zimmermädchen Ursula herauf, dann lassen Sie das Gepäck hinunterschaffen und bestellen Sie eine Droschke. Wir soupieren nicht mehr hier, geben Sie uns also ein paar Sandwichs mit. Herr Hasenclever und ich wünschen um sieben am Bahnhof zu sein. Sputen Sie sich.«

»Verzeih«, sagte sie leise zu Friedrich Wilhelm, der sie hinaufbegleitete, »ich muß das tun wegen seines fiesen Grinsens beim Frühstück.«

»Es sei dir verziehen«, lachte er, »ansonsten aber werde ich der Herr im Hause sein.« Henriette schwieg dazu. Erst später, als sie im Zug saßen, die Gepäckträger alles verstaut hatten, Friedrich Wilhelm sie entlohnt hatte, der Bahnhofsvorsteher die Kelle hob, kam sie, bevor der Ruck sie beide schüttelte, darauf zurück: »Na – Herr im Hause«, sagte sie, »zufrieden?« Er nickte und war begeistert, hatte aber, wie er dem Tagebuch anvertraute, seine Zweifel, »ob ich zukünftig in allen Dingen die Hosen anbehalten werde. Doch sei's drum.«

Sie waren allein im Abteil. Henriette schmiegte sich an ihn, und als sie über die Corveyer Brücke fuhren, vorbei an Abtei, Westwerk, Klosterkirche und Schloß in jenem Frühabendlicht, das alles noch einmal aufleuchten läßt, sagte sie: »Märchenhaft. Man müßte die Notbremse ziehen, um sich zum Abschied satt zu sehen.«

Einen Wimpernschlag lang dachte Friedrich Wilhelm, warum eigentlich nicht....

Hätte er's getan, und hätten sie sich auf die Sitzpolster gestellt, hätten sie vielleicht über die Schloßmauer hinweg im Friedhof Hoffmann von Fallersleben gesehen, der auf der Grabbank saß und, seinen Kopf auf die überm Stockknauf gefalteten Hände gelegt, mit seiner toten Frau sprach.

Nachzutragen bleibt, daß Henriette Landau ihr Portrait »Ein Märchenriese im Weserschloß« nie veröffentlichte und meinen Urgroßvater nicht geheiratet hat, daß sie siebenundachtzig Jahre alt wurde und nicht mehr nach Auschwitz gekommen ist, wo man alle ihre Verwandten ermordete, daß Friedrich Wilhelm Hasenclever bei der Geburt seines Enkels August Hasenclever bereits tot war, daß dieser August Hasenclever, mein

Vater, aus dessen dritter Ehe ich stamme, ehemaliger Wehrwirtschaftsführer und hohe SS-Charge, noch lebt und daß ich vermutlich in diesem Land bleiben werde, obwohl mir jedesmal ein Schauer über den Rücken läuft, wenn ich das Lied der Deutschen höre.